Cracking Economics
A Beginner's Guide To Microeconomics

经济学的世界
人人都要懂的个体经济学

高希均　林祖嘉　著

江西教育出版社
·南昌·

图书在版编目（CIP）数据

经济学的世界：人人都要懂的个体经济学/高希均，林祖嘉著 .—南昌：江西教育出版社，2020.6
ISBN 978-7-5705-0821-1

Ⅰ.①经… Ⅱ.①高…②林… Ⅲ.①微观经济学-通俗读物 Ⅳ.①F016-49

中国版本图书馆 CIP 数据核字 (2018) 第 286099 号

经济学的世界：人人都要懂的个体经济学
JINGJIXUE DE SHIJIE：RENREN DOUYAODONG DE GETI JINGJIXUE

高希均　林祖嘉　著

江西教育出版社出版

（南昌市抚河北路 291 号　　邮编：330008）

各地新华书店经销

三河市三佳印刷装订有限公司印刷

710 毫米 ×1000 毫米　　16 开本　　29.75 印张　　字数 485 千字

2020 年 6 月第 1 版　　2020 年 6 月第 1 次印刷

ISBN 978-7-5705-0821-1

定价：78.00 元

赣教版图书如有印装质量问题，请向我社调换　电话：0791-86710427

投稿邮箱：JXJYCBS@163.com　　电话：0791-86705643

网址：http://www.jxeph.com

赣版权登字 -02-2019-208

版权所有　侵权必究

序言

  2013年诺贝尔经济学奖得主罗伯特·席勒（Robert J. Shiller）教授的主要贡献之一，是建立了一个重要的凯斯-席勒不动产价格指数（Case-Shiller Home Price Indices），并且在2001年与2008年两次正确地预测了资产泡沫的发生。另外，席勒教授认为，人们的经济与投资行为并不完全是理性行为，而更像是动物本能。很多时候人们只是从网络或者朋友的口述当中，取得了一部分的信息，然后便径自采取经济或投资决策，这也就是所谓的"叙述经济"的概念。由于这些信息并不完整，而且不一定正确，因此这些从众行为很容易引发所谓的泡沫现象。所以，席勒教授所下的重要结论是，应该让社会大众接受更广泛的经济基本常识教育，让人们在经济与投资的行为当中，能够具有更独立的判断能力，而不是一味地追求从众行为。

  本书存在的目的与席勒教授的看法不谋而合。我们认为在一个先进的社会当中，是不允许经济文盲的普遍存在的。本书尝试突破传统经济学教室的限制，把经济学中的复杂概念，以最简单浅显易懂的方式，传达给每一位读者。

  在社会科学的领域当中，经济学一向被认为是一个深奥难懂的领域。因此，如何使读者在尚未接触之前不会望而生畏，在接触之后不再拒它于千里之外，这就成为我们每一位经济教育学者最大的责任与挑战。

  这本书是专门为社会广大的读者而写的。近年来，经济学的相关教科书很多，但是以一般读者为对象，同时强调经济观念与实际案例，并且能与经济生活相接轨的经济学书籍并不多。

在我们的想象中，本书的读者没有年龄、性别、职业、收入，甚至教育程度上的限制。他们可能是新闻记者、工商界人士、学生、家庭主妇、公务人员，甚至退休人士。他们的共同愿望是拒绝当一名经济文盲；他们的共同决心是好学又好奇，他们想要了解周围的经济新闻、社会上的经济现象、国内外的经济问题，以及政府的经济政策。

希望读者借阅读本书的收获，对于经济问题、经济现象、经济新闻，甚至于经济政策，都能够有一些基本的判断能力，然后做出对于自己最有利的经济与投资决策。

在这次《经济学的世界》第三版改版当中，我们做了几个重大幅度的修改。第一，为了缩减整本书的内容，我们将再版中的上册进行删减，只留下几章重要的部分，融入到第三版的上册与下册当中。第二，在第三版当中，我们把所有的实际经济数据做了全面的更新，让读者不但对于经济学的概念有所了解，而且也能完全掌握最新的实际经济现象与数据。第三，除了经济学的理论以外，我们在第三版当中，还加入了大量经济政策与相关的案例，让读者能够实际了解经济学如何运用到政策上面。如此一来，读者就可以利用经济学的理论，来自行判断相关的经济政策是否正确。我们认为这一部分是非常重要的，因为学习经济学理论的主要目的之一，就是能把经济学理论当成一个重要的工具，以自行分析并判断政策正确与否。

在这一次改版的过程当中，我们非常感谢陈湘菱女士对相关数据和案例的收集与整理。如果没有她的协助，本书的第三版是无法顺利修改完成的。另外，天下远见编辑群继续了他们一贯有效率的作业程序，让本书能够顺利出版。尤其是许玉意女士的仔细编辑与校对，才使得本书可以更完美地呈现出来。

高希均、林祖嘉
2017 年 8 月 1 日于台北

目 录

序 言 1

第一章　经济学的本质

一、什么是经济问题？.. 2
二、经济学的定义.. 4
三、经济学方法论.. 7
四、几个重要的经济概念... 11
五、经济图形的解析... 18

第二章　经济知识的重要性与分享

一、经济学是什么？... 34
二、大家关心的经济问题... 36
三、经济知识的普及... 37
四、"文科中最老、科学中最新"的学科............................. 39
五、经济学家为什么意见不同？................................... 40
六、经济学家的可信程度... 43

第三章　供给与需求的运作

一、市场与价格.. 48
二、需求.. 51
三、供给.. 57
四、市场均衡.. 62

第四章　　弹性分析

　　一、需求弹性..76

　　二、供给弹性..89

　　三、收入弹性、交叉弹性、替代弹性..........................98

第五章　　消费者行为

　　一、效用的概念：自利行为..106

　　二、边际效用分析法..111

　　三、无异曲线分析法..122

　　四、替代效果与收入效果..134

第六章　　供给与需求的应用

　　一、价格机制与管制..142

　　二、农业问题..155

　　三、准租与价格管制..162

第七章　　市场经济与经济制度

　　一、资本主义..174

　　二、混合型的经济..178

　　三、市场经济的优缺点..180

　　四、经济制度..181

　　五、市场经济与计划经济的比较..................................182

第八章　　生产与成本

　　一、厂商的角色..188

　　二、短期下的生产与成本..195

　　三、长期下的生产与成本..207

四、极长期下的生产......217

第九章　完全竞争市场

　　　一、市场结构与厂商行为......222
　　　二、完全竞争市场的短期均衡......231
　　　三、完全竞争市场的长期均衡......241

第十章　独占市场

　　　一、独占厂商的行为......252
　　　二、价格歧视......260
　　　三、独占的效率与管制......266

第十一章　不完全竞争市场

　　　一、不完全竞争市场的结构......278
　　　二、独占性竞争市场......283
　　　三、寡占市场......288
　　　四、台湾地区有关规定......296

第十二章　要素需求

　　　一、市场循环......304
　　　二、厂商的最低成本组合......306
　　　三、厂商的最大利润选择......311
　　　四、要素独买......317

第十三章　要素供给

　　　一、劳动市场......326
　　　二、资本与利息......336

三、土地与地租..342

　　四、企业家精神与利润..346

第十四章　市场失灵、政府职能与法律

　　一、市场失灵与政府干预......................................355

　　二、政府的职能..363

　　三、效率、公平与稳定..367

　　四、财产权、专利权与法律制度..............................380

第十五章　不确定性与信息经济学

　　一、不确定性经济学..388

　　二、信息经济学..398

　　三、信息、诱因与代理..411

第十六章　自然资源、环境与医疗服务

　　一、自然资源经济学..423

　　二、环境保护与经济发展......................................437

　　三、人口、医疗与政府干预....................................450

经济名词中英对照及索引..456

第一章
经济学的本质

★ 什么是经济问题？
★ 经济学的定义
★ 经济学方法论
★ 几个重要的经济概念
★ 经济图形的解析

> 当面包师傅清晨四点起来做面包，请问他是要填饱别人的肚子，还是要填饱自己的肚子？
>
> ——亚当·斯密（Adam Smith）

一、什么是经济问题？

（一）一般人心目中的经济问题

每当别人知道你是经济系教授时，他们会立刻问你："你觉得最近的股票市场如何？会不会再涨？你觉得哪一只股票最好？"也许他们会问你另外一个问题："目前的房价如何？最近会不会再涨？"没错，这些都是经济问题，虽然大部分经济学家不一定都能回答。

如果遇到的是就要出国旅游的朋友，他们经常问的则是："最近人民币会升值还是贬值？我想买美元，该现在就买，还是再等一些时候？"若是遇到久居国外，最近才返国探亲的朋友，他们最常问的不外是："这里的东西怎么这么便宜？这里的人好幸福喔！"这些都是标准的经济问题，虽然我们不一定都有标准答案。

在服饰店上班的春娇是江蕙的忠实歌迷，最近听说江蕙要开封麦演唱会，虽然票价所费不赀，但春娇准备前往捧场，否则有亏忠实歌迷的职守。同时，春娇也在隔壁服装店看上一件她非常喜欢的洋装，价格不比江蕙演唱会的票价低。春娇收入有限，无法两样东西都买，她会如何选择？

到兴隆路上的老地方面馆吃牛肉面的人，经常发现餐桌上的酸菜盒子都是空的，但旁边冷冻柜子里要收费的小菜，却一盘盘地整齐排列。经常去吃面的人都知道张老板为人很大方，对客人十分友善，但为什么他的酸菜盒却是空着的时候比较多呢？

陈教授很喜欢吃牛肉，陈太太上市场买牛肉时，一定先问多少钱一斤，然后每次一定都买刚好200元的牛肉。有时陈太太很忙，就叫陈教授去市场买牛肉。陈教授做人比较爽快，买牛肉从来不问价格，他一到牛肉摊上就跟很熟的林老板说："老板，买二斤牛肉。"然后，付完账就立即走人。陈教授和他的太太的行为有何差异呢？

对读过经济学的人来说，上述都是标准的经济问题。就算没有读过经济学的人，大概也可以知道这些问题属于经济学的范畴。这些问题的答案在本书接下来的分析中，会一一加以说明。

（二）广泛的经济问题

经济问题只局限于类似上述的问题吗？当然不止，经济学探讨的范围与对象要远超过这些问题。政治大学经济系博士班的学科考试，每次都会有6个申论题，每次考试的时间都限定为3小时。我们最常听到博士班的学生抱怨："每次都花了许多时间准备考试，而且这些题目我都会，只是每次考试时间都不够，题目都写不完。"而经济系教授通常的标准答案是："如果你们不知道如何分配时间去作答，你们的经济学就还不算念通。"

多年前，美国一家有名的大学教学医院曾引起一阵轩然大波，因为该教学医院中的几位有名医师联名希望减少对年老且又无望痊愈病人的治疗，以便将资源转向其他较有希望治愈的病人身上。这个事件引起广泛争议的主要理由在于"人道立场"，因为生命价值应该都是一样的。但是，对多数经济学家而言，这其实是一个很简单的纯经济问题，答案可能也不太难给出。

当今中国社会，大家庭制度逐渐解体，小家庭愈来愈多，城市在外就餐的人也愈来愈多。为什么现代人愈来愈不喜欢下厨了呢？这是社会问题或是经济问题？当人们到餐厅点菜时，如果点了一道铁板牛柳，大概就不会再要葱爆牛肉；如果点了一道蛋花汤，就不会再要西红柿炒蛋。这是大家习惯使然？或是其中含有经济理由？

经济学是一门社会科学，而且可能是社会科学中最接近自然科学的学科之一。经济学作为科学的一种，当然不应该限制其研究方向，而应广泛地将其研究方法与内涵加以应用。到目前为止，除了传统的经济学领域之外，还有许多新的相关领域逐渐受到重视，例如教育经济学、医疗经济学、信息经济学等。在这本作为经济学入门的书中，我们也许只会简略提到上述领域的内涵，也说不定根本就不会提到。但是，只要读者能仔细读完本书，应该可以体会出经济学并非只探讨"钱"的问题，其内容应该可以广泛地应用到许多相关的研究领域。当一个读者对于经济学应用领域之广感到讶异时，他大概就可以开始领悟经济学的曼妙了。

二、经济学的定义

（一）资源、欲望与选择

在上节的诸多问题中，细心的读者应该不难体会出，这些问题大都与经济资源 (economic resource) 有关，而其中的资源可能包括一个人所拥有的钱，所拥有的时间，或是所拥有的能力。更重要的是，这些资源几乎都是有限的 (scarce)，例如每个人所拥有的收入和时间都是"有限的"。春娇每个月的薪水是有限的，博士研究生考试的时间也是有限的，牛肉面馆中的酸菜盒更是经常空空如也。小到一家厂商，大到一个国家，它们所拥有的资源都是有限的。中国的人口很多，俄罗斯的土地资源丰富，沙特阿拉伯的石油蕴藏量很大，但终究都是"有限的"。

另一方面，人们的"欲望" (desire) 却往往不易满足。研究生希望每一科考试都考 100 分；春娇希望能穿新买的洋装去看江蕙的现场演唱，如果可能，最好再买一双鞋子搭配；厂商总希望多生产一些产品，增加自己的收益；政府则大都希望多花一些钱在社会福利上，同时花一些投资在公共建设上；人们总是希望自己能多拥有一些东西，就像政府希望能多做一些事情一样。

虽然人们的欲望这么多，但每一个人拥有的资源却非常有限，人们该如何做抉择呢？要如何选择才能达到最大的满足呢？政府的税收有限，不可能同时花太多钱在社会福利与公共建设之上，而且可能还要保留一些给教育及国防军备使用。政府该如何分配支出，使得国人的福祉最高？或者更直接地说，政府应当如何花这些钱才能使它未来的选票最多？厂商可以多雇用劳工来生产，也可以多用机器设备，或者两者都用，但厂商的资源也是有限的，他该如何选择生产方式，才能一方面使生产成本最少，一方面又使产量最大呢？

经济学 (economics) 就是探讨如何分配有限资源，以达到效用最大的一门学问。这里指的效用包含个人效用、厂商利润，或是全民福祉。由于资源有限，如何去做有效的使用，就是一门很重要的学问。换句话说，经济学就是一门探讨"选择"(choice)的学问。由于资源有限，人们可以做的选择也就有限，那些被选择的，就可以带来效用；那些被放弃的就是"成本"(cost)或代价。比方说，春娇最终决定去看江蕙的演唱会，放弃购买新的洋装；因此，她去看演唱会的代价就是牺牲了穿新洋装的乐趣。政府花费大量资金在社会福利上，就必须以减少公共支出为代价。这就是选择的问题，天下没有免费的午餐。

（二）个体经济学与总体经济学

在经济学探讨的问题中，有些纯粹是个人的选择问题，有些则与个别厂商的选择问题有关。这些有关个人或个别厂商行为的研究，我们称之为"个体经济学"(microeconomics)。在个体经济学中，我们探讨个人如何分配工作时间与休闲时间，如何消费有限的收入在不同的商品上。在厂商行为方面，我们则研究厂商如何雇用人员及如何购买机器设备来生产，同时决定该生产多少产品等。当然，更重要的是如何决定产品的价格——该薄利多销还是厚利少销？

研究个人或个别厂商的行为可以让我们知道如何使个人获得的效用最大，或使个别厂商的利润最大。因此，经济学家可以对个人提供一些消费或投资上的意见。比方说可以买哪些东西，投资哪些股票，或对厂商提供一些管理上的意见——比方说生产什么产品，以什么价格出售，或者应不应该现在就去购买外汇等。

经济学另外一个重要的研究范畴则是以整个经济社会或国家为对象，因为研究对象范围较大，故称"总体经济学"(macroeconomics)。其内容包含研究整个国家的收入、通货膨胀、就业以及政府收支等。譬如说，如何利用政府收支来增加一国的国民收入而不至刺激物价？通货膨胀与充分就业之间，又有什么样的关系？对于任何一个政府而言，经济增长、稳定物价、充分就业以及提高社会福利，大概都是他们的政策目标。如何达到这些目标，则是总体经济的主要课题。

有人说，个体经济与总体经济的关系就像一棵树与整片森林的关系。我们在研究一棵树木如何成长的时候，当然不能忽略它周遭的生长环境。同样地，在研究一片森林的时候，我们也必须对其中每一棵植物的生态十分了解。"只见树木，不见森林"固然不对，而"只见森林，不见树木"也一样不行。又有人说，经济学是一门"经世济民"的学问，"经世"就是总体经济学的范畴，"济民"则属于个体经济学的领域。

（三）实证经济学与规范经济学

另一种区分经济学的研究方法是将经济问题区分成二类。一类纯粹从科学的角度来看问题，不加入任何主观价值判断，只去研究问题的本身。例如，个人消费时，该如何选择才能使效用最大？政府如何控制货币数量才不会发生通货膨胀？这些问题都没有主观的价值在内，只有纯粹的科学探讨与分析，我们称为"实证经济学"(positive economics)。

另外一大类则是加入主观判断的讨论，称为"规范经济学"(normative economics)。例如，有些人觉得抽烟对人体有害，而且容易造成空气污染，于是政府就可以利用征税的方法来达到抑制人们吸烟的目的。另外一个例子是全民健康保险（下文简称全民健保），有许多人认为先进国家应该实施全民健保，便要求政府利用征税的方式来达到实施全民健保的目标。这些讨论都是先加上主观意识，认为吸烟不好或是认为全民健保对大家都有必要，然后再利用经济手段来实现目标。

不过，我们必须强调，虽然规范经济学先有主观意识，要知道如何实施政策才有效或要知道政策效果的大小，仍然需要去做进一步的科学分析。换句话说，此时实证经济学的分析方法仍然是必要的。比方说，如果政府希望以提高香烟价格的方式来达到抑制人们吸烟的目的，我们就必须先了解，如果香烟每包多收 1 元的税，会使吸烟人口减少多少？收 5 元的税，又会减少多少？另外，如果为了增加老年照护的经费来源，政府把每包香烟的烟税增加 20 元，预估因此每年可以增加约 158 亿元的烟税收入；同时，香烟销售量会减少二成，约 3.3 亿包。这些都是必须先通过实证经济学的分析，才能得到估计结果。也就是说，唯有先利用实证经济学的分析结果，才能提供有效的政策意见与建议，供政策决定者参考。

由于人与人之间往往有主观意识的不同与偏好的差异，因此规范经济学的探讨并不容易。相反，实证经济学则完全以科学的方法分析，不加入任何主观判断或感情成分在内，因此在讨论过程中就较为客观，结果也比较容易被人接受。在本书后面的讨论与分析过程中，除非特别强调，否则我们的分析都将以实证经济学的分析为主。

（四）自利与理性

在经济学分析的前提中，有一项非常重要且基本的假设，即经济人都是"自利的"(self-interested)，也就是说，每一个人从事经济行为的目的都是在追求自己的福利或使利益最大化。可能立即会有人质疑说，事实上，有许多人经常从事一些利他行为，如捐款办学或是慈善捐款等善举。我们要说明的是，首先，这些行为是否一定是利他行为还有待商议；同时，我们也可以用更复杂的经济理论来解释利他行为。但在此处更重要且更基本的解释是，我们只是简单假设个人是自利的，虽然这一个简单的自利动机，几乎就可以用来解释绝大多数人的经济行为。换句话说，自利行为可能是人类行为中的一项基本模式，其他可能只是例外。

除了自利动机以外，经济分析的另外一个重要前提是假设人们的经济行为都是"理性的"(rational)。简单地说，所谓理性就是指人们的经济行为一定是追求效用较高或利益较大，而不会做出伤害自己权益的事。比方说，两家比邻的商店若以不同的价格出售完全相同的东西，一个人只要经过比价，就一定会选择便宜的那一个。同样，如果水果摊上的苹果一个卖10块钱，则我们可以确定每一个买者都会去挑最大或最好的去买，这就是理性行为。

三、经济学方法论

（一）人类行为可以预测吗？

经济学属于社会科学，探讨的对象是人类的行为。虽然经济学家一直尝试把经济学研究方法尽可能改成与自然科学一样，但有一个永远不同的地方是，经济学的分析对象是"人"。我们常说："一种米养百种人。"而且，即使是同一个人，也有七情六欲，因此面对相同的刺激，即使是同一个人可能也会有不同的反应。在此种情况下，人类的行为还能被预测吗？

对任何一门科学而言，它都必须要有解释过去与预测未来的能力，否则就不能被称为科学。经济学是科学的一种，自然不能例外。然而，经济学的研究对象是人，人类的行为千变万化，经济学如何去准确预测人类的行为呢？

亚当·斯密的面包师

经济学之父亚当·斯密(Adam Smith)在其巨著《国富论》中曾提出一个有名的问题："面包店师傅每天清晨四五点钟就起床做面包，好让清晨出门的大众有刚出炉的新鲜面包可吃。请问这些面包师傅如此勤奋工作是为了要填饱别人的肚子，还是要填饱自己的肚子？"

为什么他们每天早上摸黑起床做面包？这是不是理性的行为？如果不起床做面包，又会如何？他们是因为奉行利他主义所以才赶早起来工作？还是因为每天早上一大早都有很多人要抢着买刚出炉的面包？这些人的行为主要目的是利己，还是利他？答案其实很清楚。

就一门自然科学而言，在完全相同的条件下，做出来的实验结果几乎一模一样。在中学生的化学实验中，氯化亚钴试纸遇酸就是红色，遇碱就是蓝色，不论拿到哪里去做实验，结果都是一样。同样，一个人在发薪水的当天，如果心情好，就花钱大吃一顿，若心情不好，回去吃碗泡面就打发了。因此，要准确预测任何一个人的行为也许并不容易，但若要预测全社会所有人的行为，则又不一样。因为不太可能所有人在同一天都兴奋异常，或是所有人都十分沮丧，除非那个国家或地区发生什么重大事件。一般而言，在"大数定律"(law of large numbers)之下，全社会人们的平均行为应该是相当稳定的。譬如说，到了过年的时候，长辈都要准备红包，因此商店就会先多储备一些红包袋当存货；另一方面，银行也会多准备一些新钞供人兑换。银行或许不能肯定有哪些人会来兑换多少新钞。但可以确定的是，只要一接近新年，社会上一定会有很多人要兑换新钞，银行自然就必须尽早准备。同样地，当一家厂商要提高其产品价格时，或许它不知道哪些潜在顾客会离开，哪些潜在顾客会继续采购，但它知道，销售量一定会减少。至于会减少多少，就要看它对市场是否有更进一步的信息，例如是否知道市场需求弹性的大小。

所以，当我们说人类的行为是可以预测时，我们指的是市场上大多数人的平均行为，而不是指某一特定人士的行为。当然，要估计某一个个人的特定行为也不是不可能，但我们需要的是这个人的更多相关信息，这就不是一般的经济模式可以简单预测的。

（二）假设与理论的关系

在做任何科学分析之前，我们通常都必须先针对问题做一些前提假设，一方面简化问题，一方面使问题在相同的情况下互相比较。更重要的是，要使被讨论的问题能凸显出来，集中讨论。比方说，进行物理实验时，我们一定要先设定大气压力有多少、温度是多少、湿度是多少等因素，然后再针对问题分析讨论。

经济分析也一样，在讨论某一个问题时，我们也必须先澄清是在怎样的经济环境下分析这个问题。所以，我们需要一些假设来规范讨论的前提。尤其经济分析是针对个人及社会探讨，所以外在环境的可能影响因素会远超过一般自然科学所需要的规范，因此经济分析往往就需要更多的假设。

更困难的是，由于经济理论探讨的是整个社会的情况，因此我们几乎没有"做实验"的可能。比方说，我们无法如同物理实验一般，在不同的大气压力下测试、计算篮球作为自由落体的速度。在执行经济政策时，政府毕竟不能先尝试不同的货币供给数量，测试其对物价的影响，最后再决定最佳的货币供给量。

在无法尝试实验的情况下，经济模型就经常会针对不同的前提与假设，利用理论来推导可能的结果。尤其是为了凸显出某一特定理论或某一特定效果，经常必须做出一些不同的假设，以达到推论的目的。

由于经济学的假设很多，难免有人会问："你这些假设与现实情况并不吻合，你的理论可以适用在这个社会中吗？"这当然是一个很严肃且重要的问题，不过类似的问题其实应该适用于所有科学，而不仅限于经济学。对于以上问题，一般经济学家的解释如下：第一，设定一些前提假设主要目的在于简化内容、集中分析、凸显研究主题，使得分析结果能看出我们研究问题的因果关系。第二，由于经济现象非常复杂，通常牵涉到的可能因素非常多，且因时因地都有可能使变量之间的因果关系产生变化。但是，由于我们不可能同时考虑所有的因素，就有必要把注意力集中在某些重要的因素上面，所以做出某些假设以简化模型是非常有必要的。第三，如果模型简化以后，与实际社会有所出入，我们的分析结论是否还适用呢？这个问题的答案是肯定的，因为模型适用与否并非取决于其假设是否与事实相符；模型是否适用主要决定于其解释过去的能力与预测未来的能力，其中又以后者最为重要。经济学大师弗里德曼(Milton Friedman)就再三强调：经济模型的主要目的是"预测"，因此只要预测范围愈广且预测愈准确，就是愈好的模型。所以，模型中的假设很重要，但与模型的好坏与否并没有太大关系。

（三）经济理论的检验与经济关系的冲突

再繁杂深奥的经济理论或模型，大概都可以简化成几个主要因素之间的关系。例如，春娇加薪之后，她会多看一场五月天的现场演唱会还是多买一件衣服？这是收入与消费之间的关系。又譬如，为保持物价水平的稳定，台湾"中央银行"对于货币的发行十分在意，这是货币与物价之间的关系。

为了解这些变量与变量之间的因果关系，我们可以设立一个简化的模型来推导出它们在理论上的关系。当然，为凸显它们之间的关系，在模型中我们必须先设定许多假设。由于理论模型的推导过程与如何设定假设有十分密切的关系，所以我们就可以利用不同的假设，来检视这些变量之间的因果关系是否产生变化。

但是，不论理论模型如何变化，理论的好坏还是决定于其对实际经济情况的解释与对未来经济变化的预测，因此如何去检验经济理论就变得十分重要。困难的是，实际社会的经济体系是无法如同物理实验一般，在控制一切外生条件之下进行实验的。因此，如何找到一组实际的社会经济资料来测试经济理论的正确与否，就是一件重要且困难的工作。

比较容易的检验方式是对未来的预测。比方说，有两个不同的经济模型，都可以用来预测明年台湾地区的经济增长率，我们就可以比较在各种情况下，让这两个模型分别对明年台湾地区的经济增长率进行预估。等明年过去之后，我们再来比较两个模型何者的预测较为准确，如此就可以判定两个模型的优劣。

除了检验模型的优劣之外，我们也经常想知道经济变量之间的实际关系。例如，我们想知道春娇薪水增加10%，她的消费选择会有什么变化？增加50%时，又会如何？同样，我们也希望知道台湾"中央银行"让货币供给增加10%时，对物价有何影响？增加20%时，又如何？这时候我们就需要一些复杂的统计技巧来衡量这些变量之间的关系。当然，这些衡量方法十分复杂，有些在本书中会加以讨论，有些则予以略过。不过，必须强调的是，在衡量这些变量之间的关系时，我们一定要维持一个假设，即"在其他条件不变下(other things being equal)"。因为如果还有第三个变量同时变动，则我们很可能无法确定原来两个变量之间的因果关系真是如此，或是受到第三者变量的影响。这是在进行任何科学分析时，都一定要有的条件。

四、几个重要的经济概念

（一）机会成本

大雄在大四毕业的那年3月考上政治大学经济研究所研究生，估计念研究生的费用包含学费与生活费在内，一年大约要花掉10万元。这是他念研究生要花的成本吗？大雄在6月毕业后，立即找到一家证券商营业员的工作，每个月起薪35000元。到了9月，大雄面临进入研究所读研或是当营业员的抉择，最后他选择了继续念书。请问这时他念研究生的成本是多少？如果他在暑假没有找到营业员的工作，他念研究生的成本又是多少？

大雄念研究生每年要花10万元，这只是他直接花费的"会计成本"(accounting cost)。但念研究生除了花钱以外，还需投入时间，这是另外一个资源——只要使用资源，就必须把成本计入。显然，如果大雄不念研究生，继续当营业员，他每年至少可以赚420000元。这就是他因为念书所必须放弃的成本，也就是他的"机会成本"(opportunity cost)。

那么，如果大雄暑假没有找到营业员的工作，而进入研究所就读，他就没有放弃当营业员的问题，是否这时他就没有损失此一机会，是否就没有机会成本呢？当然不是，因为只要不进研究所，大雄就有时间可以去找其他工作。无论如何，他仍然会因为进入研究所读书，丧失工作收入，这就是他的机会成本。

沈嘉宜的咖啡店

让我们看看下面这个例子。兴隆路与木栅路交叉口的昂贵路段上，最近新开了一家咖啡店，老板是大学刚毕业的沈嘉宜。由于附近咖啡店不多，加上沈嘉宜煮的咖啡又浓又香，价格也很公道，所以生意相当不错。有一天，陈教授在沈嘉宜店里买了一杯咖啡，就顺便聊了起来，"你的生意好像还不错嘛！""托大家的福，马马虎虎。""不过这房子的租金一定不便宜，你的店可以承担得起吗？""噢，这间店面是我妈的，就是因为不必付房租，所以还可以撑得下去。"你觉得沈嘉宜开店卖咖啡划算吗？

现在我们来帮沈嘉宜计算她的成本与收益。假设咖啡一杯100元，她每个月可卖1000杯，所以每个月收益是10万元。在支出方面，每杯咖啡的材料成本是30元，每个月的材料总成本是3万元；沈嘉宜还要聘一名助手，每月薪水2万元；此外，水电杂支每月要2万元；而房子是沈嘉宜自己的，不花任何房租。由于总成本是7万元，沈嘉宜每个月的净利是3万元。

事实上，由于该店地点不错，如果是租来的话，每个月的租金需要4万元，因此沈嘉宜再花4万元租金，则她的利润就变成负的1万元了。现在，沈嘉宜说因为房子是自己的，所以她有3万元的利润，你同意吗？

我们要注意的是，不论房子是自己的还是租来的，在生产过程中都用到这家店面，所以使用这种资源的成本一定要计入才对，这是机会成本。因此，沈嘉宜的真正经济利润是负的1万元，而不是正的3万元。另外一个说法是，如果沈嘉宜不开店，直接出租店面，可以立即获得4万元的收入。现在她辛辛苦苦地工作，却只能赚到3万元，何苦来哉呢？

经济成本的计算应该以是否使用某项资源为准，因此经济利益是正是负也只有一种可能。但是，由于会计记账方式的不同，或是资源所有人的不同，而导致会计成本会出现或正或负的情形。无论如何，天下没有免费的午餐，使用任何资源，一定会发生机会成本。

所以，经济学在计算成本时，只要经济行为使用到某一种或多种经济资源，都必然会产生成本，也就是机会成本。虽然这种成本也许可以（也许不能）直接衡量，但它们都必然存在，这是经济学上在计算成本时，与一般人在会计记账时所用的成本观念的最大差异。由于所有的经济行为都必然会与"使用资源"有关，因此机会成本是永远存在的。天下没有免费的午餐，念过经济学的人一定要牢牢记住机会成本的概念。

另外一个问题是，如果一个人同时可以做很多选择，我们该如何分别计算这些选择的机会成本呢？比方说，大雄除了选择念研究生外，还可以选择当营业员，每月可赚35000元；但同时如果他找不到其他工作，也可以去兼差当出租车司机，虽然每月的收入可能只有20000元，但生活十分自由。那么这时他选择念研究生每年的机会成本是420000元还是240000元呢？

经济学上对机会成本的定义很清楚，所谓机会成本就是"在放弃掉的机会中，成本最高的一个"。所以，在上述例子中，大雄念书的机会成本是420000元。为什么我们选择放弃机会中，把成本最大的一个作为机会成本呢？理由很简单，我们比较不同的选择时，只要拿某一个选择的收入与相对的机会成本来比，如果该选择下的收入大于机会成本，则我们接受该项选择；反之，则应放弃该项选择。

在大雄的例子中，他选择念书是因为未来可能增加的收入会超过目前每月的35000元，因此他选择念书。反过来说，如果他选择开出租车，则不但收益小于继续念书所带来的未来收益（即选择开车时的机会成本），也小于营业员的收入，所以自然不会去选择开车。

（二）比较利益

"比较利益"(comparative advantage) 是由英国经济学家李嘉图 (David Ricardo) 首先提出来的。他认为，即使一个国家在生产两种商品上都比另一个国家拥有"绝对利益"(absolute advantage)，双方仍然会有比较利益存在，只要有比较利益存在，贸易就会发生。所谓绝对利益是说"一国（或个人）在生产任何一个产品上，都会比另一国（或个人）有效率"。而比较利益是说"相对于另一国（或个人）而言，一国（或个人）在生产某一种商品时，所得到的利益将大于生产另一种产品的利益"。

先让我们举一个常见的例子，然后再回头来看李嘉图的有名例子。蓝海计算机公司的李董是一位由美国回国创业的成功企业家，由于李董在美国的时间很长，所以他用英文交谈做生意能力很强，而且书写及打英文书信的速度也非常快。假设他做生意每小时可赚2000元，打字则只能赚400元。由于公司工作上的需要，他除了每天要做4小时生意以外，还要打4小时的英文书信，因此每天可净赚9600元。为了他的健康，李董事长夫人不准他每天工作超过8小时。

由于工作负荷过重，李董决定请一名秘书来帮忙。张小姐性格较内向，不太会做生意，每小时只能赚200元，她打字较李董慢一半，但每小时也可以赚200元。如果李董聘请张小姐当秘书，他应该请她做生意还是请她打字呢？

虽然李董在做生意与打字都比张小姐在行，具有绝对利益，但他做生意比张小姐好10倍，而打字比张小姐好两倍，所以李董在做生意方面具比较利益。反过来看，虽然张小姐在两件工作上都比较不在行，都不具绝对利益，但相对来说，打字工作差得较少，只差一半而已。也就是说，张小姐在打字上具比较利益。所以，此时李董应该请张小姐来打字，每天打8小时，自己就可以每天专心去做8小时的生意，赚16000元，然后支付张小姐1600元的薪水，每天还可以净赚14400元。

类似的例子可以用在国家与国家之间，李嘉图比较英国与葡萄牙生产布和酒的著名例子就是最好的例证。我们在此先指出一个实际的例子：美国生产小麦的能力比中国强很多；同样，美国科技进步，他们生产计算机的能力也比中国强，对中国而言，适宜种小麦的土地不足，无法生产太多小麦；但反过来看，中国生产计算机的技术还不错，虽然不比美国强，但也差不了太多。于是双方在做贸易时，美国就会对中国出口小麦，而由中国出口计算机到美国。

现在，我们就举一个李嘉图提出的比较利益的标准例子。假设美国生产一吨小麦需要1个工人，生产1台个人计算机需要2个工人；而中国生产1吨小麦需要3个工人，生产一台计算机也要3个工人。虽然中国在生产小麦及计算机方面的效率都不如美国，也就是说美国在两种产品上都具有绝对利益。但相对而言，中国生产计算机是比较有利的，即中国在生产计算机方面具有比较利益；相对来说，美国生产小麦则具有比较利益。我们再假设两国都只有10名员工，在贸易之前，他们的投入分配与产出分别如表 1.1 所示。

表 1.1　贸易前

	生产技术	生产投入	产出	贸易	最终消费
美国					
小麦（吨）	1 人	4 人	4 吨	0	4 吨
电脑（台）	2 人	6 人	3 台	0	3 台
中国					
小麦（吨）	3 人	6 人	2 吨	0	2 吨
电脑（台）	3 人	4 人	1.3 台	0	1.3 台

由于中国生产计算机具有比较利益，美国生产小麦具有比较利益，所以双方同意贸易之后（且假设 1 吨小麦价格等于 0.8 台计算机的价格），我们假设双方的生产资源做了以下的调整，见表 1.2。

表 1.2　贸易后

	生产技术	生产投入	产出	贸易	最终消费
美国					
小麦（吨）	1 人	6 人	6 吨	-2 吨 (a)	4 吨
电脑（台）	2 人	4 人	2 台	+1.6 台 (b)	3.6 台
中国					
小麦（吨）	3 人	0 人	0 吨	+2 吨	2 吨
电脑（台）	3 人	10 人	3.3 台	-1.6 台	1.7 台

注：(A) 在贸易一栏中，(-) 号表示出口，(+) 号表示进口。
(B) 假设 1 吨小麦可以交换 0.8 台计算机。

在表 1.2 中，中国全力生产计算机，可生产 3.3 台。而美国也增加生产小麦的投入，生产 6 吨，同时生产 2 台计算机。然后中国出口 1.6 台的计算机与美国交换 2 吨的小麦。最终的结果是，美国仍然消费 4 吨的小麦，但计算机消费量则由 3 台增加到 3.6 台；而中国也依旧消费 2 吨的小麦，而计算机消费量则由 1.3 台增加到 1.7 台。

在本例中虽然美国在生产两种产品上都有绝对利益，但与中国相比，双方仍然都存有比较利益。只要有比较利益，即使双方的总生产投入没有增加，但双方仍可以用专业化生产与贸易的方式，来达到提高双方利益的目的。

值得注意的是，比较利益只是一个很简单的相对概念，而且，只要两个国家生产技术的比例不同，就一定会有比较利益存在，不论原来谁拥有绝对利益。由于比较利益广泛存在于国家与国家或个人与个人之间，因此贸易也就普遍存在于世界各国之间。

其实比较利益在经济学中扮演重要的角色，并不只因它能用来说明两国的贸易方向而已；更重要的是，我们可以用比较利益说明为什么一个国家（或个人）要"专业化生产"(specialization)某种商品。大家在专业化生产之下，"分工"(division of labor)就会形成。分工与专业化生产是经济学之父亚当·斯密建立现代经济学说最主要的立论基础，因为分工可以让人们专心于生产某项产品，一方面可以让人们更专业化的生产，提高效率，一方面则可以透过交易，使分工的双方都获得更大的利益。

比较利益也与机会成本有关。前述的例子中，我们可以再进一步问为什么李董要专心做生意而不去打字？相反的，张小姐要专心打字而不去做生意呢？因为，李董打一小时的字虽然可赚400元，但却可能损失做一小时的生意，也就是说他打字的机会成本为2000元，是张小姐选择打字所发生的机会成本的10倍。但是他做生意每小时可赚2000元，损失的机会成本是打字所赚的400元，而这只是张小姐选择做生意损失机会成本的两倍。所以，李董应该选择机会成本损失相对较小的工作，也就是说，他应该选择专心做生意。

（三）价格体系与自由竞争

在"市场经济体制"(market economy system)中，最重要的就是价格体系(price system)。市场经济的特色就是让市场去决定生产面的几个基本问题，如"生产什么"(what)、"由谁生产"(who)以及"如何生产"(how)；还有消费面的类似问题，如"消费什么""由谁消费"以及"如何消费"。若是"计划经济体制"(central planned economy system)，则生产什么、生产多少、由谁生产、如何生产等诸多问题都完全由政府决定。生产出来以后，再由政府分配决定由谁消费、消费多少以及如何消费等。

市场经济是极端分权的，也就是说，这些生产与分配的决定是每一个个人在面对不同的市场价格情况下，可以自由地去决定由谁生产及由谁消费。问题是"如何决定"呢？答案是依赖"价格体系"。由于每一个消费者都有自己的偏好，也不可能有别人会比消费者更了解自己的喜好，因此，在面对诸多不同的生产价格时，消费者就可以依自己的偏好来选择各种商品并决定消费数量。生产者也同样在市场上面对不同的产品价格，然后决定要不要生产，若要生产，该生产多少？决定生产量之后，还要再去考虑该用何种方式生产，比方说，多用劳工或是多用机器设备。

在市场经济体制下，价格体系能提供生产与消费分配所需要的信息。买卖双方各自依照这些价格所带来的信息，去做最适合自己的决定。比方说，消费者可以追求其消费行为的效用最大，生产者则可以追求自己的利润最高。重要的是，在市场经济体制下，买卖双方的交易完全是自愿的，没有任何外在压力，大家都完全依自己的收入与偏好去做生产与消费的选择。

如果在某一个价格下，消费者所需要的数量小于生产者所生产的数量，则表示此市场的价格太高，出现供过于求的现象。这时就会有生产者因为产品卖不出去而遭受损失，他就会降价求售或退出市场。无论如何，市场价格会开始调整。反之，如果开始时市场的价格太低，则会出现太多消费者，因为大家都希望多消费一些。另一方面，由于价格太低，以致可能供给太少，造成供不应求的情形。这时卖方就会有调高价格的诱因，以期增加利润。

在市场经济体制下，价格成为资源分配的最佳指导原则。厂商生产什么、生产多少、如何生产以及由谁生产都可以通过产品价格及生产要素价格而决定。消费者要消费什么、消费多少以及由谁消费，也同样可以通过产品价格来达到产品配置的目标。因此，价格体系可以说是市场经济体系的基石，如果没有一个自由与健全的价格体系，市场经济体制就无法存在。

市场经济体制的另外一个基石是"自由竞争"(free competition)。自由竞争不但是指买卖双方都在完全没有外力的干预下，自行决定其产量与需求量，而且还意味着卖方与卖方之间的竞争，或是买方与买方之间的竞争也都没有受到任何外力干预。比方说，在市场供过于求的情况下，任何卖者都可以随时自由降价或自由退出市场，不会受到任何阻碍。同样，在供不应求时，任何卖者都可以随时提高价格。其他的潜在竞争者看到市场情况不错，也可以随时进入市场，开始生产。

自由竞争的重要性在于它能使市场价格充分反应市场情况。比方说，如果供过于求或是供不应求，人们就可以通过价格信息，重新调整生产与消费，而使社会利益达到最大。例如，台湾地区的酒品市场以前是由公卖局一家独占的（一个缺乏竞争的市场），当金门高粱缺货时，价格会大涨，于是公卖局就可以得到更多的利益。但消费者却必须承受高价格的剥削，无法获得足够的消费，社会利益自然大受影响。如果酒品市场完全开放，高粱酒也不是只有现在的金门酒厂生产。在高粱酒供不应求的情况下，价格上升，其他的酒厂就会很快也加入生产行列以求取利润，同时，高粱酒产量的增加就会抑制价格再上涨的趋势。如此一来，人们就不必再付太高的价格，可以买到较多的高粱酒，全社会的利益就会比以前高。

所以，在市场经济体制下，价格体系是传递信息最关键的工具。要使价格能最有效率达成传递信息的目的，我们就需要一个自由竞争的环境；在市场经济体系中，价格体系与自由竞争都是必要条件，缺一不可。

五、经济图形的解析

（一）图形的使用

图形是学习经济学的一个重要工具。现在我们将说明图形的基本原理，包括图形的构成、正相关与负相关、自变量与应变量，以及直线关系与曲线关系的斜率概念。并且说明如何利用斜率的概念，寻求极大值与极小值。最后讨论到使用图形时最常碰到的三个陷阱：斜率的混淆、资料衡量的错误以及非代表性资料的运用。

图形在经济学中，时时被广泛使用，它描绘出两个变量间量的关系，例如：

◎ 消费与收入的关系；

◎ 物价膨胀率与时间的关系；

◎ 生产的平均成本与生产量的关系；

◎ 利润与商业决策的关系；

◎ 石油消费和油价的关系；

◎ 失业与物价膨胀的关系。

上述关系都可以用图形来描绘与分析。一般而言，从学习的观点来看，图形的效果比长篇大论的效果要好，图形所陈述的变量关系容易了解与记忆。读者必须了解如何诠释图形，以期精通经济学中的重要概念。

（二）正相关与负相关

图形的第一个重要特性是，它所描绘的两个变量之间是正相关或负相关的关系。

"若一个变量的值会随着另一个变量的值的增加而增加，这两个变量之间是正相关的关系。"

例如，某一特定汽车引擎马力的增加，将会提高该汽车的最大速度，图1.1中的(A)图描绘了这种关系。图中纵轴表示汽车的最大速度，横轴表示引擎的马力。当引擎马力为0时（引擎坏了），显然汽车的最大速度是0；当马力是300时，汽车的最大速度是每小时100英里。所有介于0与300之间的马力值，均描绘在图中。因此，连接这些点所得到的曲线表示了马力对最大速度之影响。由于马力的增加会使最大速度跟着增加，因此所描绘出来的图形是上升曲线。

"当两个变量是正相关时，描绘它们之间的关系曲线是上升曲线。"

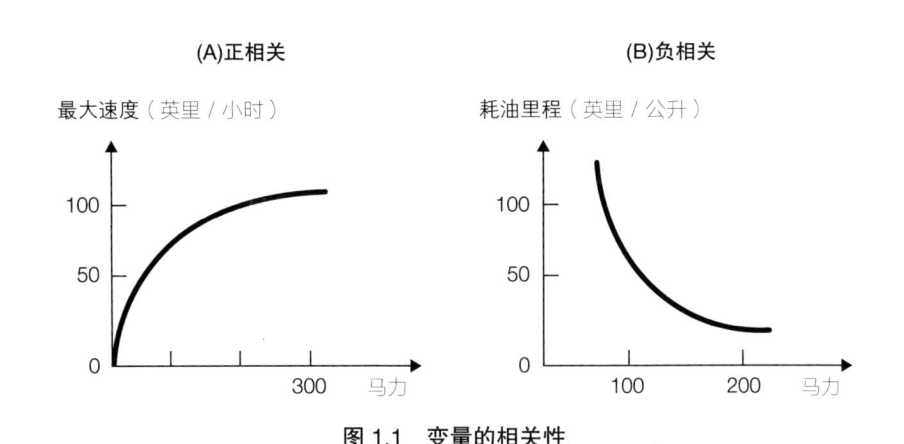

(A)正相关　　　　　　　　(B)负相关

最大速度（英里/小时）　　　　耗油里程（英里/公升）

图1.1　变量的相关性

图(A)说明正相关的情形。当横轴的变量（马力）增加时，纵轴的变量（最大速度）增加，曲线从左下方向右上方延伸。

图(B)说明负相关的情形。当横轴的变量（马力）增加时，纵轴的变量（耗油里程）减少，曲线从左上方向右下方延伸。

"若一个变量的值会随着另一个变量的值增加而减少，这两个变量之间是负相关的关系。"

例如，在设定的行车状况下，耗油里程会随着汽车马力的增加而减少。在图1.1的(B)图中，横轴仍然代表马力，纵轴则代表耗油里程。由于耗油里程会随着马力的增加而减少，因此所描绘出来的图形是下降曲线。

"当两个变量是负相关时，描绘它们之间的关系曲线是下降曲线。"

（三）应变量与自变量

在两个变量的关系中，其中一个变量是"自变量"(independent variable)，另一个变量是"应变量"(dependent variable)。

"自变量的值改变会造成应变量的值改变。"

引擎马力的增加会使汽车的最大速度随着增加，也使耗油里程随着减少。在这两个例子中，引擎马力是自变量，而另外两个变量："最大速度"与"耗油里程"，是随着马力的改变而改变，因此它们是应变量。

经济分析的目的之一，是找出可以解释某些特定应变量的自变量。例如，哪些自变量能够解释通货膨胀、失业、储蓄或投资等变化？在许多情况下，决定何者是自变量与何者是应变量是不容易的，因为某些变量相关（它们彼此互相影响），而在某些情况中，它们之间并无因果关系。

（四）构图的原则

曲线是上升还是下降，我们一看便知，但是要了解图形所表示的内容则必须仔细研判。要能够正确了解图形的内涵，则必须了解图形是如何构成的。

表1.3所列数字说明了打字时间与打好页数之间的数量关系。假设已知它们之间的关系是每5分钟打好1页，那么，15分钟可打好3页，20分钟可打好4页……以此类推，0分钟当然只能打好0页。

表 1.3 打字时间与打好页数之间的关系

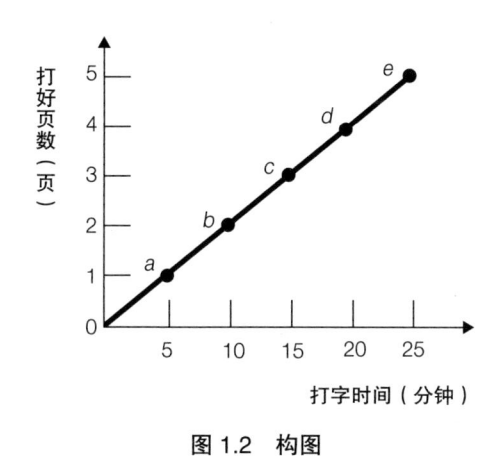

	打字时间 X 轴（分钟）	打好页数 Y 轴（页）
	0	0
a	5	1
b	10	2
c	15	3
d	20	4
e	25	5

图 1.2 构图

根据这些资料，经由 4 个步骤，我们可以画出图 1.2。

步骤一：

在作图纸上，画出互相垂直而交于原点的纵轴（垂直线）与横轴（水平线）。原点标示为 0，纵轴标示为 Y，而横轴标示为 X。

步骤二：

横轴代表打字时间，以间隔 5 分钟将横轴区分为若干等份，并且在横轴下方标示"打字时间"。

步骤三：

纵轴代表打好页数，以间隔 1 页将纵轴区分为若干等份，并且在纵轴左方标示"打好页数"。

步骤四：

将表 1.3 中的每一组数据，在图 1.2 中找出应对的 X 值与 Y 值，将对应该组合的点描出来。例如，a 点表示每打好 1 页需 5 分钟这组数据，c 点表示每打好 3 页需 15 分钟这组数据。

点 a、b、c、d 与 e 完全将表 1.3 中的数据表示在图 1.2 中，因此，图 1.2 可以取代表 1.3，这也是图形的第一个优点：只要从图中看看点的轨迹，便可看出图中二变量之间量的关系。由于图 1.2 中点的轨迹从左下延伸到右上，因此，我们知道这两个变量是呈正相关的。

在这个简单且明显的例子中（表 1.3 的数据排列相当有秩序），这个优点（很快就看出正相关）可能较不明显；然而，假若表 1.3 的数据排列成表 1.4 的情况，则正相关这个优点将会较明显。

因为，如果读者花一些时间去观察这些数据，或许可以发觉这两个变量是正相关的，但是毕竟不是马上可以从表中看出这种关系。然而，我们却可以很快地从图形了解。

"图形优于表格的第一点，是用图形表示二变量间之关系比较容易了解。"

假设除了表 1.3 的资料之外，还有其他的打字时间数据，如 6 分钟、13 分钟、24 分 25 秒等，则我们必须用较大的表来列示这些数据。然而，在图形中，我们只要连接 a、b、c、d 与 e 诸点成为一条平滑斜线，便能把这些中间值都包括进来。因此，图形优于表格的第二点在于大量的数据以图形表示优于以表列示。

"图形优于表格的第二点，在于大量的数据以图形表示比用表列示有效。"

表 1.3 与表 1.4 的数据显示打字时间与打字页数间的关系，这个关系描绘如图 1.2。然而，这个关系可能会随着影响打字速度因素的改变而改变。假设表 1.3 的数据是使用手动打字机的情形，如果打字员改用 IBM 的电动打字机，则他每分钟可打好 2 页而不再是 1 页，这个关系就改变了。这两个关系均描绘在图 1.3 之中。因此，若影响打字速度的因素改变（如打字机的性能好坏），打字时间与打好页数之间的关系也会随着改变。

表 1.4　打字时间与打好页数之关系（数据重排）

	打字时间 X 轴（分钟）	打好页数 Y 轴（页）
b	10	2
a	5	1
	0	0
e	25	5
c	15	3
d	20	4

经济学家经常会遭遇变量间关系改变的情况，因此了解图形的变动是相当重要的。

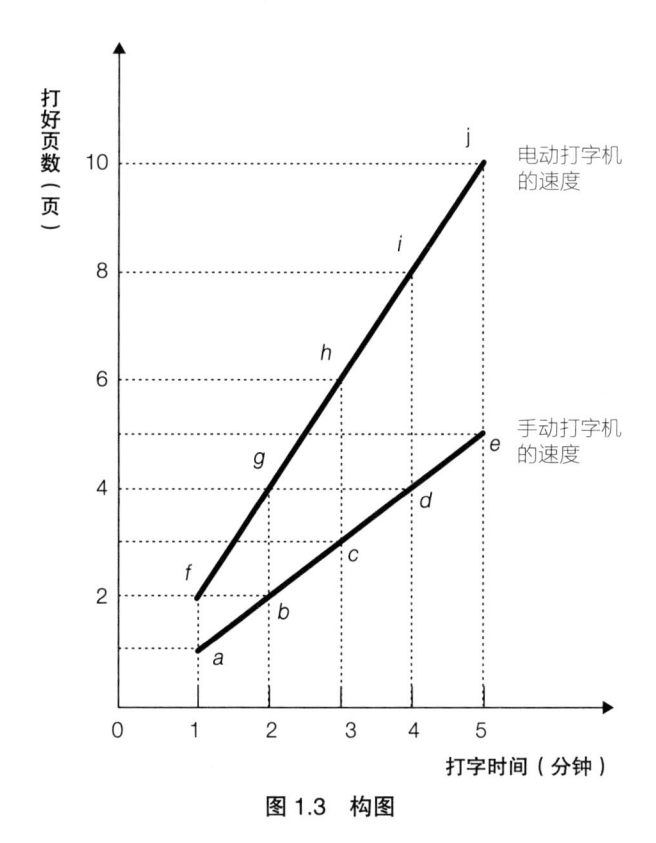

图 1.3　构图

斜线 abcde 表示用手动打字机时，打字时间与打好页数之间的关系。而较高的斜线 fghij 则表示用电动打字机时，打字时间与打好页数之间的关系。从图中可以发现，改用电动打字机以后，打字速度提高了。

（五）了解斜率

两个变量间的关系是以连线的斜率表示，不了解斜率，便无法了解许多经济学的中心概念。

斜率表示一个变量对另一个变量变动的反应。以上述打字的例子来说，用手动打字机每 5 分钟打好 1 页，也就是说每 1 分钟打好 1/5 页，则 *abcde* 线的斜率是每分钟 1/5 页。

为了能正确了解斜率的意义，我们以图 1.4 中代表 *X* 与 *Y* 之间关系的直线来说明。在图 1.4(A) 中，当 *X*=5 时，*Y*=3；当 *X*=7 时，*Y*=6。假设变量 *X* 的值从 5 单位变到 7 单位，则变量 *Y* 从 3 单位增加到 6 单位。

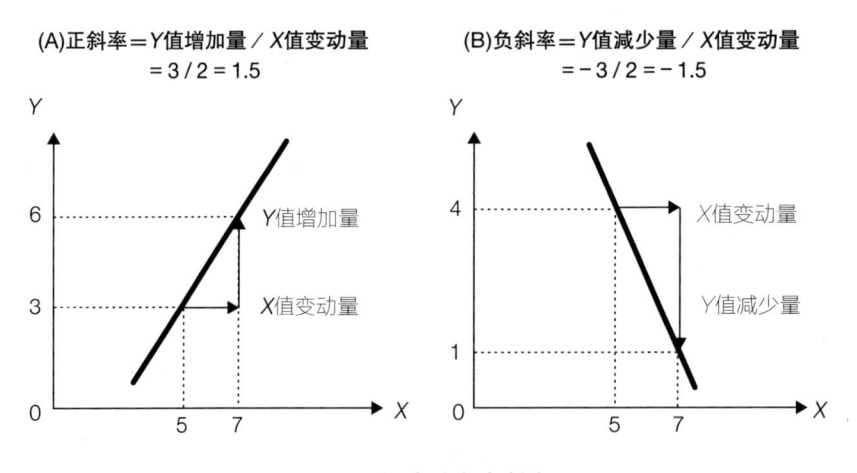

(A)正斜率＝Y值增加量／X值变动量
＝3/2＝1.5

(B)负斜率＝Y值减少量／X值变动量
＝−3/2＝−1.5

图 1.4　正斜率与负斜率

正斜率是由 Y 值增加量与 X 值变动量之比值来衡量，如图 (A) 中，Y 值增加 3，X 值增加 2，斜率为 1.5。负斜率是由 Y 值减少量与 X 值变动量之比值来衡量，如图 (B) 中，Y 值减少 3，X 值增加 2，斜率为 −1.5。

"直线的斜率是 *Y* 的变化除以 *X* 的变化所得的比率。"

图 1.4(A) 中直线的斜率是：

$$斜率 = Y的增加 / X的增加 = \frac{3}{2} = 1.5$$

"正斜率表示二变量是正相关的。"

本公式也可适用于负相关的情况。在图 1.4 中，X 从 5 增加到 7，Y 从 4 降到 1，因此，斜率是：

$$斜率 = Y的减少 / X的增加 = \frac{-3}{2} = -1.5$$

"负斜率表示二变量是负相关的。"

以 △Y 表示 Y 值的变动，以 △X 表示 X 值的变动，则：

$$斜率 = \frac{\triangle Y}{\triangle X}$$

本公式适用于正相关与负相关。

再回到打字的例子，打字时间与打好页数之间关系的斜率是多少呢？当打字时间增加 5 单位（△X=5），则打好的页数增加 1 单位（△Y=1）。因此，斜率是

$$\frac{\triangle Y}{\triangle X} = \frac{1}{5}$$

在图 1.2、1.3 与 1.4 中，点的轨迹均呈直线，这种关系叫做直线关系。然而好学的读者一定会渴望知道，当 X 与 Y 之间呈曲线关系时，斜率该如何衡量？

图 1.5 是曲线关系的例子。当 X 从 2 单位增加至 4 单位时（△X=2），Y 增加 2 单位（△Y=2）；在 a 与 b 之间斜率是 2/2=1。然而，在 a 与 c 之间，X 从 2 增加到 6（△X=4），Y 增加 3 单位（△Y=3），斜率为 3/4。在曲线的情况下，斜率的值随着 X 的改变而改变。在 b 与 c 之间，斜率是 1/2。因此，斜率沿着曲线的移动而改变。在直线关系的情况中，斜率的值不会随着 X 的改变而改变，因为它是常数，不会随着点的移动而改变。

曲线关系没有单一的斜率，也没有单一的方法来衡量斜率，斜率可以在两点之间衡量（如 a 与 b 之间、b 与 c 之间）或在某一特定点衡量（如点 a）。到目前为止，在某一点衡量的斜率随着 X 值的变化量而定，因此必须采用某个统

一的标准，以免产生混淆。这个标准就是用切线来决定曲线关系上某一点的斜率。

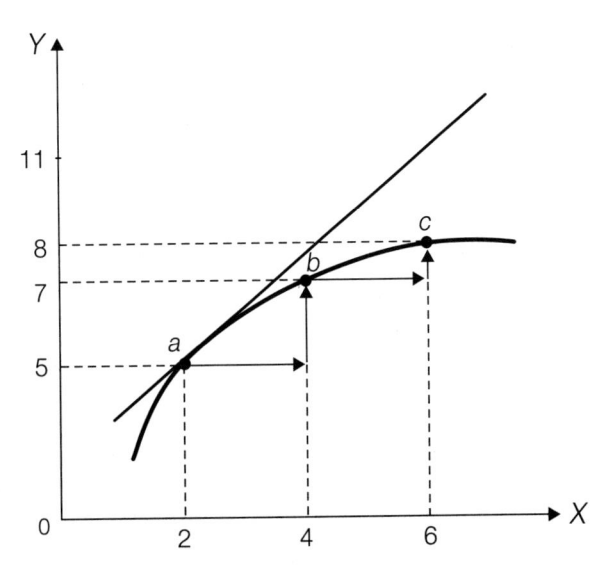

图1.5 曲线关系图的斜率计算

由Y值的增加与X值的变动之比值，可算出a与b之间的斜率为1，a与c之间的斜率为3/4，b与c之间的斜率为1/2。a点的斜率，则是通过a点的切线的斜率，为3/2。

为了计算a点的斜率，将X的变动量设定为无限小，小于4、2、1/2或其他任何单位。无限小的变动是很难想象，但是，在图形上可简单地通过a点的切线来表示。

"切线是与曲线只相交于一点的直线。"

若曲线在a点确实是弯曲的，则只有一条直线与曲线交于a点而且只交于a点，其他的线一定会与曲线交于两点或不相交。通过a点的切线描绘在图1.5中。

曲线关系在某一点的斜率，是用通过该点的切线斜率来衡量：

"在曲线关系中，曲线上某一点的斜率，是通过该点切线的斜率。"

通过a点切线的斜率是以Y值变动量除以X值变动量所得的比率值来衡量。由于切线是一条直线，斜率值不因X值变动量的不同而不同。当X从2增加到4($\triangle X=2$)，Y从5增加到8($\triangle Y=3$)，斜率为3/2；当X从2增加到

6($\triangle X=4$)，Y 则从 5 增加到 11($\triangle Y=6$)，斜率仍为 3/2。

图 1.6 说明具有不同的最高点或最低点的两条曲线。在图 (A) 中，当 X 小于 6 时，X 与 Y 之间是正相关的；当 X 大于 6 时，X 与 Y 之间是负相关的。图 (B) 则与图 (A) 相反，当 X 小于 6 时，X 与 Y 之间是负相关的；当 X 大于 6 时，X 与 Y 之间则呈正相关。注意到当斜率从正值变为负值时（反之亦然），曲线斜率为 0，亦即当 X 等于 6 时，与这两条曲线交于此点的切线是一条水平线，Y 值不随 X 值的变动而改变。

"在曲线关系中，当曲线斜率等于 0 时，Y 值为极大值（如图 A）或极小值（如图 B）。"

在决定厂商如何使利润最大或成本最小时，经济学家相当关注关系式的极大值与极小值。例如，假设 (A) 图中，X 表示某公司 2017 年的电视机产量（每个单位表示 1 万台），Y 表示该公司生产电视机的利润（以 10 万元为单位）。根据该图，该公司会把生产量定在 6 万台，因为生产该数量的电视机，会使该公司的利润最大。

假设 (B) 图中，Y 表示该公司的生产成本，X 仍然表示电视机产量，则当产量为 6 万台时，该公司的生产成本最小，亦即生产量定在 6 万台时，生产每一台电视机的成本最小。

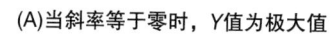

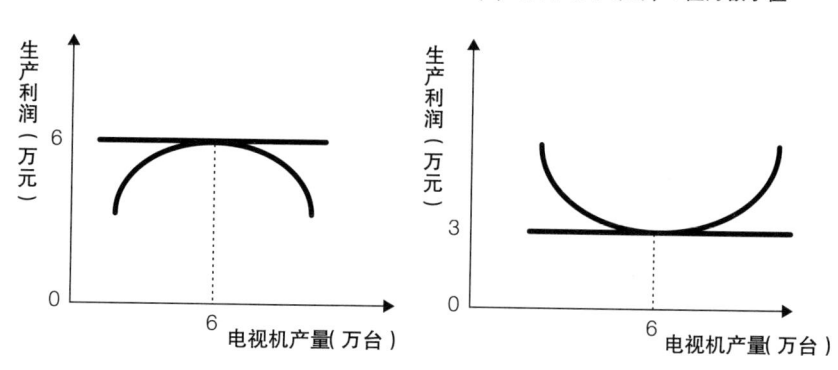

图 1.6 最高点与最低点

某些曲线关系中的图形会改变方向。在图 (A) 中，当 X 值等于 6 时，对应的 Y 值是极大值；在图 (B) 中，当 X 值等于 6 时，对应的 Y 值是极小值。在这两个例子中，极大值与极小值都发生在斜率等于零的时候。

（六）图形使用时的陷阱

正确使用图形，有助于对经济现象的了解。然而，图形也可能被误用而导致错误的判断。在西方社会的政治竞选活动中，执政党通常以各种数字与图表来说明经济是如何繁荣，而竞选对手则又以其他数字及图表来说明国家经济是如何糟糕。

因此，了解图形时要能够有独立的判断是相当重要的。现在再提出使用图形时有3个容易产生的陷阱：1.斜率的混淆；2.不正确的资料衡量；3.非代表性资料的运用。

1. 斜率的混淆

曲线上升或下降的陡峭程度可能会造成对二变量间关系产生误解，因为斜率会受坐标轴刻度大小的影响，而且斜率的数值也会受衡量单位大小的影响。

2. 错误的衡量

错误的衡量不是指单纯的计算错误（20只鸡数成15只鸡），它包括了许多错误。一个变量可能外表上看来是衡量某一事物，可是实际上却是衡量另一事物。错误的衡量通常是隐微而不易察觉的，因此阅读图形时，必须格外小心，以免误用。

经济学中，在时间序列图形中最常碰到的错误的衡量是：(1) 因物价膨胀因素所扭曲的衡量；(2) 因增长因素所扭曲的衡量。一个时间序列图形中，水平的 X 轴用来衡量时间（以月、季、年、10年等为单位），垂直的 Y 轴则用来衡量随时间变动的变量。

物价膨胀因素所扭曲的时间序列可以通过下面的例子来说明。今天的美国工人比3年前更富有，净收入从来没有这么高过。我们不能只拿货币所得来衡量工人收入，必须把物价上升的因素剔除。如果剔除以后，工人的"实际工资"比3年前低，这就说明这种错误的衡量是由于物价膨胀所扭曲的。

解释时间序列图形时，我们也必须小心增长因素所可能造成的扭曲。用电消费的衡量是容易受成长因素所扭曲的一个例子，比方说，从1990年到2014年之间，中国用电消费增长805.0%，但其中有一些消费的增加是因为人口增长所导致。在扣除人口因素后，在同一期间内，中国人均用电量的增长率为531.8%。

为了避免时间序列图形的错误解释，可以采用两种方法：(1)仔细区别含有与不含有"物价膨胀"因素的图形；(2)用"平均每人"为单位的数字来表示，或用"百分比"的图形来表示。

3. 非代表性资料

使用图形的另一个陷阱是非代表性的或不完全的资料。以图形来表示两个变量间的关系时，其关系的正负方向依所选的时期而定。例如，近年来俄罗斯的农作物收成波动非常大——在几年的丰收之后跟着是几年的歉收。若我们选取丰收的一年当做图形的起始年，歉收的一年当做图形的最后一年，则所得到的俄罗斯农业方面的表现一定是呈现逐渐恶化的情形；相反，若是选取歉收的一年当起点，丰收的一年当终点，则所得到的图形一定会显示出农业收成逐年好转。因此，图形表示的关系会受所选取的观察期间影响，偏颇的观察者可能会把他们对事实的误解用图形呈现给读者，使读者产生混淆的观念。

（七）综合说明

1. 图形可以清晰地表示两个变量间的正相关或负相关的关系。

2. 若一变量的增加会造成另一变量的增加，则这两者之间是正相关的关系；相反地，若一变量的增加会造成另一变量的减少，则这两者之间存在负相关的关系。

3. 在某些以图形表示的关系中，一个变量可能是自变量，而另一个变量可能是应变量。但是，在某些情况下，要区分哪一个变量是自变量，哪一个变量是应变量，并不容易。

4. 直线的斜率是 Y 值的增加量除以 X 值的增加量所得到的比值，曲线上某一点的斜率是通过该点与曲线相切的切线的斜率。当曲线的斜率随着 X 值的增加而由正值变为负值时，则在斜率值等于零时，Y 值是极大值；相反，当曲线的斜率随着 X 值的增加由负值变为正值时，则在斜率值等于零时，Y 值是极小值。

5. 使用图形必须避免 3 个陷阱：衡量单位的选择会影响曲线的陡峭程度或平坦程度；变量可能会受通货膨胀因素的扭曲或增长因素的扭曲；忽略了部分资料或不完整的资料，均会造成对两个变量间关系的误解。

经 济 名 词

经济资源	稀少性	选择
个体经济学	总体经济学	实证经济学
规范经济学	自利行为	理性行为
会计成本	机会成本	比较利益
绝对利益	分工	专业化
市场经济体制	计划经济体制	价格体系
自由竞争	正相关	应变量
自变量	斜率	

讨 论 问 题

1. 什么是实证经济学？什么是规范经济学？请分别各举出二例说明之。

2. 何谓机会成本？有一位知名的政治人物离开他的政党及政治舞台，创办一家民营电台，试图开创另一个春天。试说明他的机会成本可能为何？

3. 请问比较利益是否必然存在？你可以举出一个比较利益不存在的例子吗？

4. 有人说："自利行为是本我的表现，利他行为是超我的表现。"请举二例说明利他行为的表现。请仔细思考，并说明为什么它们是利他行为，而不是自利行为？

5. 试举例说明两个变量之间的正相关，并以图形表示。

6. 试求出以下两点的斜率：

(1) $A(0,1)$，$B(1,-1)$

(2) $A(1,3)$，$B(-3,1)$

7. 试求出使下列平均变动成本曲线 (AVC) 与边际成本曲线 (MC) 达到极小值的产量：

(1) $AVC=10-2q+q^2$

(2) $MC=5-q+q^2$

8. 请说明使用图形必须避免哪些陷阱。

9. 请比较价格体系在市场经济体系与计划经济体系中所扮演的功能。

10. 你觉得人类行为可以预测吗？个人的行为呢？群体行为与个人行为，何者比较容易预测呢？

11. 在"沈嘉宜的咖啡店"案例中，我们还忽略一项重要的资源，即沈嘉宜本身工作所应得的薪资。假设沈嘉宜不卖咖啡，而去上班，每个月的收入估计可以有30000元。请问这时沈嘉宜卖咖啡的机会成本又是多少呢？

第二章

经济知识的重要性与分享

★ 经济学是什么?
★ 大家关心的经济问题
★ 经济知识的普及
★ "文科中最老,科学中最新"的学科
★ 经济学家为什么意见不同?
★ 经济学家的可信程度

> "一个已经摆脱经济落后的社会,是不允许有经济文盲普遍存在的!"
>
> ——高希均
>
> "经济学家与政治哲学家的观念,无论对错,都远较一般人所认知的有影响力。这个世界甚少受其他人的统治。负实际责任的人尽管认为不太受知识分子的影响,但通常都是某些已故经济学家的奴隶。"
>
> ——凯恩斯

一、经济学是什么?

亚当·斯密认为经济学是"财富之学",着重在研讨一国财富的本质、原因及外在因素。

另外一位英国经济学大师马歇尔(Alfred Marshall)认为经济学是"日常生活中对人的研究"。

其他常见的定义则包括了:

——经济学是研究如何改善社会。
——经济学是对人类生活中日常事物、赚钱,与享受生活的研究。
——经济学乃是对人类如何安排其消费与生产活动的研究。
——经济学(或是政治经济学)乃是对人与人之间交易活动的研究,这些活动可能涉及货币,也可能不涉及货币。

另外一个周延的定义是萨缪尔森(Paul A. Samuelson)教授所提供的:

经济学是研究人类与社会如何"选择"——使用或不使用货币——具有不同用途的"稀有"生产资源,生产不同的货物以供社会中不同的个人与团体目前或未来的消费。经济学分析并且改善资源分配形态的成本与效益。

但是最被大家使用的一个定义可能是:

第二章　经济知识的重要性与分享

经济学是一门学问，研究人类如何选择使用有限的生产资源以生产不同的货品，来满足几乎无穷尽的欲望，并将之分配给社会中不同的成员。

"生产资源"包括了土地、劳力、资本、技术、知识等；"不同的货品"指小麦、牛肉、衣服、游艇、音乐会、公路等。

从经济学的应用观点来看，它包括了：

（一）人力与自然资源的应用；（二）价格的决定；（三）收入的分配；（四）经济增长的维持与增进。从这个研究范围就可以演绎出社会大众所要追求的经济目标，如充分就业、物价稳定。

再从经济学的研究角度来看，它可以分为：（一）经济理论的探讨与发现；（二）经济学研究方法的改进与经济因素的测度；（三）经济政策的提供与评估；（四）经济史的演绎与现实的关联。这四者彼此之间自然是相辅相成的。

近四十年来经济学发展迅速、分类细密，一方面是受了现实问题的冲击——产生了人力资源经济学、都市经济学、医疗经济学等新的学科；另一方面是由于经济学工具的进步——统计、数学、计算机等的运用加速了计量经济学、投入产出关联、预测模式以及大数据应用等的发展。根据美国大学授予博士学位的经济系所开设的专修科目，经济学细分成21项(field)：一般经济理论，经济思想史，福利经济学，计量经济与数理经济，经济历史，经济发展与计划，比较经济制度，货币、信用与银行，商业循环，公共财政，商业财务，工商管理与管理经济学，运销与会计，工商组织，国际贸易与财务，劳动经济学，农业经济，经济地理，区域与运输经济学，人口与移民经济，福利计划与社会安全。（请注意在这一分类中，人力资源包括在劳动经济学内，都市经济包括在区域与运输经济学内。）

经济理论与现实问题的结合，使得经济学的探讨及一国的经济目标彼此愈来愈配合。今天经济学理的探讨就是一面要不断发掘及改进经济理论，使其更能解释人类的经济行为，另一面是不断修正预测经济行为的工具，使经济制度的表现更趋于完善。萨缪尔森教授曾说过："如果有人认为'这在理论上成立，但实际上不能成立'，那么这个人所指的理论显然是'不相干的理论'，这些不相干的理论可以扬弃。"

经济学家笔下的"爱的故事"

当经济学家用专门术语来讨论"家庭之爱"的时候,几乎没有人能了解他们在谈什么。

下面的故事取材自《美国新闻周刊》,简化后是这样的:

有些经济学家认为,父母与子女间的爱会影响家庭一生的经济状况。因此,布朗大学的经济学家格罗斯曼(Herschel I. Grossman)教授,就以一个繁杂的数学方程式来解释整个的家庭经济生活。这道方程式是:$U_t = V(C_t^1, C_t^2, C_{t-1}^1, C_{t-1}^2, C_{t+1}^1, C_{t+1}^2)$,内容可说是应有尽有,包括坐云霄飞车和吃汉堡的花费、猛涨的学费支出、成年子女汇给退休父母的养老金、父母的遗嘱等。

格罗斯曼将他的论文命名为《家庭之爱与跨时最适性(intertemporal optimality)》。这篇20页的文章是以专业经济学家为对象的工作报告,而对一般外行人来说,就恰似一团充满经济学术语和数学符号的迷雾。格罗斯曼的主要结论用经济学术语表示是"利他的'效用函数'可以提高'跨时效率'……但利他主义也会造成'外部性',这表示满足了效率的条件,但仍不能保证达到'跨时最适性'"。

拨开了术语的迷雾,他的结论可以用两句话简单明了地概括:"子女爱父母。父母也爱子女。"

从这个"爱的故事"中,读者希望经济学家在讨论大家关心的议题时,能够发挥爱心,"少用术语,多讲人话"。

二、大家关心的经济问题

就生活上、工作上的体验而言,我们可以列举一些大家关心的经济问题:

——今后哪些工作及职业为社会所需?待遇如何?

——为什么会有财政赤字?如何减少这些赤字?

——为什么物价会上升?物价管制有效吗?

——为什么失业人数会增加？什么才是有效的对策？

——为什么薪资长期停滞？政府该有的因应之策？

——为什么房价这么高？政府是否应该有所作为？

——当公害发生时，政府应该如何处理？

——贸易逆差可怕吗？采取保护措施是否有效？

——运用哪些经济原则，私人企业的利润可以达到最大？或者损失可以降到最低？

——面对剧烈变化中的国内外情势，政府在经济职能上到底要扮演什么角色？

——一个国家如何可以长期维持竞争优势？

诺贝尔经济奖得主萨缪尔森（已过世的美国麻省理工学院教授）曾经语重心长地写过："没有受过一些经济训练的人，对一国经济问题要思考都无从思考起，就如聋者要去欣赏交响乐一样。给他一个助听器，他可能仍然缺乏足够的才华，但至少可以意识到音乐究竟是怎么一回事！"

这是一个很坦率而正确的观察，当社会大众关心经济问题时，经济学家能做的贡献正如助听器一样！

三、经济知识的普及

生活在现代的社会中，我们经常听到与读到许多与经济有关的名词，如国民生产总值、外汇储备、货币升值、预算赤字、社会福利等。因此每一个人虽不一定受过经济学的训练，但都时时刻刻在接触经济问题，呼吸着"经济的空气"。

经济起飞只要干劲，经济增长却需要智慧。智慧的一部分就包括了人民要有丰富的经济常识，决策者要有充分的经济知识。

经济常识，是指一般民众对国计民生问题具有概括性的了解，这主要靠大众媒体来传播。它可帮助民众去选择职业、消费、投资及处理其他财务方面的问题，还可帮助民众来了解政府的经济政策。

另外一方面，如果消费者缺乏经济常识，就容易变成任由企业摆布的购买者，社会上就会更容易出现商业道德的低落、夸大失实的广告及质量低劣的商品。市场上最需要厂商间强烈的竞争与消费者严格的要求。

如果生产者要降低成本，追求利润，消费者要用钱得当，满足欲望；而站在总体经济立场，财经政策又要谋求经济繁荣与物价稳定，那么经济知识的普及毋宁说是一个必要的条件。

图 2.1　阅读经济杂志书刊使经济知识日益普及

经济知识是指对经济问题或现象有解释、分析及预测的能力。经济知识是领导阶层、工商界人士、知识分子、舆论领袖们应该具有的。

在我们社会，经济知识正逐渐普及中：

——大学课程中经济学已逐渐成为一门公共必修课，成人大学也传授经济学。

——有关经济新闻的报道与分析已为大众传播工具所重视。

——讨论经济（金融、投资、股票市场等）问题的一般性与专门性杂志与书刊以及电视节目迅速增加。

在西方国家，没有一个著名的学府没有经济学系，没有一个中央机构或大公司没有经济学家的参与，没有一个总统不倚重他的经济顾问。

但是我们研习经济的人不能不思考：尽管经济学过去的成就很可观，但是在现代社会中，这么多未解决的问题可使这些成就显得渺小。

在现代社会中，大家都参与经济活动，大家也都无法避免受经济波动的影响。经济学理帮助我们对许多重要问题，建立起正确的观念。虽然经济学并不一定可以提供一组保证有效的定律，但确能提供一套系统化的思考方式与一些有用的工具，以协助我们了解并应付许多经济问题。

每一个人都应当具备做一个现代人应有的一些经济知识。一个在进步中的社会，怎可仍背上经济文盲的包袱？

四、"文科中最老、科学中最新"的学科

经济学的基本原理不如一些人想象中的那么艰深。另一方面，经济政策也不如一些人所夸大的那么混乱。

经济学理有它的贡献，但也有它的限制。经济学的主要贡献就是人类可以运用这些学理，设法使有限的资源来满足大家近乎无穷的欲望。没有这一运作，人类所面临的问题如贫穷、失业、物价上升或资源误用将更严重、更恶化。

经济学理运作时的重要限制是人类的经济活动错综复杂，同时影响经济活动的因素有些无法控制（如气候）、有些无法预测（如战争）、有些经常在改变（如消费者偏好）。因此在实际操作时，不论经济预测还是经济政策，常常不能尽如人意地立刻解决经济问题。这也就是在说：经济原理虽不能解决所有的经济问题，但没有它，一切会更糟。

这一门"文科中最老、科学中最新"的学问从1776年英国的亚当·斯密发表了《国富论》一书以后，就变成了一门受人重视的学科。历经了两百余年的发展，现在它已经变成了众所公认的经济科学。

1930年代的经济大恐慌使经济学受到了前所未有的重视。凯恩斯 (John M.

Keynes)1936 年的《就业、利息与货币的一般理论》加快了经济学科的起飞。在以后的 60 年中，经济学中需要统计与数学的知识愈来愈多，分类愈来愈细密，其对社会的影响也愈来愈大。1969 年增设诺贝尔经济科学奖更确定了它的学术地位。

可惜自 1973 年第一次世界性能源危机产生之后，世界各国出现了物价上升与失业率上升相互并存的现象。这一共存的现象使经济学家受窘，因为他们既没有很周延的理论来解释，也缺少有效的经济对策。

1977 年 11 月，《华尔街日报》一篇社论的第一段就这样幽默地讽刺经济学家："我们可以这样说，拿破仑早年执政时，法国经济繁荣的秘诀是他轻视经济学家。我们也可以这样说，当前法国总统之所以有这么多经济与政策问题，正是因为他任命了一位经济学家担任内阁总理。"

如果，我们同意已过世的明尼苏达大学海勒教授 (Walter Heller，曾任肯尼迪总统首席经济顾问) 的话："1960 年代是经济学家的巅峰年代。那么，在一般民众心目中，1970 年代是他们的声望濒临破产的时代。"进入 21 世纪之后，又在 2009 年爆发全球金融海啸，现在来讨论现代经济观念，就更增加了大家的警惕之心。

五、经济学家为什么意见不同？

20 世纪 80 年代初期，蒋硕杰与王作荣两位教授一度对经济政策进行热烈的争辩，引起了学术界与一般社会人士莫大的关切。蒋、王二位都是海内外备受尊敬的学者，两位对财经决策都有深远的影响力，两位都热爱家乡，两位都有学者的独特性格，希望经由他们的讨论，大家对经济问题与经济决策予以更大的关切。但是在一般读者心目中，不免要问为什么经济学家意见不同。

尚未解答这个问题之前，我们应当首先了解：

1. 对一个问题——不论是经济的、政治的或社会的，有不同的意见，乃是一个社会正常与健康的现象。在"真理愈辩愈明"的前提下，这是社会进步的一大动力。

2. 当经济学家在公开场合发表言论时，常强调他"独特"的见解，这在无形中，增加了经济学家之间意见的不同。

3. 经济学是一门社会科学，牵涉到人、社会、经济制度以及无数主观及客观的因素。它虽然用科学的方法来验证一个理论或学说的可靠性，但它不能像自然科学在实验室里研究那样细密及严格。

此外，经济学说建筑在"其他因素不变"的假定上；当经济学家在讨论问题时分别做了不同的假设，就会产生不同的结论。

有了上面概括的说明，我们进一步分析经济学家意见分歧的原因。这可分成下面 7 项来讨论：

1. 经济目标优先次序 (priority) 的评价。一般学者都同意 6 个经济目标：充分就业、物价稳定、高度经济增长、收入分配趋向公平、增加人民经济安全感以及提高生活素质。但是有些目标是相互竞争或冲突的。例如，当充分就业与物价稳定不能兼顾时，"何者为先"的决定就必然会产生不同的意见。

2. 对经济政策效果的评价。由于一个经济政策，受其他因素影响（如美元贬值），也影响其他因素（如外销），其预计的效果常不一致。大体上评估一个政策的效果，应建立在客观的、科学的判断上，随着统计资料的充实与预测技术的改进，这种性质的争论可望减少。

3. 对经济措施与应采取步骤的看法。要达成某一经济目标或实行某一经济政策，常可采用不同的措施或步骤。以稳定物价为例，政府可以提高税收、减少支出、管制物价、限制出口、鼓励进口，中央银行也可以减少通货、提高利率。这些不同的措施以及各种政策的配合（所谓 policy mix），会产生各种不同的"副作用"。经济学家衡量各种不同的因素后，自会产生不同的意见。

4. 时间因素的干预。一个重要的经济政策所产生短期及长期的影响常常截然不同。管制物价短期常有效，长期则一定导致黑市及供给短绌等不良影响。另有些政策，长期才见效，如增进一国的经济生产力。另有些短期可见效，如减少某一年所得税来刺激经济。所谓长期短期，是一个相对的观念，并不能以一年、两年这种期限来区别二者。

5. 统计资料的运用与解释。经济学者常以不同的资料（如不同的时间数列、基期）讨论同一个问题，引起随之而来的混乱。即使使用完全相同的资料，也常会产生不同的解释（如数字间的因果关系、长期趋势、短期波动）。更由于计算机及计量经济学的普遍运用，经济模式变成了一个主要的统计分析工具。但是，经济模式的建构与假设本身也常引起争论。几个推论可以同时成立。此时只有等待更多的实证研究。

6. 非经济因素的考虑。有些较"实际的"经济学者提出某一论点时，已把政治、社会、文化等因素考虑在内。有些较"理想的"学者则只从"经济本位"的观点出发。非经济因素，包括了立法机构的意向、舆论、执政党政纲、社会习俗、传统、一般人民的价值观念及国际关系等。经济学者与执政当局对经济政策意见的不同，常是受非经济因素的影响所致。

7. 主观的价值判断。经济学者无法避免其主观上的价值判断。这个价值判断，受他自己的家庭背景、学历、经历、政党意识及其他因素的影响。当经济学者受其自身价值判断发表言论时，他有义务要指出这点，以保持其原有的客观性与独立性。

上面的讨论，希望读者能了解为什么经济学家意见时常分歧。也许英国经济学家罗宾生夫人的话一语道破了经济学家之间的争论。她在1937年时写过："经济学上的争论一直不停，并不是因为经济学家比其他人少才智或者脾气怪，而是因为争论的主题常常引起强烈的反应。"

经济问题本身确实错综复杂，当前大家对这些经济问题的常识与知识尚感缺乏，因此，如何提高我们的经济常识与知识水平，乃是加速现代化过程中必不可缺的一部分。

大多数经济学者同意的经济观点

（以及美国学者同意各项观点的百分比）

1. 房屋租金设定上限管制将会降低住宅的数量与质量。(93%)

2. 征收关税与设置进口限额会降低一般民众的经济福利。(93%)

3. 采行浮动汇率可以提供一个较有效的国际货币安排。(90%)

4. 财政政策（包括降税与增加政府支出）在一个没有达到完全就业的市场中，将可以产生显著的刺激效果。(90%)

5. 美国政府不应该限制企业主把一些工作外包给外国人去做。(90%)

6. 经济增长在发达国家将可带来更多的人民福祉。(88%)

7. 美国政府应该减少对农业的补贴。(85%)

8. 一个合理设计的财政政策将可以增加长期的资本累积。(85%)

9. 地方政府应该减少对职业运动的补助。(85%)

10. 如果联邦政府要维持财政平衡的话,应该是维持在一个景气循环期内的平衡即可,不需要每年都维持平衡。(85%)

11. 如果目前的政策维持不变的话,50年之后,社会安全基金的收支不平衡将会扩大到无法营运。(85%)

12. 现金补贴比实物补贴可以带给被补贴者更多的利益。(84%)

13. 过大的财政赤字将带给社会负面的效果。(83%)

14. 收入再分配是美国政府应该要扮演的角色之一。(83%)

15. 造成通货膨胀的最主要因素在于货币供给过多。(83%)

16. 美国政府不应该禁止基因改造的谷物。(82%)

17. 提高最低工资会增加年轻和非技术工人的失业。(79%)

18. 美国政府应该重新修改"负所得税"的福利制度。(79%)

19. 污染税与污染交易许可证对于污染防治的效果会比直接管制来得好。(78%)

20. 美国政府对于乙醇(酿酒原料)的补贴应该减少或完全取消。(78%)

资料来源:N. G. Mankiw (2015), *Principles of Economics*, Table 1, P 36, Cengage Learning Asia Pte Ltd, Taiwan Branch.

六、经济学家的可信程度

1973年冬天,第一次能源危机发生后,美国大众媒体对经济学家有这样严厉的指责:"在当前经济问题错综复杂的情形下,我们的第一号公敌不是物价膨胀,也不是失业。这项'荣誉'应归功那批致力于解释经济活动、被称为经济学家的人。在现代行业中,从未见过信誉如此狼藉的一行。"现在让我们来探讨经济学家的可信程度。

一般人怀疑经济学家的可信程度主要是基于三项相关的观察：(1) 经济预测往往错误多于正确。(2) 经济学家对于如何解释当前经济的问题，提供了不同的、有时是互相冲突的意见，结果往往是产生更多的争辩而非更多了解。(3) 经济学家无法缓解当前的各种经济问题，就是他们失败的证明。现在让我们来逐一检讨。

（一）预测原本含有可能发生错误的意义

1970 年，诺贝尔经济学奖得主萨缪尔森教授曾说过："经济预测艺术性多于科学性。"他指导的一位博士论文学生克莱恩（曾数度来中国台湾讲学），就是因为他对经济预测的贡献，在 1980 年被授予诺贝尔经济学奖。

1974 年，另一位诺贝尔经济学奖得主哈耶克则一向认为："经济学家可以观察及叙述市场上出现的一般经济形态，但是不能够对经济方向做出精确的预测。"

经济预测准确的情形确实愈来愈少了。然而，经济学是一门研究社会现象和人类经济行为交互反应的学问，我们不应当期望它能像自然科学那样地准确无误。在数学上，1 加 1 等于 2。在经济学上，物价上升 1% 却可能使需求量减低不及 1%，或刚好是 1%，或超过 1%，至于需求量随物价上涨而增加也是有可能的。这使得经济学在讲授的过程中变得生动，但学习的人却感到迷惑。

在经济学中经济预测或许是最受人瞩目，也最易为人所诟病的。若干知名的美国经济学家经常言而不中，这是众所周知的事。经济方法和计算机科学的进步，可能会减少今后的经济预测错误。然而，我们应当知道，预测原本就含有可能发生错误的意义。将来经济预测工具改进后将可减少，但不能完全消除这种危险。

如果以为经济学家只做预测，那便是低估了经济学。经济预测是研究经济统计和经济波动的一部分，它在经济学中只是一个分支，在美国经济学家中，从事经济预测的人不超过十分之一。

预测错误的主要原因是发生了逾越经济体系的意外事件，像中东和北非的难民和全球气候变迁以及随之所引起的油价与粮价的波动等等。其他引起错误的根源在于经济知识领域本身,如缺乏充分资料、假设薄弱以及估计技术有欠完善等。

预测这两个字本来是指预见、预言、预示。现在似乎还可增添"冒险"一义。比如天气,谁能肯定天气预告的正确性呢?像人们的健康,谁能担保他下个月不头痛?又如人们的存款账目,谁能预言下个月的准确结余是多少?不论任何预测——如对个人收入、盈利数额或国民总生产总值的预测——唯一可以确定的是预测都是不确定的。我们在批评经济学家对未来的经济活动趋势预测时,应对这些敢于预测的经济学家有更多的谅解和更大的耐心。

(二)经济学家的意见分歧

我们常听到著名的经济学家对当前经济问题各有不同的意见,以致一般民众大感迷惑:"连你们专家都不能意见一致,怎能期望我们这些门外汉了解?"对这个问题的大部分答案和经济知识并不十分相关。前面已经讨论过为什么经济学家意见不同,这里再强调,意见不同的主要根源在于各经济学家对价值的判断不同。一位"自由派"的经济学家可能认为5%的失业率是难以忍受的,而4%的物价膨胀率则可接受。另一方面,一位"保守派"的经济学家则可能提出完全相反的意见,认为5%的失业可以忍受,4%的物价上升不能忍受。

无知——不知道日益增强的实证研究——有时也扮演一个次要的角色。如果西方社会实证研究一再显示在领取福利金的人中,90%以上都是真正合格的,那么,那些认为福利制度被滥用而应予废弃的人就显露了本身的偏见。

此外,经济学家亦不免有自我表现意识。当他们公开谈话时,往往会强调他跟别人不同的意见——认为"独树一帜"确能引起更大的注意。同意总统经济顾问的意见不算是新闻,强烈反对这种意见才是新闻。然而正如弗里德曼教授所说的,经济学家之间对经济问题的歧见,要比他们跟非经济学家之间的歧见少得多。

(三)无法直接对经济疾病动手术

我们的社会有双重标准存在。医生即使不能治愈病人的癌症或感冒,也不会受到责难。但每当一地发生物价上涨、失业或赤字预算时，经济学家便成了代罪羔羊。我们往往忘了经济学家在制定政策过程中的任务，如医生——处方治病。但经济学家跟医生不同，他们无法对经济疾病直接"动手术"。政府、企业及个人有权接受、拒绝、修改或延搁经济学家所开的"药方"。

经济学家对当政者之不肯采取行动是不应负责的。只有当他们所开的"经济药方"付诸实施，而结果与期望相反时，他们才难辞其咎。另一方面，如果他们所提出的整套经济方案经过一再的政治妥协，以致它的幅度和影响发生变动，就不宜把责备（或赞誉）归诸经济学家。在任何政治制度或特殊利益集团的压力下，任何设计周全的经济计划都必然会变成一套政治妥协方案。如果病人擅自更改药方或拒绝吞服苦口的药片，我们应责备医生吗？医生未能治愈癌症却不致损害他们的信誉。我们不应误以为经济学家可以治愈现代的各种经济疾病。

经 济 名 词

经济学　　　　　　经济问题　　　　　　短缺
生产资源　　　　　　经济政策　　　　　　经济预测

讨 论 问 题

1. 试列举大家关心的经济问题。
2. 试述经济学的主要贡献及其运作上的重大限制。
3. 社会中生产资源有哪些？
4. 试述经济学探讨与现实问题间的关联。
5. 试由应用观点及研究角度两方面说明经济学研究的范围。
6. 请讨论现代经济社会中经济知识普及的必要性。
7. 讨论经济学者为何时常意见分歧。
8. 讨论经济学者的预测可信度。

第三章

供给与需求的运作

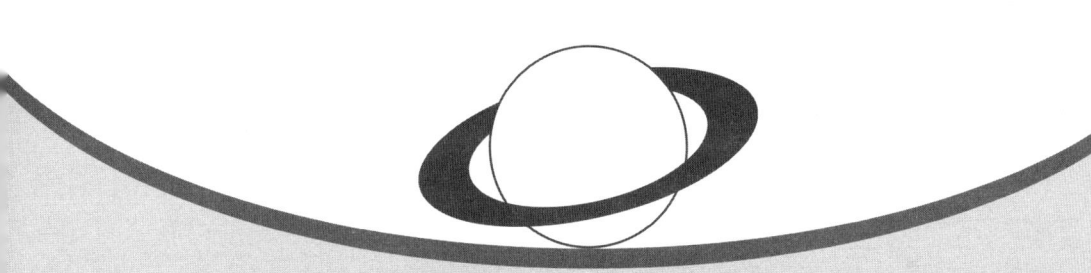

- ★ 市场与价格
- ★ 需求
- ★ 供给
- ★ 市场均衡

一、市场与价格

有一个对经济学家的著名讽刺："如果你教一对鹦鹉说出'供给'与'需求',你就创造了一位有学问的经济学者。"这个讽刺虽然流行,却未能认清供给与需求分析的复杂性。经济学者必须比鹦鹉懂得多,正如医师必须懂得比"服两颗阿斯匹灵"的处方来得多一样。

在个体经济学中,分析供给与需求的重要性,正如在总体经济学中分析总供给与总需求一样重要。

个体经济学中一个重要的探讨课题即是个别产品(或劳务)价格的决定。在以市场经济为主的体系下,产品价格是由供给与需要来决定;在管制经济体系下,产品价格是由中央政府决定。

通过市场供需所决定的价格,反映了消费者的偏好与生产者的成本。这一无形力量的决定远比少数人的决策来得更迅速与正确。"自由世界"中的经济体系之所以常被称为"市场经济"(market economy),即是因为它建筑在供给与需求这两根支柱上。

在这一章中,我们将详细讨论供给与需求的运作。让我们先从说明"自由经济体系"下的市场与价格特性开始。

(一)市场与市场的种类

在现代社会中,生产者对商品的供给与消费者对商品的需要都要通过市场。为了说明供需的运作,我们先从了解市场开始。

市场是一个为购买者及销售者交换商品或劳务所设立的安排。

市场有大有小,而且种类繁多。例如零售商店、加油站、蔬菜及水果摊贩、房地产公司、职业介绍公司、纽约的股票交易所、芝加哥的商品市场(买卖畜产品、谷类及金属)、伦敦的艺术品拍卖中心、苏黎世的黄金市场以及千种其他专门的安排,都属于广义的市场。

纽约股票交易所借现代通讯技术买进或卖出公司股票;伦敦的拍卖市场聚

集了稀有艺术品的购买及销售者；鹿特丹石油市场聚集了未签订长期契约的原油购买者与销售者；职业介绍公司集合了求才与求职者。在某些市场，买卖双方是面对面的交易（马路旁的农产品市场）；而在其他市场，买者与卖者从未见面（如股票市场）。

由上述讨论可知，市场并不一定要具有某种特定形式或固定在某一特定场所——只要有买卖双方、商品、价格，就足以形成市场。

（二）决定市场形态的因素

某一市场的实际形式决定于两个重要因素：一是所卖的商品或劳务的种类，一是商品由产地运输至销售地的成本。有些市场是地方性的（集合当地买者与卖者）；有些是全国性的（集合全国各地的买者与卖者）；其他是国际性的（集合全世界的买者与卖者）。房地产在地方性市场买卖，因为房屋及建筑不能由一地运至另一地（除非支付很高的费用）；书籍与唱片可以在全国性市场交易；纽约股票交易所则由来自世界各地的买者与卖者参与。

（三）完全市场

在讨论市场结构时，通常我们把它分成四类：1. 完全竞争 (perfect competition)；2. 垄断竞争 (monopolistic competition)；3. 寡占 (oligopoly)；4. 垄断 (monopoly)。这里我们只讨论完全竞争下的市场，称为"完全市场"(perfect market)。其他市场我们会在本书后面再仔细说明。

完全市场（或完全竞争市场）有下列五个特征：1. 市场上产品价格是相同的；2. 买者卖者对于产品的质量及价格有完全的信息；3. 有大量的买者与卖者；4. 单一买者与卖者规模都很小，所以都不能左右价格；5. 自由进出。

上述五个特征中最重要的一项是，买者及卖者所面临的竞争如此之多，以致无个人或团体能控制价格。

事实上，大多数人参与买卖的市场通常都不是完全市场，因为买方与卖方对于价格及质量没有完全的信息——相同的商品在不同杂货店中售价可能不同。如相同的房屋出售价格都不同；性能类似的药品售价不同，同一公司中资历、职责及性情相同的同事所获待遇不一；美国制造武器的公司对武器、南非对钻石、沙特阿拉伯对原油的价格都有相当的控制力。

另一方面，大规模的买方对他们所支付的价格也有一些控制力。

然而，许多商品却也在完全市场中交易，例如：股票及公债券、小麦、银、铜、金、外币、燕麦、大豆、木材、棉花、柳橙汁、可可、白金等。

参与这些市场的包括：私人投资者、商业银行、工业采购者及农业经纪商等。虽然上述各种市场中，杂货店、干洗店、加油站，不是完全市场，但在某种程度上有许多近似完全市场的功能。在这方面来看，完全市场的交易行为就是了解实际市场运作方式的指引。因此，完全市场的探讨就变成了分析经济行为的起点。

（四）价格

自由经济体系下的市场特征之一是，在市场交易过程中，买卖双方都是自愿的，没有任何形式的胁迫。在其他条件不变下，消费者决定要购买多少数量，生产者决定要生产多少数量，唯一的考量因素就是价格。

当市场上一种商品的需求超过供给时，价格就会上升，这时候供给者便有诱因去生产更多商品；另一方面，因为价格上升，买方的购买意愿及数量都会随之减少。这时候，需求与供给就会渐趋相等。

从资源使用的角度来看，当一种商品的需求大于供给时，表示市场上生产这种商品的要素投入不足，因而无法满足大多数人的欲望，因此有必要增加生产。但在一个自由市场上如何做到呢？这时候就是价格机制发挥作用的时刻了。因为在供不应求的情况下，价格会开始上升，一方面吸引更多厂商投入生产，一方面也可以抑制过多的需求，直到供需平衡为止。

换句话说，在一个市场经济体系中，我们只需要有一个能完全反应市场状况，且能自由调整的价格机制 (price mechanism) 即可。生产什么、生产多少、由谁生产、由谁消费、消费多少等诸多问题，都可以利用市场价格的调整及其中所包含的市场信息来回答上述问题。因此，价格机制（又称市场机制，market mechanism）在市场经济体系中可说扮演着最关键的角色。

二、需求

经济问题的讨论是基于欲望无穷的原则。我们想要的多，市场能提供的少。"稀少"正就是指欲望与失望之间所产生差距的一个现象。

（一）需求法则 (the law of demand)

经济学的一个重要基本法则是需求法则（或称需求律）。

需求法则说明：在其他因素维持不变的情况下，个别消费者对一种物品的价格及需求数量之间存在"负的"(或"反向的")关系。因此，如果价格降低，如其他因素维持不变，需求量将增加。在下面的讨论过程中，"其他因素不变"(ceteris paribus) 此一限制条件之重要性将逐渐明显。

"需求量"(quantity demanded) 是在既定价格的条件下，消费者准备购买的商品或劳务的数量。

需求法则告诉我们：任何产品的价格提高时，消费者将会减少消费该项产品或寻找该产品的替代品。如果汽车的价格上升，将有更多人选择搭乘公交车或步行或骑车去上班。如果茶叶的价格上涨，将有较多人喝咖啡，大量饮茶者可能每天减少一两杯而买其他清凉饮料。

当商品价格上升时，一个普遍的倾向是消费减少或用别的商品来替代。较高的价格会抑制消费，当价格上升过高时，有的人可能甚至拒购。随着价格的上升，实际购买者可能减少，因为有的人转换至其他商品。

一商品价格上升时，人们通常倾向于购买较少的数量，因为他们觉得较以前为穷。

若某人以 70 万元台币买新车，如价格增至 75 万元，他就需要额外的 5 万元来维持原有的生活水平。车价增加 5 万元，好像使他变穷了。

需求法则中的"需求"(demand) 不宜与"必需"(need) 混淆。"必需"是指不可或缺，"需求量"则随价格的起伏而有所不同。当价格高到某一个程度时，有些人对于该产品的需求很可能会降为零。也就是说，当一种商品太贵时，有些人根本买不起，也有些人因为太贵而根本不愿购买。

（二）需求表（demand schedule）

根据需求法则，对一个消费者消费某一商品而言，价格上升时，其需求量会减少；反之，当价格下降时，消费量会增加。显示整个需求量与价格之间关系的表格，我们称为需求表。而显示整个需求量与价格关系的曲线，称为需求曲线（demand curve）。为了说明清楚，此后提到需求表，则以表格形式来说明；说到需求曲线时，则以图形方式来表示价格与需求量之间的关系。

表 3.1　大雄的稻米需求表

	价格（元／千克）	需求量（千克／月）
a	50	2
b	40	2.5
c	30	3
d	20	4
e	10	5

假设大雄每个月消费稻米的需求表，如表 3.1 所示。其中价格在每千克 50 元时，大雄每月稻米的需求量为 2 千克。当稻米价格下跌时，大雄对稻米的需求量就会增加。如表 3.1 所示，价格为每千克 40 元时，需求量增加到 2.5 千克；若价格持续下降，则需求量就会不断增加；到每千克为 10 元时，每月需求量则增加到 5 千克。

此处要注意的是，价格及数量的衡量单位是很重要的。在上述例子中，价格是以每千克多少元来表示，而数量则以每月多少千克来表示。时间无论是一天、一周还是一个月，都必须要标明，这样需求表才能呈现出较完整的资料。

（三）需求曲线

表 3.1 的需求表可以绘制为图形（如图 3.1），是为需求曲线。图 3.1 中，价格在纵轴，单位是元／千克；需求量在横轴，单位是千克／月。当价格是 50 元／千克时，需求量为 2 千克／月，即图中的 a 点。b 点之对应价格为 40 元／千克，

需求量为 2.5 千克／月的情况。同理，可将 c、d、e 点分别描绘在图形上。将 a、b、c、d、e 点加以连线，就可以得到整条需求曲线 DD。

需求曲线表示需求量如何变动以反映价格的变动。由于沿着需求曲线移动时，价格与数量呈相反方向的变动，因此，需求曲线是向右下方倾移的。换句话说，需求曲线具有负的斜率。因为价格与需求量之间的关系是向下倾斜的，需求法则有时被称为"向下倾斜需求法则"(law of downward-SLoping demand)。

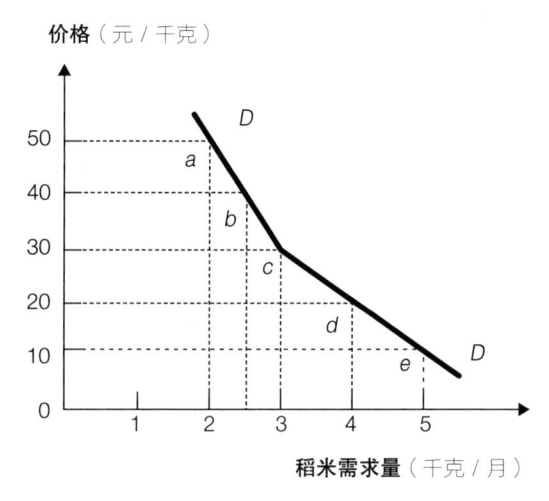

图 3.1 大雄的稻米需求曲线

（四）造成需求曲线移动的因素

需求曲线系假设所有其他因素不变时，如果价格变动，需求量会如何变动？在真实世界中，其他情况则不断地在变动。因此，了解价格以外的其他因素变动如何影响商品需求是重要的。影响物品需求的其他因素包括：1. 相关物品的价格；2. 消费者收入；3. 消费者偏好；4. 预期。

1. 相关物品的价格

物品与其他物品之间有两种关系：替代品 (substitute) 及互补品 (complement)。

替代品的定义是：当两种商品是替代品关系时，如果其中一种的价格上升（或下降），则消费者对另一商品的需求会增加（或减少），因为两种商品提供了类似的效用。比方说，当牛肉价格上升时，人们会增加猪肉的消费（同时减少牛肉的消费），所以猪肉和牛肉就是替代品。替代品的例子还有：咖啡与茶、汽水与可口可乐、股票与债券、稻米与面粉、国产车与外国车、电力与天然气。有的商品是非常近似的替代品（不同厂牌的牙膏），其他的是替代性较差的替代品（汽车及自行车）。

互补品的定义是：当两种商品是互补品时，如果其中一种价格下降（或上升），则消费者对另一商品的需要增加（或减少），因为两者必须同时使用才能得到更大的满足。比方说，当汽油价格上升时，人们会减少购买汽车，所以汽油与汽车就是互补品。互补品的例子还有：食物与饮料、衬衫与领带、乒乓球桌与乒乓球、钢琴与乐谱、照相机与存储卡。

2. 消费者收入

当收入增加时，人们会花更多的钱在商品及劳务上面。而大多数商品或劳务的需求都会随着收入的增加而增加，称为"正常财"(normal goods)。例如彩色电视机、房子、去餐厅吃饭等。

但是也有一些商品属于"劣等财"(inferior goods)，即当收入增加时，需求反而减少。以前生活水平不高，大家只能吃地瓜，等到有钱以后就改吃白米，不再吃地瓜。因此，地瓜就是一种劣等财。要知道还有哪些商品是劣等财，只要问："当我的收入增加时，我的预算中会剔除或减少哪些商品？"对某些人而言，劣等财可能是馒头、公交车、廉价衣服或是黑白电视机。

不过对大多数人而言，大多数的商品都是正常财，也就是说，当收入增加时，对商品的需求会增加。

3. 消费者偏好

经济学家说的"偏好"(preference)是指在没有预算顾虑下，人们对于某一商品的喜爱或不喜爱。有些人可能偏爱西式洋房，但只住得起20平方米的公寓；有些人可能偏爱奔驰轿车，但只买得起国产车；有些人偏爱吃酒宴，但只吃得起阳春面。

偏好加上预算考虑（价格与收入）决定需求。当偏好改变时，需求也会随之改变。如果人们知道步行可延长寿命，球鞋的需求将增加；抽烟有害健康，抽烟就会减少。企业常以庞大的经费在电视、报纸、杂志上打广告，希望影响消费者的偏好，最终目的是要使所宣传的商品的需求曲线向右移动——增加需求。

4. 预期

如果人们知道来年茶叶的价格将大幅增加，他们可能决定现在多买些茶叶。在通货膨胀时期，人们发现商品的价格会迅速上涨，消费者就会把现金或积蓄转成实物。同样地，人们也可能延缓购买那些预期降价的商品。除商品的本身价格，任何上述四项因素的改变将使整条需求曲线移动。

图 3.2 表示白衬衫的需求曲线，曲线 *DD* 是建立在领带价格为 400 元（互补品）、运动衫价格为 500 元（替代品）、收入及偏好都不变的假设上。

(A) 需求减少：
领带价格增加时，白衬衫的需求减少

(B) 需求增加：
运动衫价格增加时，对白衬衫的需求增加

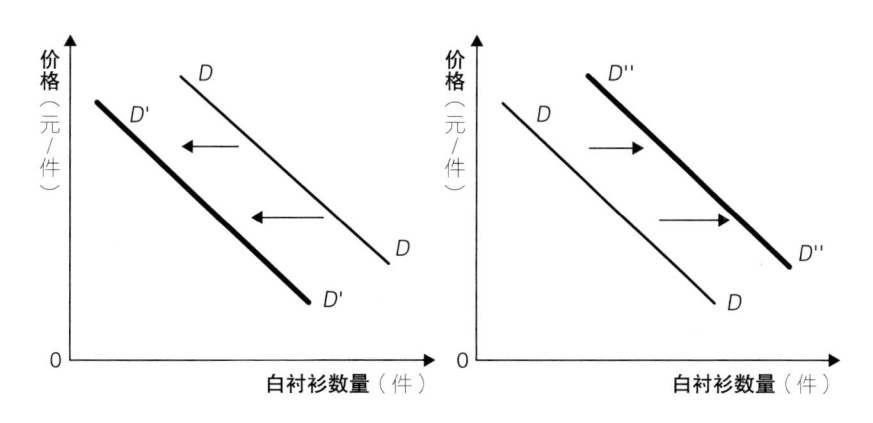

图 3.2 需求曲线移动：需求变动

消费者对白衬衫的需求不仅视白衬衫的价格而定，也视领带及运动衫的价格而定。当领带价格为 400 元且运动衫的价格为 500 元时，对白衬衫的需求为 *DD*。如果领带的价格升为 500 元，运动衫价格仍为 500 元，那么在每一价格下对白衬衫的需求减少。在图 (A) 中，领带价格较高下，需求曲线往左移，可绘出需求曲线 *D'D'*。在图 (B) 中，领带价格维持为 400 元且提高运动衫的价格为 700 元，会提高对白衬衫的需求，需求曲线向右移至 *D''D''*——向右移表示需求的增加，向左移则表示需求的减少。

此处要特别提醒读者，因为消费者只能决定消费量的多少，因此我们说需求往左或往右。同时，一般消费者是不能影响价格的，所以我们不说需求曲线往上或往下移动。

如果领带（互补品）的价格由 400 元升至 500 元，会使 (A) 中整条白衬衫的需求曲线 DD 左移至 $D'D'$。这表示在相同价格的情况下，白衬衫的购买数量会减少，或者说，白衬衫的需求减少。因为白衬衫通常会与领带一起穿着，当领带价格上升，人们会减少购买领带的数量，同时也减少购买白衬衫的数量，而以运动衫（替代品）等较不正式的衣服替代。因此，人们对白衬衫的需求减少时，整条需求曲线会往左移动。

当需求曲线左移时，相同价格情况下，人们会购买比较少的商品，表示人们的需求减少；当需求曲线往右移动时，相同价格情况下，人们会购买比较多的商品，表示人们的需求增加。

如果消费者的收入增加，且如果白衬衫是正常财，需求会增加（DD 向右移）。如果偏好改变，白衬衫不流行，需求会减少（DD 会向左移）。如果买方预期未来白衬衫价格会大幅提高，需求将增加。

表 3.2　引起需求曲线移动的因素

因素	例子
1. 替代品价格变动	咖啡价格增加，使茶的需求曲线右移。
2. 互补品价格变动	咖啡价格增加，使糖的需求曲线左移。
3. 收入变动	收入增加使汽车的需求曲线右移。
4. 偏好变动	判断吸烟有害健康，使香烟的需求曲线左移。
5. 对未来价格预期改变	预期下一年罐头食品价格会上涨，使罐头需求曲线右移。

表 3.2 的列举中，其中任何一项因素变动，就会使整条需求曲线向左或向右移动。此一"整条曲线的移动"(a change in demand 或 a shift of demand curve) 与"需求量的移动"(a change in quantity demanded) 完全不同。造成"需求量"移动的原因是其本身的价格，是"沿着需求曲线上下移动"(a movement along a demand curve)，而不是整条曲线的移动。此一区分在接下来图 3.6 中再予以说明。

三、供给

（一）供给法则

对生产来说，假定其他条件一样，价格愈高，"供给量"(quantity supplied) 愈多，称为供给法则 (law of supply)。商品 (或劳务) 的供给量，是在既定价格下，生产者提供商品 (或劳务) 出售的数量；也就是说，供给 (supply) 是供给量与价格之间的关系。

此关系通常为正，比方说，稻米价格较高将诱使农民种植较多稻米，因较好的米价将使农民乐意付出额外的努力，如减少浪费或防止农作物遭受虫害。通常供给量及价格之间呈正向关系的基本理由是"报酬递减法则"(law of diminishing return)。报酬递减法则是说：在其他生产要素固定的情况下，增加等量的变动因素至生产过程中，可获得的额外产出最后将渐减，使每一额外单位产出的生产成本上升。因此在报酬递减法则下，要增加生产将遭遇愈来愈多的困难，克服这些困难就需要较高的价格。另一方面，价格太低使得出售产品的收入完全无法弥补生产成本时，厂商的产量也会减少到零的水平，这些厂商就会退出生产的行列。

（二）供给曲线

由于每一个厂商在面对不同产品价格时，愿意生产的数量都不同，所以我们可以把产品价格与产量的关系列为表 3.3，是为"供给表"。在表 3.3 中，我们假设柯进腾在不同的稻米价格下，每个月愿意生产稻米的数量。比方说，稻米价格每千克 50 元时，柯进腾每月愿意生产 4 吨的稻米；当价格下降到每千克 40 元时，由于利润减少，生产数量就减少到 3 吨。当价格再到每千克 10 元时，柯进腾每月愿意生产的稻米会减少到只剩下 1 吨。

接着，我们可以再绘出柯进腾对稻米的供给曲线。我们把价格（元／千克）放在纵轴，把数量（吨／月）放在横轴，再把不同的供给量与价格关系（a 点到 e 点），一一点在图 3.3 中。最后再将这些点加以连结，就可以给出柯进腾对稻米的供给曲线 SS。

供给曲线表示供给量对价格的反应：即在不同价格情况下，厂商或生产者所愿意生产出售的数量。沿着供给曲线，价格与产量之间呈现正向相关；也就是说，供给曲线是正斜率的。其经济含义很清楚：如果要生产者或厂商增加产出，必须给予较高的产品价格。由于此种正向关系几乎是放诸四海皆准的，也就是说，几乎每一个生产者的生产行为大概都会符合这种模式，因此我们将之称为"供给法则"。

表 3.3　柯进腾的稻米供给表

	价格（元／千克）	供给量（吨／月）
a	50	4
b	40	3
c	30	2.5
d	20	2
e	10	1

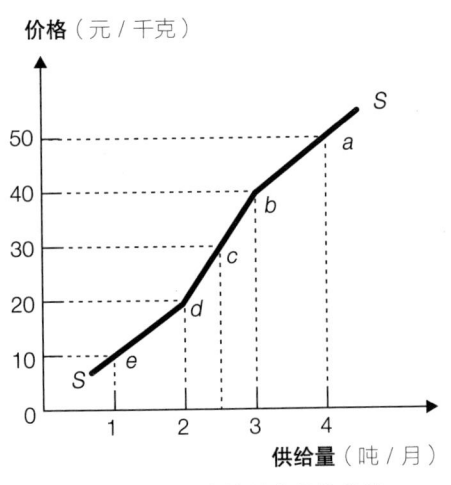

图 3.3　柯进腾的稻米供给曲线

（三）造成供给曲线移动的因素

正如价格以外的因素能够改变价格与需求量之间的关系一样，一些其他因素也同样会改变价格与供给的关系，引起供给曲线的移动。能够造成供给曲线移动的一些其他因素包括：1. 其他商品的价格；2. 相关资源的价格；3. 技术；4. 预期（见表 3.4）。

表 3.4　引起供给曲线移动的因素

因素	例子
1. 其他商品价格变动	玉米价格增加,使得小麦供给曲线左移。
2. 资源价格变动	汽车工人薪资降低,使得汽车供给曲线右移。
3. 技术改变	遗传工程增加玉米产量,使得供给曲线右移。
4. 预期变动	预期明年石油价格较高,今年石油的供给曲线左移。

1. 其他商品的价格

用以生产某一商品的资源也通常能够用于生产其他商品。农田能够用以生产玉米或大豆,工程师能生产汽车或卡车,工人能采草莓或棉花,火车能送煤或车辆。当某一商品价格增加,就会吸引其他商品之资源以生产该商品。因此,如果大豆的价格上升,玉米的供给可能下跌;如果棉花的价格上升,草莓的供给可能下降;卡车的价格上升,汽车的供给可能减少;燃料油的价格上升,煤油的产量可能减少。

2. 相关生产因素的价格

生产某一商品时,必须在要素市场中购买相关资源。当这些生产要素的价格改变时,其所生产的商品的供给情况也会改变。咖啡豆价格增加时,将增加咖啡店的成本,因此会减少咖啡店在每一价格下欲出售的咖啡数量;棉花的价格增加将会使棉布衣服供给减少;喷射机燃料油价格增加将减少每一价格下的民航航班供给。

事实上,一般而言,影响生产成本最大的可能还是劳动成本。因此,当政府通过增加劳动者休假的相关法案使劳动成本增加时,就会导致厂商的整个生产成本上升。此时,若产品价格没有改变,表示厂商的利润会减少甚至变成负数,因此厂商的生产数量就会减少。

3. 技术

技术是制造不同商品的知识。如果技术改进,相同的资源可制成更多产品。如果厂商发现,重新安排装配次序即能加速装配线,产品的供给则有增加的倾向。如果利用新方法增加页油岩的产出,石油供给将增加。

生产技术的进步大致上可分成两类。一类是在同样产出之下，所必须的要素投入减少。换句话说，此种技术进步使厂商的生产成本降低。在产品价格不变的情况下，有了技术进步的厂商，就可以享受更大的利润，因此他就愿意增加更多的产出。另一类的技术进步是在同样的要素投入下，可以生产更多的产品。在此种情况下，同样的投入却可以得到更多的收益——如果市场价格仍然相同。这同样显示厂商可以获得更多的利润，因此其生产数量也会增加。

卡特不及格的回答

前美国总统卡特在任内时的一次记者会中被问到："征收的汽油税是否会提高汽油的价格？"总统当时的回答是："刚开始时征税会使价格上升，但较高的价格会使需求减少，稍后汽油价格就会回跌。"这一回答似乎言之成理，但卡特像一些人一样未曾分清"需求量"及"需求"的差异。

正确的回答是：汽油税会带来较高的汽油价格，较高的价格会使"需求量"下降（见附图说明）。但是"需求量"的减少不会带来价格的下跌（如果全国对汽油节约，造成"需求"减少，整个需求曲线向左移，那么价格会下跌），因此卡特的回答是不及格的。

1. 汽油税的征收，增加了成本，使价格从 P_0 升到 P_1。

2. 当价格从 P_0 上升到 P_1 时，观察"需求曲线" $D_0 D_0$，就会发现，此时对汽油的"需求量"从 Q_0 下降到 Q_1，因此整条供给曲线被迫向左移动。

3. 如果全国节约，需求曲线向左移（图中未显示），那么价格才会下跌。（参见 P68 的相关内容）

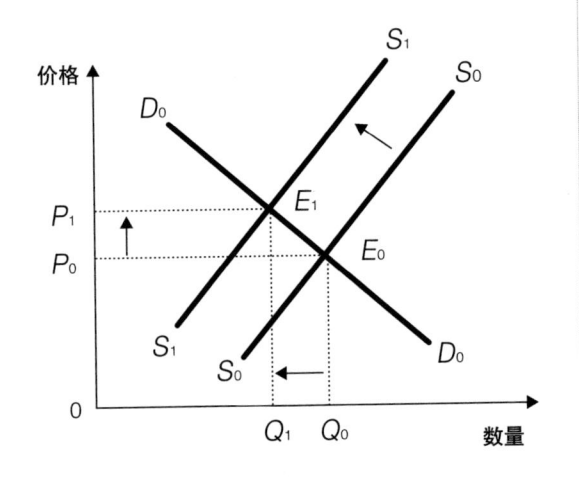

4. 预期

许多商品及劳务的生产及提供皆需要很长时间。当农民种植稻米、甘蔗或黄豆时，预期收入的价格实际上较当时的价格重要。大学生判断未来四年工程师的人数可能不足，他可能决定主修工程，期待较高的薪水。当企业建厂需费时三年时，对该产业的未来预期就变成投资决策的关键因素。

现在再将上述几个因素归纳于表 3.4 综合说明，以便比较，同时我们举前面两个例子说明之。首先，当玉米价格上升，生产玉米的利润会提高，吸引农民将一部分土地用于增加玉米生产。因此，用于生产小麦的土地就会减少，所以在小麦价格不变的情况下，生产小麦的数量就会减少。事实上，此一结果的存在，并不会因为原先小麦的价格是多少而有不同。换句话说，不论原来小麦的价格是多少，当玉米价格上升时，小麦的产量都会减少。也就是说，整条小麦的供给曲线都会往左移动。如图 3.4(A) 所示。

第二个例子是，当汽车工人的薪资降低时，生产同样数量的汽车，需要支出的劳动成本会减少，总成本也会下降。在同样的汽车价格下，厂商会因为成本降低而能享有更多的利润。在此种情况下，厂商就愿意生产更多汽车。因此，汽车的供给曲线会往右移动，如图 3.4(B) 所示。

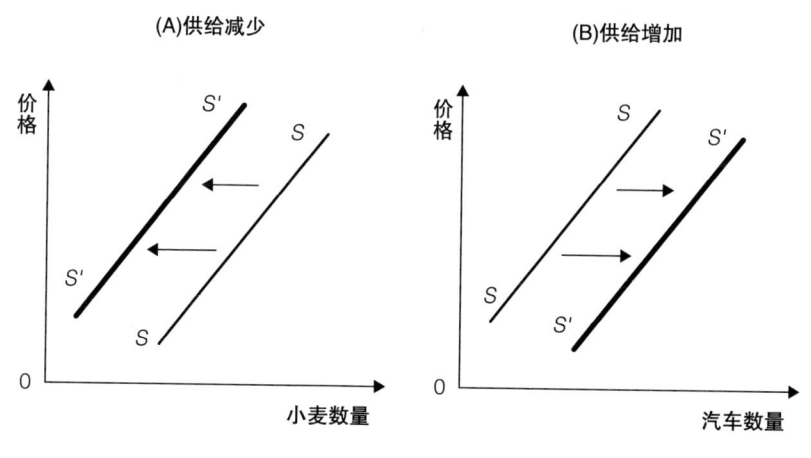

图 3.4 供给曲线的移动

(A)玉米的价格上升，农民移转资源去生产玉米，使小麦的产量减少，因此，整条供给曲线左移。

(B)汽车工人薪资降低，使生产成本下降，因此，在同一价格水平下，生产者乐意生产更多汽车，使整条供给曲线右移。

四、市场均衡

（一）市场需求与市场供给

前面已经分别讨论稻米的需求与供给，现在我们把两者合并起来讨论，就可以得到市场竞争下的均衡价格与均衡数量。不过，我们要先说明，"市场均衡"(market equilibrium) 是指市场上的供给量等于市场上的需求量。而前节所提及的需求与供给都只是个人行为，因此我们必须先再进一步说明如何由个人供给曲线与需求曲线，来得到整个市场的供给曲线和需求曲线。

先讨论市场需求曲线，我们前面曾提及大雄对于稻米的需求表及需求曲线，但这只是他一个人的行为。市场上，应该还有许多消费者存在，因此，整个"市场的需求"(market demand) 其实就是这些个人需求的加总。我们先假设市场上只有大雄和静香两个人，而两个人的需求如表 3.5 所示，其中静香的稻米需求比大雄少一些。在价格为每千克 50 元时，大雄每个月的需求是 2 千克，静香则只有 1 千克。随着价格的降低，两个人对稻米的需求都会上升，当价格下降到每千克只有 10 元时，大雄的需求量增加到每个月消费 5 千克，静香则消费 4 千克。

由于市场上只有两名消费者，因此价格为每千克 50 元时，市场需求就是两个人需求的加总，即每个月共 3 千克。随着价格的降低，两个人的需求量都开始增加，市场需求量也上升。当价格下降到每千克 10 元时，市场需求量也增加到每个月消费 9 千克。

由于市场需求量是由个人需求量加总而得，因此"市场需求曲线"(market demand curve) 则是由个人的需求曲线水平加总而得，见图 3.5。水平加总的概念虽然很简单，但却很重要。因为它代表个别消费者面对的是相同的价格，但却可能有不同的消费量。在某一特定价格下，市场需求量就是个人需求量的相加，而由于需求量在横轴，因此我们使用水平加总。由于个人需求曲线都是向右下倾斜，市场需求曲线也向右下倾斜，换句话说，市场需求曲线也是负斜率的。

表 3.5　个人需求与市场需求

	价格 （元/千克）	大雄的需求量 （千克/月）	静香的需求量 （千克/月）	市场需求量 （千克/月）
a	50	2	1	3
b	40	2.5	1.5	4
c	30	3	2	5
d	20	4	3	7
e	10	5	4	9

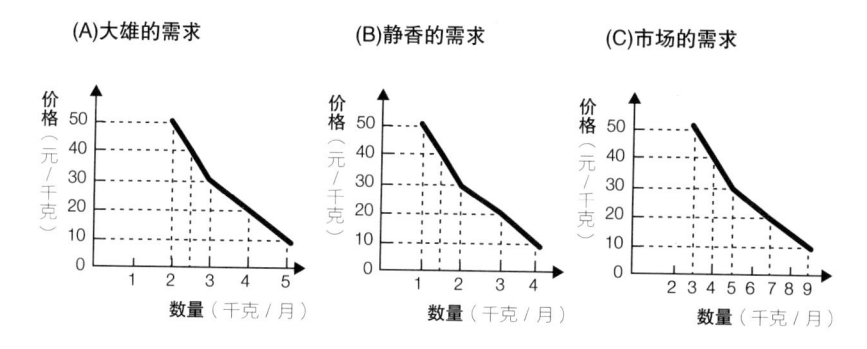

图 3.5　个人需求与市场需求

此外，由图 3.5 中也可以看出，市场需求曲线的斜率要较个人的需求曲线来得平缓，这表示说当价格变动时，市场需求量的变化幅度要大于个人需求量的变化幅度。造成此种现象的原因有二：第一，当价格变动时（例如上升），所有消费者都会朝同一方向改变其需求量（例如减少），因此市场需求量就会做大幅度的减少；第二，不但如此，当价格变动时（例如价格下降），则有些原先不在市场内的人，也会因价格便宜而进入市场采购，成为新的消费者，更增加市场的需求量，因此市场需求量的变化幅度会超过个人需求量的变化幅度。

至于除了价格以外，影响市场需求曲线的因素则与影响个人需求曲线的因素几乎相同，包含：1. 相关商品的价格；2. 收入；3. 个人的偏好；4. 预期；5. 市场上消费人数的多寡。由于这些因素对市场需求曲线的影响效果，与对个人需求曲线的影响效果（除第 5 点）完全相同，此处我们就不再赘述。

（二）市场供给

接着，我们再讨论"市场供给曲线"(market supply curve)。与市场需求曲线相同，市场供给曲线系由个人供给曲线加总而得。因此，我们必须先看市场上的个人供给曲线。为简化说明，我们先假设台湾地区的稻米生产者只有柯进腾与沈嘉宜两人，两人对于稻米的供给如表3.6所示。当稻米价格每千克50元时，两人每月的供给量分别为4吨和6吨，因此市场供给量为10吨。随着稻米价格的下跌，两人种稻米的利润逐渐下降，因此两人的稻米供给量也跟着减少，市场供给量也就同时减少。价格下降到只剩每千克10元时，两人的供给量分别减少到1吨与2吨，此时的市场供给量只剩下3吨，见表3.6。

由于市场供给量系由个人供给量加总而得，因此市场供给曲线也是由个人供给曲线水平加总而得，见图3.6。供给曲线水平加总的理由与需求曲线相同，即所有供给者都面对相同的价格，即纵轴；而每个供给者的供给量（横轴）却各有不同，市场供给量就必须把这些不同的数量加总，因此是水平加总，如图3.6(C)所显示。由于个人供给曲线都往右上方倾斜，因此市场供给曲线也会往右上方倾斜，换句话说，市场供给曲线也都具有正斜率。

细心的读者大概已经看到，市场供给曲线的斜率要小于个人供给曲线的斜率。换句话说，当市场价格变动时，市场供给量的变化幅度会大于个人供给量的变化幅度。理由有二：第一，当价格变化（下降）时，个人供给量会产生同一方向变化（下降），但市场供给量系个人供给量加总而得，因此变化量（减少）更多；第二，不但原有个人供给量会随着价格的降低而减少，更有可能会有一些生产者会因为价格太低无法抵消生产成本，退出市场，使得市场供给量更趋减少。

表3.6 个别供给与市场供给

	价格 （元／千克）	柯进腾的供给量 （吨／月）	沈嘉宜的供给量 （吨／月）	市场需求量 （吨／月）
a	50	4	6	10
b	40	3	5	8
c	30	2.5	3.5	6
d	20	2	3	5
e	10	1	2	3

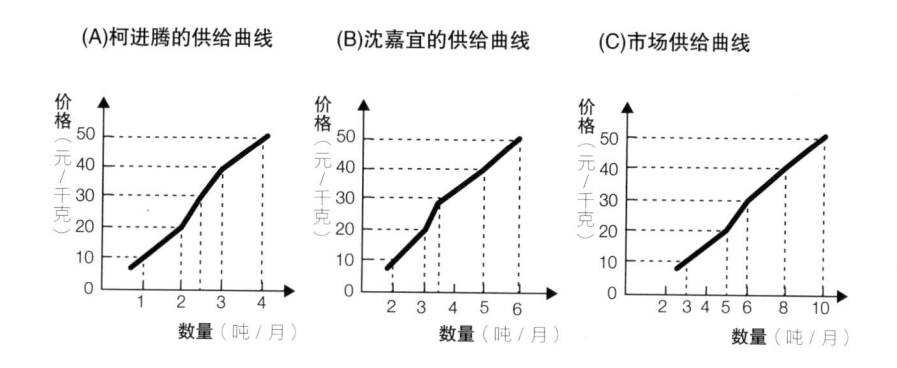

图 3.6　个人供给与市场供给

最后，影响市场供给的因素与影响个人供给的因素几乎完全相同，只是影响市场供给的因素中，还应增加"供给人数"一项。因此，我们可以归纳影响市场供给的因素包括：1. 其他商品的价格；2. 相关生产资源的价格；3. 生产技术；4. 预期；5. 生产者数目。至于详细的影响过程与个人供给曲线完全相同，此处不再赘述。

（三）供需均衡

由于稻米市场的供给人数与需求人数都非常多，接近完全竞争市场，我们先假设在不同的价格下，全台湾地区每年的稻米需求量与供给量如表 3.7 所示。我们可以利用表 3.7 和图 3.7 来说明稻米市场的均衡如何达成。

在图 3.7 中，当稻米价格为每千克 20 元时，全台湾地区全年的需求量为 220 万吨，但是供给量却只有 180 万吨，出现了 40 万吨的短缺。也就是说，这时市场上出现了"超额需求"（excess demand），因此，会有一些人买不到稻米，可能就会提出更高的价格，希望买到稻米；或者，卖方看到有"太多"人要买稻米，也会主动提高价格。无论如何，当市场上出现超额需求时，价格会往上调整。

另一方面，如果刚开始时的稻米价格为每千克 40 元，市场需求量为每年 180 万吨，而供给量则为 220 万吨。也就是说有 40 万吨的剩余，我们称为"超额供给"(excess supply)。在供过于求的情况下，卖方为出清存货，势必会降价求售。

表 3.7　台湾地区的稻米供给与需求

价格 （元／千克）	市场需求量 （万吨／年）	市场供给量 （万吨／年）
50	160	230
40	180	220
30	200	200
20	220	180
10	240	170

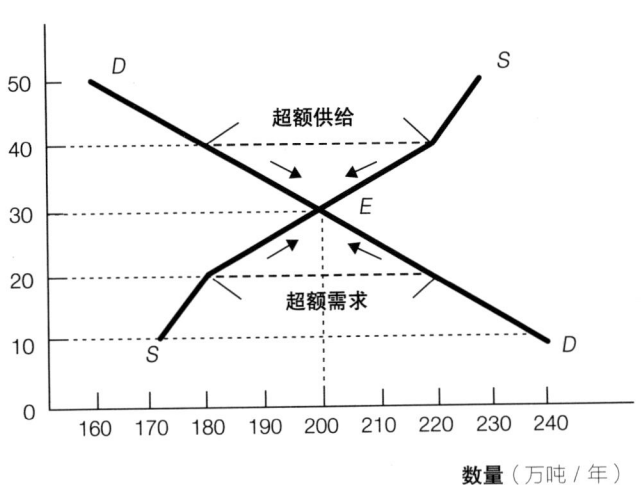

图 3.7　市场均衡

而当市场价格为每千克 30 元时，市场的需求量为每年 200 万吨，刚好等于市场供给量的 200 万吨，我们称为"市场均衡"，此即图 3.7 中的 E 点。在市场均衡下，买方愿意购买的数量刚好等于卖方愿意出售的数量，因此双方都没有要求变动价格的诱因，也不会再希望去更改其市场需求量或供给量。也就是说，若没有其他力量介入，此时价格、供给量与需求量都不会再变动。

在追求均衡的过程中，价格的偏低或偏高可能产生超额需求或短缺(shortage)，以及超额供给或剩余(surplus)的现象。

超额需求是指在此价格下（图3.7中之20元），需求量超过了供给量。这是因为价格低，导致消费者要买得多，但生产者不乐意生产很多的结果。

着急的买主或消费者将设法竞相出高价以购得所需商品。在自由竞争下，如果货品短缺，其价格将上升。上升中的价格产生两项效果：一方面较高的价格将抑制消费；另一方面较高的价格将鼓励生产。因此，经由买卖双方的调整，可趋向均衡。

超额供给是指在此一价格下（图3.7中之40元），供给量超过了需求量。这是因为价格高，导致消费者买得少，但生产者乐意多生产的结果。

看不见的手 (an invisible hand) 与价格机制

亚当·斯密在他的巨著《国富论》中，曾一再强调价格机制的重要性。在一个完全竞争的经济体系中，因为供需双方人数众多，相对于市场规模而言，每一个供给者或需求者都显得十分渺小，因而都没有决定价格的力量。但只要市场的总供给不等于(例如大于)市场总需求，就必然会让市场产生变化(例如有些厂商会要求降价求售)。因此，当价格下跌以后，就会有更多买者进入市场购买原先多余的产品；另一方面，由于价格下跌，也使原有的厂商因利润减少而降低产出，甚至离开市场。无论如何，单单通过价格的调整就可以达到市场重新分配的目的，直到重回均衡为止。

亚当·斯密认为，在竞争市场中，上述的调整过程会自动出现，不需要借助任何外力。价格机制就好像一只看不见的手一样，能自动调整，使市场资源达到重新分配的目的。此种现象十分简单，却可说是"自由经济体系"或市场经济制度的精髓所在。因此，亚当·斯密被称为现代经济学之父是其来有自的。

在自由竞争背景下，生产者只好将价格降低来出清存货。下跌中的价格产生两种效果：使生产者逐渐减产，同时使消费者增加购买。

"均衡"(equilibrium)是指在此一价格下（图 3.7 中之 30 元），生产者的供给量与消费者的需求量相等，既没有短缺，也没有剩余。一旦达到均衡状态以后，此情况将持续存在，除非表 3.2 与表 3.4 中的因素介入，使原来的均衡状态发生变化，产生另一个新的均衡状态。

（四）均衡价格的变动

经济现象中的一项重要事实是：市场上的价格不停在变动。我们已经知道均衡价格是需求曲线及供给曲线的交点所决定的。唯一使价格变动的方法是供给或需求曲线它们本身的移动。现在我们对这些供给曲线的移动再做进一步说明。

1. 需求（或供给）变动不同于需求量（或供给量）变动

"需求"的变动（增加或减少）是整条需求曲线因为商品价格之外的因素变化而移动。见图 3.8 中之 (B)。

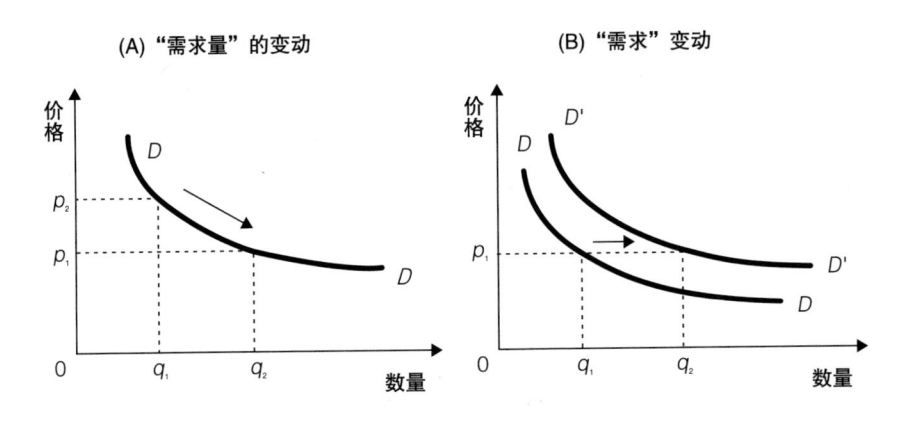

图 3.8 "需求"变动与"需求量"变动

在图 (A) 中，因为价格下跌（由 P_2 至 P_1），"需求量"增加（由 q_1 至 q_2），价格变动引起需求量沿着需求曲线移动。在 (B) 中，数量增加（由 q_1 至 q_2）是由需求曲线移动至 $D'D'$（需求增加）引起的。这一数量增加可能因为收入提高，或者消费者产生偏好改变（参阅表 3.2）。

"需求量"的变动（或增或减）系因商品价格变动而沿着需求曲线移动。见图 3.8 中之 (A)。

2. "供给"变动与"供给量"变动

"供给"的变动（增加或减少）是因为商品价格以外的因素变动，使整条供给曲线移动。见图 3.9 中之 (B)。

"供给量"的变动（增加或减少）是商品价格变动引起沿着供给曲线之变动。见图 3.9 中之 (A)。

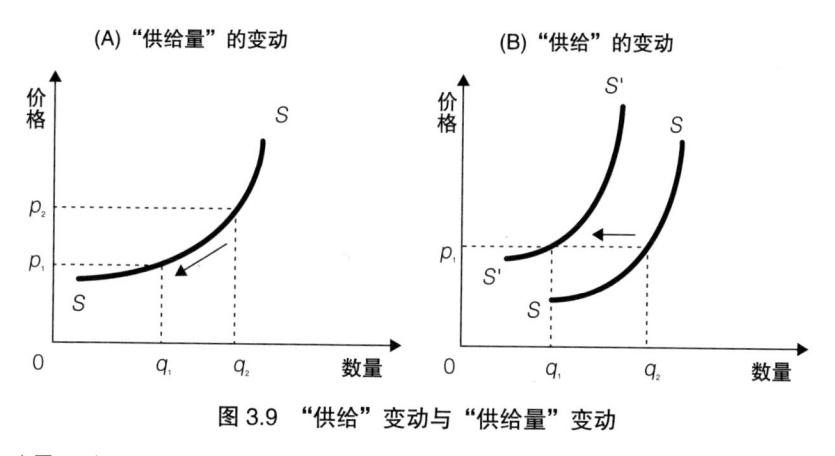

图 3.9 "供给"变动与"供给量"变动

在图 (A) 中，由于价格下跌（由 P_2 至 P_1），引起"供给量"减少（由 q_2 至 q_1）。价格变动造成沿着供给曲线 (SS) 的移动。在图 (B) 中，供给减少（由 q_2 至 q_1）是由于供给曲线由 SS 移至 S'S'（供给减少）所造成。这一左移可能是成本上升，也可能是卖方人数减少（参阅表 3.4）。

3. 供给变动的影响

在自由市场中，供给或需求因素的变动都会影响均衡价格及数量。以灾害为例，当水灾、虫灾或旱灾发生时，就会影响农产品的供给。图 3.10 说明灾害对于台湾地区稻米市场的影响。假设原来的均衡点为 E 点，由于台风使稻米的供给减少，使供给曲线由 SS 左移至 S'S'。在原来的均衡价格 30 元之下，现在的供给量只剩下 170 万吨，见图 3.10。供给减少使得价格必须往上调整。

当价格上升到每公斤 40 元时，新供给曲线下的供给量为 180 万吨，而需求量也是 180 万吨。此时供给量等于需求量，使市场又重回均衡，即 E' 点。

事实上，当市场价格上升时，会造成两种结果。一种是使在新的供给曲线上，产量由 170 万吨增加到 180 万吨；另一种则是使在原有需求曲线上的需求量由 200 万吨减少到 180 万吨，而终使需求量等于供给量。

价格（元／千克）

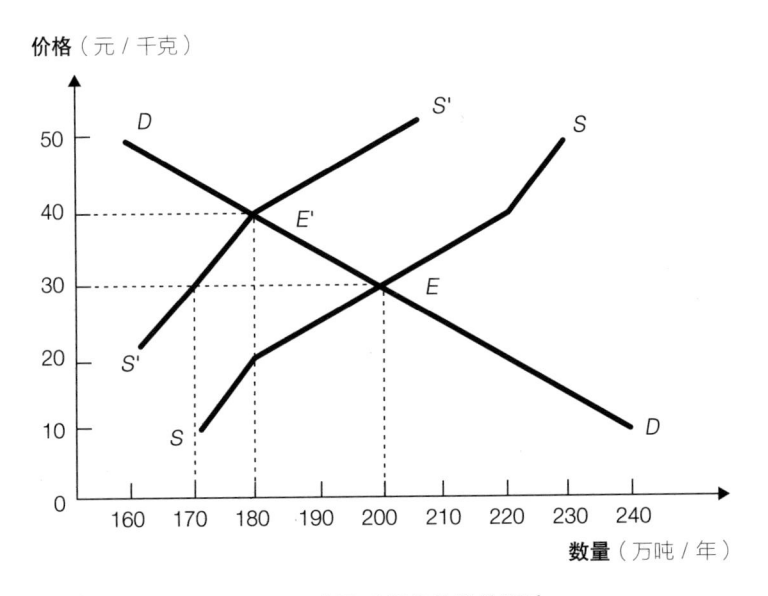

图 3.10　台风对稻米价格的影响

4. 需求变动的影响

图 3.11 说明需求变动的影响。假设因为健康，让台湾地区人们对吃米饭的偏好增加，因而使需求曲线右移，由 DD 移到 D'D'，见图 3.11。在原来的均衡点 E 之下，均衡的稻米价格为每千克 30 元，均衡数量为 200 万吨。在新的需求曲线下，若价格仍维持在每千克 30 元，则需求量增加为每年 240 万吨。在供给不足情况下，出现超额需求，价格开始上升，直到新的价格 40 元为止，即 E' 点，此时新的供给量等于新的需求量。

价格上升导致两个结果：第一，由于利润增加，使得供给量沿着原有的供给曲线往上移动到 E'，此时市场供给量为 220 万吨；第二，由于价格上升，使得需求量由 240 万吨开始沿着新的需求曲线减少，直到 220 万吨为止。此时，新的供给量等于新的需求量，市场又重回均衡，即 E' 点。

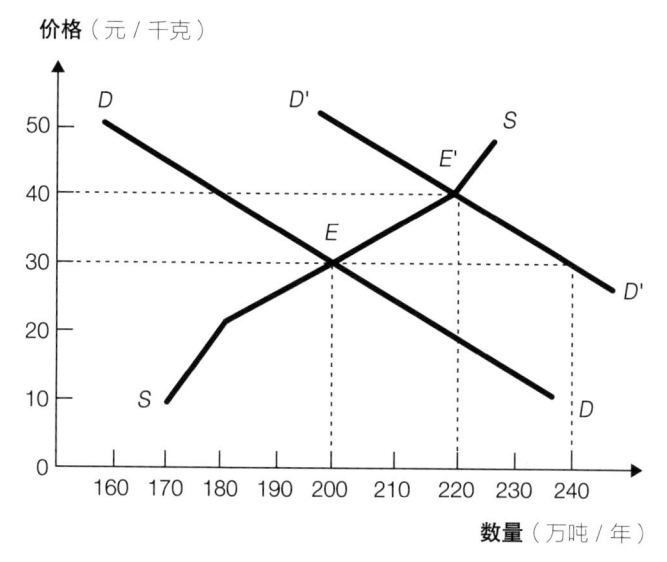

图 3.11 稻米偏好增加对价格的影响

5. 需求与供给同时变动

假设现在一方面人们对稻米的偏好增加，另一方面台风又使得台湾地区的稻米供给减少，均衡价格与数量会受到什么影响呢？由前面的分析可以知道，偏好增加使需求由 DD 右移到 D'D'，而供给减少则使供给曲线由 SS 左移到 S'S'，如图 3.12 所示。

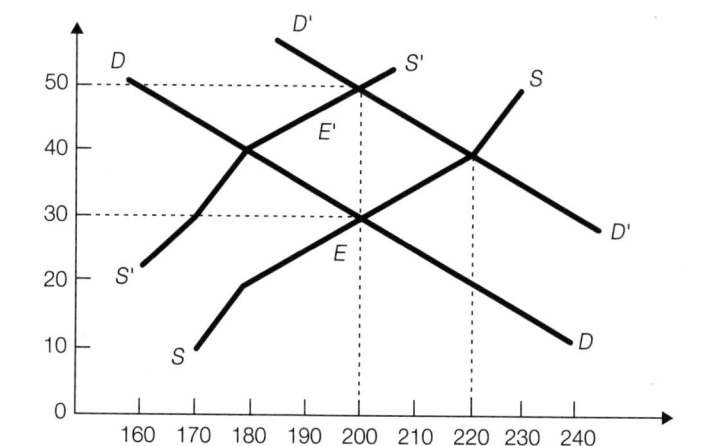

图 3.12 供给与需要同时变动

在未变动之前，原先的均衡点为 E，此时稻米均衡价格为每千克 30 元，均衡交易量为每年 200 万吨。当供给曲线左移，需求曲线右移之后，新的均衡点变成 E' 点。

当供给与需求同时变动时，对均衡价格与数量的影响较复杂。我们大致可以说明以下几种情况：第一，在其他条件不变下，当供给减少时，价格会上升，而交易量会减少，如图 3.10 所示；第二，同样，在其他条件不变下，当需求增加时，价格会上升，交易量则会增加；第三，将以上两种结果加以合并，我们会发现在新的均衡 E' 下，价格必然会上升。在图 3.12 中，均衡价格上升到每千克 50 元。另一方面，由于供给减少会使均衡数量减少，而偏好增加则使均衡数量增加，在两者方向相反的情况下，最终的均衡数量会增加或是减少，视两者的结果何者较大而定。因此，在我们的例子中，可以确定的是均衡价格必然会上升，但均衡交易量则不确定。

但是我们必须强调一点，上述结果并不是唯一的，因为如果供给与需求的变化方向改变，则我们或许可以确定数量的变化方向，却不能确定价格的变动方向。

经 济 名 词

市场经济	完全竞争	独占性竞争
寡占	独占	完全市场
需求法则	供给法则	需求量
需求表	需求曲线	替代品
互补品	劣等财	正常财
偏好	供给量	供给表
供给曲线	报酬递减法则	市场供给曲线
市场需求曲线	市场均衡	均衡价格
超额需求	超额供给	看不见的手

讨 论 问 题

1. 何谓完全市场？有何特征？请举二例说明之。
2. 请举实例说明美国哪些产业是垄断性竞争、寡占，以及垄断等市场形态。
3. 分别举例说明"正常品""劣等品""替代品"及"互补品"的意义。
4. 请说明需求变动与需求量变动有何不同。
5. 供给曲线为何移动？请举例说明。
6. 一国或地区为加入WTO，必须开放稻米进口，请问对该国或地区内稻米市场有何影响？同时由于麦当劳及肯德基等美式快餐店进入该国或地区市场，使该国或地区人们对汉堡及面包等小麦类产品的需求增加。请将稻米市场对外开放以及国家或地区人们对小麦类产品的偏好增加等二项变化一并考虑，并以之分析对中国稻米市场的影响。
7. 何谓"均衡"？为什么在均衡条件下，供需双方都没有再改变数量的诱因？为什么市场价格不会再变动。
8. 每年暑假都有许多台风过境台湾地区，同时带来大量的雨水，经常会泡坏许多蔬菜。一位记者报道说："台风过后，小白菜价格的上涨可以理解，但是豆芽菜是种在房子里的，根本不会受到台风的影响，结果价格同样大涨。种豆芽菜的人实在是趁火打劫。"你对这位记者的说法有何意见？
9. 某地区开放地区外的火鸡肉进口，结果引起地区内养鸡业者走上街头抗议连连。有趣的是，其中竟然有不少猪肉商在内。请问这些卖猪肉的商人是否有些"捞过界"？
10. 为什么市场供给曲线是个别厂商供给曲线的水平加总？理由何在？请举一数学例子说明之。
11. 今年的汽车比去年贵，但今年的销售量却比去年多，请问这是否违反需求法则？

第四章

弹性分析

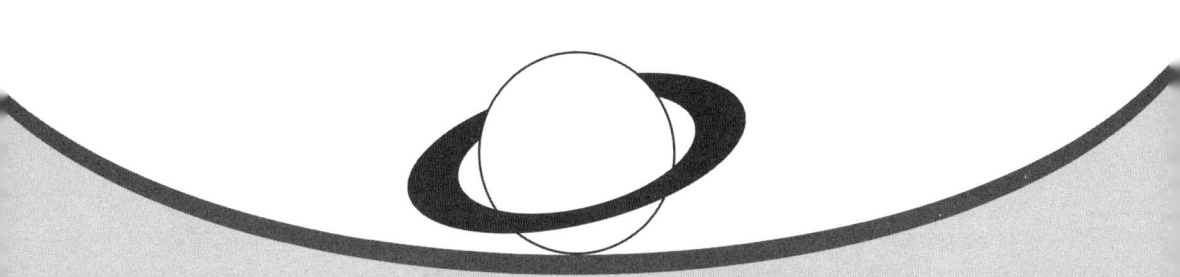

- ★ 需求弹性
- ★ 供给弹性
- ★ 收入弹性、交叉弹性、替代弹性

在第三章中我们曾提及，当稻米价格上升时，大雄会减少他对稻米的需求量，但会减少多少呢？由于稻米是中国人的主食，所以当售价提高时，或许大雄会减少一些稻米的消费，但可能不会减少太多。如果我们分析的商品是大雄每月看电影的次数，结果则可能不太一样。当电影票价上涨时，大雄可能会转向其他休闲活动，例如去KTV唱歌或去指南宫爬山等，因此他对电影的需求可能会减少很多。

同样，当稻米价格上涨时，吴米伯会想要增加稻米的供给，但受限于土地太少，他或许无法在短时间内增加太多产出。在长时间内，他或许可以租用更多的土地来生产更多稻米。但如果我们讨论的是台湾地区制造的运动鞋数目，则在运动鞋价格上升之际，厂商可以很容易地利用增加员工的方式来达到扩大产出的目的。

在前一章分析供需与价格的关系时，我们只说明需求法则与供给法则的基本关系，即当价格下降时，需求量会增加，供给量会减少。但有很多人会进一步问，价格下降时，需求量会增加多少？供给量会减少多少？对做经济决策的人而言，这个答案是非常重要的。比方说，多年前火鸡肉开放进口，导致台湾地区鸡价下跌。官员一定会先找几个经济学家来问："火鸡肉开放进口，会使台湾地区鸡肉价格下降多少？"养鸡的农户关心同样的问题，而且他们更关心台湾地区人们对鸡肉的消费会减少多少，便可以减少鸡肉生产以为回应。

前一章我们只探讨价格与供需变动方向的关系，在本章我们要进一步探讨变动的大小。我们将供需对价格变动产生反应的敏感程度，称为"弹性"(elasticity)。在本章中，我们除了将说明如何计算需求弹性及供给弹性以外，还要进一步说明影响弹性的因素有哪些。当然，更重要的是要讨论如何利用弹性的观念来分析经济政策的效果。

一、需求弹性

需求法则告诉我们：当价格下跌时，人们的需求会增加，但到底增加多少呢？有些对价格比较敏感的人，只要价格下降一点点，就会大肆采购。每年10月左右，台北市的百货公司都会轮流实施周年庆大减价，每每吸引大量的人潮，这些买主都是对价格很敏感的人。然而，也有很多人对价格不太敏感，价格再怎么变化对其需求的影响都很少。对价格敏感的程度，我们称之为"弹性"。顾名思义，价格弹性强的商品，消费者对价格的反应很大，就好像一个充满气体的篮球，轻轻往地上一丢，就会高高弹起。反之，缺乏价格弹性的人，对价格没什么反应，就好像泄了气的篮球，再用力往地上丢，也只能略弹回一二而已。

弹性大小具有很重要的政策含义。供需不平衡时，若需求方与供给方很有弹性，价格只要略为调整，就可以使需求与供给量都大幅变动，立即使市场重回均衡。反之，若供需双方都不太具有弹性，当市场出现供需不平衡时，市场价格就需大幅调整，才有可能使市场重回均衡。因此，政策决定者对于商品弹性的大小必须时时掌握。

（一）价格弹性的定义

要计算需求对价格的敏感度，其实是非常简单的。我们只要让价格上升 1 元，然后再看需求量变化多少即可。因此，假设当价格由原来的 P_1 增加到 P_2 时，数量则由 Q_1 减少到 Q_2，则需求对价格的敏感度就可以写成 $(Q_2-Q_1)/(P_2-P_1)$。例如在第三章表 3.1（大雄对稻米的需求）中，当价格为每千克 20 元时，需求量为每月 4 千克；价格升到 30 元时，需求量就减少到 3 千克。因此，其对价格的敏感度是 $\dfrac{3-4}{30-20} = \dfrac{-1}{10} = -0.1$（千克／元）。由于价格上升 10 元，需求量只下降 1 千克，因此需求量变化对价格变化的敏感度只有 0.1，负号则表示两者的变动方向相反，亦即代表"需求法则"。

上述表示价格敏感程度的方法有一个很大的缺点，即利用该方法算出来的数字会与我们选择的计算单位有关。比方说，现在我们把重量单位改成克，则在价格为每千克 20 元时，大雄的需求量为 4000 克（即 4 千克），而在价格为每千克 30 元时，大雄的需求量减少到 3000 克（即 3 千克）；价格的敏感度立即由 -0.1 升到 -100。事实上，如果再细看它们的单位，一个是 -0.1（千克／元），另一个是 -100（克／元），两者仍然相同，因为 1 千克等于 1000 克。

为了避免因选择计算单位不同而导致计算结果的差异，也为了使不同单位下的计算结果仍能相互比较，经济学家就采用一个中性方式，来计算需求数量对价格的敏感程度，称为"需求的价格弹性"(price elasticity of demand)，又称"需求弹性"(demand elasticity)。主要是将数量的变动与价格的变动大小，都改成以变动百分比的方式来显示。因此，需求的价格弹性定义如下：当价格变动百分之一时，需求量的变动百分比。我们用 P 表示原来的价格，$\triangle P$ 表示价格变动量，Q 表示原来的需求量，$\triangle Q$ 表示需求量变动量；因此 $\triangle P/P$ 就表示价格变动的百分比，$\triangle Q/Q$ 就表示数量变动的百分比。所以，需求的价格弹性 (E^D) 可以表示如下 (4.1) 式：

$$(4.1) \quad E^D = \frac{需求量变动百分比}{价格变动百分比}$$

$$= \frac{\triangle Q/Q}{\triangle P/P} = \frac{\triangle Q}{\triangle P} \times \frac{P}{Q}$$

事实上，(4.1) 式是以原来价格与数量为基准点来计算的弹性，我们又称为"点弹性"(point elasticity)。另外一种方式，则是以原来的价格和数量加上新的价格和数量的平均来计算。我们可以再用表 3.1 大雄对稻米的需求做例子。在原来价格 P_1 为 20 元时，其需求量 Q_1 为 4 公斤，当价格 P_2 上升至 30 元时，需求量 Q_2 减少到 3 千克。这时，价格的变动量为 $\triangle P=P_2-P_1=10$ 元，价格的平均为 $(P_1+P_2)/2=(30+20)/2=25$ 元；数量的变动量为 $\triangle Q=Q_2-Q_1=3-4=-1$ 千克，数量的平均为 $(Q_1+Q_2)/2=(4+3)/2=3.5$ 千克。因此，此时的弹性如下，

$$(4.2) \quad E^D = \frac{\triangle Q / \frac{1}{2}(Q_2+Q_1)}{\triangle P / \frac{1}{2}(P_2+P_1)}$$

$$= \frac{(Q_2-Q_1) / \frac{1}{2}(Q_2+Q_1)}{(P_2-P_1) / \frac{1}{2}(P_2+P_1)}$$

$$= \frac{(Q_2-Q_1)/(Q_2+Q_1)}{(P_2-P_1)/(P_2+P_1)}$$

$$= \frac{Q_2 - Q_1}{P_2 - P_1} \times \frac{P_2 + P_1}{Q_2 + Q_1}$$

$$= \frac{-1/3.5}{10/25} = -\frac{25}{35}$$

$$= -0.71$$

(4.2) 式计算的是两点之间的平均弹性,故我们称为"弧弹性"(arc elasticity)。

(二)价格弹性与斜率的关系

细心的读者应该可以发现,需求的价格弹性与需求曲线的斜率有密不可分的关系,但必须强调的是,两者不尽相同。事实上,不论是 (4.1) 式的点弹性或是 (4.2) 式的弧弹性,都可以拆成两部分,一部分是需求曲线的斜率的倒数 $\triangle Q/\triangle P$ 或 $(Q_2-Q_1)/(P_2-P_1)$,另一部分则是衡量弹性时价格与数量的位置 P/Q 或 $(P_1+P_2)/(Q_1+Q_2)$。这两部分都对价格弹性有很大的影响,在衡量弹性时,必须十分小心。

为说明弹性与斜率的关系,我们现在假设一条直线型的需求曲线。假设嘉宜很喜欢吃面包,她每天对面包的需求表如表 4.1 所示,我们可以再将之绘成直线型的需求曲线 DD,如图 4.1。

表 4.1 嘉宜的面包需求

	面包价格 (元)	面包需求量 (个)	需求弹性 (Ed)	总支出 (元)
a	30	0	$-\infty$	0
b	25	1	-5	25
c	20	2	-2	40
d	15	3	-1	45
e	10	4	-0.5	40
f	5	5	-0.2	25
g	0	6	0	0

需求曲线 DD 是直线,故其上任何一点的斜率都相等,我们可以任意选择

两点来计算其斜率。假设我们选择 c、d 两点，其斜率的倒数为：

$$= \frac{\triangle Q}{\triangle P} = \frac{Q_2 - Q_1}{P_2 - P_1} = \frac{3-2}{15-20} = \frac{1}{-5} = -0.2$$

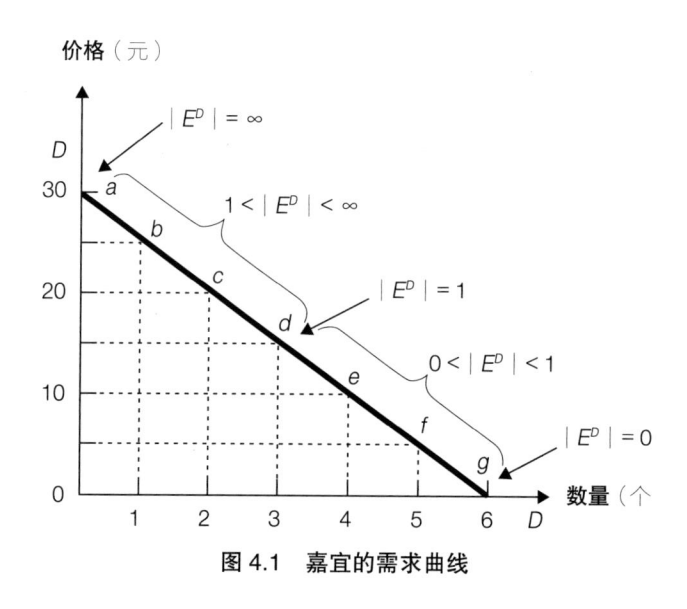

图 4.1 嘉宜的需求曲线

虽然 DD 线在每一点的斜率都相同，但因位置不同，其弹性也就不同。各点的需求弹性计算如下：

$$E_a^D = \frac{\triangle Q}{\triangle P} \times \frac{P_a}{Q_a} = -0.2 \times \frac{30}{0} = -\infty$$

$$E_b^D = \frac{\triangle Q}{\triangle P} \times \frac{P_b}{Q_b} = -0.2 \times \frac{25}{1} = -5$$

$$E_c^D = \frac{\triangle Q}{\triangle P} \times \frac{P_c}{Q_c} = -0.2 \times \frac{20}{2} = -2$$

$$E_d^D = \frac{\triangle Q}{\triangle P} \times \frac{P_d}{Q_d} = -0.2 \times \frac{15}{3} = -1$$

$$E_e^D = \frac{\triangle Q}{\triangle P} \times \frac{P_e}{Q_e} = -0.2 \times \frac{10}{4} = -0.5$$

$$E_f^D = \frac{\Delta Q}{\Delta P} \times \frac{P_f}{Q_f} = -0.2 \times \frac{5}{5} = -0.2$$

$$E_g^D = \frac{\Delta Q}{\Delta P} \times \frac{P_g}{Q_g} = -0.2 \times \frac{0}{6} = 0$$

由上述计算结果可知，虽然直线上每一点的斜率都相同，但因为位置不同，导致各点的弹性也不同。其中以 a 点的弹性绝对值最大，为无限大，然后逐渐减少。到 d 点时，弹性绝对值为 1；最后到 g 点时，再降为 0。又因为需求法则的关系，价格弹性必然是负的，所以为了更容易说明起见，我们在比较弹性大小时，都只看绝对值。也就是说，绝对值愈大的，其弹性就愈大。

当价格弹性大于 1 时，也就是数量变动百分比超过价格变动百分比时，表示这些人是较敏感的，我们就称其"具有弹性"(elastic)。若价格弹性等于 1 时，数量变动百分比刚好等于价格变动百分比，我们称其为"恒一弹性"(unitary elasticity)。若价格弹性小于 1，亦即数量变动百分比小于价格变动百分比，表示这些人对价格变动的敏感性较小，我们称其需求"不具弹性"(inelastic)。

必然再注意的一点是，不但在一条直线上各点上的需求弹性不尽相同，在不同点之间的弧弹性也会因为位置的不同，而产生差异。例如 cd 两点之间的弧弹性为：

$$E_{cd}^D = \frac{\Delta Q}{\Delta P} \times \frac{P_c + P_d}{Q_c + Q_d} = -0.2 \times \frac{20 + 15}{2 + 3} = -1.4$$

而 ed 两点之间的弧弹性则是：

$$E_{ed}^D = \frac{\Delta Q}{\Delta P} \times \frac{P_d + P_e}{Q_d + Q_e} = -0.2 \times \frac{15 + 10}{3 + 4} = -0.71$$

虽然 cd 与 de 两段距离相同、斜率相同，但因位置不同，因此弹性大小也不一样。

在上述的直线型需求曲线上，我们发现虽然各点的斜率相同，但因为位置不同，因此各点所代表的弹性都不一样。一般而言，需求曲线通常不一定是直线，因此各点上的斜率都不一样，再加上位置不同，因此一般而言，需求曲线各点上的弹性也都不会相同。

但是如果两个人的需求曲线都是直线，且斜率不同，我们如何比较它们的弹性大小呢？因为同一条曲线上的各点因位置不同，而使得弹性都不同，因此要比较两条曲线的弹性时，我们就必须选择相同的位置来比较，如图 4.2 所示。

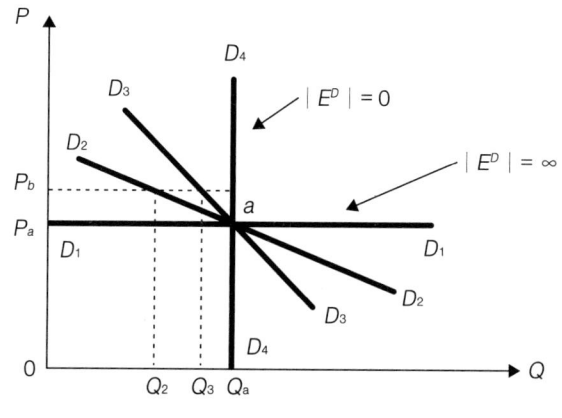

图 4.2　弹性与斜率的关系

当价格为 P_a 时，D_2D_2 与 D_3D_3 两条需求曲线的需求量都在 Q_a，所以两者的位置相同。当价格上升到 P_b 时，D_2D_2 需求量减少到 Q_2，D_3D_3 的需求量只减少到 Q_3。由于在同样的价格变化下，D_2D_2 的数量变动较大，也就是说其对价格较敏感，即弹性较大；而 D_3D_3 的弹性较小。但如果再看斜率，由于 D_2D_2 较为平缓，故斜率较小；而 D_3D_3 较陡，斜率较大。这正验证了我们前面的说法，弹性大小与斜率呈相反的关系，斜率较大者，弹性较小；斜率较小者，弹性较大。

当需求曲线呈垂直线时，如图 4.2 的 D_4D_4（斜率无穷大），这表示价格不论是在 P_a 或 P_b，数量都是 Q_a。也就是说，需求量不会随价格做任何改变，故此时完全没有任何弹性，即弹性为 0。注意，此时 D_4D_4 整条线的各点弹性都是 0。另外一个极端是水平的需求曲线，如图 4.2 的 D_1D_1。由于此时斜率为 0，而弹性是斜率的倒数，故其斜率为无限大，不论在 D_1D_1 上的任一点，其弹性都是无限大，表示价格只要变动一点点，数量就会立即有无限大的反应。

（三）影响需求弹性的因素

在下面案例中，我们看到美国社会大众对不同商品的价格弹性大小颇有出入，比方说，对盐、咖啡、汽油等商品的需求弹性很小，不到 0.5。对于牛肉、电影的弹性则较高，介于 0.5 到 0.9 之间。而对出国旅行、去餐馆消费等弹性最大，超过 2.0。这些弹性系数虽然是以美国人的资料来估计，但事实上，中国人的消费行为模式也相去不远。

价格弹性的例子（一）

在 1960 年代与 1970 年代，根据美国人的消费行为，实证研究计算出一些商品的短期价格弹性系数。这些系数随实证方法之不同颇有出入，仅摘录如下，供读者参考。

1. 弹性系数低于 0.5：
   盐、咖啡、汽油、面包、家中用电、医疗、住处、衣服、鞋子。
2. 弹性系数为 0.5~0.9：
   香烟、牛肉、电影、汽车轮胎。
3. 弹性系数接近 1.0：
   瓷器、长途电话。
4. 弹性系数为 1.2~2.0：
   家具。
5. 弹性系数超过 2.0：
   国外旅行、羊肉、餐馆消费、女帽。

价格弹性的例子（二）：上调烟税助养老

2016年10月，台湾省为了推动养老计划，规划以调高遗赠税和烟税，来增加税收，满足养老财源需求。依台湾省估计，目前台湾省各种香烟的平均售价约65元，每包加收20元烟税，将使平均价格提高到85元。目前每年台湾省消费的香烟为16.55亿包，调高烟税20元之后，预估每年香烟消费量会减少到13.25亿包，即减少3.3亿包，亦即减少约二成的消费。预计调高烟税可以使税收净增加158亿元。

根据上述资料，我们可以计算台湾省消费香烟的需求弹性的弧弹性如下：

$$E^D = \frac{\dfrac{Q_2 - Q_1}{\dfrac{1}{2} \times (Q_2 + Q_1)}}{\dfrac{P_2 - P_1}{\dfrac{1}{2} \times (P_2 + P_1)}} = \frac{\dfrac{13.25 - 16.55}{\dfrac{1}{2} \times (13.25 + 16.55)}}{\dfrac{85 - 65}{\dfrac{1}{2} \times (85 + 65)}} = -0.83$$

依据计算结果显示，台湾省消费香烟的需求弹性为 –0.83，此一数据略高于其他地区人民对于香烟的需求弹性，其主要原因之一可能在于这次烟税每包增加20元的幅度很大，因此才会认为台湾省香烟消费会减少很多（约二成）。

资料来源：沈婉玉，《烟税调高20元，烟枪每年少抽100包》，联合新闻网，2016.10.13。

为什么人们在不同商品之间的需求弹性有如此大的差异？哪些因素会造成人们需求弹性的变化？这当然是一个令人感兴趣的问题。

一般而言，影响人们对一种商品需求弹性大小的因素大致可分成五项：

1. 对商品支出占收入的比率

一项商品所占支出的比例愈高，该商品在人们支出预算中即愈重要。所以当这种商品价格上升时，消费者也就愈愿意去寻找替代品，因此弹性也就较大，如家具。因为在寻找到其他替代品时，可能可以节省一笔可观的支出，或者可以找到更便宜的替代品。相反的，一种商品如果占支出的比例很小，人们便不会太在乎其价格，也不会太愿意花时间去找其他替代品。例如当钮扣或回形针的价格上升时，人们很少会愿意花时间精力去找寻这些商品的替代品，而可能会继续购买。

2. 寻找替代品的难易

消费者愈容易获得替代品及其价格的信息，商品需要就愈有弹性，如各种厂牌的电视机。如果消费者不容易找到替代品，则其需求弹性就会很低，因为不论价格如何变化，人们都非买不可，例如盐与医药这类商品都是很好的例子。

3. 商品定义的广狭

当产品定义愈狭窄时，则该商品的替代品可能愈多，因此对此商品的需要就愈有弹性；例如，福特汽车的替代品很多，因此它的需求弹性大于汽车的需求弹性；而汽车的替代品也不少，因此它的需求弹性又大于交通运输的需求弹性。

再例如，人们对中兴米的需求弹性会大于人们对白米的需求弹性，而对白米的需求弹性又会大于对食物的需求弹性。因为当中兴米的价格上涨时，人们可以选择去购买富丽米或池上米，因此对中兴米的购买量就会减少很多。而当整个米价上升时，人们除非改吃面食，否则还是不得不买一些米来吃。就台湾地区的人的习惯而言，几天不吃米大概就会很难受，所以对米价的弹性就比较小。如果所有食物的价格都上涨，人们更是没有选择的机会，因为几乎没有东西能代替食物。因此，当食物的价格上升时，人们大概至少还是要去买能维生用的数量，所以人们对食物的需求弹性会很小。

4. 对商品的偏好与忠诚度

很多人消费时，经常会对某种厂牌或某种商品有强烈的偏好或品牌忠诚度，例如有些人只穿 LEE 的牛仔裤，有些人只吃新鲜蔬菜不吃冷冻蔬菜。当对商品有强烈偏好或忠诚度很高的时候，即使商品价格上涨，人们往往仍然会去购买，故其弹性就很低。台湾每年暑假台风来临之后，蔬菜价格都会飙涨至数百元一斤，但仍然有许多人会前往购买，这些人对新鲜蔬菜的需求弹性就很低。

5. 对商品价格变动的调整期的长短

调整时间愈长，消费者就有愈多的时间去寻找代替品，需求就愈有弹性。另一方面，时间较长时，消费者也较可能去调整其消费习惯，因此需求就会更有弹性。

（四）需求弹性与支出的关系

讨论需求弹性的一项重要目的是用来判断当价格变动时，消费者的支出会有什么变化。这个问题不但对消费者而言很重要，对营销者而言，也同样重要，因为消费者的支出就是厂商的总收益。由于需求法则告诉我们：当价格上升时，消费者的购买数量会减少；而价格下降时，消费者的购买数量会增加。消费者的总支出等于价格乘上数量，因此，厂商应该采用薄利多销的方式，还是提高价格，增加利润的方法，而不必在乎销售量减少？

显然上述问题的答案与需求弹性有关。若消费者具有很高的价格弹性，只要价格下降一点点，就会大量增加购买，此时厂商应该采用薄利多销的方式，来增加收益。反之，若消费者的价格弹性很低，则厂商可以提高价格，增加收益，因为此时数量并不会减少太多。

现在我们就来仔细计算支出与弹性的相关情况。假设原来的价格为 P，现在再增加 $\triangle P$；而原来需求量为 Q，价格上升以后减少 $\triangle Q$ 的数量。因此，原来的支出为 $R_1 = P \times Q$，新的支出为 $R_2 = (P + \triangle P)(Q - \triangle Q)$，支出的变化为 $\triangle R$，而

(4.3) $\quad \triangle R = R_2 - R_1$

$\qquad = (P + \triangle P)(Q - \triangle Q) - PQ$

$\qquad = Q \times \triangle P - P \times \triangle Q - \triangle P \times \triangle Q$

$\qquad = \left[1 - \dfrac{\triangle Q}{\triangle P} \times \dfrac{P}{Q}\right](Q \times \triangle P)$

$\qquad = (1 - |E^D|) \times (Q \times \triangle P)$

在 (4.3) 式中，我们假设价格上升 ($\triangle P$) 幅度很小时，数量下降 ($\triangle Q$) 的幅度也很小，所以我们可以忽略 $\triangle P \times \triangle Q$ 的效果，故假设其等于 0，而由于 Q 和 $\triangle P$ 都是正数，因此，支出变动 $\triangle R$ 是正或是负就决定于 $|ED|$ 与 1 的大小，即价格上升：

当 $|E^D| > 1$ 时，$\triangle R < 0$；

$|E^D| = 1$ 时，$\triangle R = 0$；

$|E^D| < 1$ 时，$\triangle R > 0$。

上升结果表示，当弹性大于 1 时，若价格上升，总支出会减少；当需求弹性等于 1 时，若价格上升，总支出不变；当需求弹性小于 1 时，若价格上升，总支出会增加。

但是在价格下降之际，情形刚好相反，此时，$R_1 = P \times Q$，而 $R_2 = (P - \triangle P)(Q + \triangle Q)$，因此支出的变动 $\triangle R$ 为

(4.4) $\quad \triangle R = R_2 - R_1$
$= (P - \triangle P)(Q + \triangle Q) - PQ$
$= P \times \triangle Q - Q \times \triangle P - \triangle P \times \triangle Q$
$= \left[\dfrac{\triangle Q}{\triangle P} \times \dfrac{P}{Q} - 1 \right] \times (Q \times \triangle P)$
$= -(1 - |E^D|)(Q \times \triangle P)$

由于 (4.4) 式正好与 (4.3) 式差一个负号，因此，我们可以得到以下结论：即价格下跌时，

当 $|E^D| > 1$ 时，$\triangle R > 0$；

$|E^D| = 1$ 时，$\triangle R = 0$；

$|E^D| < 1$ 时，$\triangle R < 0$。

上述结果表示，当需求弹性大于 1 时，价格下降会使总支出增加。当需求

弹性等于 1 时，价格下降，总支出保持不变。当需求弹性小于 1 时，价格下降会使总支出减少。为便于比较，我们把价格变化、弹性大小、与总支出变化的关系归纳如表 4.2。

表 4.2　价格变化、弹性大小，与总支出变化的关系

价格	总支出	弹性
增加	下降	$E^D > 1$
增加	增加	$E^D < 1$
增加	没有变化	$E^D = 1$
下降	增加	$E^D > 1$
下降	下降	$E^D < 1$
下降	没有变化	$E^D = 1$

在前面我们曾提及直线型的需求曲线上，各点的弹性都不尽相同，因此其对应的支出变化也不一样，我们可以利用表 4.1 嘉宜的需求曲线来说明支出与价格的关系，见图 4.3。

在图 4.3 中我们看到当价格由 30 元往下降时，由于需求弹性大于 1，因此总支出由 0 开始不断增加，直到价格降到 15 元时，需求量为 3 个，总支出则为 45 元，这时是总支出最大的时候。当价格再往下降时，虽然需求量仍在增加，但由于需求弹性小于 1，使得总支出开始减少，直到价格降为 0 时，总支出也减少到 0。

由上述分析可知，在需求弹性大时，厂商宜采用薄利多销的方式来增加收益；而当需求弹性小时，则可考虑以提高价格的方式来达到增加收益的目的。而对消费者而言，政策含义也十分清楚。消费者应该采取何种消费行为，才不至于受到厂商的剥削呢？当然是应该随时保持较高的需求弹性，使得厂商只能采用薄利多销的方式来面对消费大众。那么，又如何使需求弹性变大呢？最直觉的答案是，货比三家，贵了就不买。这是最简单，也是最容易的方式。如果消费者坚持自己的消费习惯、坚持要求自己的消费品牌、坚持自己的产品忠诚度，如此势必降低自己的需求弹性，自然就容易受厂商剥削了。

图 4.3　嘉宜的需求曲线

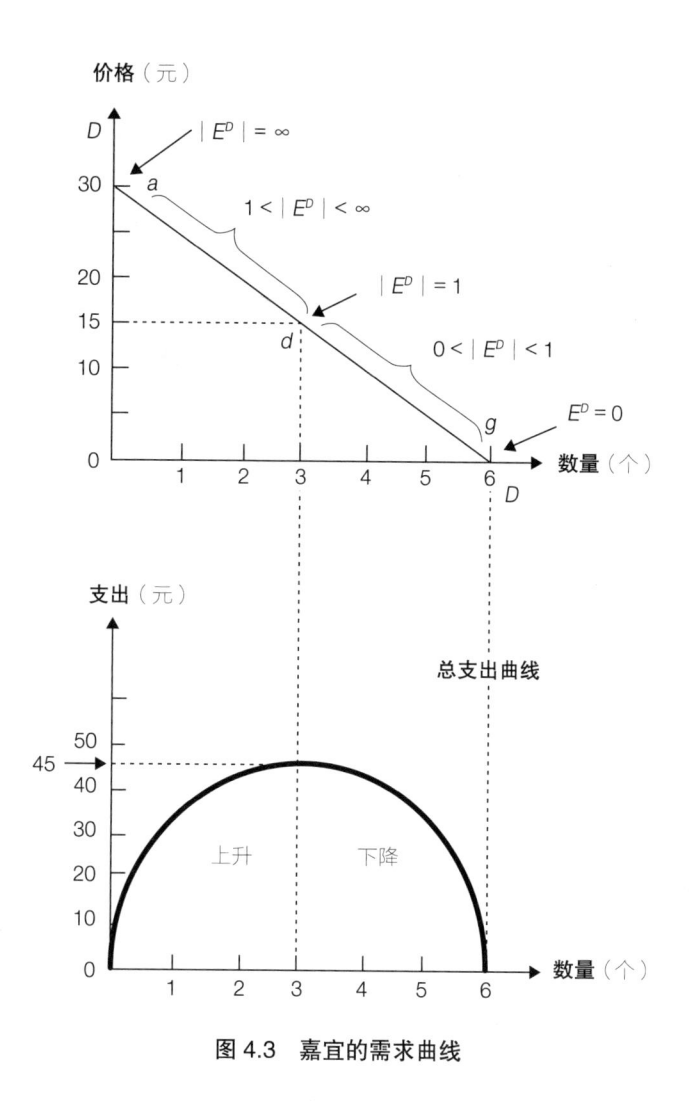

二、供给弹性

（一）供给的定义

需求有需求法则，说明需求量与价格之间的异向关系；供给则有供给法则，指出供给量与价格之间的同向关系。然而，需求法则与供给法则都只讨论数量与价格变动的方向，但却没有提及变动数量的大小。为衡量数量对价格变化的敏感程度，在需求有需求弹性，在供给方面就是"供给弹性"(elasticity of supply)。

征税受供需弹性的影响

政府征税可能是为了增加国库收入，也可能是抑制消费（如烟、酒），也可能是要让高收入者多分担税收（如奢侈品）。但税收的多寡常受供需曲线的弹性系数所左右。

(a) 当供需曲线弹性均较低时（如汽油），如果每升征税 0.5 元，供给曲线向左小幅移动，数量由 Q_1 减少到 Q_2，政府的税收为 □$ABCF=Q_2×0.5$。

(b) 当供需曲线弹性均较高（如家具），如果政府征收新的消费税，则供给曲线会大幅向左移动，政府之税收就为 □$A'B'C'F'$，远小于图 (a) 的收入。

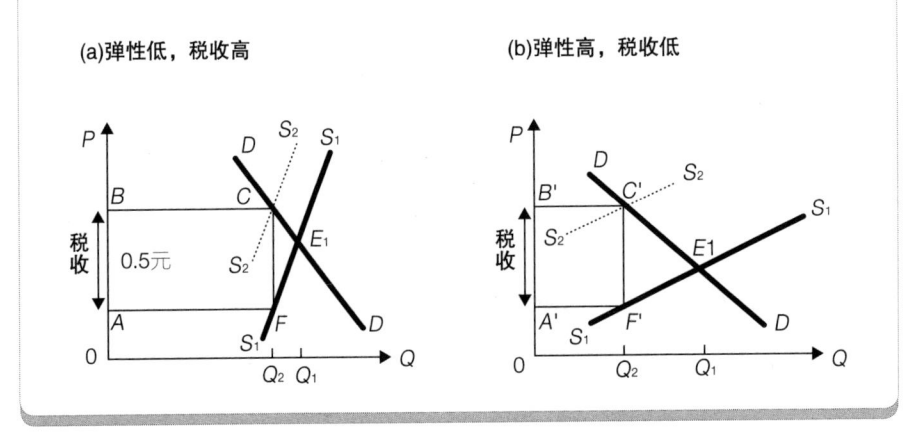

(a) 弹性低，税收高　　　　(b) 弹性高，税收低

明白供给弹性的特性与了解需求弹性的特性同样重要，因为它们是市场的一体两面。政府在设立稻米保证收购价格时，必须知道稻米供给对价格的反应程度是多少，才能选定最适当的保证收购价格。政府对汽油课征消费税或空气污染税的课税目的，虽然表面上是对消费者课税，实则与需求弹性有关。其实在上述的案例中已经显示，虽然名目上是对消费者课税，但最终受到影响的同时包含供需双方。经济学将赋税真正的负担者称为"租税的归宿"(tax incidence)，我们在下一章讨论供给与需求理论在现实生活中的应用时，会更仔细说明这些问题。

要衡量供给的敏感性，我们可以用价格每上升 1 元，供给量会增加多少来计算。但这种方式因所选用的计算单位不同，导致计算结果的差异。为避免因不同计算单位造成的困扰，供给弹性的定义方式与需求弹性完全相同，也就是以供给量变动的百分比和价格变动的百分比来计算。供给弹性 (E^s) 表示当价格变动 1% 时，供给量变动的百分比。即 (4.5) 式所示：

$$(4.5) \quad E^s = \frac{供给量变动百分比}{价格变动百分比}$$

$$= \frac{\Delta Q/Q}{\Delta P/P} = \frac{\Delta Q}{\Delta P} \times \frac{P}{Q}$$

由于上述 (4.5) 式中的 Q 与 P 代表原来的数量与价格，在供给函数上这只代表变化前的一点，故我们将 (4.5) 式估计的结果称为"供给的点弹性"。

我们也可以利用价格变动之前的供给量和价格，与价格变化后的新数量和新价格的平均数来计算弹性，也就是计算两点之间的弹性，我们称之为"供给的弧弹性"，可以表示如下：

$$(4.6) \quad E^s = \frac{(Q_2 - Q_1)\big/\frac{1}{2}(Q_2 + Q_1)}{(P_2 - P_1)\big/\frac{1}{2}(P_2 + P_1)}$$

$$= \frac{Q_2 - Q_1}{P_2 - P_1} \times \frac{P_2 + P_1}{Q_2 + Q_1}$$

我们可以利用第三章表 3.3 的数据来试算柯进腾生产稻米的供给弹性。在价格为 40 元 1 千克时，其每月供给量为 3 吨，当价格下跌到每千克 30 元时，其供给量也减少到 2.5 吨。我们依其数据及 (4.6) 式可以计算其两点之间的弹性大小：

$$E^s = \frac{Q_2 - Q_1}{P_2 - P_1} \times \frac{P_2 + P_1}{Q_2 + Q_1}$$

$$= \frac{2.5 - 3}{30 - 40} \times \frac{30 + 40}{2.5 + 3} = 0.64$$

由于供给法则告诉我们供给量与价格变动的方向一致，因此供给弹性必然都是正的。

克劳尔教授的雪茄烟

洛杉矶加州大学 (UCLA) 校门口的西木村上有一家出名的烟草店，店中出售各式各样的雪茄、香烟、烟丝，以及烟斗。店内充满香浓的雪茄烟草香味，经常吸引游客闻香入内。

前 UCLA 经济系的克劳尔 (R. Clower) 教授一向以抽雪茄著名，不但如此，他买雪茄烟时，就如同他打网球一样的利落，从不问价钱，每次到店里都跟老板说："给我拿 100 美元的古巴牌雪茄。"

UCLA 经济系的另一位大牌教授李昂赫夫 (Axel Leijonhvud) 一样喜欢抽雪茄，在买雪茄时一样潇洒，也是从来不过问价钱，每次到雪茄店里时就说："给我拿两盒古巴牌雪茄。"

如果说经济学家对价格较敏感，消费行为应该具有弹性，如此才不容易被厂商剥削，那么你觉得他们俩谁是真正的经济学家？或是他们两人完全相同？

其实答案很简单。不论价格如何变化，克劳尔教授每次都刚好花 100 元，这表示其价格弹性为 1，故其支出才会每次都固定。而不论价格如何变化，李昂赫夫教授每次都买固定的数量—两盒雪茄，表示其需求量对价格是完全没有任何反应的，亦即其需求弹性为 0。所以克劳尔教授的行为才像是真正的经济学家。

（二）供给弹性与斜率的关系

供给弹性与需求弹性相同，也是由供给曲线斜率的倒数 ($\triangle Q/ \triangle P$) 和位置 (P/Q) 所组成。如果供给曲线不是直线，其中各点的斜率都不同，相对应的弹性也会有所差异。而要注意的是，即使供给曲线是一条直线，也并不代表其上任何一点的弹性都相同，因为各点的位置会有不同，所以弹性也不尽相同。

为便于说明，我们再举一个简单的直线供给曲线来说明。假设瘦达人的面包供给量如表 4.3 所示。当面包一个卖 5 元时，瘦达人不愿意生产任何数量的面包。随着价格上升，其供给量也逐渐增加，当价格上升到每个 10 元时，瘦达人愿意每天供应 50 个面包。再利用供给量与价格的数据，我们可以绘出瘦达人的面包供给曲线，如图4.4的SS。

由图4.4可以计算出 a、b 两点之间的斜率倒数为 10=[(10-0)/(6-5)]，而由于 SS 为直线，故其上各点的斜率倒数都是10。再利用 a 点至 f 点的各点位置，我们就可以计算出各点上的点弹性，见表4.3。由表4.3中，我们可以看出 SS 在线各点的供给弹性并不相同：a 点的供给弹性为无限大，然后再逐渐变小；到 f 点时，只剩下2.0。读者们可以再自行计算，将 SS 曲线的点再向右延伸，当价格不断上升，瘦达人的面包供应量也不断增加，供给弹性会逐渐接近1。

表4.3 瘦达人的面包供给表

	价格（元）	供给量（个）	供给弹性（E^s）
a	5	0	∞
b	6	10	6.0
c	7	20	3.5
d	8	30	2.7
e	9	40	2.3
f	10	50	2.0

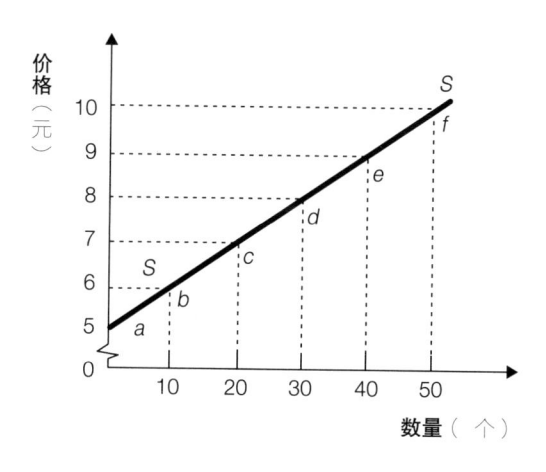

图4.4 瘦达人的面包供给曲线

由于供给曲线上弹性的变化与需求曲线不太相同，我们再举两个例子说明供给弹性与供给曲线位置的关系。假设张三和李四的面包供给表分别如表4.4和表4.5所示。从而我们也可以计算出对应的供给弹性，并绘出其供给曲线，如图 4.5 和图 4.6。

首先，在张三的供给曲线上任选两点来计算，可知张三供给曲线的斜率倒数固定为 10，然后也可由李四供给曲线计算出其供给曲线的斜率倒数也是 10，都与瘦达人的供给曲线相同。但由表 4.4 中，计算结果发现张三的供给弹性是随着数量的增加而增加，与瘦达人刚好相反。如果我们再进一步计算，将不难发现当价格与数量都不断增加时，张三的供给弹性将会接近 1。另一方面，李四的供给弹性则一直固定为 1，不会随着位置变化而有不同。其主要原因在于李四的供给曲线刚好通过原点，因此其供给曲线上任何一点的位置刚好就是代表该曲线的斜率。而由于供给弹性等于斜率的倒数乘上位置，因此其上任何一点的弹性都是 1。事实上，上述结论可以更为推广，即对任何一条通过原点的直线供给曲线而言，其上任何一点的弹性都是 1。

表 4.4 张三的面包供给表

	价格（元）	供给量（个）	供给弹性（E^s）
a	5	60	0.83
b	6	70	0.86
c	7	80	0.88
d	8	90	0.89
e	9	100	0.90
f	10	110	0.91

表 4.5 李四的面包供给表

	价格（元）	供给量（个）	供给弹性（E^s）
a	5	50	1
b	6	60	1
c	7	70	1
d	8	80	1
e	9	90	1
f	10	100	1

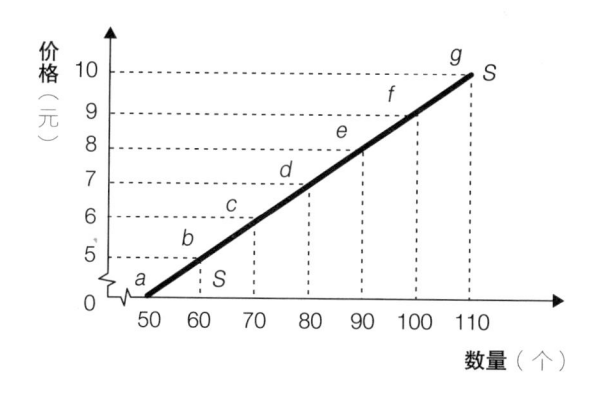

图 4.5　张三的面包供给曲线

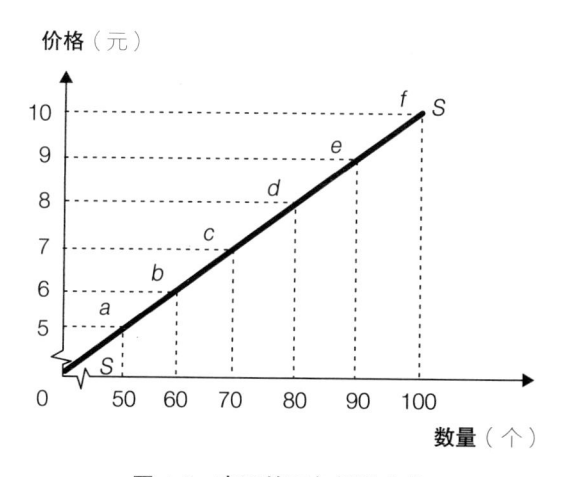

图 4.6　李四的面包供给曲线

为便于比较与说明，我们再把瘦达人 (S_1S_1)、张三 (S_2S_2) 与李四 (S_3S_3) 的供给曲线分别绘在图 4.7 上。由于三人的斜率都相同，故其弹性大小完全取决于其供给曲线的位置。

由于供给曲线弹性的大小同时受到斜率与位置的影响，在比较两条供给曲线的弹性时，就必须格外小心。最简单的方式，还是把两条曲线固定在同一点上，然后比较在该点上的弹性。由于在同一点上，故位置相同，再比较斜率大小即可，如图 4.8。而因为弹性系由斜率的倒数所决定，故斜率愈大者（如 S_3S_3），弹性愈小；斜率愈小者（如 S_2S_2），弹性愈大。当供给曲线为水平时（如 S_1S_1），即斜率为 0 时，供给弹性无限大；当供给曲线为垂直时（如 S_4S_4），亦即斜率为无限大时，供给弹性为 0，见图 4.8。

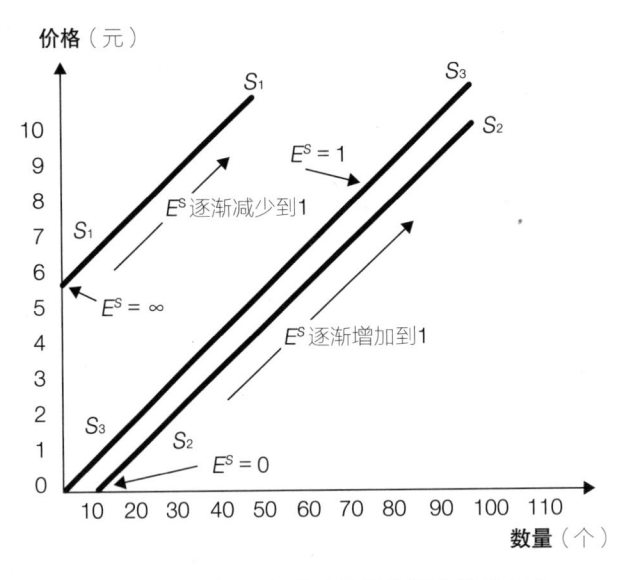

图 4.7　供给弹性与供给曲线位置的关系（Ⅰ）

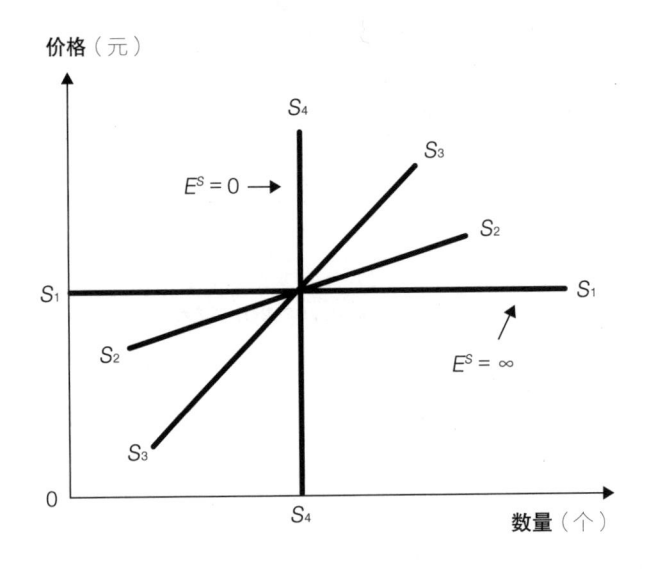

图 4.8　供给弹性与斜率的关系（Ⅱ）

（三）决定供给弹性大小的因素

厂商行为的主要目的在于追求最大利润，在产品价格无法由厂商决定的情况下，价格变动时，厂商是否决定增减产出，以及要增加或减少多少，端赖厂商生产成本的变化状况以及生产技术是否允许。一般而言，影响厂商供给弹性的主要因素可归纳成下列几点。

1. 厂商生产成本对产量变化的反应

有些厂商可以在增加很小的成本下，提高产出；有些厂商则需要增加很多成本才能扩大产能。因此，前者产量对价格的反应就会远比后者来得大。比方说，一家面包店通常一天出炉3次到4次面包，现在由于顾客数目突然增加许多，老板可以立刻增加每天新鲜面包出炉的次数到6至8次。在增加出炉次数的同时，生产成本并不会增加多少，因此其供给弹性应该是比较高的。反之，"中油公司"的高雄炼油厂每天最多可提炼60万桶原油。当岛内需求再增加时，"中油公司"就无法立即扩大产能来供应，所以其供给弹性较小。

2. 供给弹性与时间有关

一般而言，当调整时间很短时，供给并不容易增加；但如果有较长时间可以调整，供给弹性就会比较大。在上面的例子中，面包师傅可以很容易地在短时间内增加产出，"中油公司"炼油量则无法调整。但如果我们允许两至三年的调整时间，"中油公司"就可以利用两三年的时间去兴建另一座新的炼油厂，产量就可以大量增加，供给弹性也会比较大。

另一种与时间有关的是农产品。每当台风过后，国内蔬菜的价格都会立即大幅上扬，因为很多农作物都被台风吹坏或淹死。由于小白菜或其他蔬菜重新耕种到收成大约需要两至三个月，因此这期间的蔬菜价格就会居高不下，主要原因就是蔬菜供应在短期间之内缺乏弹性。一种立即解决的方法是开放海外蔬菜进口，就可以达到增加供给的作用；在供给可以随时借助调整进口额的情况下，供给弹性可以大大提高，蔬菜价格也就不会再有大幅波动的情况。

3. 生产的储藏成本

有些商品的储藏成本很低，厂商可以利用淡季生产、旺季销售方式，达到调整供给的目的，因此供给弹性较大。一般而言，工业产品的储藏成本较低，在淡旺季之间的存货调整比较容易；农产品的储藏成本较高，供给弹性就比较小。农产品中又以海产及叶菜类蔬菜的储藏成本最高，故其供给弹性较小，其价格在不同季节之间的波动也比较大。至于稻米、马铃薯之类农产品的储藏成本较低，农民较易利用调整存货的方式来达到改变供给的目的，故其供给弹性较大。

4. 供给弹性与所使用的生产要素能否在其他地方广泛使用

如果一家厂商所使用的生产要素可以随时供作他用，则厂商可以较容易地减产，将生产要素供其他目的使用，或将用于其他使用的生产要素移转过来以增加产出，这时候的供给弹性比较大。例如，面包师傅做面包用的面粉可随时转于其他用途，如做面条、包子等，较易调整面包的供给量。而核能电厂使用的核原料除了发电以外，其他用途较少，因此核电厂就不容易改变其产量，供给弹性较小。

三、收入弹性、交叉弹性、替代弹性

在影响消费者需求的因素中，除了价格是最重要的因素以外，还有许多因素会影响需求，包括所得（收入）、相关商品的价格、偏好，以及对未来价格的预期等。其中又以收入及相关商品价格对需求的影响最大。比方说，当收入增加时，对商品的需求会上升；又比方说，当牛肉价格上升时，人们对猪肉的需求会增加。但是我们只说明这些变化的方向，而不曾提及可能影响的大小。本节目的就在于探讨收入与相关商品价格变动时，对需求影响的大小。

（一）收入弹性

当一个人的收入增加时，一般而言，他对商品的购买与消费都会增加，例如食物、衣服、家电、旅游、住宅等。就整个国家来看，全国的收入增加时，对公共商品的需求可能也会增加，例如道路、公园、下水道系统等。但是这些商品是否一定会增加呢？若是增加，增加量会有多少呢？

对裕隆公司的老板来说，他很希望知道人们收入增加时，对汽车的需求会增加多少？对裕隆汽车的需求会增加多少？甚至对裕隆纳智捷的需求会增加多少？对台北市政府而言，市政府则想知道如果台北市民每年收入增加10%，对住宅的需求会增加多少？对一般住宅的需求又会增加多少？对公园与道路的需求同时会增加多少？收入变动对人们需求的变动会有很大的影响。对政策决定者而言，若能事先知道这些信息，可以未雨绸缪，先拟定因应策略，届时才不至于手忙脚乱。

这对收入增长快速的地方更是重要，台湾省就是一个很好的例子。台北市虽然是省会，公共设施较地区内其他地方为佳，但以台北市民的平均家庭收入水平与享有的公共设施水平来比，却远低于地区外其他许多平均收入相近的城市。虽然一方面原因是台北市的城市人口密度太高，但最主要还是政府的长期规划无法配合台北市民收入的快速增长所致。

在收入增长初期，人们在乎的主要是能否填饱肚子，然后要求享有较好的生活质量，对住宅、家电的需求较高。当这些需求都满足以后，人们对于居家附近的环境质量要求也会提升。道路、公园、学校、干净的空气、安宁的环境等，这些需求在收入增加到某一个水平以后，就会迅速出现。

根据以上分析，人们对商品、服务、公共商品的需求弹性，经常都会因收入的高低而有不同。一般而言，收入增加时，对大部分商品的需求会增加，我们称为"正常财"，但也有少数商品的需求会减少，我们称之为"劣等财"。还有一些商品会在收入较高时才会出现，而且其需求增加的比例会超过收入增加的比例，是为"奢侈品"(luxury goods)。

为仔细区分上述商品的差异，我们先依需求弹性的方式来定义"收入弹性"(income elasticity)。收入弹性的定义是：当收入变动1%时，需求量变动的百分比。若以 I 代表收入 (income)，ΔI 代表收入变动量，$\Delta I/I$ 就是收入变动的百分比；再以 Q 代表原来的需求量，ΔQ 是需求变动量，$\Delta Q/Q$ 就是需求量变动的百分比。因此，收入弹性可以定义如下：

$$(4.7) \qquad E^I = \frac{\Delta Q/Q}{\Delta I/I} = \frac{\Delta Q}{\Delta I} \times \frac{I}{Q}$$

对一般人而言，在收入增加时，他们对大部分商品的需求都会增加，我们称此种商品为"正常财",如食物、衣服、旅游等。因为当收入增加时,人们对这些商品的需求也会增加,即其需求变动的方向与收入相同,故其需求的收入弹性为正,即 $E^I > 0$。因此,我们又称收入弹性大于零的商品是正常财。

但是在人们收入增加以后,也有一小部分商品的需求量反而会减少,这种商品通常具有较低的福利,故称为"劣等财"。例如以前很多人吃番薯签,后来收入增加,就改吃白米,不再消费番薯签,所以番薯签就是劣等财。由于劣等财需求量的变化方向与收入变化的方向相反,故其收入弹性为负,所以我们又称收入弹性小于零的商品为劣等财。

不过我们必须说明的是,对于不同人或在不同的收入水平下,劣等财的定义可能不同。1950 年代,台湾收入还相当低,家里有部黑白电视就算非常奢侈了。到了 1970 年代,台湾收入提高以后,大家都只看彩色电视,黑白电视就成了劣等财,再也没有人要看了。

另外,虽然大部分商品都是正常财,收入的弹性都是正的,亦即消费量会随着收入增加而增加,但不同商品之间,随着收入变化而变化的程度也有很大的差异。例如,当收入增加时,人们上馆子吃饭的次数或许会增加,但对于白米、盐、糖等物品的消费增加量却不会增加太多。试想,当一个人的收入在两年之内增加 5 倍,他的饭量会同时增加 5 倍吗?或是他吃盐的数目会增加 5 倍吗?答案当然是否定的。也就是说,食物是正常财,但收入增加时,食物消费增加的百分比应该会小于收入增加的百分比,换句话说,其收入弹性会小于 1,即:

$$E^I = \frac{\Delta Q/Q}{\Delta I/I} < 1$$

我们将需要的收入弹性小于 1 但是大于 0 的商品称为"必需品"(necessities),因为它们大都属于生活上必要的商品,例如食物、衣服、大众运输的交通需求等。

还有一些商品,其消费量与收入之间的关系更为密切,人们对这种商品的需求受收入的影响更大,例如旅游、有设计感的衣服、汽车、住宅等。当人们收入较低时,他们对这些商品固然也有需要,但却经常因为收入太低或价格太贵而无法购买；收入增加以后，人们对于这些商品的需求就会增加。不但如此，更重要的是对这些商品需求增加的比例，往往会高于收入增加的比例，换句话说，其收入弹性是大于1的，即 $E^I > 1$，故我们又将此种商品称为奢侈品。

恩格尔曲线与收入弹性

19世纪德国统计学家恩格尔 (Ernst Engel) 发现，家庭对不同商品的支出比例与家庭收入高低之间有非常明显的关系。在低收入家庭中，食物与衣服支出占收入的绝大部分。当收入逐渐增加时，住宅、交通、教育、医疗等支出的比例就逐渐增加，而食物与衣服等支出占收入的比例则逐渐缩小，此外，储蓄占收入的比例也会迅速上升。由于此种现象普遍存在于不同国家之间，故我们将之称为"恩格尔法则" (Engel's law)。

后人将需求量与收入之间的关系所形成的曲线称为"恩格尔曲线" (Engel curve)，我们可以利用该曲线来区分劣等财、必需品，以及奢侈品，如下方图形所示。

当恩格尔曲线斜率为正时，表示该商品为正常财，即需求量随收入之增加而增加，如图 (A)(B) 所示。但在图 (A) 中，数量增加的比例小于收入增加的比例，因此该商品的收入弹性小于1，是为"必需品"。在图 (B) 中，该商品不但是正常财，而且数量增加的比例超过收入增加的比例，亦即其收入弹性大于1，所以是"奢侈品"。在图 (C) 中，收入增加时，需求量反而减少，数量与收入的变化方向相反，是为"劣等财"，收入弹性为负。

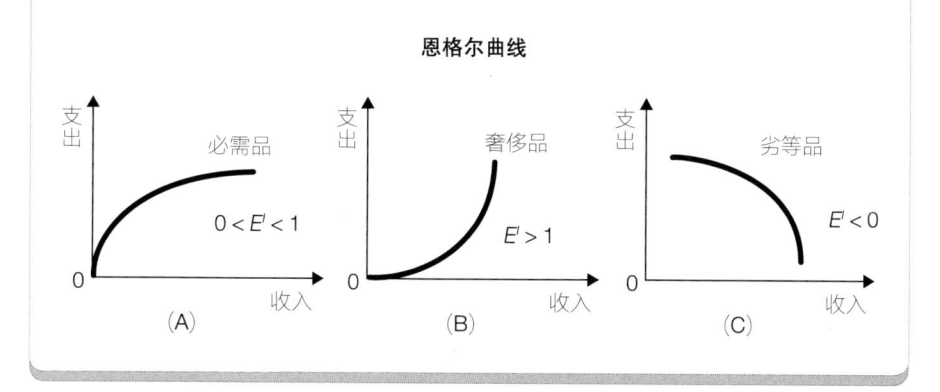

恩格尔曲线

(A) 必需品 $0 < E^I < 1$

(B) 奢侈品 $E^I > 1$

(C) 劣等品 $E^I < 0$

在台湾地区最明显的奢侈品的例子是：房屋。近年来由于房屋价格非常昂贵（以台北市为例，一栋新的成屋价格几乎已达一般家庭平均收入的15倍左右）。但许多工薪阶层的"无壳蜗牛"仍然十分努力存钱，以准备未来购买超过自己收入数倍以上的房屋，这就是最好的例子。

当然，某些商品是否是奢侈品，同样因人因地而异。例如较早以前，对很多人而言，在台湾地区拥有一部汽车是非常奢侈的。但最近这些年来，台湾地区家庭拥有汽车的比例已经超过七成，汽车在台湾地区大概只能被称为必需品，不再是奢侈品了。

（二）交叉弹性

在分析影响需求的因素中，相关商品的价格也是一项非常重要的决定因素。牛肉价格上涨时，人们对猪肉的需要会增加，此时牛肉太贵，大家都改吃猪肉。同样的，当小白菜价格上涨时，人们会改吃大白菜，使大白菜的需求增加，因为它们两者是替代品(substitutes)。另外，当汽油价格上升时，人们对汽车的需求会减少，因为此时自己开车的成本太高。于是我们称汽车与汽油为互补品(compliments)。

当一种商品 X 的价格 P_X 上升，导致另一种商品 Y 的需求量 Q_y 增加时，我们称此两种商品为替代财。至于 X 商品价格的变动对 Y 商品需求的影响，我们用交叉弹性(cross elasticity)的概念来衡量。交叉弹性的定义是：当 X 财价格变动百分之一时，Y 财需求量变化的百分比，即：

$$(4.8) \qquad E^{XY} = \frac{\Delta Q_Y / Q_Y}{\Delta P_X / P_X} = \frac{\Delta Q_Y}{\Delta P_X} \times \frac{P_X}{Q_Y}$$

对牛肉与猪肉这两种替代商品而言，当牛肉价格 P_X 上升时，人们会减少对牛肉的消费，转而增加对猪肉的需求 Q_y，因此 Q_y 与 P_X 呈同方向变化，其交叉弹性会大于零，即 $E^{xy} > 0$。故我们又定义：当两种商品的交叉弹性为正时，此两种商品互为替代品。

对汽油与汽车两种互补品而言，当汽车价格 P_X 上涨时，人们会减少对汽车的需求量，也同时会减少对汽油 Q_y 的需求，所以 Q_y 与 P_X 呈相反方向变动时，其交叉弹性为负，即 $E^{xy} < 0$。所以我们又定义：当两种商品的交叉弹性小于 0 时，此两种商品互为互补品。

2007 年台湾高铁通车后，台北到高雄与台中等地的航线不久就完全停飞，表示高铁与这些航线之间具有高度替代性。另外，台铁的营收也大受影响，表示高铁与台铁也是高度替代的。

最后，为便于比较，我们把正常财、劣等财、必需品、奢侈品、替代品与互补品的定义归纳如表 4.6 以供参考。

表 4.6　收入弹性与交叉弹性

收入弹性 ($E^I = \dfrac{\triangle Q/Q}{\triangle I/I}$)		交叉弹性 ($E^{xy} = \dfrac{\triangle Q_y/Q_y}{\triangle P_x/P_x}$)	
$E^I < 0$	劣等财	$E^{xy} > 0$	替代品
$E^I > 0$	正常财	$E^{xy} < 0$	互补品
$0 < E^I < 1$	必需品		
$E^I > 1$	奢侈品		

经 济 名 词

弹性	需求弹性	价格弹性
供给弹性	租税归宿	收入弹性
交叉弹性	点弹性	弧弹性
互补品	替代品	正常财
劣等财	必需品	奢侈品
恩格尔曲线	恩格尔法则	

讨 论 问 题

1. 无论价格为何，对产品的需求量皆不变时，需求的价格弹性为何？

2. 在何种情况下，价格降低会使总收益反而提高？

3. 比较对小汽车分别课征定额税 30000 元与 10% 两种税的效果。哪种税的课征对小汽车需求（以百分比表示）的影响较大？

4. 下列各组产品中，何者为互补品？何者为替代品？交叉弹性的正负号为何？

  (1) 室内电话与手机

  (2) 巴士与飞机

  (3) 汽车与汽油

  (4) 米饭与面包

5. 当人们收入提高时，购买食物的支出增加，但食物支出占收入的比例却降低了，此时食物需求的收入弹性大小如何判断？

6. 请以你自己购买手机的例子，说明你的价格弹性与收入弹性的大小。

7. 请以图示"我每周一定花 400 元买书"的需求曲线。

8. 试讨论需求弹性与总支出的关系。

9. HTC 公司老板把他们聘请的经济顾问请去说："我看相关部门估计报告显示：台湾地区人们对手机的需求弹性只有 0.9，但你帮我们估计社会大众对 HTC 手机的需求弹性却高达 1.6。你确定你的估计没问题吗？"如果你是这位经济顾问，你会如何回答此一问题？

10. 2016 年 10 月，梅姬台风过境台湾摧毁及淹没了许多农地，使蔬菜减产 50%，但市场上的蔬菜平均价格却上涨 125% 之多。请问，台湾地区人们对蔬菜的需求弹性是多少？

11. 1970 年代前后，台湾的鞋类出口量几乎排名世界第一位。1970 年代后期，台湾劳动价格大涨之后，台湾制鞋业的出口数量随即萎缩。你认为台湾制鞋业的供给与劳动成本之间的关系有多大？制鞋业的供给对劳动价格的弹性很大或是很小？

12. 虽然衣食住行都是民生必需品，在台湾地区的人们为什么对衣食的需求收入弹性较小，而对房屋的需求弹性特别高呢？如果我们把房屋区分为租赁房屋与自有房屋，你觉得哪种住宅的收入弹性较高？为什么？此时两者都还会是奢侈品吗？

第五章
消费者行为

★ 效用的概念：自利行为
★ 边际效用分析法
★ 无异曲线分析法
★ 替代效果与收入效果

一、效用的概念：自利行为

在本书第一章中，我们曾提及经济学中一个主要的基本假设，就是假设经济个体行为都是以自利为出发点，也就是说经济个体都以追求自己的利益最大化为目的。在个人的经济行为中，我们说每个人都追求他的福利最高；在厂商行为方面，每个厂商都追求利润最大；在政府方面，则希望全国人民的福利最高。这些都是十分自觉且能够被社会大众所接受的。

但问题是，什么是个人福利？什么是全国人民的福祉？这些问题看似眼熟，但在真正探究其内涵时，就会产生许多争议。唯一较能使大家接受的就是厂商的利润，因为这是简单且直接以金钱方式来呈现的。厂商只要把卖东西的"收益"(revenue)，或称"收入"，减去其生产时所花费的成本(cost)，剩下来的就是"利润"(profit)，或称"利益"。因为厂商不是一个自然人，我们不用考虑所谓福利或福祉的问题，只要厂商能赚到更多的利润，它的股东或其他成员就会很满足。

现在我们再回头来看个人的福利问题。由于我们假设个人的欲望是无限的，东西自然愈多愈好；东西愈多代表个人的福利或福祉愈高。但个人资源却是有限的，当一个人因为收入有限，而必须在买苹果或买橘子之间做选择时，他该如何选择？如果市场上苹果一斤卖30元，橘子一斤也卖30元，比较喜欢吃苹果的小明选择买苹果，因为此时一斤苹果带给他的福利高于一斤橘子。但如果小明要在买书与看电影之间做抉择时，他该如何选择？买书与买苹果之间又该如何选择？我们每天都必须面对许多选择，每次选择与消费都会让个人的福利产生变动。而那么多的商品，如果需要两个两个来比较，那么每个人大概每天都只能在这些选择之间挣扎，无法再做其他正事。事实上这并非不可能，有很多人为了买房子与选择最满意的房子，被烦得几天吃不下饭。

为了简化这些比较，也许每一个人心中都会为自己订定一些标准，只要觉得某种东西符合了这些标准，就可以购买与消费。比方说，苹果够甜、够新鲜、价格还可以，那我们就可以考虑购买。买房子当然就需要考虑得更周详一些，比方说，合并考虑价格、面积、地点、楼层、建材、屋龄、邻里环境等诸多因素以后，我们才会决定是否购买。决定是否购买的标准是十分抽象的，并不容易清楚描述。因此，为了能够仔细说明这些个人主观上的标准与福利，经济学上就使用了一个名词，称为"效用"(utility)，作为计算个人福利大小的单位。效用愈高，个人福祉就愈大，而每一个商品都可以带给个人一些效用。为便于计算，我们通常会在每个人消费每个商品时，设定其效用大小。比方说，小明消费一个苹果可以有三个单位的效用，消费一个橘子则可以带来两个单位的效用。

水与钻石价值的矛盾

亚当·斯密在《国富论》中曾讨论到一个有趣的难题：为什么日常生活中不必需的钻石价格那么高？生活中必需的水，价格却这么便宜？

要解释这个"矛盾"，首先就要重温最基本的道理：价格受供需决定。水的价格低，因为在正常情况下，水的供给大，因为供给大，总效用也大（如图A中，在需求曲线左侧的阴影区），但当消费者用得多时，它的边际效用就变得非常低，如图A中之 b 点。

钻石价格高，因为制造成本贵，供给少。正因为价格高，买得起的人少，总效用也低，但对买得起的人来说，它的边际效用就大，如图B中之 c 点。

因此，价格低，就反映消费到最后一单位水时，边际效用低；价格高，就反映拥有最后一单位钻石时，边际效用高。了解了效用与成本都能影响一件商品的价值后，再重温英国经济学大师马歇尔(A. Marshall)的话就更具启发。他曾经写过："我们可以合理地争论当剪刀剪纸时，究竟是上面的一片还是下面的一片剪断了纸。"正如一件商品的价值是受效用（需要）支配，还是受成本（供给）支配。

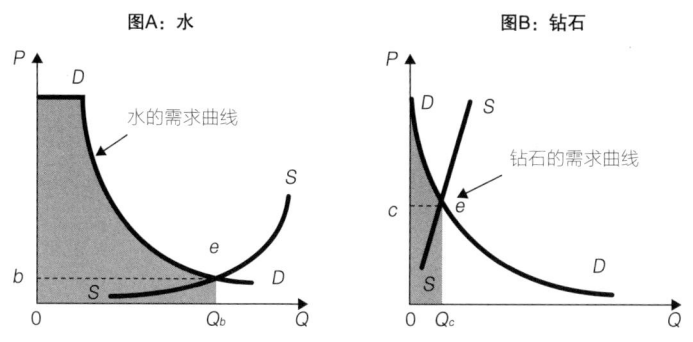

图A：水　　　　　　　　　**图B：钻石**

图A：水的总效用高（阴影区），但边际效用低（b 点）。

图B：钻石的总效用低（阴影区），但边际效用高（c 点）。

但我们必须强调，效用的大小是非常主观的，也就是说每个人在消费每个商品时，所享用的效用大小可能都不同，因为每个人对商品的偏好基本上可能都不同。前面提到小明吃一个苹果的效用是三个单位，吃一个橘子则带来两个单位的效用。但阿旺比较喜欢吃橘子，而不喜欢吃苹果，对阿旺而言，吃一个橘子的效用是三个单位，吃一个苹果的效用可能只有一个单位。

效用是用来衡量个人消费时所带来的福利大小。对每一个人而言，他可以把所有消费带来的效用加总，得到效用的总合。经济学就是要探讨如何使一个人在收入有限之下，能使其总效用达到最高的水平。但是我们也必须注意，效用是主观的，不同人之间的效用并不能直接比较（同样吃一个苹果，带给两个人的效用就会有所不同）。在此种情况下，我们不但不能比较两个人之间效用的大小，也不能直接把这些人的效用加总得到整个社会的效用。如何使个人的效用最大与整个社会的效用最大，在经济学上是一个相当困难的问题，留待以后再谈。此处我们再次强调，假设个人效用的存在，只是让我们能用以分析如何使个人效用最大，并讨论其选择的行为，如此而已。在使用效用的概念时，必须十分谨慎，不可以轻易地加以引申或过度利用。

（一）家庭单位的选择与支出

家庭单位每天都要面对许多消费上的选择，例如食、衣、住、行、育、乐及医疗等支出，剩下来的就是储蓄。我们在食物方面，有各式各样的选择，在其他方面的消费同样有许多选择。一般而言，愈有钱的家庭，他们的支出就愈高，但无论支出多少，都必须受到收入的限制。换句话说，每一个家庭或个人都会面临下述重要问题：在收入限制下应如何分配支出，才能使全家或个人的效用最大？这其中包括两方面的问题：一是收入的限制，也就是说，每个人都知道自己每个月的收入有多少，然后也必须知道各种商品的价格，如此才能知道自己的收入受到哪些限制。有些国家的人民虽然收入高（如日本），但相对的，其国内的产品也很贵，如此其人民真正能买到的东西却可能不如想象中那么多。有些国家人民的收入并不比日本高（如中国），但由于国内商品的价格低于日本，因此中国的一般家庭能买到的东西可能不比日本家庭少。

除了收入以外，另外一个重要的考量就是效用与偏好。也许某两个家庭的收入相当接近，但一家喜欢吃米饭，另一家喜欢吃面食；也许一家喜欢经常下馆子，一家却喜欢出国旅游。由于每一个家庭或个人的偏好不同，每种商品所带来的效用就不一样。因此，每个家庭在选择消费品时，必然会与其偏好有很大的关系。

在考虑收入限制之下，当一个个人或家庭在做决定时，一方面要知道这个商品的价格高低，另一方面也同时要考虑这个商品带来的效用大小。

（二）价值与价格的关系

每一种商品都有"价值"（value），但因为每一个人的偏好不同，因此同样一个商品，对不同的人可能就有不同的价值。比方说，职棒机构发行的球员卡对于喜欢看棒球赛的人而言，可能就十分有价值；但对完全不看职棒的人来说，球员卡可能一文不值。即使是同一个人，相同的商品具有的价值也可能因时因地而不同。比方说，一个人口渴的时候，一杯白开水可能十分有价值；当他喝完一杯以后，再给他第二杯、第三杯，价值就小得多。对住在水库旁边的人而言，一杯水的价值可能不值一文，但他到撒哈拉沙漠去旅游时，就会体会到一杯水的价值有多高。

一般而言，商品的价值会因人、因时、因地而异。决定商品价值大小的主观因素在于：个人对此商品的偏好及该商品所能带来效用的大小。一般而言，偏好愈高或效用愈大，该商品的价值就愈高。

另一方面，由于供给有限，商品在市场上都有"价格"（price），我们称为"经济财"（economic goods）；不必花费任何费用就可取得的商品，则称为"自由财"（free goods），此种商品通常因为供给太高，即使价格降为零，一般也没有消费者会愿意购买。例如空气与阳光都是用之不尽、取之不竭的商品，由于供给太多而使市场价格不存在。除了自由财以外，所有的商品都有价格，在市场经济体制中，此一价格的高低由市场供需来决定。当供不应求时，价格就会上升；当供过于求时，价格就会下降。

在经济学的概念里，价值与价格是截然不同的两个概念。价格高低是由市场决定的，每个人必须面临相同的市场价格，但是价值却可因人、因时、因地而不同。由于价格的高低是由供需决定的，因此一般商品价格的高低与其价值大小可能没有任何关系。比方说，空气对人有很高的价值，但由于供给太多，使得其市场价格为零；另一方面，钻石的使用价值除了一些特殊用途以外，一般的用途很少，但由于供给有限，其市场价格却变得很高。

台湾省家庭支出结构的变化

单位：%

	1974 年	1985 年	1995 年	2005 年	2015 年
家庭可支配收入	100	100	100	100	100
储蓄	12.8	23.2	27.2	21.6	21.3
消费	87.2	76.8	72.8	78.4	78.7
食物	49.4	26.4	14.2	12.7	12.5
衣服	6.2	4.6	3.4	2.7	2.3
住宅	20.7	18.2	18.3	18.6	19.4
家具用品	3.8	2.6	2.5	2.0	1.9
医疗	3.9	4.0	7.6	10.3	11.9
交通	4.0	6.6	7.7	10.2	10.0
教育与娱乐	6.1	6.7	8.5	9.2	7.6
餐厅及旅馆	–	4.1	5.9	7.3	8.9
其他支出	6.0	3.7	4.9	5.4	4.3

资料来源：台湾统计主管部门历年《家庭收支调查报告》。

上表显示台湾省四十年来家庭单位消费支出的变化。首先，台湾省民众的储蓄率由 1974 年的 12.8%，上升到 1995 年的 27.2%，再下降到 2015 年的 21.3%，显示台湾省家庭收入上涨的结果，民众已经开始进入成熟的消费时代。依据恩格尔法则，随着民众收入的增加，衣服及食物占支出的比例应该会下降——表中显示食物占家庭收入的比例由 49.4% 迅速下降到 12.5%；衣服和家具用品支出的比例也略为减少。另一方面，教育、医疗、交通及餐厅和旅馆，则都有明显的增加，其中又以后三者的增加比例最大。由于收入增加的结果，使得支出比例增加，表示这些商品不但是正常财，而且由于收入弹性大于 1，因此也都是奢侈品。

为了区分价格与价值的不同，有些人又把价值称为"使用价值"(user's

value)，表示使用一个商品所能带来的效用。由于每个人的偏好与效用不尽相同，同一种商品的使用价值会因时、因地、因人而异。另一方面，价格又可称为交换价值 (exchange value)。因为每一个人在市场上面对相同的商品价格，所以一个价格高的商品可以交换到几个价格低的商品。

对同一商品而言，有些人觉得具有价值，也有些人觉得价值很低。因此在面对相同价格之下，那些觉得该商品价值高的人就有可能去购买；对于觉得价值低的人，可能就根本不会去购买。我们看到有很多职棒球迷花很多钱购买与搜集各式各样的球员卡，另外很多人则不屑一顾。不论这些人的偏好如何，当他们要去购买球员卡时，他们都必须支付相同的价格。

二、边际效用分析法

介绍了效用的概念以后，我们再来说明消费者如何对某一商品形成其需求曲线。同时，更重要的，我们可以进一步分析：为什么在一般情况下，价格上升时，需求量会减少；价格下跌时，需求量会增加。我们将在本节中，以传统的边际效用递减法则的概念，来说明需求曲线的由来，然后在下一节中，再利用无异曲线分析法来推导出需求曲线。

（一）边际效用递减法则

先让我们说明总效用 (total utility) 与边际效用 (marginal utility) 的概念，因为这两个效用的概念在经济学中非常基本，却非常重要。总效用是指消费某一种商品所带来的全部效用，边际效用则指多消费一个单位的商品所多增加出来的效用。所谓边际就是指每多增加 (或减少) 一个单位时，所造成的变化。例如表 5.1 中，消费第一个单位商品带来的效用是 10 单位，因此边际效用也是 10，再多增加消费到第二单位时，消费两个单位的总效用是 18，而增加消费的第二个单位所带来的边际效用是 8 单位。其实由表 5.1 中我们也可以看出，边际效用是每增加一单位消费时，总效用的增加量；而总效用则等于边际效用的加总。

在一般人的消费行为中，边际效用都会出现一种相当规律的情况。比方说当一个人口渴的时候喝第一杯水的感觉非常好，边际效用很高。再喝第二杯水时，感觉还不错，但一定不会比第一杯水感觉来得好。如果再喝第三杯，可能就没有什么感觉了。此时，如果我们还要强迫他喝第四杯，他大概会开始觉得有些痛苦，因为肚子已经太胀了，因此第四杯水的边际效用就可能是负的。此种边际效用会随着消费数量的增加而减少的现象，一般而言，是普遍存在于大多数人的消费行为当中。因为这几乎是一个放诸四海皆准的原则，故我们将之称为边际效用递减法则(law of diminishing marginal utility)。

边际效用递减法则是指：只要人们在既定期间内，消费一项商品的数量增加，他们的总效用就增加，但是每新增一单位商品，总效用增加的部分就减少。也就是说，一项商品的消费数量增多时，其边际效用渐减（这项法则隐含在表5.1中）。自第一单位后，边际效用就逐渐下降。但要注意当消费量增加时，总效用随之增加，一直到第六单位时才达饱和，超过这个单位，即产生"负效用"(disutility)。如喝前五杯啤酒，总效用还是增加，喝到第六杯时已经受不了，于是产生了反效果。

首先我们假定可以依效用来衡量消费者的满足程度，则总效用是指消费者由商品得来的总满足，而边际效用是指消费新增一单位商品时，所增加的效用。（表5.1与图5.1说明了这二者的关系。）

表5.1　总效用与边际效用

数量 (1)	总效用 (2)	边际效用 (3)=△(2)/△(1)
0	0	—
1	10	10
2	18	8
3	24	6
4	28	4
5	30	2
6	30	0
7	28	−2

注：△代表"变化"，如第三单位的边际效用是6。

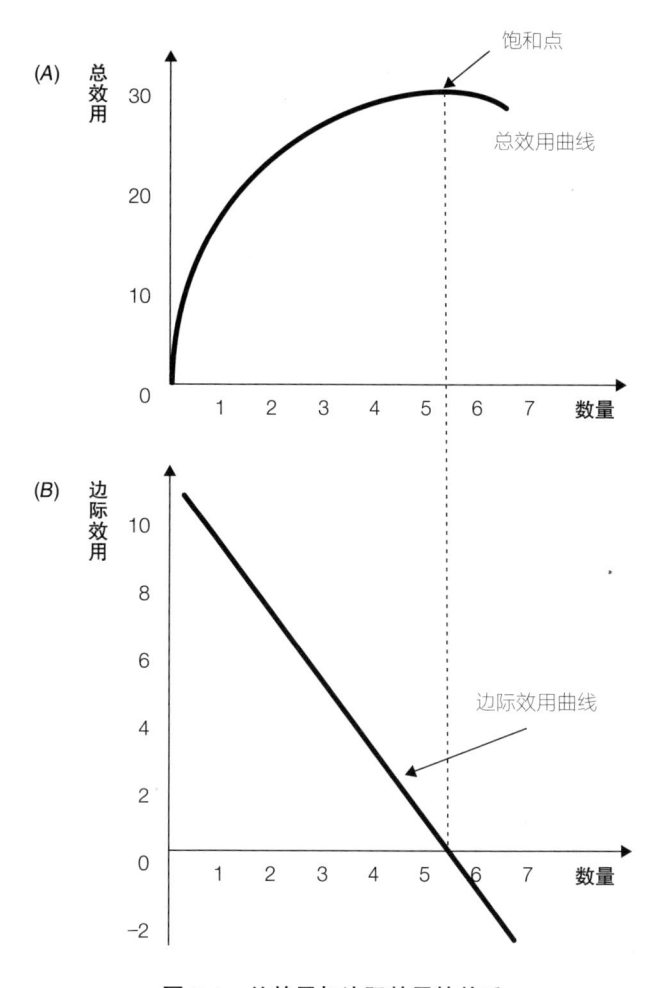

图 5.1 总效用与边际效用的关系

（二）边际效用相等法则

要使得消费者的效用达到最大，他们到底需要购买多少商品以及多少数量呢？为了分析方便，假定消费者只买两样商品，然后让我们用边际分析 (marginal analysis) 来提供解答。

第一，我们要了解消费者将他的收入用于多买食物时，他就必须少买衣服，因为收入有限。

第二，增加 1 单位食物的边际效用，就是这新增单位使总效用增加的部分，可写成

边际效用 = MU_f

第三，增加 1 单位食物的边际成本是少买衣服所"放弃的效用"(forgone utility)。消费者多买 1 单位食物就要放弃 P_f/P_c 单位的衣服 (P_f 为食物的价格，P_c 为衣服的价格)。例如，如果食物的价格为 4 元，衣服的价格为 2 元，那么消费者多买 1 单位食物，就必须放弃 2 单位的衣服。我们将每单位衣服的边际效用乘以衣服减少的单位，就可得到"放弃的效用"，这就变成了增加 1 单位食物的边际成本：

边际成本 = $MU_c \times (P_f/P_c)$

第四，只要边际效用大于边际成本，消费者就可以继续购买较多单位的食物：

$$MU_f > MU_c \times (P_f/P_c)$$

例如，如果消费者增加 1 单位食物可得 8 单位的效用，增加 1 单位的衣服只得到 3 单位的效用，又如果食物的价格为 4 元，衣服的价格为 2 元，消费者就应该多买食物而少买衣服。消费者增加 1 单位食物收入的边际效用为 8，而边际成本为少消费 2 单位衣服，而失去的 6 单位效用 (3 单位效用乘以 2 单位衣服)。所以消费者多消费 1 单位食物将净得 2 单位的效用，所以消费者应多买食物。

第五，当边际效用等于边际成本时，效用达到最高，即

$$MU_f = MU_c \times (P_f/P_c)$$

上列等式亦可表示为

(5.1) $$\frac{MU_f}{P_f} = \frac{MU_c}{P_c} = P_m$$

上式等号的左边为每一元食物的边际效用；等号右边则是每一元衣服的边际效用。另外，P_m 为每一元所带来的边际效用。

这项结果反映"每元货币等边际效用法则"(the law of equal marginal utilities

per dollar)：当支用在各项商品上的最后一元货币所增加的效用相同时（即指各项商品的 MU/P 皆相等），而且也等于每一元所带来的边际效用（P_m）时，总效用就达最高水平。

当消费者的效用已达最高水平时，经济学者就说消费者已达到均衡(in equilibrium)，除非价格或他们的偏好改变，否则他们的消费形态将维持不变。

问题： 当 P_f(食物价格)=4 元，P_c(衣服价格)=2 元，若 MU_f=8 单位效用，消费者要达到最高效用水平时，MU_c 为何？

解答： 代入(5.1)式 $\dfrac{8}{4} = \dfrac{MU_c}{2}$

MU_c 必须是 4 单位，消费者才可到"均衡"，也就是达到最高效用。

问题： 一消费者将他的收入全部支用掉，如果得到 MU_f=6，MU_c=4，当时 P_f=4 元，且 P_c=2 元。此消费者是否已达到最高效用水平？若否，消费者该如何安排支出？

解答： 否。消费者未达最高效用水平，因为此时 $\dfrac{MU_f}{P_f} \neq \dfrac{MU_c}{P_c}$，所以没有达到均衡。事实上，$\dfrac{MU_f}{P_f} < \dfrac{MU_c}{P_c}$，因此，要达到均衡，消费者应当增加衣服的支出（因为用于衣服上的每元货币的 MU 较高），同时减少食物的支出。

每元货币等边际效用法则的另外一种解释是：商品的相对边际效用(relative marginal utilities) 应等于它们的相对价格(relative price)，即

$$\dfrac{MU_f}{MU_c} = \dfrac{P_f}{P_c}$$

例如，当食物的价格为衣服的 2 倍时，食物的边际效用亦为衣服的 2 倍（仅在消费者的效用达到最大时成立）。

现在我们可从上面讨论过的"每元货币等边际效用法则"来解释需求法则。

如果消费者把他的收入只花在食物与衣服上，他必须满足 (5.1) 式的均衡条件以达到最高效用：

$$\frac{MU_f}{P_f} = \frac{MU_c}{P_c}$$

现在假设食物的价格由 P_f 提高到 P_f'。在食物与衣服消费量不变，MU_f 与 MU_c 亦皆不变的情况下，现在上列等式变为：

$$\frac{MU_f}{P_f'} < \frac{MU_c}{P_c}，因为 P_f' > P_f$$

现在食物的每元边际效用低于衣服，用于食物的货币价值不如用于衣服，所以消费者会多买衣服并少买食物。多买衣服使得 MU_c 减少，少买衣服则使 MU_f 增加，这样的话，使消费者又可以达到均衡状态。上面的说明支持了需求法则：也就是当商品的价格上升，需求量就会减少。

（三）消费者均衡与需求曲线

如上所述，当消费者在所购买的商品中获得最大效用时，他也就符合了 (5.1) 式中的"每元货币等边际效用法则"。但是，另外还有一个条件也需同时符合；那就是由于他的收入是一定的，同时对于商品的价格也无法控制，所以他必须同时满足下述收入的预算限制式 (budget line)：

$$P_f \times Q_f + P_c \times Q_c = M = 收入$$

当这两个条件同时满足时，我们就说"消费者达到了均衡"。现以下例说明：

假设 P_f=2，P_c=1，M=12，依表 5.2，消费者该怎样消费，才能达到均衡？即

(1) $$\frac{MU_f}{P_f} = \frac{MU_c}{P_c} 或 \frac{12}{2} = \frac{6}{1}$$

(2) $P_f \times Q_f + P_c \times Q_c = M$ 或 $2 \times 3 + 1 \times 6 = 12$

所以，购买 3 单位的食物与 6 单位的衣服会使消费者得到最大的效用。

接着根据边际效用递减法则与消费者均衡的观念，我们就可以导引出个别消费者对某一商品的需求曲线。

根据表 5.2，当 $P_f=2$，消费者购买 3 单位的食物，这就产生了图 5.2 需求曲线上的 A 点。如果现在让 P_f 下跌至 1，消费者为了要达到均衡，就会购买 6 单位食物，这就产生了需求曲线上的 B 点，二点连接起来，即是此消费者对食物的需求曲线。

为什么 $P_f=1$，他会买 6 单位食物呢？这就需要再试算是否符合上述两个条件，即

(1) $\dfrac{MU_f}{P_f} = \dfrac{MU_c}{P_c}$ 或 $\dfrac{6}{1} = \dfrac{6}{1}$

(2) $P_f \times Q_f + P_c \times Q_c = M$ 或 $1 \times 6 + 1 \times 6 = 12$

表 5.2　食物与衣服的边际效用

数量	MU_f	MU_c
1	16	11
2	14	10
3	12	9
4	10	8
5	8	7
6	6	6
7	4	5
8	2	4

图 5.2　导出食物的需求曲线

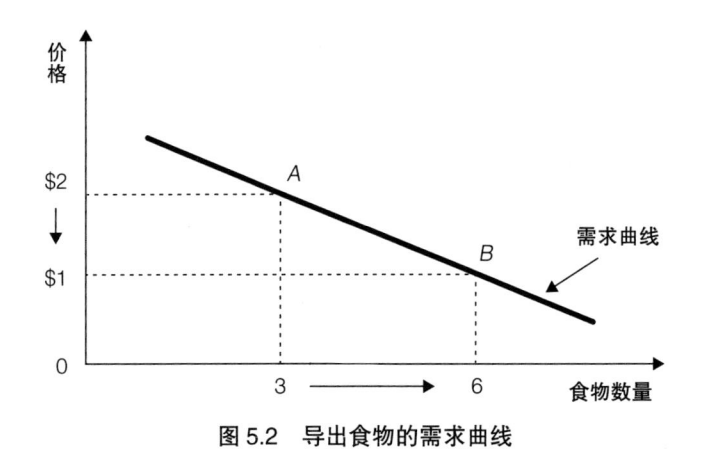

（四）单位边际利益相等原则的应用

上面所讨论的消费者在每元货币的边际效用相等时，就能达到最高满足。这只是一种情况，更为一般性的等边际原则，是把"单位边际利益相等原则"(the principle of equal marginal benefit per unit) 作为决策的工具。这项原则说明，面对有限的资源(例如金钱或时间)，决策者分派资源给不同用途时，应使资源在每一用途上的边际利益皆相等，如此才可达成最高净利益的资源分配。

例一， 某企业有一项不向外借钱的政策，其所有的资金皆来自公司利润再投资，因此可供新投资的资本额有限。对每项投资方案每增加一元的投资，每年都可获报酬，但是通常在投资额增加时，每元边际货币投资报酬率会递减。该企业对每一方案的投资额应为多少？

答案： 投入每一投资方案的最后一元，应产生相同的边际利益。如果投入方案甲的最后一元可得 10% 的报酬率，而在方案乙可得 25% 的报酬率，即应减少方案甲的资金，转投入方案乙。

例二， 企业主管的时间有限，多投入一些单位时间至任何工作，都会有些边际利益产生。通常投入任何特定工作的时间增加，其边际利益降低。主管如何利用时间最为有利？应投入最多时间从事最有价值的工作吗？

答案： 当投入每项工作的最后一小时的边际利益相等时，就是主管时间的最佳利用，然而，上述结果并非暗示要投入最多时间在最有价值的工作上。例如，工作甲第一小时的边际利益为 1000 元，第二小时为 1 元，且此后边际利益为 0。工作乙第一、第二与第三小时的边际利益分别为 3 元、2 元与 1 元。主管有 5 小时工作时间,就应投入 2 小时给工作甲,3 小时给工作乙。所以,即使工作甲的总利益 (1001) 较高,投入的时间却较少(2 小时)。

> ### 危机处理:石油使用效率增加
>
> 1990 年 8 月伊拉克攻占科威特,引起了第二次世界性的能源危机。
>
> 不过,比较幸运的是,经过 1970 年代能源危机之后,工业化国家在石油使用的效率上已有显著改善,因此减少了第二次危机的严重性,这种改善正是在石油飞涨之下的产物。
>
> 事实上,面对石油的价格上升,加上全球气候变迁的影响,消费者只有三个选择:1. 减少消费;2. 增加使用效率;3. 寻求替代品。
>
> 下表指出,工业化国家的市场经济在对付石油价格与气候变迁的战争中,已拿出了一张漂亮的成绩单。
>
> 例如,1979 年,加拿大每生产 1,000 美元的国内生产总值,就要花掉 0.36 吨石油,到了 2014 年已减到 0.16 吨,改善的百分比为 56%。
>
> **工业化国家每生产 1000 美元 GDP 所耗费之石油**
>
> 单位:吨
>
> | 国家 | 1979 年 | 1990 年 | 2000 年 | 2014 年 | 改善比例 |
> |---|---|---|---|---|---|
> | 加拿大 | 0.36 | 0.21 | 0.19 | 0.16 | 56% |
> | 美国 | 0.33 | 0.21 | 0.18 | 0.14 | 58% |
> | 意大利 | 0.27 | 0.08 | 0.08 | 0.07 | 74% |
> | 日本 | 0.27 | 0.10 | 0.10 | 0.08 | 70% |
> | 德国 | 0.18 | 0.14 | 0.11 | 0.08 | 56% |
> | 英国 | 0.18 | 0.13 | 0.11 | 0.07 | 61% |
>
> 资料来源:*Key World Energy Statistics, International Energy Agency*(IEA).

(五)消费者剩余

最后我们再介绍另外一个重要的概念,即"消费者剩余"(consumer surplus)。为推导人们对食物的需求曲线,我们在前面表 5.2 中列出某人消费食物所带来的边际效用。同时在追求效用最大的过程中，我们得到的结论是在食物每单位价格为2元时，某人应该购买3单位的食物与6单位的衣服，而且此时每一元所带来的边际效用是6个单位。细心的读者也许会问：这时候到底某人在消费食物和衣服上，得到什么好处？或者说：他的效用提高多少？我们当然相信某人的效用提高了，否则他不会去购买。问题是，增加多少呢？

在表5.2中，我们看到消费者第一单位食物带来的边际效用是16单位，而由于每一元带来6单位的效用（P_m=6），一单位食物要花2元，也就是要先牺牲掉12单位的效用，但在消费第一单位的食物时，可以带来16单位的边际效用。换句话说，某人因为消费第一个单位的食物，而使其净效用增加了4个单位。同理，购买第二个单位的食物仍然要花2元，也要先牺牲相当于12个单位的效用，但同时也可增加14个单位的边际效用，因此净效用等于增加2单位。消费第三个单位增加净效用为零，因此他会到此停止消费。若再增加第四个单位，则一方面要牺牲12个单位的效用，另一方面则只能增加10单位的边际效用，反而损失两个单位的效用，故其不会购买第四个单位的食物。

在上述过程中，消费第一个单位的食物可增加4单位效用，消费第二个单位可增加2单位的效用，消费第三个单位可增加的效用为零。把这些增加的效用加总起来，就可得因消费而使效用增加的部分，我们称为"消费者剩余"。消费者剩余愈大，表示消费带来的效用愈高，反之，则愈低。在本例中，某人消费食物的消费者剩余为6单位的效用。

为什么称之为"剩余"呢？我们可以从另外一个角度来看此一问题。在我们推导食物的需求曲线时，我们知道价格为2元时，应购买3个单位的食物；价格跌到1元之时，则应购买6个单位的食物，从而我们可以绘出需求曲线。现在我们换一个角度来思考，如果我们直接问某人，你愿意花多少钱去购买第一个单位的食物？由于第一个单位的食物可带来的边际效用为16单位，而每元带来的边际效用为6单元，显然某人愿意支付第一单位的价格最高为16/6，即2.7元，如图5.3的 A 点。第二个单位的边际效用为14，因此他愿意付的价格仍较高，为14/6，即2.3元，如图4.3的 B 点。第三个单位他愿意支付的最高价格为2元，如 C 点。第6个单位愿意支付的价格为1元，如 D 点。把这些愿意支付的较高价格连接起来，得到的就是图5.3某人对食物的需求曲线。

换句话说，需求曲线除了可以代表在不同价格下，某人愿意购买的数量以

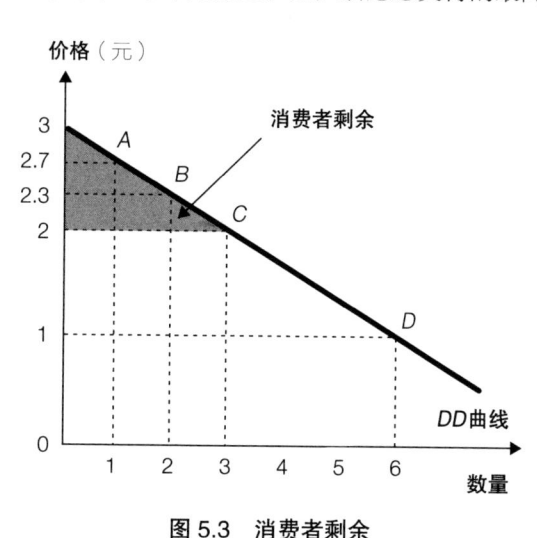

外，它也可以表示针对每一个个别数量，某人所愿意支付的最高价格。

图 5.3 消费者剩余

但是我们在市场上的交易习惯，并不是针对每一个数量支付不同的价格，而是不论买一个、二个或三个，都支付相同的价格。在上述例子中，每一单位食物的价格都是2元，不论某人购买几个单位。在考虑2元的价格后，某人愿意购买3个单位，因为从第4个单位开始，他愿意支付的价格小于2元。而在其购买的三个单位食物中，第一个的"愿付价格"(willingness-to-pay)为2.7元，第二个为2.3元，第三个为2元，三个总和的愿付价格为7元。但实际上某人购买3单位食物只需支付2×3=6，他愿付的价格超过实际价格1元。我们将愿付价格超过实际支付价格的部分，称为"消费者剩余"，此即图5.3的阴影部分。我们称之为"剩余"表示说这是消费者愿意支付，但却没有支付的部分。而这部分其实代表的就是效用的提高，因为在本例中消费者节省了1元，换算成效用，就相当于6个单位的效用，跟我们前面用效用计算收入到的结果完全相同。

消费者剩余是一个非常重要的概念，因为它清楚地表示出消费者在消费时效用水平的变化。我们可以用消费者剩余的概念，来计算价格变动或政策变动所带来的社会福利的变化。另外，由消费者剩余的观念中我们也更清楚地了解到自由交易的重要，因为自由的交易必然可以使消费者剩余出现，使买卖双方获利。而当一方不愿意交易时，显然显示某一方的剩余出现减少的现象，因此我们也不应横加阻止自愿交易或随便搞"拉郎配"。我们会在下一章中，将用消费者剩余的概念来探讨政府一些重要经济政策可能对社会福利产生的影响。

三、无异曲线分析法

在上述讨论边际效用递减法则时，我们是假定消费者可以用基数 (cardinal number)，也就是 1、2、3……来表示他的偏好。利用基数效用 (cardinal utility) 的最大优点在于，消费者可以把效用的大小相加减，然后再比大小。但这是一种很强烈的假设，事实上，消费者是难以做这样的判断的。

代之而起的是一个较科学的假定，认为消费者可以用序数 (ordinal number)，也就是以第一、第二、第三……来表达个人的选择，这就是泛称的序数理论 (ordinal theory)。利用序数效用 (ordinal utility) 时，效用之间就不能再相加减，但是仍然可以比较效用的大小，这是比较弱的假设。根据这个理论，经济学家推演出画无异曲线 (indifference curve) 的方法，来解释理性的消费行为。

（一）序数理论的假设

再仔细地说，"序数理论"对消费行为做了两项较合理的假设。第一项假设是消费者能够在他所有的选择范围中，排列出他对商品的偏好顺序。如果他对这些商品的选择偏好没有差异，那么这些商品就成了"完全替代品"。如果被迫要对这些没有特别偏好的商品做选择的话，消费者或许就可以用一些随机方法(例如丢铜板)来选择。不过，当价格加入考虑时，他就容易选择了。在讨论时，"无异""无差别"(indifference) 与"偏好"将相互替用。

另一项假设是消费者在排列他的选择时，必须前后一致。例如，假如消费者有 A1、A2 与 A3 的选择，若 A2 优于 A3，且 A3 优于 A1，我们即可推知 A2 优于 A1。这样的排序是具有"传递性"(transitivity) 的。因此，消费者不能够说："咖啡 (A2) 与茶 (A3) 中我喜欢咖啡 (A2)；茶 (A3) 与牛奶 (A1) 中，我喜欢茶 (A3)；但是牛奶 (A1) 与咖啡 (A2) 中，我喜欢牛奶 (A1)。"

（二）无异曲线

面对 X 与 Y 两项商品时，无异曲线就是使消费者在获得同样满足的情况下，两项商品所有不同组合所形成的轨迹，如图 5.4 所示。

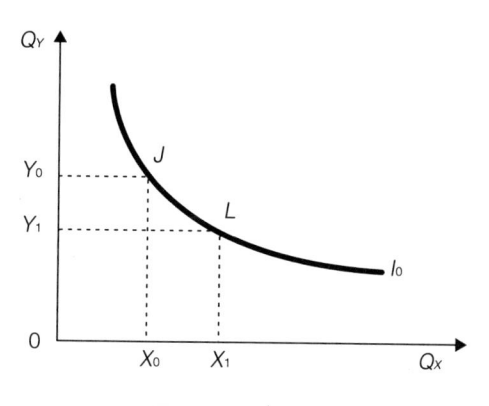

图 5.4 无异曲线

在无异曲线 I_0 上的 J 与 L 点，虽有不同 X 与 Y 商品的组合，但消费者获得同样的满足。

无异曲线有四个特性，分别说明如下：

1. 无异曲线布满在整个图形中。 且由于无异曲线布满在整个图形中，因此图形中的每一点都一定有一条无异曲线通过，而且只能有唯一的一条。距离原点愈远的无异曲线就是消费商品数量愈多的曲线，带给消费者的效用水平愈高，所以 U_3 优于 U_2 优于 U_1（见图 5.5）。

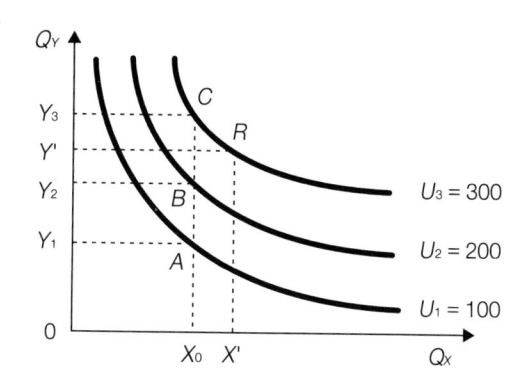

图 5.5 距离原点愈远的无异曲线其效用水平愈大

2. 任何两条无异曲线皆不能相交。 因为每一无异曲线都代表不同的效用水平（满足程度），所以它们不可能相交。假设两条无异曲线相交于 M 点（参见图 5.6 所示）。V 与 M 为无异曲线 I_1 上的两点，故消费者对 V 与 M 有同样的偏好。M、T 点在无异曲线 I_2 上，所以可得到 T 与 M 同样偏好的关系，因此 V 与 T 的偏好相同。但事实上 V 是优于 T 的，因为 T 与 V 的商品组合中有等量的 X 商品，但 V 点的 Y 商品为 Y_2，较 T 点的 Y_1 为多。基于这种矛盾现象的出现，我们不允许无异曲线相交。

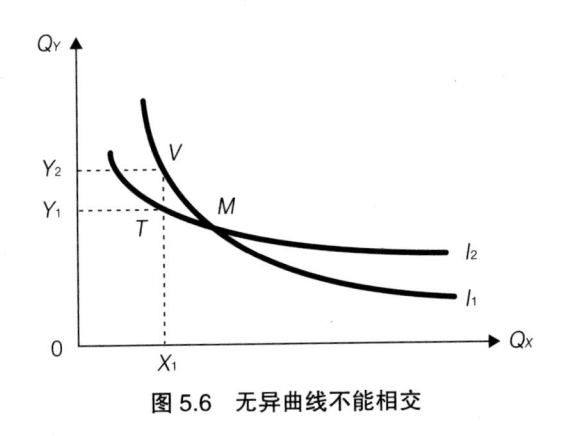

图 5.6　无异曲线不能相交

3. 无异曲线为负斜率。 因为 X 与 Y 商品都可带给消费者效用，任何一种商品的增加，都会使消费者的效用增加。既然无异曲线上的商品组合必须使消费者的效用维持不变，因此当消费者对一项商品的消费增加时，对另一项商品的消费必须减少。唯有负斜率的无异曲线才能符合这种反向关系。

4. 无异曲线"凸向原点"（convex to the origin）。在图 5.7 中，由无异曲线 I_0 的左上方 A 点开始，当消费者沿着无异曲线向下移动时，他就必须以 Y 商品的减少来换取 X 商品的增加，使他停留在 I_0 上。消费者由 A 点移向 G 点的轨迹是向原点凸出的曲线。这现象是因为当 Y 商品愈减少而 X 商品愈增多时，消费者就觉得 Y 愈来愈珍贵，X 愈来愈不稀奇，也就是 X 商品愈来愈不能完全替代 Y 商品，这就衍生出边际替代率递减的情况。

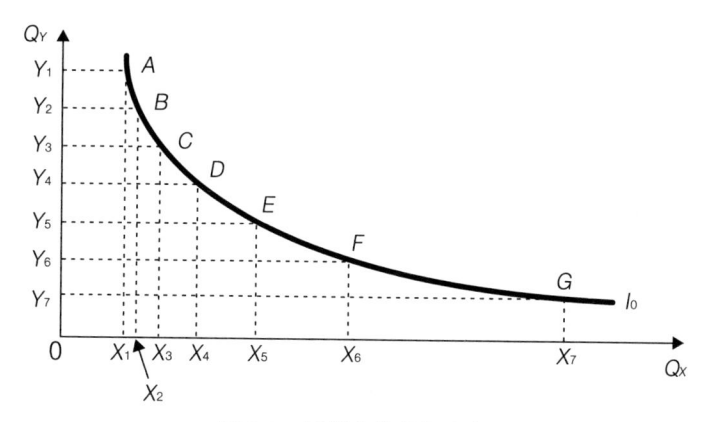

图 5.7　无异曲线凸向原点

当无异曲线为图 5.4 所示时，表示 X 与 Y 二商品对消费者都有效用，但二者之间是具有替代性的。对产生正面效用（提供满足）的商品而言，消费愈多效用愈高。但是，在某些情况下，一种商品可能是中性（既不产生效用，也不产生负效用），也可能是负效用的。对"中性商品"(neutral goods) 而言，量的多少都没有关系，对产生负效用的商品，则愈少愈好。

1. X 是中性商品

如图 5.8(A) 所示，X 是中性商品（如夜店门票），Y（电影票）是具有效用的商品。

对一个从不去夜店而爱看电影的人来说，愈多电影票 (Y) 愈高兴，夜店门票的多少都没有关系，因此 A 点与 B 点的效用相同，虽然 B 点代表拥有较多的夜店门票。但与 B 点相比，C 点由于电影票较多，故效用较高，因此 I_3 代表最大的效用。

2. Y 是中性商品

Y 假定是国剧门票，X 是歌剧票，对一个从不听国剧而喜欢听歌剧者，I_3 代表最大效用，如图 5.8(B)。

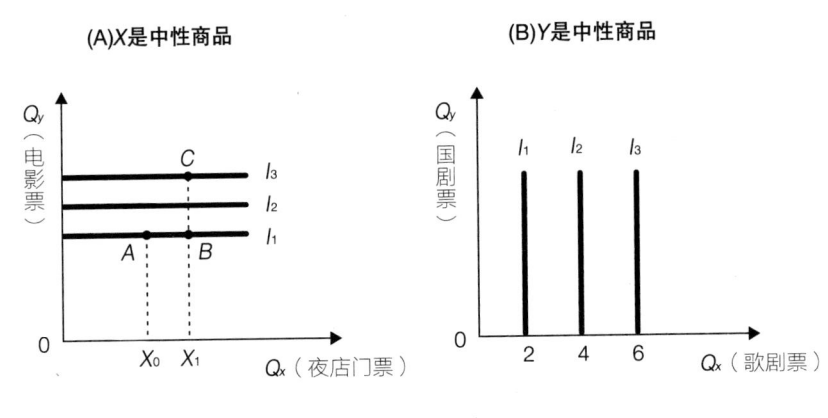

图 5.8　中性商品

3. Y 代表负效用

如图 5.9(A)，由于 Y（垃圾）产生负效用，那么对消费者来说，愈少愈好。同时由于 Y 具有负效用，故当 Y 商品数量增加时，为了要维持相同的效用水平，X 商品也必须同时增加，如 B 点到 A 点。故此时无异曲线具有正的斜率，不再是负的。再拿 C 与 A 点相比，两点具有的正效用商品 (X) 的数量相同，但 C 点的负效用商品 (Y) 的数量较少，故 I_3 的效用会高于 I_1。同理 I_3 也会高于 I_2。

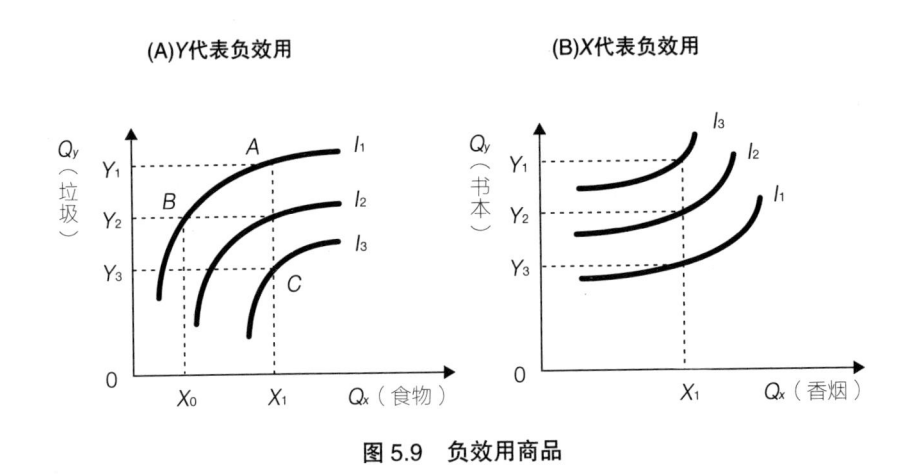

图 5.9　负效用商品

4. X 代表负效用

如图 5.9(B)，对不抽烟者而言，由于 X（香烟）会产生负效用，所以愈少愈好，但对 Y（书本）则愈多愈好，因此 I_3 优于 I_2 优于 I_1。

（三）边际替代率递减 (Diminishing Marginal Rate of Substitution)

在维持消费者效用水平不变的情况下，边际替代率为某项商品替代另一项商品的比率。若再从总效用不变的情况下来看（图 5.10），由 A 点移到 B 点时，增加 $\triangle X_1$ 带来的总效用为 $\triangle X_1$ 乘上其每单位的边际效用 (MU_x)，即 $\triangle X_1 \times MU_x$；而减少 $\triangle Y_1$ 所放弃的总效用为 $\triangle Y_1 \times MU_y$。而由 A 点到 B 点时总效用不变，因此，两者必须相等，即 $\triangle X_1 \times MU_x = \triangle Y_1 \times MU_y$。X 商品对 Y 商品的边际替代率为：

$$MRS_{XY} = \frac{\triangle Y}{\triangle X} = \frac{MU_x}{MU_y}$$

因此，我们知道消费者估计：如果他失去 3 单位的 Y 商品，而多得 1 单位 X 商品作为补偿时，他的效用水平将保持不变。

图 5.10 中，$\triangle X_1 = \triangle X_2$ 但 $\triangle Y_1 > Y_2$，因此，我们知道当消费者由 A 点移至 B 点时，

$$(MRS_{XY})_{A,B} = -\frac{\triangle Y_1}{\triangle X_1}$$

然后，如果消费者由 B 点再移至 C 点，继续取得 X 商品（失去 Y 商品）。

$$(MRS_{XY})_{B,C} = -\frac{\triangle Y_2}{\triangle X_2}$$

去掉负号（因为它们仅表示无异曲线的负斜率），则：

$$\frac{\triangle Y_1}{\triangle X_1} > \frac{\triangle Y_2}{\triangle X_2} \text{ 或 } (MRS_{XY})_{A,B} > (MRS_{XY})_{B,C}$$

上式表示当消费者购得的 X 商品存量增多（且 Y 商品存量减少时），X 对 Y 的边际替代率会递减。

因为 $\triangle Y / \triangle X$ 的比率代表沿着无异曲线的垂直距离的变动（即失去 Y）与补偿性水平距离的变动（获得 X）的比率，所以无异曲线上一点上的边际替代率，即为通过该点的切线的斜率。

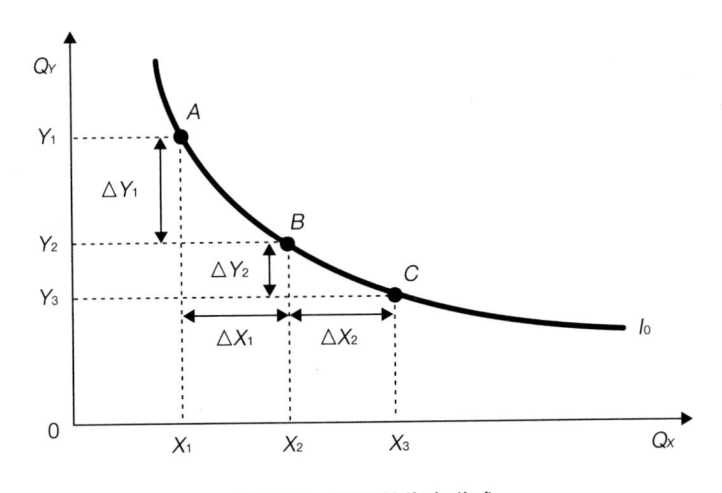

图 5.10 边际替代率递减

这里顺便需要指出，"边际替代率递减法则"与"边际效用递减法则"很类似，但是这两种观念是不同的。边际效用表示其他条件不变下，消费者对某一商品的消费增加时，此商品的边际效用递减，因为新增加的商品使每一单位商品的重要性降低。

边际替代率递减法则是在消费者总效用不变的情况下所发生的一种现象。当消费者沿着一条无异曲线向下移动时，他以 X 替代 Y，商品的组合改变，但是他获得的效用水平不变。

然而边际替代率会出现递减的现象则与边际效用递减有关。因为当一个商品 (X) 的数量在增加时，他的边际效用会减少；因为要维持相同效用，令一个商品 (Y) 的数量要减少，但是由于 Y 的边际效用在增加，所以必须要用更多的 X 才能取代 Y。

（四）消费者均衡与预算线

为了要求得消费者均衡，我们必须先要介绍"预算线"(budget line)。预算线是在一定的收入及商品价格下，显示消费者可以购买两种商品 (X 与 Y) 的多种可能组合。

假定某消费者收入为 10，而 X 与 Y 的价格都是 1 元，他的预算线 KL，如图 5.11 所示。当消费者把所有的钱购买 X 时，可买 10 个单位，如 L 点；把所有的钱购买 Y 时，也可得 10 单位，如 K 点。或者他可买 4 个 X 与 6 个 Y，如 M 点；或者 3 个 X 与 7 个 Y，如 J 点。

另一方面，在预算线之内的部分，都是消费者可以负担得起的商品组合，如图 5.11 的 A 点；而在预算线以外的部分则无法负担，如 B 点。

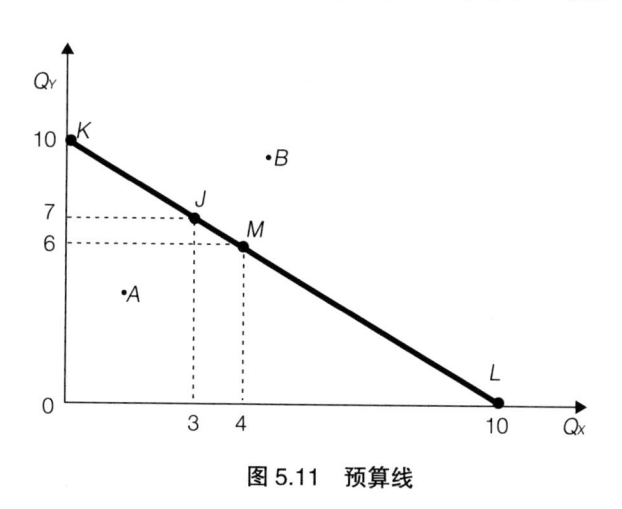

图 5.11 预算线

预算线的斜率就是两种商品的价格比例 P_x / P_y，本例中，就等于 1 / 1=1。

消费者均衡是指在收入及价格一定的情况下，求取最大的效用或者满足，也就是希望在众多无异曲线中，设法达到最高的无异曲线。

图 5.12 中，消费者应当买多少 X 与 Y，才可得到最大满足？答案是 A 点，在 A 点，达到了均衡。

小偷的无异曲线

小偷在台湾的无所不在、无时不在，变成了"台湾经验"的一部分。

多年前，我搬到大安区的二楼公寓来，拒绝了所有亲友要装铁窗的建议。我心中想：到底被偷的经验是什么？

果然，搬进不久，小偷来了一次。虽然损失有限，但要以稿费计，也需要费尽心思写下20万字。

最近回来，小偷来了两次；一次在熟睡之中，一次在外出的时候。

令我惊喜的是：一些我认为值钱的东西，他已经不要了，因为这不是他的需求。

令我失望的是：一些我认为有价值的东西，他从不带走——如我的藏书，甚至自己写的书。这些东西显然不会增加他的边际效用。

在懊恼中，倒也令我佩服前后三次小偷的"有所取，有所不取"。最后一次，他只取现金；他不拿信用卡、旅行证件、旅行支票、照相机。

在当前这个"贪"的社会中，有多少人是在冠冕堂皇的保护与津贴之下，多少人是在特权的暗中掩护与说词之下，剽窃了社会的资源与人民的财富，同时也带走了社会的公平与公道。他们的危害远胜过小偷。

公寓装上了铁窗，我终于向小偷投降。

但是我们永远不能向那些比小偷更贪的人投降。

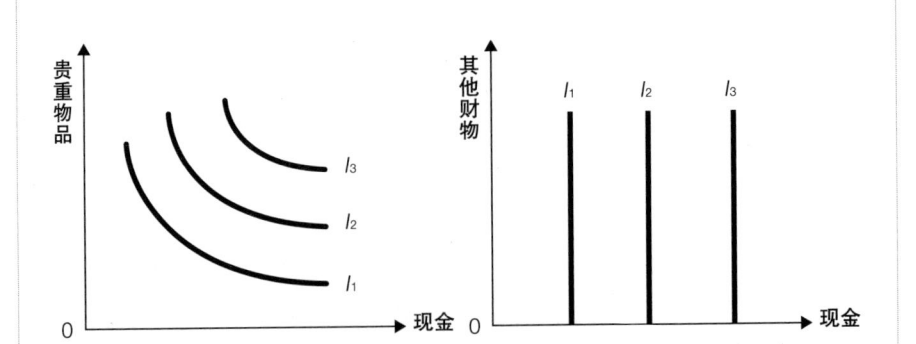

例一：既偷现金，也偷贵重物品

例二：只偷现金，不偷其他

(注：现金愈多愈好，其他不拿，因此无异曲线 I_3 带给小偷最大的满足。)

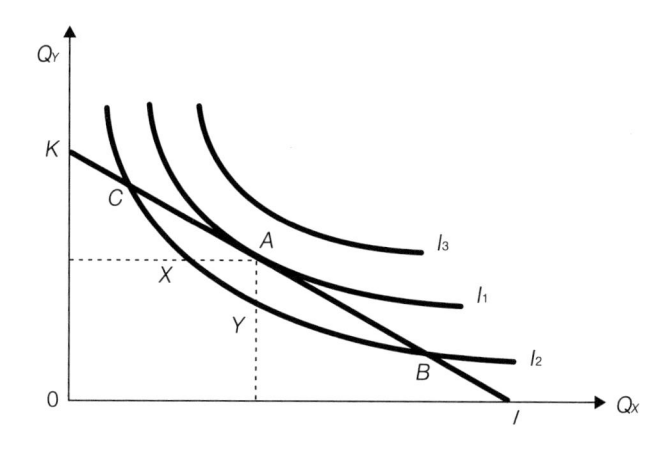

图 5.12　消费者均衡

根据图 5.12，KL 是预算线，并且图中有三条无异曲线。如果没有预算限制，第三条无异曲线 (I_3) 最好，因为消费者可拥有较多的 X 或者（以及）较多的 Y；可惜，I_3 在预算线之外，表示消费者没有能力可以买到那么多的 X 或者 Y。

在预算范围内能达到的无异曲线为 I_1 与 I_2，因为曲线 I_1 高于曲线 I_2，所以曲线 I_1 是消费者所乐意选择的。而在 A 点上，当预算线与无异曲线相切时，消费者一边是用完了他的钱，一边也达到了最高可能达到的无异曲线，因此，他达到"均衡"。

预算线也与无异曲线 I_2 在 C 点和 B 点相交，但因为是在较低的无异曲线上，消费者应当放弃那样的选择。

值得再进一步讨论的是，在 A 点上，无异曲线的斜率为 Q_y / Q_x，也就是上面讨论过的边缘替代率，因此 MRS= △Y / △X。同时预算线的斜率是 P_x / P_y。在均衡点上 MRS= △Y / △X=P_x / P_y，这就是说在均衡状态之下，边际代替率等于两种商品价格之比。

（五）价格扩张曲线与收入扩张曲线

当我们以无异曲线做工具来解释需求法则时，就是希望最后能导引出消费者的需求曲线。如图 5.13(A) 与 (B) 所示，首先让我们先求出"价格扩张曲线"(price-expansion curve, PCC)。当消费者购买 X 与 Y 时，假定让 X 的价格 (P_x) 变动，而名目收入 (M) 没有改变，那么商品"X 价格扩张曲线"就是消费者在价格 X 变动时的多种均衡点的轨迹。

图 5.13(A)　导引价格扩张曲线

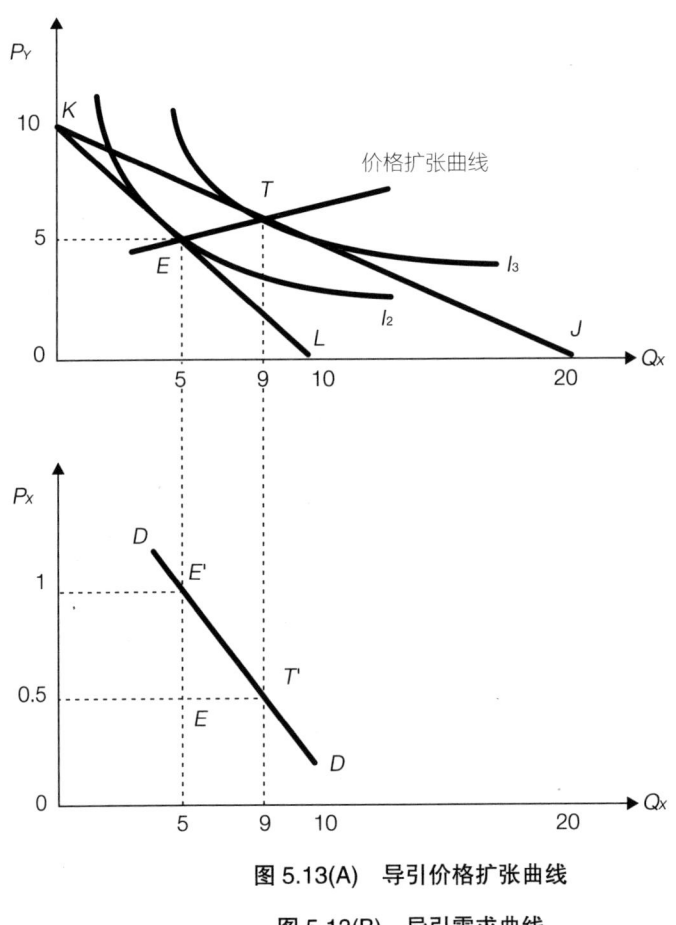

图 5.13(B)　导引需求曲线

1. 求取价格扩张曲线

(1) $P_x=P_y=1$，收入 (M)=10，KL 是预算线，消费者在 E 点上达到均衡。

(2) 如果 $P_x=0.5$，P_y 与 M 没有变化，则 X 商品的最大购买量可以增加到 J 点，但 Y 商品的最大购买量不变，仍然是 K。所以新的预算线变成 KJ，此时新的均衡点变成 T。

(3) 连接 E 与 T，就得到了价格扩张曲线。

2. 导引需求曲线 DD

(1) 当 $P_x=1$，购买 $5X$，在 E' 点上；

(2) 当 $P_x=0.5$，购买 $9X$，在 T 点上；

(3) 连接 ET，就得到需求曲线 DD。

此时的需求曲线即表示在收入水平 (M) 与 Y 商品价格不变的情况，当 X 商品价格变动时，对 X 商品购买量的变化。

在 P_x 与 P_y 不变的情况下，当消费者收入增减时，我们可求取"收入扩张曲线"(income-expansion curve, ICC) 以及恩格尔曲线。前者是在维持价格不变的情况下，收入变化时，消费者达到多种均衡点的轨迹。后者表示在不同的收入水平下，消费者对着一商品 (X) 的购买量，如图 5.14(A) 所示。

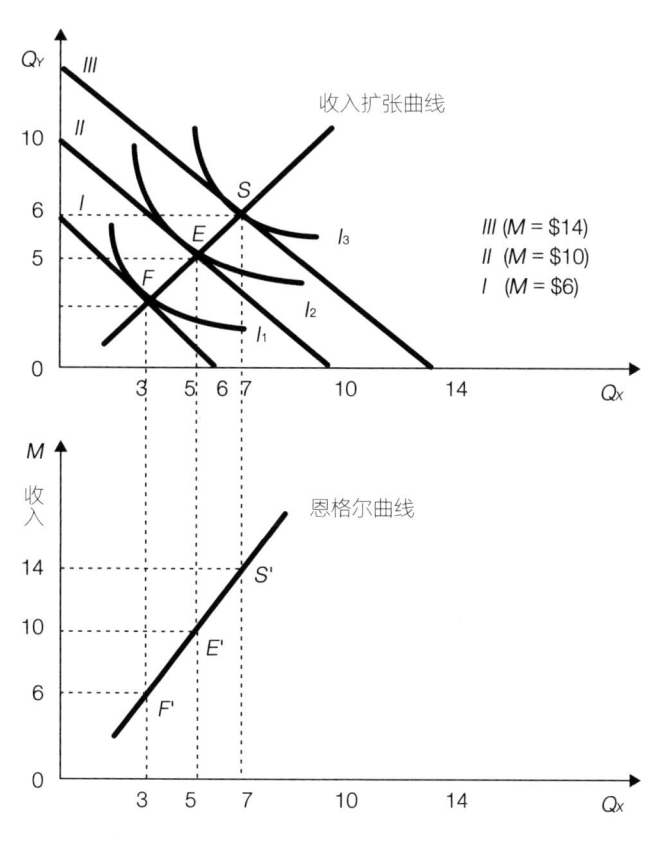

图 5.14(A)　导引收入扩张曲线

图 5.14(B)　导引恩格尔曲线

3. 收入扩张曲线

1. $P_x=P_y=1$，假设收入 (M) 由 6，变成 10，再变成 14，因此产生了三条平行外移的预算线 I、II、III。

2. 当 $M=6$，均衡点在 F，购买 3 个 X 与 3 个 Y；当 $M=10$，均衡点在 E，购买 5 个 X 与 5 个 Y；当 $M=14$，均衡点在 S，购买 7 个 X 与 7 个 Y。

3. 连接 F、E、S 就导引出收入扩张曲线 FES。

4. 恩格尔曲线

1. 从图 5.14(B) 中知道，当 $M=6$，购买 3 个 X，产生 F' 点；当 $M=10$，购买 $5X$，产生 E' 点；当 $M=14$，购买 $7X$，产生 S' 点。

2. 连接 F'、E'、S'，导引出恩格尔曲线。

3. 由于此处绘出的恩格尔曲线是正斜率，表示商品 X 是正常商品，即较高的收入，会引起较高的购买量。

恩格尔曲线表示在商品价格不变的情况下，收入与购买量之间的关系。当商品是正常商品时，商品需求量与收入是正向关系，因此恩格尔曲线为正斜率；当商品是劣等商品时，商品需求量与收入是相反关系，此时恩格尔曲线为负斜率。

四、替代效果与收入效果

（一）价格效果

在前节的讨论中，我们看到影响效用变化的两个主要来源，一个是商品价格的变化，另一个是收入的变动。前者使预算线的斜率发生变化，后者则使预算线产生平移的效果。这两种情况下，都会使消费者的商品需求量产生变化。现在让我们把这两种变动所产生的影响，做更进一步的说明。

当商品的价格上升时，有两件事值得注意：1. 商品的相对价格提高；2. 消费者的实际收入降低（因为他们的购买能力已较以前降低）。

为说明价格变动对消费者的影响，经济学者将价格上升的效果分成以下两项。

1. 替代效果 (substitution effect)

指在实际收入不变下（即维持同一条无异曲线时），一种商品相对价格上升，使其需求量减少，而使另一种商品数量增加的效果。食物的相对价格提高，使得消费者购买较少的食物，但在维持效用不变下，购买衣服会相对增加。

2. 收入效果 (income effect)

在货币收入不变下，商品实际价格上升将使实际收入减少，实际收入的降低，本身将使"正常品"的需求量减少，使"劣等品"的需求量增加。

综合来说：

1. 价格变动的替代效果，是在实际收入维持不变下，来自价格变动对商品相对需求量产生的影响。

2. 价格变动的收入效果，来自于价格变动产生实际收入的影响，然而造成的两种产品需求的变化。

3. 价格变动的净效果，是价格变动的替代效果与收入效果之和，此即"价格效果" (price effect)。

在没有学习无异曲线前，对于需求曲线所反映的价格与需求量之间的反比关系，我们笼统的解释是：价格下跌就会诱导消费者需求量增加（如图 5.15 所示，从 A 点移到 B 点）。但是，为什么消费者会增加购买呢？我们只能含糊地说：因为价格的下跌，使得消费者乐意多购买这件商品 A，也就表示他要少买别种商品 B，这一种乐意多买 A 商品的消费即是所谓的"替代效果"。另一方面，由于价格的下跌，使消费者的实际收入 (real income) 增加，因此他有能力多去购买这件商品。这种增加即是所谓的"收入效果"，就图 5.15 而言，数量从 Q_1 到 Q_2 的增加，即是这二种效果的综合。

图 5.15 需求曲线

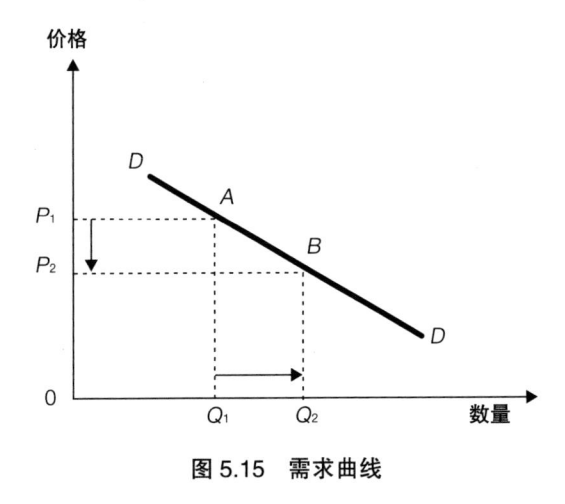

由于我们现在已经懂得无异曲线的一些运作，我们就可具体地区别这两种效果，并且清晰地呈现出来，见图 5.16。

图 5.16(A) 替代效果与收入效果图解

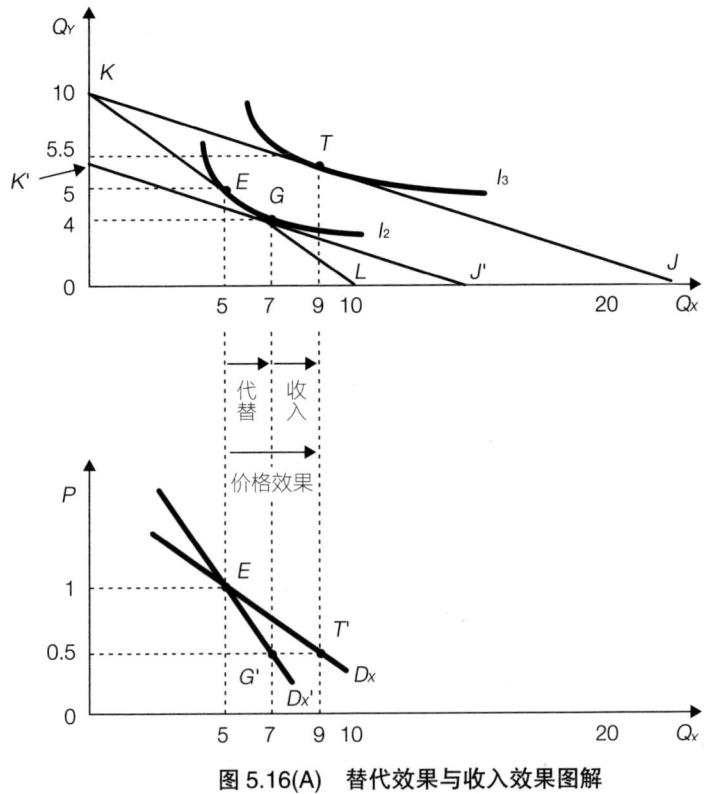

图 5.16(B) 导引需求曲线

1. $P_x=1$，$P_y=1$，收入 $(M)=10$，KL 是预算线，与无异曲线 I_2 相切于 E 点，此时消费者达到均衡，购买 5 个 X 与 5 个 Y。

2. 现在假设 X 商品的价格下跌一半，$P_x=0.5$，Y 价格不变，KJ 变成新的预算线，与无异曲线 I_3 相切于 T 点，此时消费者达到了新的均衡，购买 9 个 X 与 5.5 个 Y。（亦即 10 元收入以 4.5 买 X，5.5 买 Y。）

3. 我们要解答的是从 5 单位 X 到 9 单位 X，所增加的 4 个单位称为价格效果，其中所增者，多少是来自替代效果？多少是由于收入效果？

计算替代效果：

在无异曲线 I_2 上，从 E 点移向 G 点，是代表价格下跌以后之替代效果。求得的步骤是把新的预算线 $K'J'$ 向左下方平行移动，直至相切于原来的无异曲线 I_2 之 G 点，这样的移动减少他的收入，但刚好保持消费者原有的实际收入（因为维持在同样的效用水平 I_2）。

请注意：经过价格变化后，消费者仍然在原先的无异曲线上移动（E 到 G），所以实际收入与以前相同。

在实际收入一样的情况下，他仍然乐意从 5 个 X 到 7 个 X（同时，Y 由 5 个减少到 4 个），则新增加的 2 单位 X 即完全来自"替代效果"，因为此时 X 的价格相对而言较以前为低。

计算收入效果：

由于 $K'J'$ 与 KJ 是平行的，因此从无异曲线 I_2 上之 G 点到无异曲线 I_3 上之 T 点，是代表价格下跌以后之"收入效果"。

价格效果 = 替代效果 + 收入效果

$ET = EG + GT$

如果价格下跌，实际收入不变，EG 代表替代效果，则另一部分 GT 就代表由于实际收入增加而带来的收入效果。而所增加之收入，清楚地反映在纵轴标 $K'K$ 之距离上，在本例中也是 2 单位的 X（由 7 增加到 9）。

1. 根据图 5.16(A)，当我们使实际收入不变，只得到替代效果时，就导引出需求曲线 (Dx')，这是最常指的因相对价格变化而发生的需求曲线。

2. 如果再把"收入效果"计算在内，则就导引出另一条需求曲线 Dx，此即一般的需求曲线。

（二）吉芬财

在替代效果方面，因为本例中 X 的价格下跌，Y 的价格不变，因此 X 商品变得比较便宜。在相对价格变动而必须维持原来的效用水平下，即由图 5.16(A) 中的 E 点移动到 G 点时，对 X 商品的需求量一定会增加，对 Y 商品的需求量一定会减少。换言之，当 X 价格下跌时，替代效果必须是正的，即 X 商品的需求量会增加。

另一方面，在本例中出现收入效果的主要原因在于：当 X 价格下跌时，人们的购买力增加，也就是说在原来收入 (M) 下，人们可以购买更多东西，所以人们的实际收入是增加的。同时，此例中净收入效果是增加购买 2 单位的 X 商品。

而我们知道收入效果的正负取决于商品是正常财或是劣等财，此处实际收入增加，使 X 商品的需求增加，因此 X 商品是正常财。而在图 5.16(A) 中我们看到"替代效果"与"收入效果"都是正的，两者相加称为"价格效果"。

那如果这时 X 商品为劣等财，则会出现什么情况呢？显然其收入效果是负的，与替代效果方向相反，因此价格效果会变小。如果是一种非常差的劣等财，其负的收入效果超过了正的替代效果，则可能使 X 商品的价格效果也成为负的。这时情况就会很严重，因为它表示当 X 商品价格下跌时，总的需求量变化是负的，也就是说，这时候的需求曲线具有正斜率！这违反了基本的需求法则！所幸这种情况在真实社会中很少出现，我们较常看到的是商品为劣等财，即收入增加时，需求量会减少。例如马铃薯、地瓜、廉价衣服、黑白电视等。但我们很少看到价格下降以后，需求量也跟着减少的商品。根据我们的讨论，只有那种非常差的劣等财才有可能出现这种情形，在低收入国家中的马铃薯可能是一个例子。因为比方说，某国家的人们通常把马铃薯当成主食，而马铃薯价格下跌以后，人们可以省下一些钱购买白米或面粉来代替，因此反而会减少马铃薯的购买量。但这种情况毕竟是少数，此种消费情形最早是由英国经济学家吉芬所发现，所以我们又把这种商品称为"吉芬财"(Giffen goods)。

总之，吉芬财是劣等财的一种，由于其负的收入效果很大，因此使得其价格效果也是负的。换句话说，吉芬财价格下跌时，人们的需求量是减少的。因此，吉芬财的需求曲线具有正斜率。

经 济 名 词

效用	总效用	边际效用递减法则
每元货币等边际效用法则	相对价格	预算线
消费者剩余	愿付价格	基数效用
序数效用	无异曲线	中性商品
边际替代率	价格消费曲线	收入消费曲线
替代效果	收入效果	价格效果
吉芬财	自由财	经济财
使用价值	交换价值	

讨 论 问 题

1. 请说明总效用与边际效用的关系。

2. 下列说法有何错误："依边际效用递减法则，如果你消费的食物较少，从最后一单位食物所获得的边际效用就会增加。所以你消费较少食物，会得到较大的总效用。"

3. 利用下表回答下列问题。TU 代表总效用 (total utility) 单位。

单位	1	2	3	4	5
商品 X 的 TU	6	10	12	13	13
商品 Y 的 TU	7	11	12	12	11

(a) 请列表说明每单位的边际效用。边际效用是递减或是递增？

(b) 如果消费者有 7 可供支用，两项商品的价格皆为 1，消费者应购买两项商品的数量各是多少？

(c) 如果商品 Y 的价格增为 2，而收入仍为 7，需求量将如何变化？

4. 什么是愿付价格？其大小如何决定？为什么不同人对同一商品会有不同的愿付价格？

5. 什么是消费者剩余？其大小与消费量和价格有何关系？请举一实例说明之。

6. 请列举并说明无异曲线的四个特性。

7. 图示并说明两个你认为有"负效用"的商品。

8. 假设有二个商品彼此是"完全替代品"时，请图示它们的无异曲线。

9. 请说明如何由"价格扩张曲线"导引出需求曲线。

10. 请说明如何由"收入扩张曲线"导引出恩格尔曲线。

11. 请利用图 5.16，绘出吉芬财的替代效果、收入效果、价格效果。

12. 对家长而言，小孩子是正常财或是劣等财？

13. 小明说："你给我再多的钱，我也不会去吃一条虫。"请绘出小明对钱与虫的无异曲线。

14. 把牛奶做横轴，把大炮做纵轴，请分别绘出军人与反战者的无异曲线。

第六章
供给与需求的应用

- ★ 价格机制与管制
- ★ 农业问题
- ★ 准租与价格管制

一、价格机制与管制

（一）价格机制与经济福利

前面几章中，我们已经提及在市场经济体制下，价格机制与市场运作可以带给社会最大的福利。因为在每一个经济体系中，生产、消费、资源配置等诸多选择问题，都是非常复杂的。在计划经济体制下，所有的资源配置与选择都由集权者来决定，先不说他们如何去生产与分配，只要先说集权者去搜集体系中所有个人的偏好，可能就是一个无法实现的社会工程。因此，大多数的计划经济体制运作的结果，无法满足经济体系中所有人的偏好。

市场经济体制的特点之一是：所有的决策都是由每一个人自己决定，因此是非常分权化(decentralization)的。每个人都依自己的偏好与收入，来决定消费什么及消费多少；而每个厂商则依自己的成本因素和市场价格，来决定要生产什么、如何生产，以及生产多少等各项决策。市场经济体制的第二个特色就是价格体系。也就是说，市场上有这么多的买卖双方，大家都有不同的消费偏好或不同的生产能力，这些人如何彼此联系以决定生产和消费呢？答案很简单：价格机制。在自由市场经济中，价格可以充分反应市场的供需状况。当产品价格太低时，需求量就会比较大，同时供给量会比较少，在供不应求下，价格会上升，需求量与供给量就会调整。如果一开始产品价格太高，则会出现需求量太少，供给量太多的情况。只要市场经济下的价格可以自由调整，价格就可以充分反应出市场状况，最终使得市场调整到供给量等于需求量的均衡状态。

市场经济体制的第三个特色是，我们不需要知道每一个人的偏好，只要假设每一个人都在寻求自己福利最大即可。在追求福利最大的目标下，大家都努力工作、生产与消费。虽然大家追求的只是自己福利最高，但社会总福利也会水涨船高，这就是市场经济体制的关键所在。

为了衡量生产、消费，以及所带来的社会福利的大小，我们在第五章中仔细说明了消费者剩余的观念。而在市场经济体系中，由于每一个人都是追求自己的福利最大，因此在市场均衡下，我们把所有的个人最大福利相加总，得到的就是整个社会福利的最大。个人消费者剩余决定于个人愿意支付的价格与实际支付价格之间的差额，社会的消费者剩余则是全社会愿意支付的价格与全社会实际支付的价格之间的差额。个人的消费者剩余是由个人需求曲线下的面积，减去支付的成本，收入到的差额。在本书第三章中，我们曾说明整个市场的需求曲线系由所有个人需求曲线所加总，因此，我们可以利用相同的方式来计算全市场的消费者剩余，如图 6.1 所示。

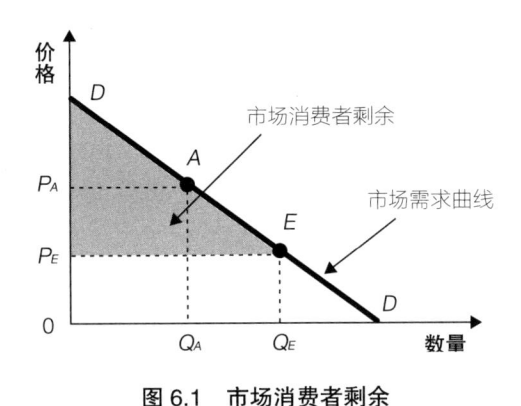

图 6.1　市场消费者剩余

在图 6.1 中，DD 为市场需求曲线，由所有个人的需求曲线相加总而得。在市场需求曲线上的任何一点（如 A 点）表示市场为消费该产品所"愿意支付的价格"。但在市场上，不论消费多少单位，人们支付每一个的价格都相同，即 P_e。因此，$P_A P_e$ 就是在 A 点上的消费者剩余。在假设市场均衡时的价格为 P_e 时，均衡交易量是 Q_e 下，斜线面积就是整个社会所能达到最大的消费者剩余。

消费者剩余的概念同样可以用在生产者身上，我们称为"生产者剩余"(producer surplus)。生产者剩余表示生产者实际出售商品的价格与愿意出售价格的差额，生产者剩余的大小与供给函数有关。供给函数表示在不同价格之下，厂商愿意供给的数量。一般而言，由于厂商的边际生产力会递减，因此要多生产一单位产品时，其边际成本会提高。所以，如果要厂商多增加产出，市场价格也必须提高。事实上，在完全竞争下，生产者的供给曲线是由厂商的边际成本所决定，我们会在下一章的厂商理论中再做仔细的说明。

基本上来说，厂商利用边际成本的概念来形成其供给曲线，就正如消费者依其边际效用来形成其需求曲线是相同的。因此，在一条供给曲线上，生产每一个数量时，如图 6.2 的 A 点，其供给价格就是厂商愿意生产该产品的最低价格，P_A。但市场上每一单位产品的真正交易价格都是 P_e，因此 P_eP_A 就是厂商在 A 点上的生产者剩余，把所有产量下的生产者剩余相加，就是个别厂商的生产者剩余，如图 6.2 的阴影面积。

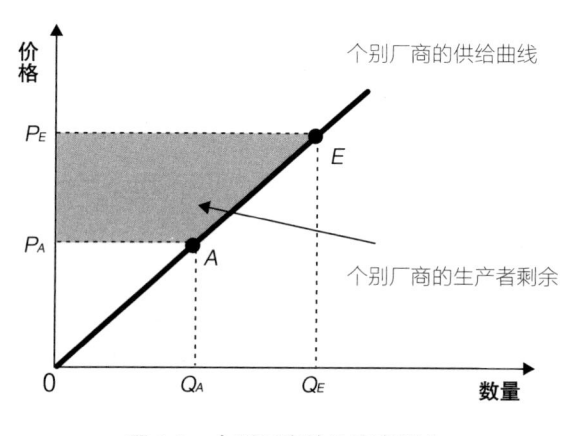

图 6.2 个别厂商的生产者剩余

由于市场的供给曲线是由个人供给曲线加总而得，因此在整个市场供给曲线上的任何一点，如图 6.3 的 B 点，表示市场上提供该产量时所愿意出售的最低价格 P_B。由于市场均衡时，每个商品的出售价格皆相同，如 P_e，所以 P_eP_B 就是在 B 点出售该产品者的生产者剩余。把在每一个数量上的生产者剩余相加，就得到全市场上的生产者剩余，如图 6.3 中的阴影面积。

在市场经济体系下，均衡价格与数量是经过供给与需求的运作而得。由于每个个别生产者与每个消费者都在追求自己福利最大化，因此在均衡下，每个人都可以得到最大的生产者剩余与消费者剩余。同时在此情况下，市场也可以达到最大的生产者剩余与消费者剩余，两者合计就是整个"社会福利"(social welfare) 的最大，如图 6.4 的斜线面积。

在阐明了消费者剩余与生产者剩余的观念以后，我们就可以利用供需模型来说明市场经济体制如何可以使社会的福利达到最大。同时，我们也可以进一步探讨供需双方对社会福利的影响。更重要的是，我们可以利用供需模型来分析政府执行的一些经济政策(如最低工资、房租管制等)，对全社会经济福利的影响。

我们必须指出，虽然供需模型很简单，消费者剩余和供给者剩余的观念也十分直观，但如此简单的架构却可以普遍地应用在许多经济分析当中。因此，有心的读者可以很仔细地读完本章，并加以融会贯通。

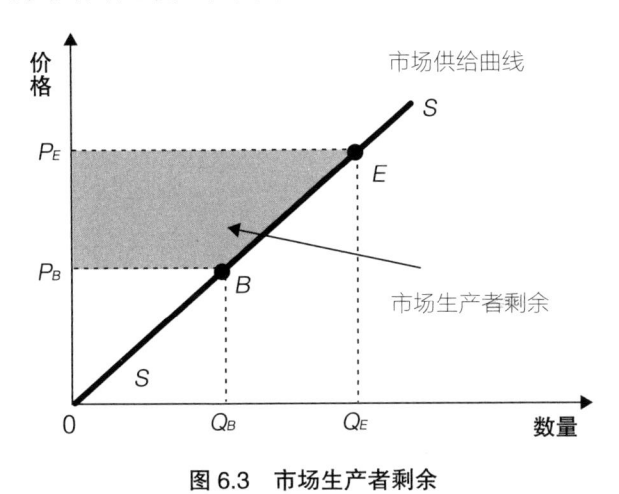

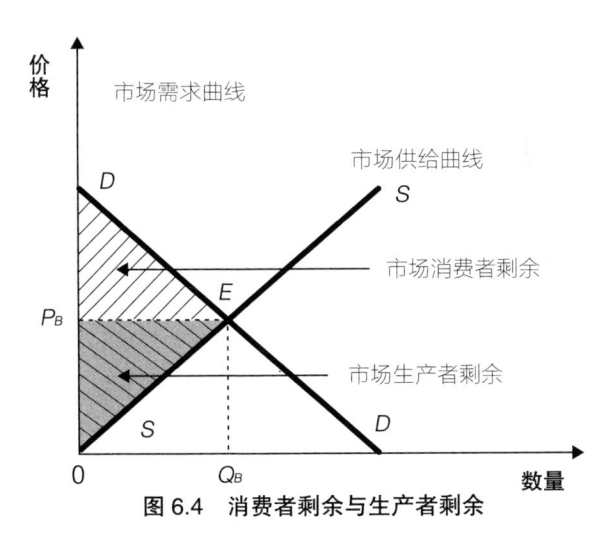

图 6.3　市场生产者剩余

图 6.4　消费者剩余与生产者剩余

（二）政府干预政策的成本与效益

自由市场经济体制的特色是在没有政府的干预下，让经济个体自由地进行其最适的选择。而计划经济体制则是另一种极端，即由政府负责一切经济活动，包含生产、消费与分配等。

然而，即使是市场经济体制，国家政府也鲜少让市场完完全全地去运作，丝毫不加干预。台湾地区的市场经济中，政府及公营部门也仍然十分重要；即使号称是资本主义天堂的美国，其政府也不时运用各种经济政策来影响经济体系。事实上，世界各国政府部门在经济体系中扮演的角色都有逐渐增加的趋势。

政府对市场经济体系的干预可分为直接的干预与间接的干预。直接干预就是对市场上生产的数量或价格加以管制，这是比较严重的。而间接干预大都是以课税或收费的方式进行。也就是说，以课税来改变价格，一方面可以利用税收来从事其他政府活动，一方面则利用课税来改变产出价格，以改变人们的消费与选择。此处我们先举一例来说明政府课税对消费者、生产者以及社会福利的影响，然后再分别讨论政府实施价格管制和数量管制所可能带来的结果。

1. 课税的代价

假设台湾汽油市场的供需情况如图 6.5 所示，均衡点为 E 点。均衡数量为 Q_1（即每日生产 100 万升汽油），均衡价格为 P_1（即每升 16 元）。现在假设政府为了提高能源使用效率，同时促使消费者节约使用能源（但为避免对市场干预过大，不采用数量管制方式），对厂商生产的汽油征收每升 1 元的货物税。

由于厂商每生产一升汽油，就必须多缴一元货物税，等于在任何数量下其每单位边际生产成本都会增加一元。因此对厂商课征货物税的结果，会使厂商的供给曲线平行往上移动一元的距离，即由 SS 移到 $S'S'$。换句话说，此时如果要厂商维持生产 100 万桶的汽油，必须让售价上升到每升 17 元，如此厂商才可以维持原有每升 16 元的收入，他才愿意生产原来的数量。

但问题是，当价格上升以后，消费者的需求量会减少，假设在新的供给曲线 $S'S'$ 下，新的市场均衡点为 E'，此时市场价格为 P_2（16.5 元），新的市场均衡量为 Q_2（每日 95 万升）。政府课征 1 元货物税，使得市场上汽油销售量由每日 100 万升减少到 95 万升，减少 5% 的使用量，达到节约使用能源的目的。

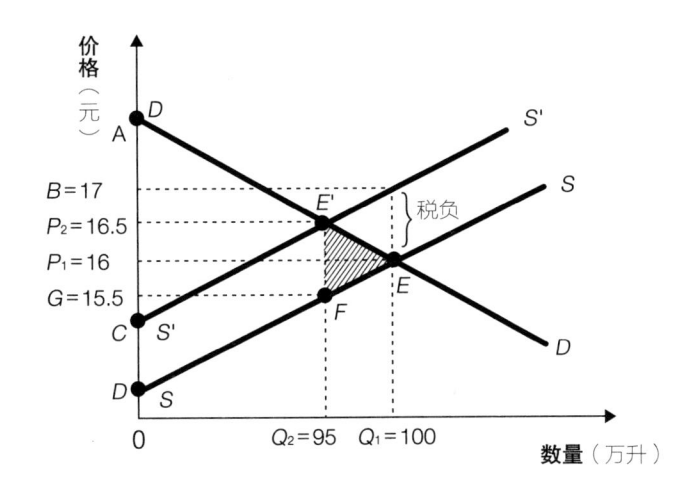

图 6.5 对厂商征收货物税的效果

虽然政府达到其目标，但在政府干预下，市场受到影响，而使买卖双方都必须付出一些代价。先从价格上来看，原先市场均衡价格为 16 元，买方支付 1 升 16 元的价格，卖方也收到 16 元。但现在每升的交易，政府必须征收 1 元的货物税，因此虽然均衡价格上升到 16.5 元，亦即消费者每升要支付 16.5 元，但其中有 1 元要厂商交给政府。所以，厂商真正拿到手的只有 15.5 元。换句话说，在我们的例子中，政府的 1 元税收中，有 0.5 元来自消费者支出的增加（支出由 16 元增加到 16.5 元），另外 0.5 元则来自厂商收入的减少（收入由 16 元减少到 15.5 元）。在本例中双方各承担 0.5 元的税负支出，我们称为"租税归宿"(tax incidence)。在数量方面，则由 100 万升减少到 95 万升，所以双方也都有损失。

再让我们看看消费者剩余与生产者剩余的变化，因为这才是代表双方福利变化的真正指标。在原来的均衡是 E 时，消费者剩余为 $\triangle AP_1E$；在新的均衡点 E'，消费者剩余减少到 $\triangle AP_2E'$，消费者剩余减少了 P_2P_1EE' 的面积。

在生产者剩余方面，在原均衡点 E 下，生产者剩余为 $\triangle DEP_1$；在新的均衡点 E' 下，生产者剩余剩下 $\triangle CE'P_2$。然而，由于 SS 与 $S'S'$ 是平行的，故 $\triangle CE'P_2$ 等于 $\triangle DFG$ 的面积。换句话说，生产者剩余在 E 与 E' 之间的差异是 P_1GFE 的面积。

虽然消费者剩余和生产者剩余都有减少，但政府收入却同时增加——政府收入增加额即每单位税额（$E'F$，即 1 元）乘以交易量（GF，即 95 万升）。易言之，政府的收入为 $GFE'P_2$ 的面积，这部分来自消费者剩余和生产者剩余的移转。

最后，我们把消费者剩余的减少部分（P_2P_1EE'），加上生产者剩余减少的部分（P_1GFE），再减去移转给政府收入的部分（$GFE'P_2$），剩下的就是社会福利的净损失，即图 6.5 的斜线部分（$\triangle FEE'$）。

$\triangle FEE'$ 是消费者剩余和生产者剩余减少，但却无法移转给政府的部分，故是社会的净损失，又称为"无谓的损失"（dead weight loss）。此一损失主要是来自政府对市场课税的结果，我们可以将之看成政府为使人们减少能源消费，采用干预政策所必须支付的代价。

2. 社会福利与弹性

在上述的分析过程中，细心的读者可能会立即询问两个重要的问题：第一，是否消费者剩余和生产者剩余的损失一定会一样多？如果不一样，如何决定谁的损失较大？第二，如果政府向消费者课征空气污染税，而不向厂商课征货物税，是否消费者就必须承受较大的损失？这是两个非常重要，但却十分根本的问题，以下我们就对这两个问题做更进一步的阐述。

假设现在供给弹性很大，即供给曲线斜率较小，如图 6.6(A) 所示，在每升课征 1 元的货物税之下，供给曲线会平行上升至 $S'S'$。由于供给弹性较大，故价格上升会使其产量减少较多。如图所示，在新的均衡之下，均衡量减少到只剩 90 万升，新的市场价格则为 16.8 元。此时在政府征收的每 1 元税收中，买方承担 0.8 元（支出由 16 元增加到 16.8 元），卖方则只承担 0.2 元（收入由 16 元减少到 15.8 元）。故在供给弹性较大时，卖方承担的租税归宿较小（0.2 元），买方承担的归宿较大（0.8 元）。

同时，由于均衡数量由 100 万升减少到 90 万升，减少 10 万升，比图 6.5 中减少更多。因此，整个社会的福利会减少更多。换句话说，此时社会的无谓损失比较大，即图 6.6(A) 中的斜线面积会大于图 6.5 中之斜线面积。

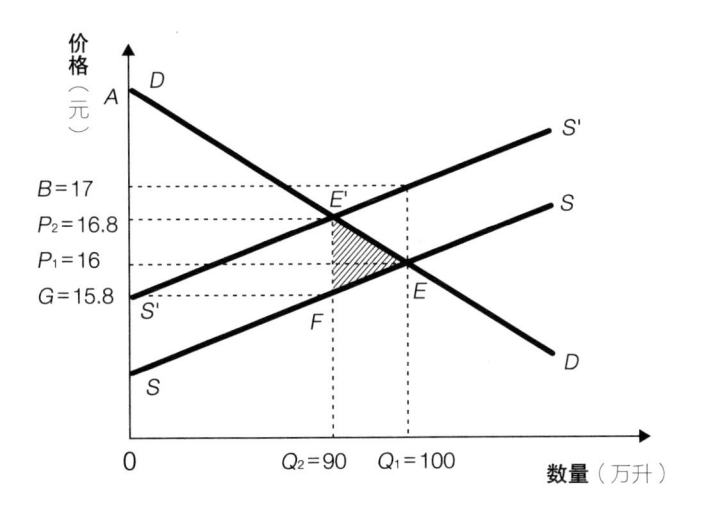

图 6.6(A)　供给弹性大时的课税效果

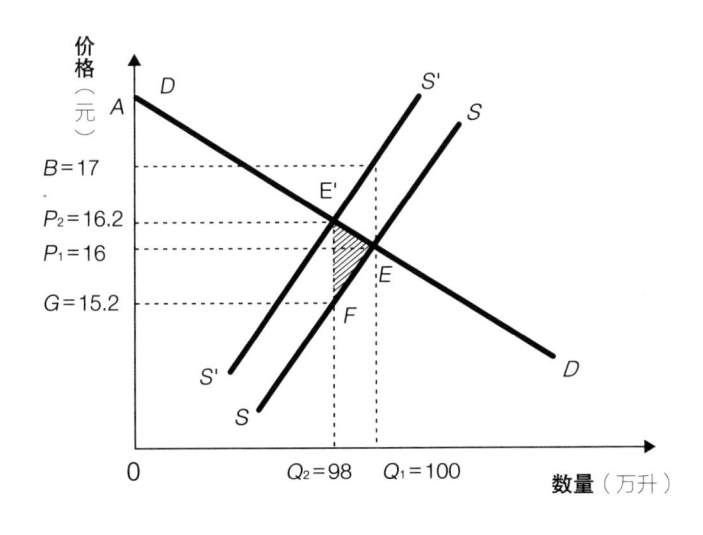

图 6.6(B)　供给弹性小时的课税效果

一般而言，当供给弹性愈大，课征货物税对均衡数量减少的效果就愈大，同时，社会无谓的损失也就愈大。此外，在租税归宿方面，由于供给弹性较大，卖方承担的归宿较少；相反的，买方承担的归宿会较大。

事实上，虽然在本例中政府对生产者课税，但厂商经过涨价的效果，使得部分租税转由买方承担。而均衡数量与均衡价格的变化，不但与供给弹性有关，其实也与需求弹性有密切的关系。为节省篇幅，我们不再此进一步说明需求弹性不同的影响，留给读者自行练习。一般而言，需求弹性愈大，卖方愈不容易将租税负担转嫁给买方，因此买方承担的税负归宿较小，卖方承担的税负归宿较多。由于卖方要承担的租税较多，因此在收入减少较多的情况下，其产量也会减少较大，所以最终的社会无谓损失也比较多。

3. 社会福利与课税对象

我们要问的第二个问题是，如果政府把课税对象由卖方转向买方，则对社会福利与买卖双方剩余的影响，会有何种不同？假设现在政府不再对生产者课征货物税，而改向消费者课征空气污染防治税（空污税），每升仍然课征 1 元的税。对消费者而言，原来的消费者偏好并不会因为课税而改变，即其需求曲线仍然是 DD 线，但因为不论购买任何数量的汽油，每升都要都多缴交 1 元的空污税，所以现在在相同的数量下，其愿付价格都会减少 1 元，因此其真正支付给厂商的钱会减少。换句话说，厂商面对的需求曲线是原来需求曲线平行往下移动 1 元，即 D'D'，如图 6.7。

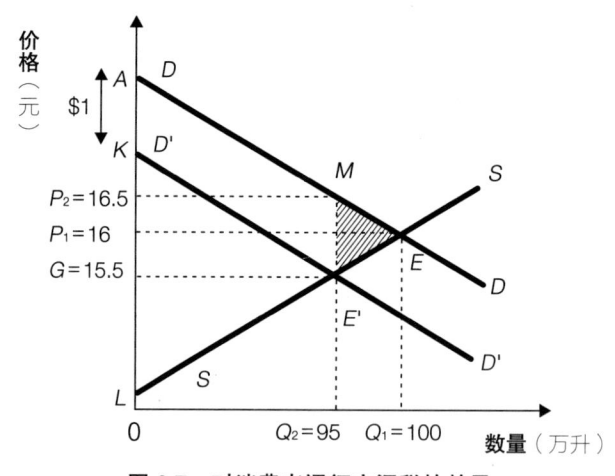

图 6.7　对消费者课征空污税的效果

假设原有的市场情况与课征货物税完全相同，即原市场均衡点为 E 点，原均衡交易量为 Q_1（为每日 100 万升），原均衡价格为 P_1（每升 16 元）。现在课征空污税后，需求曲线平行往下移 1 元，成为 D'D'，此时均衡点会成为 E'。由于在原来供需弹性假设下，买卖双方均分税负，即每人 0.5 元。现在由于供需曲线与以前相同，故仍然由双方均分税额，故市场价格仍下降至15.5元，这是卖方能收到的钱。但买方还必须支付1元的空污税，所以买方实际支付16.5元，与图6.5中完全相同。由于价格变化相同，故数量变化也会一样，即由每日消费100万升减少到95万升。

事实上，不但均衡价格与均衡交易量会与以前一样，而且买卖双方的消费者剩余和生产者剩余的变化也都会与以前相同。在消费者剩余方面，由原来的 $\triangle AP_1E$ 减少为新的 $\triangle KE'G$，亦即 $\triangle AP_2M$。因此消费者剩余损失了□P_2P_1EM。

在生产者剩余方面，原来的生产者剩余为 $\triangle LP_1E$，在新的价格数量之下，生产者剩余只剩下 $\triangle LE'G$，故生产者剩余共减少□$P_1GE'E$。

另一方面，政府税收增加□$P_2GE'M$ 的面积。所以，将消费者剩余减少的面积 (P_2P_1EM)，加上生产者剩余减少的部分 ($P_1GE'E$)，再减去转给政府税收增加部分 ($P_2GE'M$)，我们可以得到课征空污税的社会福利的无谓损失，即图6.7的斜线面积部分，$\triangle MEE'$。与图6.5相比，由于价格变化与数量变化都完全相同，因此两块斜线面积也应完全相等，即图6.7的 $\triangle MEE'$ 等于图6.5的 $\triangle FEE'$。

此时，我们得到一个非常重要的结论，即不论政府是对生产者或消费者课税，最终的结果是完全相同的。换句话说，课税的影响大小决定于买卖双方的供需弹性和税率的大小，而与对谁课税没有关系。

至于租税的最终归宿，同样决定于买卖双方的弹性。一般而言，弹性较大的一方，承担较少的租税归宿；反之，弹性较小的一方，则必须承担较大的租税负担。

（三）价格管制

租税政策基本上还是尊重市场机制，由政府利用课税方式提高产品价格，而让原来需求欲望不是那么强烈的人减少消费。但原先消费欲望很高的人，或是愿付价格很高的人，则仍然会愿意支付较高的价格来消费。租税政策可以说是一种间接的政府干预，另外有两种直接干预的方式，一种是"价格管制"（price control），一种是"数量管制"（quantity control）。此处我们先讨论价格管制可能带来的影响。

价格管制是对某一种商品的价格加以限制；有时候政府会对一些商品的价

格设定下限，我们称为价格下限 (price floor)。价格下限规定某商品的交易价格不得低于该规定之价格，见图 6.8(A) 中之 P_{min}。例如，2016 年时，台湾省的有关规定中明确规定任何全工时工作的每月最低工资 (minimum wage) 不得低于新台币 20008 元；时薪最低不得低于 120 元。

有时候政府会对某些商品的价格设定上限，我们称为价格上限 (price ceiling)。价格上限则规定某商品的交易价格不得超过该上限，如图 6.9(A) 中的 P_{max}。价格上限最有名的例子是房租管制 (rent control)，在美国有些城市规定房东每年调整房租时，涨幅不得超过一定比例。

1. 价格管制的效果

价格上限与价格下限的管制效果，决定于其与原来市场均衡的状况。如果价格下限低于原市场均衡价格，如图 6.8(A) 所示，则市场交易价格仍然会维持在原均衡点 E，均衡价格维持在 P_e，数量维持在 Q_e。此时，价格下限政策就不会对市场产生任何影响。例如 2016 年之前，台湾省的最低工资为每月新台币 20008 元，此工资几乎低于大多数工人的薪资，因此最低工资政策的影响效果很小。

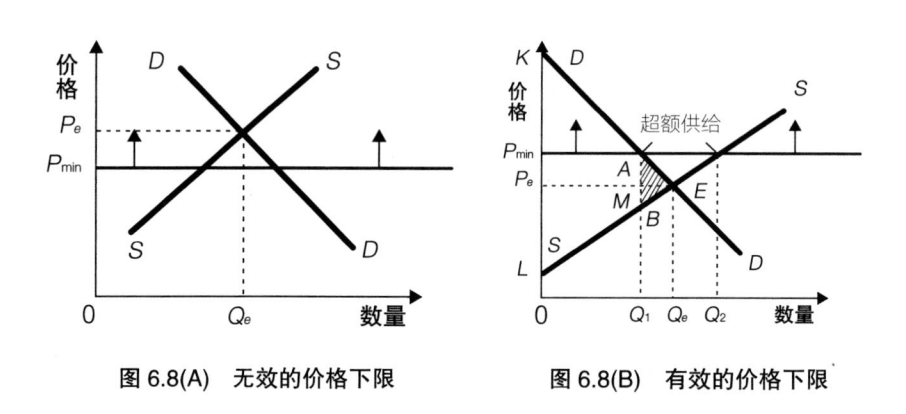

图 6.8(A)　无效的价格下限　　　图 6.8(B)　有效的价格下限

但如果政府为落实所谓达到照顾劳工的目的，而大幅提高最低工资，比方说提高到图 6.8(B) 的 P_{min} 水平，此时由于最低工资高于原来的均衡工资 P_e，于是厂商会减少工人的雇用，到 Q_1。另一方面，由于工资明显增加，会使更多人有意加入劳动市场，而使供给量增加到 Q_2。因此，此时市场上会有 Q_1Q_2 的失业 (即超额供给) 出现。

相反的，在价格上限方面，当价格上限高于原来均衡价格，如图 6.9(A)，则市场会维持原来均衡，不受到任何影响。反之，如果政府将价格上限定在较原均衡价格以下，如图 6.9(B)，则因价格低于市场均衡价格，厂商的供给会减少到 Q_1。而另一方面，由于价格很低，于是需求量会增加到 Q_2，故此时会有超额需求 (Q_1Q_2) 出现。

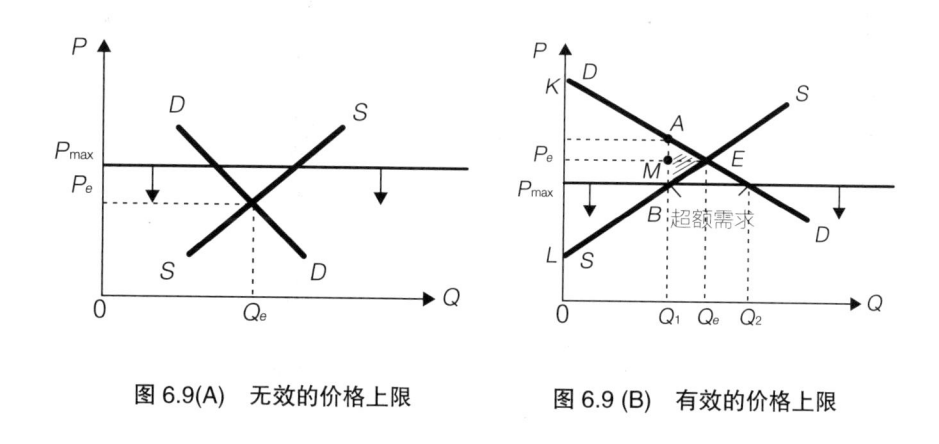

图 6.9(A)　无效的价格上限

图 6.9 (B)　有效的价格上限

2. 价格管制的福利效果

在前面的说明中可知，要使价格管制达到效果，就必须采用较强烈的手段。例如价格下限要定得很高，至少要超过原均衡价格才行；另一方面，价格上限则必须定得很低，要低到原均衡价格以下才看得到效果。但我们也指出，虽然提高价格下限可以产生作用，比方说提高最低工资，可以使一些工人的工资提高，同时却出现一些副作用，比方说使失业率增加。同样的，在有效的价格上限情况下，市场会出现超额需求。如此一来，政府数量管制的干预结果到底是好是坏呢？

事实上，在最低工资、减租，以及房租管制政策方面，除了有经济福利的目的以外，还有许多经济公平性的考量。我们会在本章第三节做更进一步的分析。此处我们先讨论价格管制带来的直接福利效果，同时只考虑有效政策下的影响。

有效的价格下限，会使社会的无谓损失增加，使社会净福利减少，如图 6.8(B) 中，消费者剩余由 $\triangle KEP_e$ 减少到 $\triangle KAP_{min}$。另一方面，由于每单位价格上升，使得卖方的收益增加。但因为销售数量减少（由 Q_e 减少到 Q_1），所以卖方的生产者剩余则不一定会增加。如图 6.8(B) 中，生产者剩余由 △LEP_e 变成 □$LBAP_{min}$，生产者剩余是否增加要看价格上升多少与数量减少多少相比较。当然，其中还与供需弹性有关。

然而，可以确定的是，整个社会的无谓损失一定会增加。因子量减少而使生产者剩余减少的部分（△BEM），和消费者剩余减少的部分（△AEM），则造成全社会的无谓损失，如图 6.8(B) 的斜线面积。

有效的价格上限同样会使社会的无谓损失增加，而使社会净福利减少。在图 6.9(B) 中，当价格上限订在 P_{max} 时，会使价格低于原均衡价格，而使数量减少到 Q_1。价格降低使生产者剩余减少（由 △LEP_e 减少到 △LBP_{max}）。同时，价格降低一方面使消费者剩余增加□P_eMBP_{max}，但也因子量减少，而使消费者剩余减少 △AEM。因此，消费者剩余是增加或减少，则要看两块面积何者较大。

同样可以确定的是，由于全社会的均衡数量减少，使得全社会的净福利减少，无谓损失为图 6.9(B) 中的斜线面积 △ABE。而斜线面积的大小除了决定于价格上限的高低以外，也受到供给弹性与需求弹性的影响。

（四）数量管制

价格管制系限制产品的价格上限或下限，数量管制则限制产品数量。一般而言，数量管制比较容易出现在产能不足，或政府将资源移做其他用途的时候。比方说，在战争期间，政府为提供足够的军用物资（如汽油），就调用许多民间物资使用，导致民间物资不足。或是在某些国家，把大量物资投入在生产重工业或军事之上，造成民生物资生产不足（如食物）。

假设在原来的市场上，均衡点为 E 点，均衡价格为 P_e，均衡交易量为 Q_e，如图 6.10。现在为了某种理由，政府将产量限制在不得超过 Q_1。由于产量不能超过 Q_1，于是供给曲线变成了 LBS'。新的供给曲线与旧的需求曲线相交于 A 点，故此时市场均衡价格上升为 P_1，交易量为 Q_1。

比较图 6.10 与图 6.8(A)，两者效果非常类似，即管制以后都使市场价格上升，市场交易量减少。因此，所造成的福利效果也十分类似，即消费者剩余减少，生产者剩余变化的方向不能确定，而社会净福利减少，社会无谓损失为 △ABE。

图 6.10　数量管制

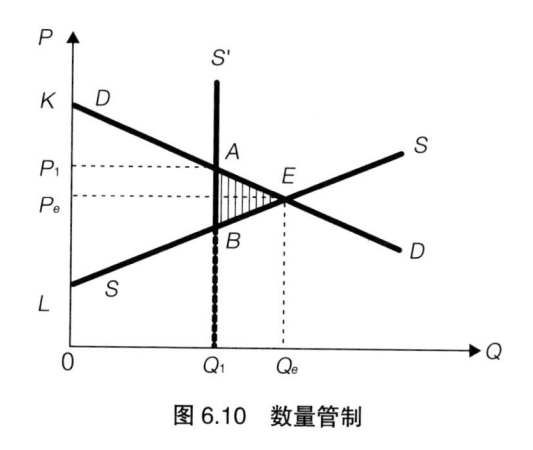

数量管制与价格管制的一个最大差别在于，前者的使用时机通常较为特殊，例如战争时期或计划经济时期，而且很多限制下的商品都是民生物资。由于这些商品大都属于民生物资，若单以价格作为分配的原则，可能会使一些低收入家庭因为无法负担高价格，而造成生存的问题。因此，伴随着数量管制而来的政策经常包括有配给(rationing)的问题，或其他非价格的分配方式，例如排队、黑市、走后门等。

配给制度是最常见到的，例如我国在1978年改革开放以前使用的粮票、油票就是一个例子。解体以前的苏联不采用粮票，但由于民生物资的供给极为有限，只要一有东西上市，立刻被抢购一空。他们用的方式是"先到先买"，因此，排队就变成日常生活中不可缺少的一环。美国在二战时期商品紧张时，也发放过各种商品票证。

二、农业问题

古人云："民以食为天。"农业在传统经济社会中一直扮演着很重要的角色。但随着经济的增长，农业在先进经济社会中的角色愈来愈弱。不论在发达国家（如美国），或在新兴工业化国家（如中国），农业大都有下列几个重要的特征：第一，农业产值占全国产值的比重不断下降，而且农业人口也一直在萎缩。第二，由于农产品生产速度受到自然因素的限制，使得生产不易调整，导致农产品价格经常大幅波动。每年 2 月 14 日情人节玫瑰花的价格几乎都会大涨,就是个最好的例子。第三,由于农产品价格大幅波动,对农民产生很不利的影响,为保障农民权益,很多国家就对农业提出一些保护政策,一些国家的稻米收购制度及粮食平准基金就是因此产生的。

无疑,这些农业问题都非常重要,而且对我们的日常生活也有直接影响。本节就要利用简单的供需模型,来解释为何会有长期下农业占 GNP(国民生产总值)的比例不断下降,而短期下,农产品价格又经常会大幅波动。最后,我们也要利用供需模型来说明政府实施的农业政策对农民及总体经济造成的影响。

(一)谷贱伤农

在世界各地的经济发展过程中,我们看到一个普遍现象,即农业部门的产值占国家或地区总产值的比例逐渐萎缩;另一方面,农民收入与非农民收入的比例也逐渐降低。台湾地区也不例外,表 6.1 显示台湾地区农业产值占 GNP 的比例,由 1952 年的 32.6% 逐渐下降,到 2015 年时只剩 1.7%。至于农民收入与非农民收入的比例则出现上下波动的情况,主要原因在于台湾地区农民收入中有很大一部分来自非农业收入。如果只单单看农业收入与非农民收入相比的话,前者的占比则呈现长期下降的趋势。

表 6.1 台湾地区农业部门产值与农民收入

单位:%

年度	GDP 比重 农业	GDP 比重 工业	GDP 比重 服务业	平均每户可支配收入: 农民收入/非农民收入
1952	32.6	18.5	48.9	—
1960	29.1	25.4	45.5	—
1970	16.3	35.8	48.0	79.1
1980	7.8	43.7	48.5	81.6
1990	4.0	39.3	56.7	78.7
2000	2.0	31.3	66.7	82.5
2010	1.6	33.8	64.6	79.2
2015	1.7	35.1	63.2	87.3

资料来源:台湾统计主管部门《国民收入统计年报》《家庭收支调查》。

第六章 供给与需求的应用

在经济发展过程中，造成农业产值逐渐萎缩的主要原因有二：第一，农业生产受限于土地，因此增产不易，而工业与服务业则较不受限制，因此产出可以不断增加。第二，更重要的原因是，农业产品固然重要，但大多数的农产品都属于民生必需品，其特性是需求弹性较小。因此，当农业产量增加时，会使价格下跌较大。若从人们的支出结构来看，依恩格尔法则，若一种商品的需求弹性小于1，当收入增加时，人们对此种商品支出占总支出的比例会减少。

如图 6.11(A) 所示，由于人们对农产品的需求弹性很小，使需求曲线 DD 较陡。另一方面，收入增加时，需求曲线外移幅度不大 ($D'D'$)。同时，由于农业生产在短期内不易迅速增加，故农产品供给弹性也很小，供给曲线 SS 很陡。但农业产出会因为农业生产技术进步而增加 ($S'S'$)。因此，随着生产力的进步，农产品价格由 P_0 下降到 P_1，而产出增加为 Q_1。农业部门总收入由 OQ_0EP_0 变成 $OQ_1E'P_1$。两者何者较大，则视 P_1 减少及 Q_1 增加的比例何者较大而定。

但如果人们对农产品的需求弹性较大，如图 6.11(B) 所示，则长期下，虽然农产品价格仍然会下降，但由于产量增加较多，故此时农业部门的总收入就会增加。

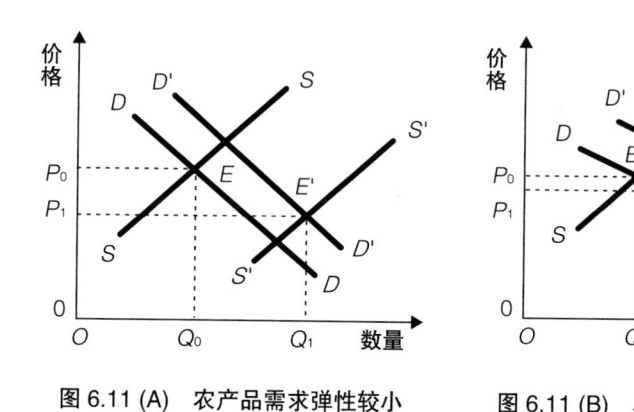

图 6.11 (A)　农产品需求弹性较小　　图 6.11 (B)　农产品需求弹性较大

一般而言，由于人们对农产品的需求弹性很低，因此我们经常听到人们说："谷贱伤农。"即当农产品丰收时，由于产量大幅增加，但由于需求弹性很小，欲使市场吸收所有农产品，必须使农产品价格大跌才可以。因此，丰收固然可以使产量增加，但却不一定使农民总收入提高。而由于农产品的需求弹性很小，反而有可能使农民总收入减少。如图 6.12 所示，在产出增加之后，农民收入由 OQ_0EP_0 变成 $OQ_1E'P_1$，收入反而减少。

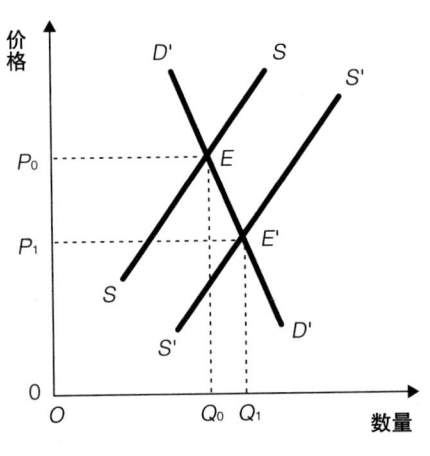

图 6.12　谷贱伤农的原理图

（二）蛛网理论

我们常见的第二个农业现象，就是农产品价格经常暴涨暴跌。比方说，每年七八月之间，由于岛内台风频传，农作物经常受到伤害，使得蔬菜价格高居不下。每年 10 月左右，岛内的大蒜价格经常高涨，也是类似原因。造成农产品价格大幅波动的理由与前述相同，即一方面农产品的需求弹性较小，而同时农产品的供给弹性亦很小。

农产品在生产时，不但需要很多土地，更重要的是需要花费较长的时间去生产，因此不容易在短时间内调整产量。另一方面，由于农产品不易储藏（尤其新鲜蔬果和肉类的储藏成本很高），农家也不易以调整存货的方式来改变供给。

农产品的生产要花相当长的时间，所以农产品在市场调整过程中，不容易达到最适的均衡。如图 6.13 的鸡蛋市场中，假设原来的市场均衡是 E 点，鸡蛋的均衡价格与数量分别为 P_0、Q_0。现在因为鸡瘟使得大量鸡死亡，导致鸡蛋供给左移至 $S'S'$，价格则上升至 P_1。在价格大涨的诱因下，农民开始大量饲养母鸡，以便一年以后可以生产鸡蛋。由于蛋价很贵，于是有很多农民开始养鸡，使得第二年鸡蛋的供给曲线移回到 SS，且生产量为 Q_1。

由于鸡蛋需求弹性很小，当鸡蛋供给增加到 Q_1 时，蛋价立即大跌到 P_2，交易量增加为 Q_1。这些争相养鸡的农民们再次尝到"蛋贱伤农"的苦头。由于蛋价下跌太多，导致下一年的鸡蛋产量又不足 (Q_2)，蛋价再起。如此周而复始，使得蛋价逐渐调整回到原来的均衡价格 (P_0) 与数量 (Q_0)。

由于上述调整过程形成网状，因此称为"蛛网理论"(cobweb theory)。在调整过程中，我们发现价格变动的幅度大于数量变化调幅，主要理由就是在于鸡蛋的需求弹性很小，即使价格大幅波动，对人们日常消费鸡蛋的行为也不会有太大的影响。

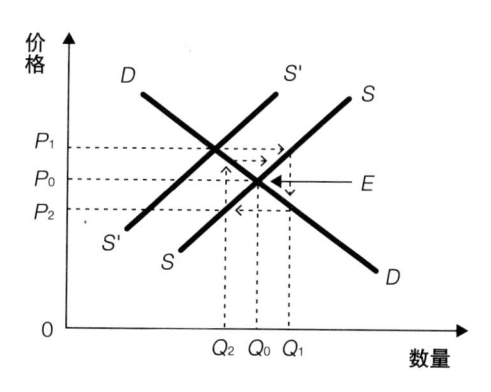

图 6.13　鸡蛋供给与需求图

（三）保证收购价格与粮食平准基金

由于农产品产量受天气影响很大，且产量在短期内不易调整，再加上需求弹性又小，使得农民在歉收时愁眉苦脸，在丰收时也不见得高兴，因为此时市场价格经常会大跌。在此种先天市场条件不佳的情况下，农民的收入不但较低，而且十分不稳定。

在此种情况下，许多国家纷纷对农业提出各种保护措施，因为无论如何，农产品总是大家日常生活中一定要消费的商品。有些国家和地区以严格管制进口农产品的方式来保护国内农业（如日本）；有些国家则有时补贴农民减少产量，以免谷贱伤农的情况发生（如美国）。

台湾地区农业产值占 GDP 比重虽然逐渐下降，但基于战略需要，当局认为仍然有必要保留一定产量的主要农作物，即稻米。台湾省主要的几种稻米保护政策包含：1. 设立稻仓；2. 设立稻米保证收购价格；3. 设立粮食平准基金。此处我们就利用简单的供需模型，来分析台湾稻米市场上的主要几个保护政策的效果。

台湾稻米政策的第一步就是"普遍设立稻米仓库"，储存稻米。相对于其他农作物而言，稻米是比较容易储存的，因为其储存成本较低。在普遍设立稻米仓库下，稻米的供应量就可以利用调节存货的方式，达到稳定供应的目的，因此稻米价格在长期下也可以保持稳定。目前台湾稻米储存量大约可以供民众使用两年，储存量算是相当充分。

一般而言，设立谷仓以达到调节供给、稳定稻米市场的目的，可能是成本最低，而且效果最好的政策。如图6.14中，假设稻米供给突然由 S_0S_0 减少到 S_1S_1，由于稻米的需求弹性很小，价格会立即上升到 P_1。此时当局就可从谷仓中释出 Q_0Q_1 的稻米数量，使价格重新回到 P_0。另一方面，如果稻米突然丰收，供给由 S_0S_0 增加到 S_2S_2，价格大幅下降到 P_2。此时当局便可出面收购多余数量的稻米，即 Q_0Q_2，储存于谷仓中，使价格再回到 P_0，而不致出现谷贱伤农的情形。

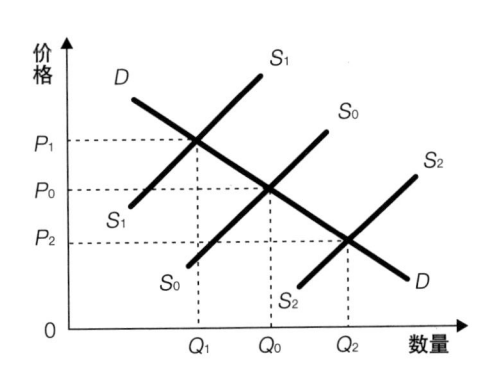

图6.14　利用谷仓调节稻米供给

利用谷仓调节稻米供给，只能应对短期稻米供给的变化，无法解决长期农民将农田转种其他农作物的可能。为使农民耕作稻米的意愿提高，以维持一定数量的稻米供给，同时也可以达成照顾农民的目的，当局提出另一个重要的政策，即"稻米保证收购价格"。稻米保证收购价格政策是由当局保证农民的稻米一定可以用某一最低价格出售,所以保证收购价格是一种价格下限政策。

我们在前节已说明,价格下限政策要产生效果,必须要让价格下限 (P_1) 超过原来的市场价格 (P_0),如图 6.15 的 P_1 必须高于 P_0。如果当局把保证收购价格订得比市价低,如 P_2,则农民生产 P_0,产量则为 Q_0。达不到增加稻米产出以及提高农民收入的目标。

因此,为达到政策目标,当局必须把稻米收购价格订在高于市价 P_0 的 P_1。在 P_1 价格下,市场需求量只有 Q_1,但因为价格高,供给量会提高至 Q_2,因此当局必须收购 Q_1Q_2 数量作为存粮。这时候当局的收购支出为 $\Box AQ_1Q_2B$。

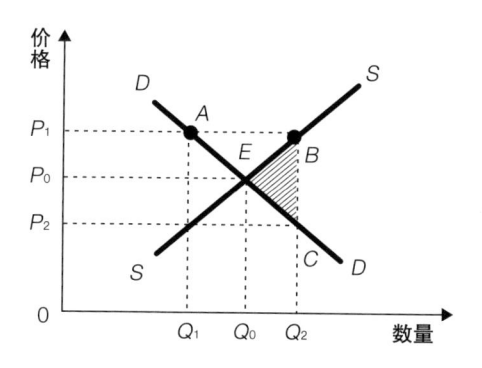

图 6.15 稻米保证收购价格

此种刺激产出的政策在短期下问题较小,在长期下造成的问题可能会较多。首先,当局的资金从何而来? 为了使资金能有效运用,当局设立粮食平准基金,当市价太低时,用基金来支应保证收购价格;而当市场供给不足,市价太高时,则抛售当局存粮,一方面抑制米价,一方面可回收粮食平准基金。其次,上述原则是对的,但问题是由于稻米生产技术愈来愈进步,稻米产量逐年增加,当局收购数量逐渐扩大,一方面平准基金的使用会捉襟见肘,一方面谷仓也无法存放。当局虽然鼓励人们多多消费稻米,但这毕竟与人们的习惯有关,况且随着收入的增加,民众食用肉类、蔬菜、面食的比例也不断增加,对稻米的需求可能是不增反减。

事实上,即使假设当局成功提高人们对稻米的需求量为 Q_2,使得产量能被需求完全吸收,农民的收入增加完全来自当局移转支出,此时社会上就没有无谓损失的存在了吗? 有一个很简单的方式可以计算此时社会无谓损失的大小。假设当局以 P_1 向农民购买稻米，再以 P_2 卖给社会大众，在数量为 Q_2 下，此时的社会无谓损失有多少呢？与 Q_0 相比，当产出增加为 Q_2 时，农民为多生产 Q_0Q_2 所增加的边际成本为 $\Box Q_0Q_2BE$ (此即农民为增加 Q_0Q_2 产出所必须增加最小的成本，我们可以视为全社会的成本)。在需求方面，与 Q_0 相比，当消费增加到 Q_2 时，消费者边际效用增加的部分只有 $\Box Q_0Q_2CE$ (此即消费者为增加 Q_0Q_2 消费的最大愿付价格，我们可视为社会的收益)。在两相比较下，在 Q_2 时，社会的生产成本 ($\Box Q_0Q_2BE$) 超过社会的收益 ($\Box Q_0Q_2CE$)，其多出的部分 ($\triangle CBE$) 就是社会的无谓损失，即图 6.15 中的斜线面积。

事实上，由于台湾省人口密度非常高，土地在台湾是非常珍贵的，但农业却必须使用大量的土地，尤其是稻米。因此，台湾长期实行的稻米政策似乎有再重新调整的必要。以台湾极有限的土地来看，似乎应发展精细农业或休闲农业，鼓励并协助农民耕种高价值作物，例如新鲜花卉、高价值水果、设立休闲果园等；同时应减少土地使用及农业人口，以提高每单位土地产出以及每单位人口的收入。

三、准租与价格管制

前面几节提及如何利用供需模型来说明政府的几种管制政策效果，以及说明农业部门的情况。本节将更进一步以实际经济案例，来说明政府管制下可能带来的效果及其对社会福利的影响。

（一）地租与准租

土地是一项重要的经济资源，不但农业生产上需要大量的土地，工业及服务业的生产都需要用到土地。更重要的是，家庭单位的消费过程中，也需要大量的土地，即住的需求。然而，土地已然转换成为一种经济资源，其供给不但有限，而且可以说是固定不变的。虽然土地可能在不同的产业之间交换使用，但对每一个国家而言，全国的土地都是固定不变的；即使在不同产业之间可以移转使用，这种移转使用的比例也很小。

在此种情形下，土地的供给可以视为固定，因此其市场供需情况就十分特殊。在图 6.16 中，我们假设土地供给不变，因此其供给曲线为垂直线 SS，在市场需求 (DD) 下，土地的市场价格为 P_0，土地供给量为 Q_0。此时土地拥有者的生产者剩余为斜线面积部分 ($\Box OQ_0EP_0$)，此亦为土地的地租收入。相较于一般正斜率的供给曲线而言，土地拥有者的生产者剩余较大。

随着经济的发展，不但产业对土地的需求愈来愈多，家庭单位对住宅的需求也愈来愈大，因此市场上对土地的需求曲线向外移动，即图 6.16 中的 $D'D'$。但由于土地供给量仍固定在 Q_0 上，因此需求的增加只使地价上涨 (P_1)，但无法增加土地的供应量。在此种情形下，土地与生产者剩余同时增加为 $\Box OQ_0E'P_1$，消费者剩余没有任何改变。

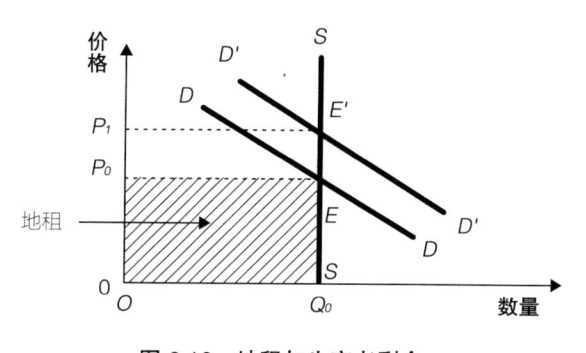

图 6.16 地租与生产者剩余

上述结果显示，经济发展导致对土地的需求增加，而此成果都将完全被土地拥有者所享有，无法让一般消费者所分享。这也是为什么孙中山提出土地要"涨价归公"的主要理由之一。

在本章第一节中，我们曾提及课税固然可以达到政府的目的，但同时社会必须支付无谓损失作为代价。那么如果我们对土地课税，以实现涨价归公的理想时，我们必须付出多少代价呢？在图 6.16 中，假设因为需求由 DD 移到 $D'D'$，使土地价格由 P_0 上升到 P_1。现在政府对土地购买者课征 P_0P_1 的税，使得他们的愿付价格下降回 P_0，但实际支付金额仍然是 P_1 (即 P_0 的地价加上 P_0P_1 的税额)。如此一来需求曲线又如同回到 DD，生产者剩余又回到原来的水平，而政府的税收增加 $\Box P_0EFP_1$。我们发现政府对土地课税的结果并没有产生任何的无谓损失，主要原因在于供给是固定的，因此无论如何课税，数量都永远固定在 Q_0。注意，此时政府若对生产者课税结果也一样，因为他们无法改变供给。

163

如此我们得到一个重要的结论，即当供给曲线为垂直时，政府课税不会产生任何的不良效果。而此种情况可以适用在任何供给为固定的商品上。比方说，我们假设全台湾只有 10 张已故画家杨三郎的画，供给是固定的。此时拥有其画作的人拥有很大的生产者剩余，由于情况与土地拥有人享有地租或经济租 (economic rent) 十分类似，故我们又称之为准租 (quasi-rent)。当人们收入增加以后，对买画的需求会增加，因此杨三郎的画价格会上升，但供给量是固定的，因此拥有其画作的人可以享有更多的准租。

此时政府可以对出售画作的人课征资本利得税 (capital gain tax)，由于对画作拥有人课税并不会减少画作的供给，社会上不产生无谓损失，故不会产生不良影响。

超级巨星经济学（I）

美国 NBA 篮坛芝加哥公牛队的"空中乔丹"在 1996 年球季的年薪是 3000 万美元，全年球季要赛 82 场球，平均一场球可赚 36.6 万美元。NBA 球赛每场打 48 分钟，所以乔丹每分钟的平均薪资是 7625 美元！这还只是单纯的薪资收入，还不包括球队分红及广告收入等更大笔的进账。

不必太惊讶，美国体坛年薪收入在千万元以上的运动员不在少数，例如 NBA 克里夫兰骑士队的詹姆斯大帝 (2016 年，3096 万美元) 及职棒大联盟洛杉矶道奇队赛扬投手克萧（2015 年，3100 万美元）等。

为什么这些球队的老板愿意付他们这么高的薪水呢？他们不怕亏本吗？

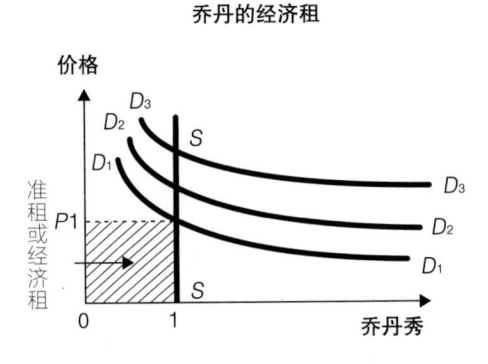

乔丹的经济租

当然不怕，羊毛出在羊身上，在体坛的竞争市场中，每个明星选手都一定要有真本领才行，而且能吸引大批球迷，否则早就被淘汰了。

问题是，我们如何利用市场的供需条件来解释这些人的高薪现象呢？美国人对体育的热衷众所周知，对运动明星的需求之大也可想而知。然而运动员除了本身的努力以外，要成为超级运动巨星，则还要加上无比过人的天赋才行。试想，如果没有抵抗地心引力的能耐，乔丹如何在空中飞行，同时变换方向、挺腰飞身灌篮？问题的症结在于，世界上有几个人有此能耐？

由于乔丹的飞行能耐，除了他以外，大概再也找不到第二个人。所以，市场上能提供乔丹的人只有一个，因此供给曲线是垂直的，如下图 SS 线所示。在原有的需求曲线 D_1D_1 下，乔丹的年薪身价决定于 P_1，而由于供给是固定的，其报酬就等于全部都是准租或经济租，如斜线面积部分所示。而当 NBA 观众人数不断增加，需求不断上升的时候，如 D_2D_2 和 D_3D_3，乔丹的身价也就节节上升。2016 年主宰 NBA 篮坛的换成 6 月拿到 NBA 总冠军的骑士队詹姆斯大帝，其 2016 年年薪为 3096 万美元。

（二）最低工资

最低工资属于价格下限政策的一种，若定得比均衡工资低，则最低工资不能产生太大作用；若定得较高，固然可以使工人薪水增加，但同时也会使失业增加。例如图 6.17 中，若把最低工资定在 P_1，低于原市场均衡价格 P_0，则劳动市场不会受到影响。但若把最低工资定到 P_2，则固然使工资增加，但亦使失业增加 Q_1Q_2 之多。问题是，这些失业者是谁呢？

在我们的例子中，我们把劳工一视同仁，所以只有一个价格。但事实上，工人的种类很多，大家的薪资都不尽相同。我们可以简单地把工人分成两种：技术性工人 (skilled labor) 与非技术性工人 (unskilled labor)，而且前者的薪资显然要高于后者。

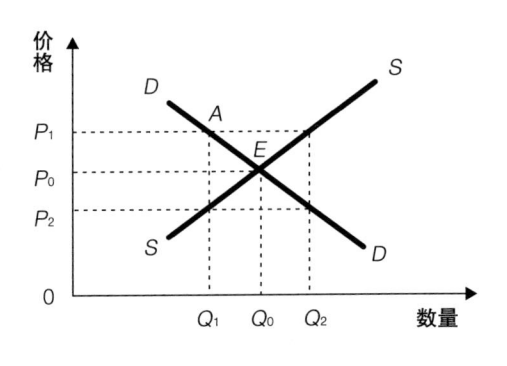

图 6.17　最低工资

当政府提高最低工资时，若最低工资超过非技术性工人的薪资时，厂商就会开始裁员，裁掉的都是这些非技术性工人。一般而言，非技术性工人大都属于学历较低、初踏入工作市场的年轻人或妇女。因此，最低工资政策本来是要保护这些低工资者的权益，不幸的是，提高最低工资的结果，反而使这些人失业增加，这符合订定最低工资的精神吗？

以目前台湾制造业为例，2015年时平均制造业工资为月46781元，而最低工资为20008元，后者约是前者的42.8%，因此最低工资对劳动市场的影响很小。如果政府把最低工资提高到50000元，则会产生什么结果？无疑的，厂商会开始裁撤生产力低于50000元的工作，而这些工作都属于非技术性工人，而且这些人可能原来就属于低收入家庭，因此，提高最低工资可能对他们产生巨大的冲击。

因此，最低工资固然应该存在，但也不宜定得太高，否则若将最低工资定得太高，立即受害者就是这些低工资者，因为他们可能会失去他们原有的工作。

台湾省最低工资的演进

一般来说，最低工资的设定主要目的在保障劳工最基本的生活，以台湾为例，1970年的最低工资为新台币600元。其后，台湾省的最低工资每隔数年就会调整一次。

下表显示台湾最低工资演进的过程及其与全省平均工资的比较。大致而言，台湾的最低工资率都低于全省平均工资，因此对于劳动市场的影响并不显著。

单位：新台币元

年度	最低基本工资 （新台币元）	最低时薪 （新台币元）	制造业平均薪资 （新台币元）	最低基本工资／ 制造业平均薪资 (%)
1970	600	–	1,684	35.6
1975	600	–	3,424	17.5
1980	3,300	–	8,034	41.1
1985	6,150	–	12,677	48.5
1990	9,750	–	22,011	44.3
1995	14,880	58.5	32,489	45.8
2000	15,840	66	38,914	40.7
2005	15,840	66	41,858	37.8
2010	17,280	95	42,300	40.9
2015	20,008	120	46,781	42.8

注：最低时薪之规定由 1992 年 8 月 1 日起开始。
资料来源：台湾统计主管部门《薪资与生产力统计月报》。

（三）房租管制

房租管制是美国经常见到的一种价格上限政策，一般房租管制并不是限制房租，而是限制上涨的幅度。例如美国有些城市管制较严，它们规定每年涨幅不得超过 3%；有些较松，规定每年涨幅不得超过 7%。另外，有些城市规定如果房东进行全面整修或更换房客时，可以做较大幅度的调升房租。基本上来说，房租管制对于抑制房租上涨都有很大的效果。但这对谁有利呢？是否所有房客都受益呢？

假设原来市场是均衡的，如图 6.18 的 E 点，其中由于房屋的短期供给不容易变动，故供给曲线 ($S_R S_R$) 是垂直的，而长期供给曲线 ($S_L S_L$) 是具有正斜率。但房租管制规定房租在均衡价格 P_0，不得上涨。

现在假设因为人口与收入的增加，人们对房子的需求增加到 $D'D'$，在短期下的房租会上升到 P_2，长期下则因供给增加，而使房租上升幅度较小，为 P_1。但由于房租管制限制房租必须维持在 P_0 上，于是出现超额需求 $Q_0 Q_1$。

从短期来看，由于住宅供给固定，所以利用价格管制可以使消费者剩余增加 ($P_0 EAP_2$)，而同时减少同样大小的生产者剩余，亦即租金部分。由于没有任何社会无谓损失，而只是将福利由房东移转给房客，再说理论上来看，前者的收入比后者高，因此大部分人都会接受房租管制政策。

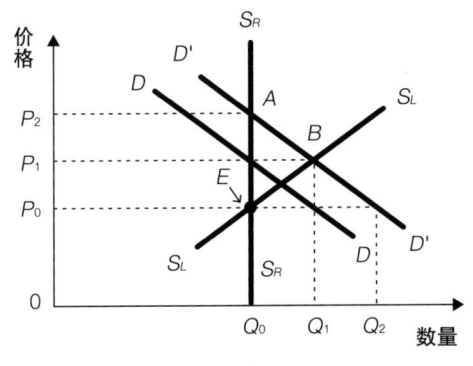

图 6.18　房租管制

但长期效果则截然不同。因为长期下，本来供给会增加，以提供更多房子供社会使用，但因为房租管制，使建筑商或房东盖房子的意愿降低。另一方面，由于房租管制使得房价更便宜，因此吸引更多的需求，导致市场上出现大量的超额需求。但这些人的需求如何满足呢？事实上，房租管制下，原有房客得以享受很多优惠，他们搬家的诱因很小，同时却有很多人在等待名单上大排长龙。

更严重的是，在长期房租管制之下，不但新盖房子的诱因会减少，原有房子的房东对于房子的维护意愿也会降低，因此加速房子折旧，这是另一种社会损失。事实上，在美国几个严格执行房租管制的城市中，我们看到的是长期管制下，虽然房租很便宜，但房子的质量都很差，因此房客大都以中低收入户为主，形成一个不良的社区环境，经常产生社会问题。

圣塔摩尼卡的台湾房东

美国加州洛杉矶的圣塔莫尼卡市 (Santa Monica) 及旧金山市的柏克利 (Berkeley)，是两个曾经以严格的房租管制而出名的城市。1980 年代，圣塔莫尼卡市政府规定，该市每年房租上涨不得超过 3.5%，除非房客换人且房东同时有对房子做资本性支出 (capital improvement)，才可以大幅度地提升房租。但同时，市政府又规定只要房客表现良好，房东不能任意要求房客搬家。只有在特殊情况下，房东才可以要求房客搬迁，比方说房东要把房子收回来自己住，或者房子要全面整修。在此种情形下，房东几乎没有任何能力要求房客搬迁，而房租上涨速度缓慢，因此房客搬进来之后，就很难再搬出去，因为住愈久，房价相对就愈便宜。洛杉矶其他大部分地区的房租管制较松，每年房租涨幅规定在 7% 以内。

圣塔莫尼卡市有一位台湾房东，拥有一栋有 6 个单位的小公寓。有一天这位房东到他的邻居家中聊天，这邻居家中住着几位台湾学生。这位房东说："最近我的公寓中会有一栋房子空出来，这是我的公寓盖好将近 10 年第一次有人搬出去。以后我希望租给学生，可以增加搬迁的速度。"

短期下的房租管制，对于现住户有很大的好处，因为房租被压得很低。但同时也会有许多人不易住进来，这些人就会有损失。另一方面，严格的房租管制会减少出租公寓的兴建。更严重的是，房租管制会降低房东整修房子的意愿，因此会加速房子的折旧，这是一项社会损失。长期下，房租管制严格的地区容易形成房子破旧、较低收入家庭聚集，社会问题也会增加。

（四）固定汇率

固定汇率制度 (fixed exchange rate system) 是政府价格管制政策的另一个例子。在二次大战后，大多数国家和地区都希望维持固定的双边货币交换比率，我们称之为固定汇率制度。此种制度的最大好处是希望在维持特定汇率下，降低国际贸易时产生的兑换风险。然而，国际间的货币就与货品一样，其相对价格也由供需决定。因此，如果要维持固定的汇率，政府就必须大力介入市场。根据我们的分析，政府介入通常都会带来不良的效果，虽然短期看起来也许不错，但长期累积的结果可能会更严重。

新台币在早期采取固定汇率，以新台币 40 元兑换 1 美元的交换比例维持过很长一段时间。但为维持此一交换比率，当局曾付出很大代价。到 1970 年代，当局无法再承担此一代价，遂顺应世界潮流改采浮动汇率制度 (floating exchange rate system)，让市场决定新台币与美元的兑换比率。虽然当局还可以不时进场干预，但其干预的代价要远比固定汇率制度少了许多。

假设当局采取固定汇率，在美元市场供需均衡下，新台币与美元的比率维持在 32：1，如图 6.19 的 E 点，此时每日市场交易量为 10 亿美元。现在由于台湾地区出口日渐顺畅，出口厂商赚了许多美元，同时在市场上出售，造成美元供给往右移动（S_1S_1）。若没有市场干预，美元供给增加，美元对台币的兑换价格应下降到 30∶1（即美元贬值，台币升值）。但要维持 32∶1 的固定汇率，台湾"中央银行"就须介入购买美元，以吸收多余的美元，即图 6.19 中的 18 亿美元，即需求会增加到 $D'D'$。

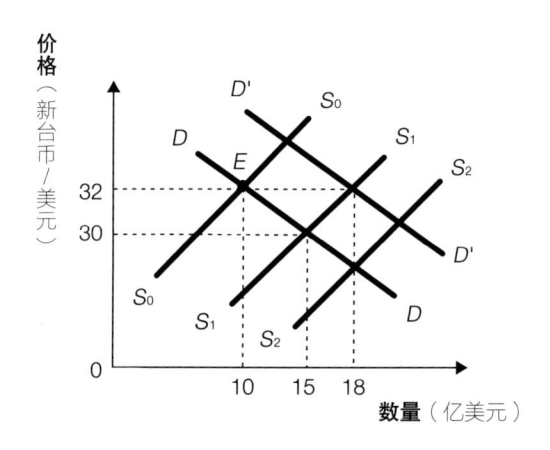

图 6.19　固定汇率制度

如果这只是短期现象，台湾"中央银行"自然可以应付，因为可能有时美元供给减少（如出口减少），或需求增加（如地区内进口增加）。但近年来，台湾每年都保持大量的贸易顺差，换句话说，出口商都一直赚入大量的美元。在此种情形下，他们会不断地在美元市场出售美元，供给会再增加到 S_2S_2。为维持固定汇率，台湾"中央银行"就必须不停地介入购买美元，在长期下，它无法一直持续不断地买入（或卖出）外国货币。尤其当人们预期新台币升值，美元要贬值时，人们更会大量抛售美元，使得台湾"中央银行"必须再购入更多美元，面对更大的压力。

在国际贸易长期顺差，美元供给不断增加之下，台湾"中央银行"只有两种选择，一种是升值，另一种做法是采取浮动汇率制，让市场自行决定。前者问题是，该升值到何处呢？在台湾地区贸易长期顺差下，何种汇率才是均衡呢？其实，一劳永逸的最佳方法还是采取浮动汇率，让市场自行决定最好。

新台币对美元汇率曾经长时期固定在 40∶1 的比率，1960 年代新台币与美元汇率升值到 38∶1，1970 年代初期又短暂回到 40∶1。但由于 1970 年代台湾地区贸易顺差扩大，迅速大量累积美元，使得台湾"中央银行"无法再过度干预市场，只能一方面在 1986 年到 1987 年之间让新台币与美元汇率迅速由 36：1 上升到 28：1，同时采行更松弛的浮动汇率制度，直到近年都维持在 30：1 到 32：1 之间浮动。虽然我们称目前的浮动汇率制度为管理下的浮动汇率 (managed floating rate) 制度，但台湾"中央银行"在管理外汇上的负担要比以前小得多，市场机制也得以充分发挥。

经济名词

经济福利	分权	愿付价格
生产者剩余	租税归宿	无谓损失
价格管制	价格上限	价格下限
数量管制	房租管制	配给管制
蛛网理论	保证收购价格	粮食平准基金
准租	经济租	最低工资
固定汇率制度	浮动汇率制度	

讨论问题

1. 何谓生产者剩余？试举二例说明之。

2. 何谓价格下限？何谓价格上限？试分别举两例说明之。

3. 最低工资是不是对工人一定有利？请说明为什么工会都会大力支持呢？

4. 在什么情况下，政府课税才不会产生任何无谓损失？

5. 你赞成土地"涨价归公"吗？台湾目前课征土地增值税系以公告现值为准，而不是以实际交易价格为课征基准，你认为此种政策对社会福利会产生什么影响？

6. 何谓准租或经济租？英国 One Direction 合唱团的演唱会一张票超过新台币 1 万元，你认为合理吗？你会不会去听他们的演唱会？

7. 何谓蛛网理论？造成农产品价格大幅波动的理由何在？你建议该如何解决？

8. 农业的一般特性为何？为何会产生这些现象？

9. 请比较固定汇率制度与浮动汇率制度的优缺点，并说明为什么固定汇率不易长期存在。

10. 请利用消费者剩余与生产者剩余的观念，说明本章图 6.15 中，在稻米保证收购价格下所出现的社会无谓损失。

11. 何谓租税归宿？与供需弹性有何关系？与课税对象又有何关系？

12. 试说明房租管制下的长短期效果为何。

第七章
市场经济与经济制度

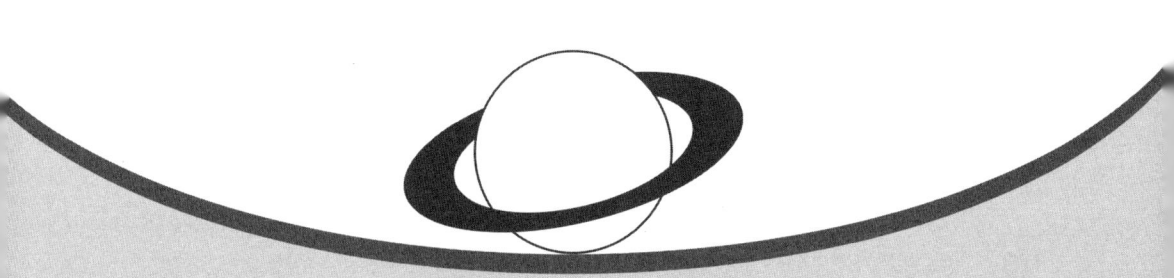

★ 资本主义
★ 混合型的经济
★ 市场经济的优缺点
★ 经济制度
★ 市场经济与共产制度的比较

> 市场经济所追求的一个目标是经济自由。
> 让人们自由地去创业、竞争、冒险、成功,以及失败。
> 没有一项诱因比经济自由更能鼓舞企业家,
> 也没有一项因素比它更容易在不知不觉中丧失。

在诺贝尔经济奖得主弗里德曼教授(Milton Friedman)的逻辑世界中,政府的管制要减少到最低,人民诱因要发挥到最高。市场上充满了竞争,当然没有联合垄断;消费者有足够的情报,就可以做明智的选择;赚钱的厂商应任其不断地扩展,亏本的事业应任其倒闭。政府预算不宜有赤字,货币供给量应当受到稳定的控制;穷人申请救济时就给他们现金,富人创造财富时就给他们减税;人民的资金与货物可以在国内外自由流动,没有本国的干预,也没有他国的限制。

在公开竞争下,效率比公平更重要;在现代社会里自由比平等更可贵;人为了满足自己,结果反而是利人;人如果一心为了利他,结果反而是两头落空。

弗里德曼教授的逻辑来自他对于资本主义、市场经济、混合型经济制度的信心。他心目中的这个理想世界变成了人间的天堂,又有谁会不向往?

问题是,到天堂之路何其坎坷而遥远。在现实世界中,不论中外,我们所观察到的几乎与他所向往的仍有那么大的差距。

不论我们是否完全接受他的论点,让我们首先来了解市场经济、资本主义及相关名词的定义。

一、资本主义

有人曾写过:"资本主义所创造出的力量,比以往历代的总和还更巨大……它所创造出的奇迹,远超过埃及的金字塔、罗马的竞技场或是哥特式大教堂;它所从事的征服,使从前各国的移民与十字军东征都显得微不足道。"

这个人就是马克思(Karl Marx),这些话就是他在1848年出版的《共产党宣言》中所写的。应该说明的是,马克思并不是资本主义的信徒。

（一）不流血的革命

现代资本主义源自 18 世纪的英国，再发展到欧洲及北美。资本主义可说是一种"革命"，虽不像美国、法国或苏联的流血革命一样，但对现代社会的塑造却有根本的影响。

今天大多数欧美国家的经济制度，都是所谓的"资本主义""自由企业"或"私人企业"。这些意义相近的名词，究竟是指什么？

"资本主义"的定义简单地说乃是经济组织的一种体系，其特征是允许私人拥有生产（土地、厂房、铁路等）与分配的工具，在相当竞争的情况下，追求利润。

要进一步了解资本主义的特质，必须对相关的观念：私有财产、利己主义、自由放任、竞争与自由市场等再做进一步的说明。

（二）私有财产制

私有财产制 (private property) 乃是资本主义最基本的元素。它保障每个人都有权力以合法手段获取经济商品与资源、签订合约，并且随心所欲地处置自己的财产。这种思想源自 17 世纪末的英国哲学家洛克 (John Locke)，他认为私人拥有并控制财产，而不受国家力量的干涉，乃是一种"自然权" (natural right)，这种权利将可为整个社会带来最大的利益。

从经济观点看，私有财产的保障产生了三项重要的作用：

1. 激励拥有财产的人尽量将其财产做最具生产效率的运用；

2. 由于允许个人累积资产并于身后移转，所以对财产与收入的分配产生了很大的影响；

3. 由于个人必须先拥有财产权，然后才能移转这些权利，所以社会上产生了频繁的交易与追求利润的活动。

（三）利己主义——看不见的手 (the invisible hand)

亚当·斯密在 18 世纪出版的《国富论》一书中描述了"一只看不见的手"的奇妙。他认为如果每个人都追求本身的利益，而不受到政府的干涉，就会如同受到一只看不见的手所引导，能使整个社会都获得最大的利益。

斯密写道："个人既未打算促进公益,也不觉得自己在促进公益……他只注意自己的利益,但却被一只看不见的手所引导,而完成了他自己并未关注的目的……我们之所以能有晚饭吃,并非是由于屠夫、酒店、面包师的好心,而是由于他们对本身利益的关切。我们不必诉诸他们的人道精神,而应是他们对自己的爱,我们也不必和他们谈我们的需要,而应该谈他们自己的利益。"

"利己"(self-interest)虽能驱使人们生产,但在现代社会中这一观念还嫌不足。因此经济学家又引介了"经济人"这

图 7.1　市场经济的卖场

个概念,说明资本主义社会中的个人,都受经济力量的驱使,因此个人都寻求能以最少的牺牲或成本,获致最大的满足。所谓满足,可能是商人的利润、工人的加薪或休假,或是消费者购物的乐趣。

当然有时人们也会受到利己之外的力量所驱使,如善尽社会责任。但是经济人的假设,大致上是合乎资本主义社会中经济行为的模式。

(四)自由放任

17世纪末,法王路易十四的财政大臣柯贝(Jean Baptiste Colbert)有一次询问一位制造商,政府应如何才能帮助企业界,结果得到的回答是"自由放任"(Laissez nous faire or leave us alone)。这句话后来就变成资本主义的箴言。

所谓自由放任(laissez faire)就是指在没有政府干预的情形下,所产生的经济上的个人主义与经济自由。依照这一观念,经济活动是个人的私事,消费者可以自由花钱买自己喜欢的东西,生产者可以自由购买他们需要的经济资源并

加以运用。弗里德曼教授曾在其引起不少争论的《资本主义与自由》一书中，声称竞争性的资本主义为个人自由提供了最有力的保证。他指出，如果有人因为无法取得执照而不能进入他想要从事的行业，如果有消费者因为进口限制而无法购买某项进口产品，或是有企业家因为没有政府的核准而无法从事他的事业，则他们就是被剥夺了自由的重要一部分。弗里德曼还进一步从历史中证明，经济的自由与政治的自由密切相关。他说："一个社会拥有高度的政治自由，却没有类似自由市场的制度来安排各项经济活动的例子，我找不到。"

但事实上，自由放任的概念在 20 世纪已受到相当的限制，因为为了保障经济自由与大众福利，政府必须对经济活动有所干预，产生了所谓的"混合型经济"。

（五）竞争与自由市场

资本主义的运作是假想在竞争的状态下进行的。也就是说，卖主在吸引顾客，买主在采购货品时，都会遇到对手；工人在找工作，雇主在雇人时，也会遇到竞争；而买卖双方在交易时，相互争取对自己最有利的条件，也形成了相互的竞争。

理论上来说，资本主义常被视为是一种自由市场制度。竞争与自由市场关系密切。纯粹的自由市场，具有两个特色：

1. 市场上具有大量的买者与卖者，他们个别的买卖比例都很小，不足以影响产品的市场价格；

2. 买方与卖方都不因经济上或制度上的限制而受妨碍，同时他们对市价及有关事项充分了解，因此，他们会在自己认为适当的时机进入或退出市场。

在这一情况下，某一产品的市价，乃是靠需求与供给交互作用而决定的。买卖双方为了自己最大的利益，决定是否在现行价格下进行交易。没有人能在市场中发挥显著的影响力，所以对价格也就无法独自控制。因此，自由市场发挥了两个重要功能：

1. 为消费品及生产因素建立了竞争价格；

2. 促进了经济资源的有效运用。

当自由市场产生独占和垄断时，这两个功能即无法发挥，于是往往要通过政府的干预，来维护市场竞争。

（六）价格制度

是谁告诉工人应该选择什么工作？是谁决定要生产多少辆汽车、要造多少栋房子？是谁设计出妇女时装的流行款式？

当市场上竞争的程度愈大，上述这些问题由"价格制度"或"市场制度"来解决的可能性就愈大。价格制度就是一种奖惩制度；奖是指能生存的厂商与个人所获得的利润，而惩则是指失败的亏损或破产。

价格制度运行的原则，乃是有交易的东西——商品、劳务、资源——都有其价格。在买主与卖主众多的市场中，这些东西的价格反映了卖方所能提供的数量与买方希望购买的数量。

因此，如果买方要多买某种货品，则其价格会上涨，于是刺激生产者多生产、多销售。如果买方要少买某种产品，则会使其价格下跌，于是生产者就会发现必须要减少生产与销售这些产品。

这种竞争场中买卖双方的交互作用，以及由此所造成的价格变动，变成了经济学上最基本的供给与需求法则。

（七）政府的角色

自由放任的信念，自亚当·斯密于《国富论》中倡导后，在18世纪受到了重视。这个观念除了经济的意义外，也有重大的政治意义。依据自由放任的信念，资本主义制度中政府并不扮演积极参与的角色，而是消极地扮演法令制定者、保护者以及裁判三种角色。具体地说，政府的功能是维持秩序、制定财产权、保障契约、促进竞争、保卫领土、发行货币、签署自由贸易协议、制定度量衡标准、筹集行政经费、裁决争论等。

二、混合型的经济

"自由放任"的信念至今是否仍被奉行？那只"看不见的手"是否如亚当·斯密所说的那样奇妙，能使经济运作达到最佳的状况？

对这两个问题，答案既非完全肯定，亦非完全否定。这些年来，自由世界的经济活动日益复杂，政府的角色也显得更为重要。

以市场机制为中心的财经政策

尽管市场经济有它众所周知的缺点,但整体而论,当前的富裕经济体无不以这一经济制度为主要形态。

台湾过去30年中具有相当保护色彩的财经政策曾有过历史性的贡献。当前形势下则应采取尊重市场机制与自由贸易的政策。

从总体经济的观点来看,这些政策可由8个方面推动,相互配合,彼此策应:

——减少政府在经济活动的比重,加强民营化。

——扩大投资、储蓄与生产诱因,如减少税率。

——增加金融系统相互竞争性,扩大金融自由化。

——开放进口、增加产业竞争力,如降低关税。

——吸引外资的引进及技术的移转。

——修订相关法令、鼓励企业规模扩大,但防止垄断或独占。

——尊重市场商品供需力量,少做人为干预。

——除对低收入的人民予以必要照顾外,减少全面性的补贴措施。

这些政策原则很少有人会反对,但当真要付诸实施时,就会遭遇到各种阻力。有些阻力来自既得利益团体的反对,有些来自与流行观念的冲突,有些来自短期调整的痛苦及长期利益无法确保的担忧,有些又受现行政策的束缚……

台湾财经事务主管部门负责人们领导才能的最佳测验,不在于他们是否已提出好的构想,而在于能否与民众充分沟通,并付诸实施。

由历史的趋势来看:以美国为例,美国的经济自1930年代以来,早已非纯粹的资本主义或纯粹的市场经济,而是一种资本主义导向的混合型经济,因此私人与政府均在市场中发挥经济影响力。其他主要的工业化国家的经济体系亦极类似。

各国政府常常通过立法,扮演保护者与管制者的角色,如抑制输入的保护关税、激励生产的补贴等。政府通过这种角色扮演,希望能够提升农业、劳工与消费者的利益。政府有时也对国内受管制的运输、通讯、电力等产业加以保护，并对未受管制的大部分企业，尽力维持市场上的有效竞争。政府也担负了平衡经济总生产与总支出之责，以达成经济增长与充分就业的长期目标。同时政府又提供了许多公共商品与劳务，如教育、公路、国防等。这一演变，就产生了自由世界中的混合型经济 (mixed economy)——私人企业仍然扮演重要的角色，但政府部门也参与很多的经济决定。

三、市场经济的优缺点

综合起来说，市场经济的优点是：

（一）通过价格机制，供需可以达到均衡，而无须政府操心；即使政府操心，也常常于事无补。

（二）价格决定的力量是分散的，没有一个厂商可以垄断价格，也无须任何其他机构 (如政府) 来决定价格。

（三）资源可以较有效地利用，消费者的欲望较易满足，生产者的利润较易增加。

（四）供需间的失调（所谓 disequilibrium）会逐渐消失。

因此诺贝尔经济奖得主哈耶克教授 (Friedrich Hayek) 曾经写过这样的评语：

"假如自由市场制度是经过人们深思熟虑之后的结果；而且人们为满足自己的需要而决定是否接受价格机制指导的同时，也能够了解自己所做决定的重要性，以及它背后所隐含的重大意义时，那么我确信自由市场制度将值得我们欢呼喝采，它是人类心智活动的一项最伟大成就。"

美国总统肯尼迪 (John Kennedy) 也有过这样的称赞：

"自由市场不仅是一个比最聪明的中央计划机构还更有效率的决策者；而且更重要的，自由市场使经济权力广泛散布，因此它是维持美国民主制度的支柱。"

如果"市场经济"真是那么的完美，那岂不是社会上就没有严重的经济问题了？可惜现代社会中的经济活动没有 18 世纪那么单纯，所谓"自由放任"无须政府参与的主客观环境早已经改变了。

这个制度所带来的缺点是：

（一）贫富悬殊的问题；

（二）过多的私人消费财、过少的公共财；

（三）社会成本（公害、景观破坏等）的产生；

（四）经济波动。

亚当·斯密曾以"一只看不见的手"指出每一个人在追求自利的动机下，冥冥中指挥了经济活动的运作，产生了"利己"也"利人"的后果——价格低、服务好、质量高！但是这只"看不见的手"并不是一直如斯密形容的那样奇妙。1930年代的经济大恐慌与2009年的全球金融海啸，使政府部门——这只看得见的手——不得不干预，一方面带来了西方世界资本主义本质的改变，另一方面带来了以后凯恩斯理论50年的风靡！可是1970年代以后，几次世界性经济衰退又使凯恩斯学派遭到严厉的批评，从而又衍生出各种总体经济学派的不同思潮。

经济学理与经济学者所遭遇到的也许正如在美国华盛顿国立气象所上的那块标语所写的："当我们对了，没有人会记得；当我们错了，没有人会忘记！"

四、经济制度

经济制度 (economic system) 是泛指各种经济活动的组织与行为模式。所谓组织 (institution) 与模式在这里可以解释为运作的一种方式。因此，经济制度也可以说是满足消费需要以及资源分配的各种运作方式，诸如一国的法律、习惯、风俗、价值准则等。

一国的经济形态或本质的塑造及形成，通常受5种因素的相互影响：

（一）历史、文化、宗教的背景；

（二）人口、自然资源、气候、地形等条件；

（三）某些领袖所倡导的思想；

（四）追求理想与达到目的的各种主张；

（五）追求经济目标时，人民所尝试过的方法。

一国的经济制度常常直接决定或是间接影响下述6种经济行为：

（一）人民准予拥有多少财富或者何种生产工具？
（二）哪些经济行为是被准许的？如果获利，利润如何处理？
（三）人与人之间可以合起来生产或投资吗？
（四）以什么奖励方式来诱导人民从事经济活动？
（五）什么因素影响人民生产时所获得的利润？
（六）价格功能是否存在？能否发挥？

不论一国的经济制度是美国式的市场经济，或苏联式的管制经济，终是要试图解决几个基本经济问题：
（一）生产"什么"？
（二）"如何"去生产？
（三）又如何去"分配"？
（四）如何又再能"维持"持续的经济增长？

由于解决这些问题方法的不同，产生了各国不同的经济制度。
一般来说，区分经济制度的 4 个主要标准是：
（一）生产工具是私有抑或国有？
（二）生产行为是否以价格或"管制"为核心？
（三）经济活动是以私人抑或政府部门为主？
（四）个人财富是否允许大量的累积？

因此，20 世纪 50 年代到 80 年代世界上一边出现了以市场为中心的私人企业，另一边则出现了以计划为中心的国有经济。

五、市场经济与计划经济的比较

市场经济是指经济活动以价格为中心。价格的高低一面反映出生产者的成本，一面反映出消费者的需要。这种价格的变动是无须中央政府来指挥或监督的。市场经济运作的一个前提是私有财产制——人民可以拥有、累积及自愿地与人分享自己努力获得的成果。

另一个十分重要而且相互关联的前提是生产工具——如厂房、机器设备、土地——可以私有。因此，在美国，即使最机密的武器（如战斧飞弹、F35 战机）不是美国政府的军火工厂制造的（事实上，美国没有国营的军火工厂），而是由私人的公司通过合约而生产的。

与市场经济制度截然相反的另一个制度是由政府来全盘控制经济活动的计划经济制度，有时被称为中央化的 (centralized) 管制 (command) 经济，或者如《世界银行年报》称为"非市场型的经济"(non-market economy)。它的两个主要特性是：

（一）政府拥有生产工具： 除了特许的私人有极零星的土地、极零碎的服务业之外，全国皆是国营事业——涵盖了衣、食、住、行、育、乐等生产业及服务业；

（二）人民少有经济自由： 生产、交换、就业、消费等的经济行为，几乎全听命于政府的整体安排，个人丧失了大部分的自主权。

美国的市场经济制度当然也有它的缺点，如经济起伏带来的物价波动与失业；如特殊利益团体（如工会、大企业）带给政府的压力；如追求个人利益的过程中忽视社会成本与社会责任。

丘吉尔曾经写过两句俏皮但一针见血的话："资本主义的原罪是，有福时并不一定为大家共享；社会主义先天的美德是，有苦时大家一定同当。"

在计划经济下，国营事业在苏联发挥到了极致。计划经济制度的缺点是：

——由于价格功能无从发挥，资源更难有效利用。

——由于实施僵硬的公平，人民缺少工作的意愿。

——由于私人企业的禁止，经济缺少冲劲与竞争。

——由于国家操纵一切，市场的供需无法正确反映。

——由于服从基本教条，官僚主义普遍，个人创业精神丧失。

图 7.2　在苏联被允许的少数私人企业经营活动之一：卖自己种的花

全球化浪潮与反思

二次大战结束后，为了加速恢复全球的经济，联合国下设置了三个重要的经济组织，包括协助贫穷国家投资建设的"世界开发银行"（简称世界银行，World Bank）、协助各国中央银行资金不足时提供融资的"国际货币基金会"（International Monetary Fund, IMF），以及协助扩大国际贸易的"一般关税与贸易总协定"（General Agreement of Tariff and Trade, GATT）。

GATT 成立于 1944 年，其主要目的在协调各国，希望大家都能降税，扩大各国之间的国际贸易，以带动全球的经济发展。GATT 时代曾经有过三次所有会员大规模的协商降税，第一次在 1965 年的甘乃迪，此次协商降税使得所有会员国的关税约降了三分之一；第二次在 1973 年的东京，除了持续降税以外，还去除了许多的非关税障碍；第三次在 1985 年的乌拉圭，除了持续讨论降税以外，主要还讨论知识产权保护和农产品的开放。

这三次的协商结果都还不错，1995 年 GATT 更名为"世界贸易组织"(World Trade Organization, WTO)，以便更进一步的协助国际间的贸易发展。所以自二次大战之后，国际之间的贸易量快速成长，使得全球的经济也因此而受惠许多，因此大家也看到所谓的全球化情况。在全球化之下，许多国家得以享受全球市场，并充分发挥比较利益，因而使得这些国家的经济快速发展，包括最早的日本，然后是"亚洲四小龙"、拉丁美洲及其他的发展中国家。

然而，全球化的一个副作用就是，因为全球竞争的结果，使得有竞争力的人得以享有更多的利益；相反的，缺乏竞争力的个人就会遇到更多的竞争而蒙受不利。包括，有钱的人利用其资本的优势，容易赚到更多的钱，最终我们看到的结果就是国际间普遍出现的收入分配恶化。

法国经济学家皮凯蒂 (Tomas Piketty) 在其巨著《21 世纪资本论》中，研究过去世界各主要国家经济发展的结果显示，长久以来，资本的报酬率一直高于经济增长率。由于生产投入中两个最重要的部分是资本与劳动，因此当资本报酬率高于经济增长率，就代表资本收入占收入的比重会逐渐扩大，而劳动占比则不断缩小。因此，有钱人会愈有钱，而受薪阶层则相对被压迫，这就是造成各国收入分配恶化的最主要原因。

因此，最近几年，我们看到许多国家都出现反收入分配的举动，包括 2011 年美国纽约的占领华尔街活动等等。更严重的则是 2016 年 6 月英国脱欧公投通过同意英国脱离欧盟；以及 11 月美国大选结果，反全球化的特朗普当选等。由于收入分配恶化加上反对政策等因素的影响，未来反全球化的力量可能会愈来愈大，值得所有人深思。

经 济 名 词

资本主义	混合型经济	供需失调	自由放任
私有财产	自由市场	利益均等法则	中央计划机构
看不见的手	价格制度	经济人	竞赛规则
经济制度	市场经济	计划经济	中央化的计划经济

讨论问题

1. 请说明私有财产制的作用。
2. 试述经济学者所谓"经济人"的概念。
3. 请讨论自由竞争市场的特色及其功能。
4. 试述自由世界中混合型经济制度。
5. 试述利益均等法则如何运作以达成最适资源配置。
6. 试述经济制度的定义,一国经济制度常影响哪些经济行为。
7. 试说明计划经济下物价稳定,为何会出现货品短缺现象。

第八章
生产与成本

★ 厂商的角色
★ 短期下的生产与成本
★ 长期下的生产与成本
★ 极长期下的生产

一、厂商的角色

在每一个商品或劳务的市场中，都必须有买卖双方存在，交易才得以进行。比方说，在手机市场上，社会大众是买方，苹果与华为等手机制造商则是卖方；而在劳动市场上，厂商为劳动的购买者，家庭单位与个人则成为劳动的供给者。在前面几章当中，我们已经详细说明了家庭单位如何选择其对商品和劳务的购买与消费，以追求自身利益的最大。现在我们要探讨市场的另一面，即"厂商行为"。

厂商是由一群人所组成，他们利用自己的劳动，加上购买的厂房、机器和原料，来生产市场所需的产品和劳务，以赚取利润。从法律的角度来看，厂商属于法人，而家庭单位与个人是自然人；但是从经济学的角度来看，厂商与家庭单位或个人都是经济个体，他们的行为几乎完全一致；前者是追求利润最大，后者则在追求自身的利益或效用最高。

在分析家庭单位行为时，我们强调选择与消费带来的最大效用；而在分析厂商行为时，我们则必须考虑厂商选择生产什么、生产多少，以及如何生产等。基本上，这些仍然是选择的行为，但我们强调的是生产部分，因此我们要考虑生产多少，这显然与产品的价格有关，但同时也与生产技术和生产成本有关。至于如何生产，则决定于生产技术与生产要素的价格高低，更直接地说，厂商一定会选择成本最小的方式来生产。

我们将在本章中探讨厂商如何决定其生产成本，亦即在一定产量下，如何使其生产成本最小。在后面几章我们则进一步探讨厂商要追求最大利润时，应如何决定最适的产量。

（一）企业的形成

企业形态依所有权种类区分可分为三种，即"独资"(single proprietorship)、"合伙"(partnership)以及"股份公司"(corporation)。独资企业是由一个人单独出资，通常规模较小，比方说路边的面摊及餐馆等。合伙企业则是由数人共同出资组成，通常以专业性企业较多，例如律师事务所、会计师事务所等。股份公司是最常见的企业组织形态，由于参股人数较多，因此可以组成较大规模的公司。如果股份公司的股票公开在市场发行，就称上市公司。

不论企业的种类为何，基本上，企业可说是由一些契约所组成的个体，其目的在于把4种最主要的生产要素加以组合，包含劳动(labor)、资本(capital)、土地(land)、企业家精神(entrepreneurship)，然后生产产品，销售于市场上，最终目的在追求企业所有人的利润最大。

在亚当·斯密的分工理论之下，本来每一个个人都可以自行组成一个企业，生产其最拿手的产品，然后到市场上销售，交换其他商品。如此一来，其实并不需要有许多人组成的企业。然而很多时候，市场上的交易要花掉许多交易成本(transaction cost)。因此，虽然每个人都当自己的老板，但同时也要花掉许多时间去从事交易。如果在个人生产过程中，要花许多时间去购买原料，则不如直接由自己企业内部来生产更有效率。

比方说，一家小面摊可以由老板一个人负责煮面，然后再请清洁公司来专门负责洗碗。但一方面，面摊规模很小，另一方面每天请清洁公司来洗碗也不方便，因此老板可以自己同时负责煮面和洗碗。如果面摊生意很好，老板可以再雇用一个人，帮忙洗碗、切菜，自己负责煮面与收钱就可以。如果生意再做大一点，可以再多请一个人当大厨，老板只要负责收钱即可。

因此，企业的形成基本上只是将市场上的交易行为（请清洁公司来洗碗），转换成企业内部的行为（老板自己雇人来洗碗）。只要生产要素在组织内的效率会高于在市场上外购，即应由公司内部自行生产，否则则可考虑向外采购。比方说，大同公司生产的彩色电视机需要使用很多液晶屏幕，如果刚开始时，大同公司的生产规模不够大，自行生产电视屏幕并不符合经济效率，则大同公司会向外采购电视液晶屏幕。但当生产规模渐渐扩大，需要的电视液晶屏幕愈来愈多，大同公司就可以考虑自行设厂专门生产彩色液晶屏幕。此时，大同公司就把原先的市场交易（购买彩色电视液晶屏幕）转换成企业内部的生产；同时，企业的规模也就逐渐扩大。

一般而言，大规模生产可以降低成本，所以成功的企业通常会逐渐扩大其规模。但是，企业存在的重要理由之一在降低交易成本，当企业规模扩大时，企业内部的交易成本会逐渐增加，因此，企业的规模不可能无限制的扩大。另一方面，企业生产过程所使用的生产要素中，有些也不可能无限制的增加（例如董事长的能力与时间），所以也会限制企业的规模。

（二）厂商的决策行为

企业在形成其组织后，就会面临一连串生产上的问题，包含生产什么、生产多少数量、以何种方式生产等。在生产产品的选择上，通常问题较小，因此企业所有人在组成企业之前，大概就会先有腹案，知道自己的企业要生产什么样的产品。不过，此一问题仍会在企业经营过程中不断出现，例如某一种零件是否该自行生产或该外购，又譬如是否该"多元化"(diversification)经营，涉足另外一种产品。

生产多少数量的选择则必须同时考虑产品价格与生产成本。一般而言，生产价格愈高，厂商会有愈高的诱因增加生产，但生产成本却也是很重要的考虑要素，虽然很多时候生产过程会有大规模的效率，但到了最后生产成本都会出现递增的情况。因此，如果增加产出的成本小于产出的收益，则应该增加产出；反之，如果产出的收益小于增加产出所需的成本，则自然不应该增加产出。

至于生产方式的选择方面，大致上受限于生产技术与生产期间。如果没有任何限制，厂商可以自由地在各种生产要素之间做选择，比方说多用劳动少用机器，或是多用机器少用劳动，决定于劳动与资本的价格与它们的生产力。另一方面，由于数量的增减比较容易，所以企业在短期内要调整其产量时，可以利用变动员工人数的方式来达成。而扩厂与机器设备等资本支出所需的时间较长，因此较适用于长期产量的调整。

不论厂商面临的选择有哪些，基本上我们假设厂商决策的最终目的在追求利润最大。或许有些人会认为有些企业追求的是销售最多、市场占有率最高或经理人员福利最大等。其实经济学并不排除这些可能，但如果再仔细分析，虽然企业可能追求销售最大或市场占有率最高，其实最终可能都是在追求企业的长期利润最大。即使企业可能仍然有其他目的，但在简单的假设企业最终目的在追求利润下，我们就可以充分的说明并预测绝大多数企业的行为，如此就足以支持我们假设企业追求利润最大的观点。

（三）生产要素与产品

厂商为了要生产产品或提供服务，在生产过程中，通常都要先投入一些人力或物力才能生产，这些为了生产而投入的人力或物力，我们称之为"生产要素"(production factor)。一般而言，这些物品包含劳动、机器、厂房、原物料，以及其他中间产品等。由于这些物品种类繁多，不易一一列举，故我们将之区分成4大类，即劳动、资本、土地、企业家精神。

1. 劳动

劳动可说是生产要素中最重要的一项，因为每一项工作都需要有人力负责。劳动的报酬是"工资"(wage)，通常工资支出在厂商生产成本中都占很高的比例。劳动包括的范围很广，从扫街的非技术工人到操纵大型计算机的技术工人都属于劳动的范围。

2. 资本

资本则包括机器设备与厂房。资本的主要特色之一是其金额较大，使用的时间较长。换句话说，新的机器设备与厂房通常都要花上一段很长的时间才能完成装置或兴建。一旦设备固定之后，就不易再任意增加或减少。

虽然厂房与机器设备可以长期使用，但仍然会逐渐折耗，我们称之为"折旧"(depreciation)。换句话说，当机器使用一段时间以后，折旧完毕就不能再使用。

由于资本可以长期使用，所以当购买机器或兴建厂房时，我们不应以当时的所有支出作为利用机器与厂房的成本。事实上，使用资本的成本有二项，一项是使用资金的成本，也就是利息(interest)，另一项则是每年必须分摊的折旧费用。此种计算方式才能正确地将购买机器的成本分摊到每一个使用年度上面，而不会使所有成本都集中在购买机器的当年度。

3. 土地

土地也是生产过程中必要的生产要素之一，为能使更多的生产物品包含在生产要素之中，此处我们对土地采用较宽的定义。亦即土地除了包含一般人认为的土地之外，我们把一些从土地中直接生产的物品也都包含在土地之内，例如矿产品。土地与其他生产要素最不一样的地方是：土地的供给非常有限，虽然每一家厂商可以增加或减少其土地投资，但对整个城市或整个国家而言，土地的数量则几乎是完全固定的。土地的另外一项特色是使用土地没有折旧问题，因为土地是可以永久使用的。同时，使用土地的代价是地租 (rent)。

台湾各级产业产值的分配

基本上，台湾在统计全地区的产出时，把全省的产业也分成三大类，一级产业为农业 (agriculture)，二级产业为工业 (production industry)，三级产业为服务业 (service industry)。其中农业包含农业、渔业和林业；工业包含制造业、建筑业、水电燃气业；服务业则包含商业、运输仓储业、政府部门及金融保险业。各级产业产值占总产值的比例如下表所示：

台湾各级产业产值百分比

(单位：%)

年度	农业	工业	制造	电力及燃气供应	营造	服务业	批发及零售	运输及仓储	金融及保险	公共行政及社会安全
1952	32.2	19.7	12.9	0.9	3.9	48.1	17.9	4.2	9.6	9.6
1955	29.1	23.2	15.6	1.0	4.8	47.7	16.6	4.3	9.5	11.0
1960	28.5	26.9	19.1	1.7	3.9	44.6	15.3	4.7	9.0	10.7
1965	23.6	30.2	22.3	2.1	4.0	46.2	15.8	5.4	9.2	10.2
1970	15.5	36.8	29.2	2.4	3.9	47.7	14.5	6.0	9.8	11.5
1975	12.7	39.9	30.9	2.6	5.3	47.4	13.2	6.0	10.5	10.5
1980	7.7	45.7	36.0	2.5	6.3	46.6	13.2	6.0	12.7	9.7
1985	5.7	44.8	35.3	4.5	3.9	49.5	12.2	4.6	3.8	8.6
1990	4.0	39.3	31.2	2.8	4.4	56.7	12.7	4.4	7.4	8.8
1995	3.3	33.7	25.6	2.4	4.8	63.0	14.3	4.3	7.4	8.4
2000	2.0	31.3	25.6	1.9	3.1	66.7	16.8	4.0	8.1	7.9
2005	1.6	32.3	27.8	1.4	2.4	66.1	17.1	3.4	7.5	7.8
2010	1.6	33.8	29.1	1.3	2.6	64.6	16.8	3.0	6.2	7.4
2015	1.7	35.1	30.1	1.9	2.5	63.2	16.4	3.1	6.6	6.4

4.企业家精神

生产要素的最后一项是企业家精神 (entrepreneurship)。企业家精神的范围并不十分容易界定，企业家精神的报酬就是企业的利润，也可以看成是厂商收益减去所有支出与成本以后，所剩下来的部分。依经济学大师熊彼特 (Joseph Alois Schumpeter) 的观点，企业利润的报酬主要来自两方面，一个是企业家要把这许多生产要素组合起来，生产产品或提供服务，这属于一种创新 (innovation) 行为，利润则是创新行为的报酬。另一方面是，企业除了生产产品以外，还必须承担许多风险，包含面对变化多端的市场价格，以及其他生产上的风险，因此利润也可看成是企业承担风险的报酬。

厂商在雇用这些生产要素以后，开始生产产品或提供服务。厂商生产产品的范围很广，可以从农产品、家庭用品，到工业用品等。厂商提供劳务的范围也很广，从理发、出租车、到百货公司、律师、顾问公司等都是服务业的范围。就经济学的角度来看，不论是产品或是劳务，我们都一视同仁的视为商品，因为它们都有供需双方，都有价格，而且价格也都由市场决定。

（四）成本的意义

成本是厂商使用生产要素所必须支付的代价，包含工资、利息及地租等。厂商生产时必须使用生产资源，就像消费者消费商品时一样，因此我们在计算厂商的生产成本时，也必须以实际发生的成本为计算对象。换句话说，我们仍然必须使用机会成本的概念，因为如此才能正确反映出使用了多少资源。

假设赵老板在兴隆路买了一栋房子，再加上一些简单的设备，共花 1000 万元开了一家牛肉面馆。同时，赵老板还需要雇一名伙计负责洗碗及其他杂务，预计每个月支薪 20000 元。赵老板自认为烧牛肉面的手艺是一流的，估计每个月可以做到 15 万元的生意。请问赵老板的利润会是多少？

首先，如何计算投资成本是非常重要的，为简化分析起见，我们暂时不考虑房屋及设备折旧与增值的问题。同时，我们假设市场利率为 10%，或者我们可以假设该栋房子的每年租金为 100 万元。当我们计算赵老板使用该栋房子时，不能以 1000 万元作为成本，否则卖掉再多碗牛肉面可能也赚不回来。但是赵老板也不可能说，反正房子是自己的，不必计算成本；因为房子是资源的一种，只要生产上使用了房子，成本一定会发生。其实，只要我们使用机会成本的观念，此一问题就很容易解决。因为赵老板花 1000 万元买这栋房子，因此它使用了 1000 万元的资源，而使用这些资源的市场价格是 10% 的利率，所以赵老板使用房子与设备的真正成本是每年 100 万元。其实这栋房子不论是赵老板新买的，或原来就是自己的，或是租来的，使用这栋房子的机会成本应该都相同。

在此种情况下，赵老板将其预估每年收益（15×12=180 万元）减去成本（100 万），再减去每年工资成本（2×12=24 万元），因此其每年利润应该是 56 万元。这是正确答案吗？是否所有使用的资产资源成本都已计算了呢？答案是否定的，因为赵老板并没有把自己下厨煮面的成本计算进去。我们假设赵老板手艺很好，如果去餐馆帮别人烧菜，每个月可以有 4 万元的收入。因此赵老板自己开店时，使用他自己劳动的机会成本，每年应有 48 万元。

所以在本例中，赵老板的真正利润只有 180–100–24–48=8 万元。在本例中有两项成本必须特别说明，一是赵老板本身的劳动成本必须计算，因为这是一项生产资源。另一项是房屋与设备的成本，不能因为一次支付 1000 万元，就以 1000 万元来计算成本，因为这项设备以后还可以使用，并不会在一年之内就使用完毕。事实上，我们应该用机会成本的观念来计算这 100 万元资金成本（即利息）才是正确的计算方式。

此外，为便于讨论生产成本的特性，我们再把成本分成"变动成本"（variable cost）与"固定成本"（fixed cost）。变动成本系指在短期内，会随着产量多寡而变动的成本。在上述例子中，赵老板支付其伙计的工资就是一项变动成本。因为如果赵老板觉得人手不足，随时可以再多请一个人来帮忙，其工资支出会立即增加。固定成本指的是在短期内不易变动的房屋与设备支出（在本例中每个月的成本是 100 万元）。如果赵老板生意很好，每天都高朋满座，位子不够，赵老板想把楼上或隔壁也买下来，但却苦无机会，只好慢慢再等。因此，赵老板无法在短期内变动的该项支出，我们称之为固定成本。但在长期下，赵老板可以游说楼上或隔壁邻居将房子卖给他，如此赵老板可以扩大营业，此时房屋与设备支出也就会增加。

（五）利润与资源配置

利润是厂商创新与承担风险的代价，事实上，也是收益减去各项成本以后的剩余。以赵老板的例子来看，赵老板的手艺很好，他烧牛肉面有独到之处，这属于他的创新部分。同时，他还要投资买房子与设备，再去雇用一名伙计。万一没有客人，就会面临赔本的风险。所以，利润是其承担风险的代价。上例中，扣除所有费用以后，赵老板的每年净利润只有 8 万元。

或许赵老板对此利润不甚满意，他觉得他还有其他更好的机会。比方说，他可以考虑去开出租车，预计扣除油钱和出租车租金以后，每天净收入 1000 元，每月可以有 3 万元的收入，每年可赚 36 万元。但我们知道赵老板如果去当厨师，每个月有 4 万元的收入，每年有 48 万元，这是他的机会成本。由于开出租车的收入小于机会成本，赵老板自然不会选择去开出租车。

事实上，在自己当老板、当厨师与开出租车之间，以前者的收入最高（180 万元），因此赵老板会选择自行开业。从经济学的角度来看，赵老板选择了一个最具有生产力的行业，因为他可以得到最高的利润，因此这时资源是最有效利用的。

上述的例子告诉我们，一种生产资源通常都可以有多种用途，不论是个人或厂商，都会设法将这个资源在多种用途中选择最有效率的一种。而决定最有效率的方法很简单，就是找到能使厂商利润最大的那一种使用方式。只要每个厂商都追求最大利润，就可以保证资源达到最有效率的运用。如果每一种资源都能达到最有效率的使用，则全社会资源也就可以达到最有效率的配置。此一现象正符合经济学之父亚当·斯密的一句名言："当每一个个人或厂商都在自私地追求自己利润最大的同时，也使全社会的资源达到最有效率的配置——虽然这并非任何一个个人或厂商始料所及的。"

二、短期下的生产与成本

（一）生产函数

我们常常听到"赔本生意没人做"这句话，如果有人向某厂商订购某产品，开价过低，该厂商经核算各种成本之后，发现价格不敷成本，势必会放弃这笔生意。因此我们知道：在进行一笔交易之时，卖方必须计算他的成本，才能决定成交与否。因此对于成本曲线 (cost curve)，我们必须有所了解。然则成本曲线是由生产函数导引而来，因此，我们又得先从生产函数 (production function) 开始。

早期的经济学家在观察生产要素投入与商品产出之间的关系时，曾注意到这样的现象，我们以表8.1为例加以说明。

假设某农场主有1.5亩水田，雇用工人替他耕作。根据该农场主的经验，雇用1人时，这名工人能生产1吨的稻米；雇用第2个人时，这第2名工人能为他生产2吨稻米；雇用到第5个工人时，该工人能为他生产5吨的稻米。这种每增加1个工人所能增加的产量，在经济学上称为边际产量 (marginal product, MP)（见表8.1第2栏）。雇用第6个工人时，所能增加的产量比雇用第5人时还少1吨，表示边际产量已开始递减。这种现象之所以会发生，表示与雇用人数配合的资本数量（在此例中指土地面积）已呈不足现象。当雇用到第10个工人时，该工人已经对生产完全没有贡献，因为他的边际产量变成了0。再雇用第11个工人时，该工人的边际产量已经成为负值，显示出这名工人是愈帮愈忙，反而使整个生产效率降低。

总产量 (total product, TP) 则是指将所有的边际产量累加起来收入到的值。例如雇用1个工人的边际产量为1，其总产量自然也是1，增雇第2个工人，其边际产量为2，因此，雇用2个人的总产量为3；如再增雇第3个工人，则需将该工人的边际产量3也加进去，表示雇用3个工人，一共可以生产6吨的稻米，以下类推（表8.1第3栏）。

平均产量 (average product, AP) 是将总产量除以工人数收入到的值。如果雇用3个工人的总产量为6吨，表示平均每名工人可以生产2吨的稻米（表8.1第4栏）。

表 8.1　投入与产出

投入要素	产出			产出		
	有 1.5 亩地,与雇用人数配合			有 3 亩地,与雇用人数配合		
(1)	(2)	(3)	(4)=(3)/(1)	(5)	(6)	(7)
雇用人数	每增雇 1 人所能增加的产量（即边际产量）(MP)	总产量 (TP)	平均产量 (AP)`	边际产量 (MP)	总产量 (TP)	平均产量 (AP)
1	1	1	1.00	1	1	1.00
2	2	3	1.50	3	4	2.00
3	3	6	2.00	5	9	3.00
4	4	10	2.50	7	16	4.00
5	5	15	3.00	9	25	5.00
6	4	19	3.17	11	36	6.00
7	3	22	3.14	9	45	6.43
8	2	24	3.00	7	52	6.50
9	1	25	2.78	5	57	6.33
10	0	25	2.50	3	60	6.00
11	−1	24	2.18	1	61	5.55
12	−2	22	1.83	0	61	5.08
13	−3	19	1.46	−1	60	4.62
14	−4	15	1.07	−3	57	4.07
15				−5	52	3.47
16				−7	45	2.80

假定该农场主所有的土地是 3 亩,而非 1.5 亩,那么雇用工人替他耕作又会有什么结果呢？由表 8.1 我们可知道边际产量先升后降的现象仍然存在,但是下降的时间较为延后。如表 8.1 所示,当有 3 亩土地时,需雇用到第 7 个人,边际产量才会降低；而若只有 1.5 亩土地时,雇用至第 6 人时,边际产量即已下降。此外,雇用人数与较多的资本数量配合时,边际产量亦跟着提高,如 1.5 亩土地雇第 2 个人,其边际产量为 2,而当有 3 亩土地时,其边际产量为 3。

我们可以下式代表生产函数:

(8.1) $$Q = f(L, K)$$

其中 Q 为商品产出, L 与 K 为生产要素投入, L 为劳动投入 (labor input),

K 为资本投入 (capital input)。在上例中，Q 为稻米产量，L 为雇用工人数，K 为土地面积（资本投入的一种），因在本例中资本数量假定在短期内不变，故以 K 代表定额的资本量。

经济学上有所谓长期与短期的概念，当劳动投入变动，而其他生产要素（如资本量）不变时，这是短期 (short run) 的概念，而当其他要素（如资本量）也跟着变动时，就成为长期 (long run) 的概念。土地面积不易增加，而增雇工人却很容易，在图 8.1 的 TP_A 线为有 1.5 亩土地与雇用人数配合的稻米产量，TP_B 线为 3 亩的情形，此二线各自表示两个不同的长期生产函数，但如果是从 TP_A 线移动为 TP_B 线的过程，那么这就成为长期生产函数了。

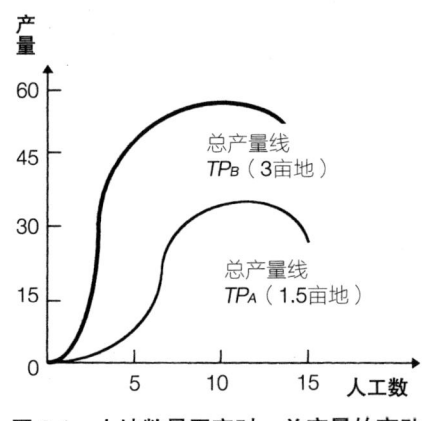

图 8.1　土地数量固定时，总产量的变动

图 8.2 则显示表 8.1 中，边际产量曲线 (MP) 与平均产量曲线 (AP) 的变化状况。我们可以看到两条曲线都有先升后降的性质。

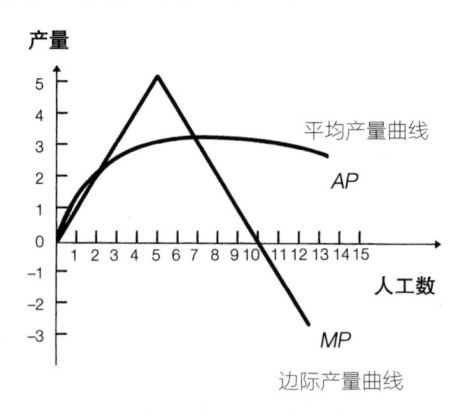

图 8.2　1.5 亩地情况下，边际产量与平均产量的变动

（二）生产三阶段与报酬递减律

1. 生产三阶段

我们现在可以再进一步以图 8.3 把总产量曲线 (TP)、边际产量曲线 (MP) 与平均产量曲线 (AP) 的相互关系清晰地表示出来。

图 8.3 的 (A) 部描绘出总产量曲线的变动，(B) 部描绘出相关的边际产量曲线与平均产量曲线的变动。三者之间的关系更可由表 8.2 中一目了然。

从上面的讨论中，我们可以清楚地发现，只有第二阶段是一个生产者应当合理生产的范围，因为如果生产停留在第一阶段，则生产者将无法获得最大的报酬；如在第三阶段生产，则边际产量已成负数，显然不合算。因此，在资源运用上，第三阶段属于"过度生产"，而第一阶段则"生产不足"。当生产者在合理的第二阶段中生产时，则所雇用的劳动量也就既不会少于 OB，也不会超过 OC，而会在 BC 的数量内。

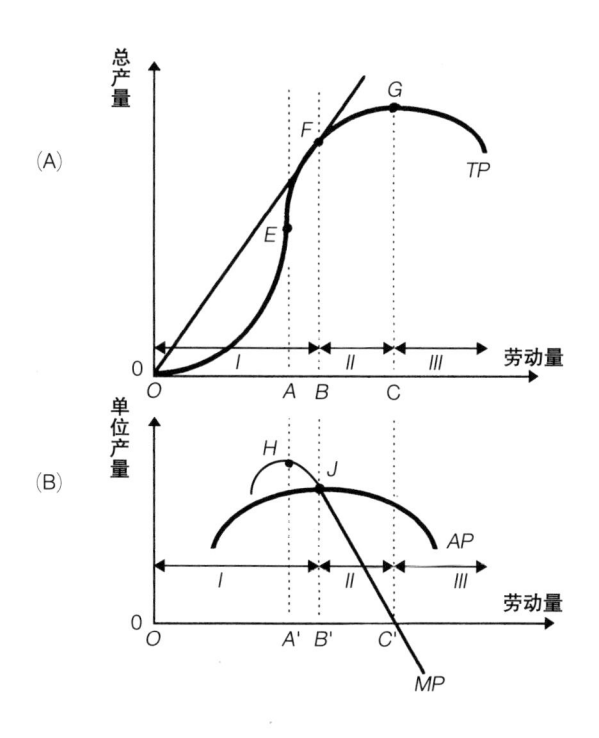

图 8.3 生产三阶段

表 8.2　三种产量的关系

	总产量（TP）	边际产量（MP）	平均产量（AP）
第一阶段			
O 至 E 点	增加量递增	达到最高点 H	增加
E 至 F 点	增加量开始递减	开始下降	继续增加
第二阶段			达到最高点 J
F 至 G 点	继续递减性的增加	继续下降	开始下降
在 G 点	达到最高点 G	达到零点 C'	继续下降
第三阶段			
G 点之右	开始下降	变成负边际产量	继续下降

2. 报酬递减法则

借这三种数量的变动上，我们可以说明经济学上一个著名的法则——报酬递减法则(law of diminishing return)。当其他生产要素不变，一个生产要素的增加，首先会使总产量增加（如在第一阶段 OE 之间），然后增加量会递减（E 点至 G 点），以后会愈来愈少，见图 8.3。正因为受这条定律的支配，也就是因为其他相关的生产要素没有随着一个要素同时增加，我们无法在一块土地上种米时，靠不断施肥来不断增产；我们也无法在一条电视生产线上，不断地增加工人来持续增加电视机的数量；我们也无法在练琴室中只有一架钢琴的情况下，不断增加老师来教更多的学生。

此处我们必须强调的是，我们并不排除生产上有报酬递增的可能。但对一个追求最大利润的厂商而言，当其面对报酬递增的阶段时，它一定会不断扩大生产，直到报酬递增消失，再回到报酬递减的情形为止。换句话说，报酬递减阶段才是一个理性厂商所选择的阶段，因此我们的分析都只针对报酬递减的状况即可。

现在我们可以更进一步的说明总产量(TP)、平均产量(AP)、边际产量(MP)之间的关系。首先，在表 8.1 的例子中，我们看到三种产量都出现先递增再递减的现象，但是以边际产量的变化最快。这主要反映出边际报酬递减的现象。第二，当 MP 高于 AP 时，AP 必然在递增阶段，即图 8.3 中的 OB' 阶段。因为当 MP 大于 AP 时，每多增加一单位要素投入的边际产出会大于平均产出，因而会使其平均产出增加。我们可以举一个很简单的例子来说明：如果一间教室内有

50 个人，平均身高为 170cm，当第 51 个人走进教室，这个人的身高有 175cm，则这时该教室内的平均身高就会增加（超过 170cm）。第三，同理，当 MP 小于 AP 时，AP 必然在递减阶段，即图 8.3 中的 B'C' 阶段。在上面的例子中，如果第 51 个人走进教室，身高只有 165cm，则此时全教室的平均身高必然会降低。第四，由于 MP > AP 时，AP 正在上升；而 MP < AP 时，AP 正在下降；因此当 MP=AP 时，AP 必然不会上升，也不会下降，也就是说，这时的 AP 必然在最高点。再用一句更简单的说法，MP 与 AP 必然会在 AP 的最高点相交。第五，当 MP 大于零时，TP 必然会上升，因为边际产量为正，必然可以使总产量增加。但由于边际产量递减，使得 TP 上升速度会减缓，当 MP=0 时，TP 会达到最高点，即 G 点；而当 MP < 0 时，TP 会开始下降。

若以 Q 代表总产量 (TP)，由 (8.1) 式的生产函数可知，Q=f(L, K)。因此，劳动的平均产量 (AP) 为：

(8.2) $$AP = \frac{Q}{L}$$

而边际产量 (MP) 为：

(8.3) $$MP = \frac{\triangle Q}{\triangle L}$$

其中 △Q 与 △L 分别代表产量与劳动量的变动量。

（三）短期成本函数

我们已从观察得到的经验，归纳出上述的生产三阶段，然而它又如何与成本函数发生关联，并进而影响到市场价格与产量呢？

1. 短期的讨论

下面我们将对成本函数的成因做深入的探讨。探讨可分短期及长期看，所谓"短期"是指时间不长，厂商无法随着产量的变化而同时调整所有其他相关的生产要素。因此，在短期下生产要素有些随产量而变动的，视为变动要素（例如劳动）；有些生产要素不随产量变动的，就视为固定要素（例如资本）。

假定某人看好苹果的价钱，于是购入 1.5 亩土地，从事苹果栽种，此例中 1.5 亩的土地就是固定要素，这一购买费用就成为固定成本。而随产量变化雇请的工人就是变动因素，其费用即为其变动成本，让我们先分析变动成本曲线。

在前述图 8.1 的 TP_A 线，在本例中代表有 1.5 亩土地与雇用工人数配合所能生产的苹果数量。其横轴为雇用的工人数，而纵轴代表苹果的产量。假设每一工人的工资为 2 万元，那么将这 2 万元乘上工人数，就表示需要多少的工资（即变动成本）。再将工人数换算成变动成本，我们就可以得到"变动的成本曲线"(variable cost curve)。若再把购地所需的费用画入图中（即固定成本），就成为图 8.4 所示。图中所示为固定成本线 (total fixed cost curve, TFC)、变动成本线 (total variable cost curve, TVC) 以及总成本线 (total cost curve, TC)。

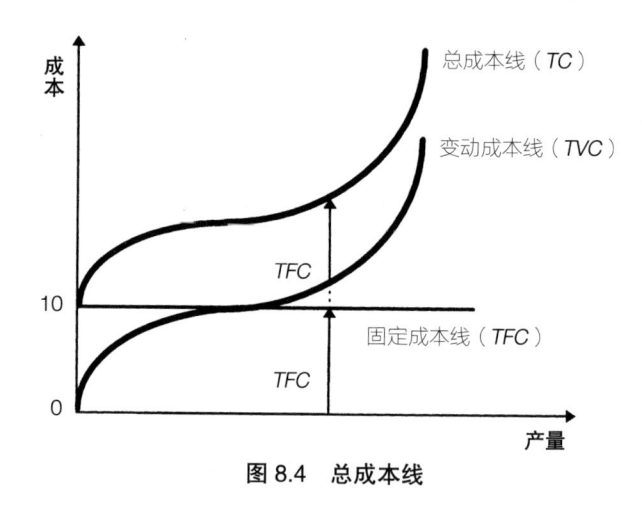

图 8.4 总成本线

其中三种成本之间的关系可以表示如下：

(8.4) $$TC = TVC + TFC$$

除了总成本以外，厂商也很在意每一单位产出的成本。其中边际成本 (marginal cost, MC) 表示每增加一单位产出，使总成本增加的部分；而平均成本 (average cost, AC) 则表示生产某一定数量下，平均每一单位产量所需的成本。

若以 Q 代表产量，则：

$$(8.5) MC = \frac{\Delta TC}{\Delta Q} = \frac{\Delta(TFC+TVC)}{\Delta Q} = \frac{\Delta TVC}{\Delta Q}$$

$$(8.6) AC = \frac{TC}{Q} = \frac{TFC+TVC}{Q} = \frac{TFC}{Q} + \frac{TVC}{Q} = AFC + AVC$$

其中 AVC 表示平均变动成本 (average variable cost)，AFC 表示平均固定成本 (average fixed cost)。前者表示生产一定数量产出下，平均每一单位所必须支付的变动成本，后者表示平均每一单位所必须支付的固定成本。

表 8.3　总产量与成本

(1)	(2)	(3)	(4)=(2)+(3)	(5)=(4)/(1)	(6)=△(4)/△(1)	(7)=(3)/(1)	(8)=(2)/(1)
总产量	固定成本	变动成本	总成本	平均总成本（或平均成本）	边际成本	平均变动成本	平均固定成本
(TP)	(TFC)	(TVC)	(TC)	(AC)	(MC)	(AVC)	(AFC)
1	10	2	12	12.00		2	10.00
3	10	4	14	4.67	1.00	1.33	3.30
6	10	6	16	2.67	0.67	1.00	1.67
10	10	8	18	1.80	0.50	0.80	1.00
15	10	10	20	1.33	0.40	0.67	0.67
19	10	12	22	1.16	0.50	0.63	0.53
22	10	14	24	1.09	0.67	0.64	0.45
24	10	16	26	1.08	1.00	0.67	0.42
25	10	18	28	1.12	2.00	0.72	0.40
26	10	20	30	1.20	∞	0.80	0.40

我们再以表 8.1 中的生产函数资料转换为表 8.3 的成本函数资料。假定某地主每年以 10 万元的代价，租用 1.5 亩土地作为资本投入，那么这 10 万元就是固定成本，而以每人 2 万元的工资雇用工人，则成本函数就如表 8.3 所示。表 8.3 中第 1 栏的总产量就是表 8.1 中的第 3 栏，而表 8.3 中的第 3 栏的变动成本，就是表 8.1 第 1 栏雇用人数乘以工资收入到的值；表 8.3 中第 4 栏的总成本则为

固定成本与变动成本之和；第 6 栏的边际成本则是每增加一单位产量所需花费的成本，例如总产量由 3 增为 6 时，总成本由 14 增为 16，因此这时候边际成本为 2/3 等于 0.67，将表 8.3 第 1 栏的资料画在图上，得到图 8.4 的总成本线；将第 5、6 两栏的资料画在图上，则得到图 8.5 的平均成本线与边际成本线。此处需注意的是，当边际产量成为负值时 (即总产量下降时)，雇主不可能增雇工人，这部分成为负值的边际成本没有意义，因此不予讨论。

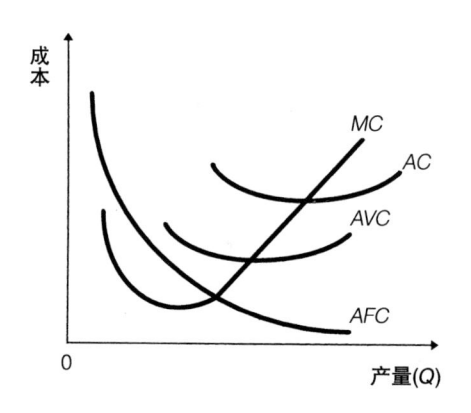

图 8.5　平均成本线与边际成本线

先看总成本 (TC)、变动成本 (TVC)，以及固定成本 (TFC) 之间的关系。固定成本是指某一项成本，其大小与产量无关，因此它是一条水平线，如图 8.4 所示。在本例中，某人以每年 10 万元地租租用 1.5 亩土地，不论这块土地能生产多少数量的产品，这 10 万元支出都是固定不变的，所以是固定成本。另外一项是变动成本，变动成本是指某一种成本会随着产量的变动而变动。在本例中，支付工人的薪资就是变动成本，因为若要增加产量，就必须多聘用工人。当工人数目增加，薪资支出也增加，因此这一部分的支出是与产量有关系的，故为变动成本。将固定成本与变动成本相加后，就可以得到总成本。在图 8.4 中，由于固定成本是水平线，因此 TC 与 TVC 也是呈平行的，两者之间的距离就等于固定成本。

接着我们再看平均成本 (AC) 与边际成本 (MC) 之间的关系。首先，边际成本表示每增加一个单位产出，所必须增加的支出。决定边际成本大小的因素有两个，一个是员工的薪水，一个是员工的生产力。在员工薪资固定下，当员工生产力愈高，厂商的生产成本就会愈低。因此，边际成本 (MC) 与边际生产力 (MP) 两者之间呈现倒 U 的形态，故边际成本就会呈现正 U 字形，如图 8.5 所示。边际成本先降再增的理由很清楚，因为当产量较小时，劳动会出现报酬递增的情况，因此这时边际成本会递减。但等到劳动数目不断增加，而土地数目保持不变时，劳动生产力终究会出现边际报酬递减的状况，所以这时厂商就会面临边际成本递增的阶段。事实上，理性的厂商都会选择在边际生产力递减的阶段中做选择，换句话说，理性的厂商面临的必然是边际报酬递减的状况。

在边际报酬先增后减的情形下，平均变动成本 (AVC) 也会出现先减再增的情形，即 U 字形，见图 8.5。事实上，AVC 出现 U 字形正与劳动平均生产力 (AP) 呈倒 U 字形息息相关，因为 AVC 与 MP 的关系正好与 MC 和 MP 的关系完全相同。我们可以这么说，由于劳动的平均生产力先增后减，在薪资固定下，厂商面临的平均变动成本就会先减后增。

平均固定成本 (AFC) 是将固定成本平均分摊到每一个产品上面去，因为固定成本总是固定的，因此当产量逐渐增加时，每一单位产品分摊到的固定成本就会愈来愈小。所以，AFC 会随着产量增加而不断减少，见图 8.5。AFC 是图 8.5 中唯一不是 U 字形的成本线。

最后，平均成本 (AC) 等于平均变动成本 (AVC) 与平均固定成本 (AFC) 的加总。由于 AFC 随着产量增加会愈来愈少，因此 AC 受到 AVC 的影响则会愈来愈大，故 AC 会与 AVC 愈来愈接近。事实上，AC 与 AVC 之间的直线距离，就等于 AFC 的高度。由于 AVC 呈现 U 字形，因此 AC 也会呈现 U 字形，这表示厂商的平均生产成本也会出现先递减再递增的状况，见图 8.5。

接着，我们再指出 MC、AVC、AC 之间的几项重要关系，见图 8.6：第一，当 MC 小于 AVC 时，AVC 必然在下降。这仍然是平均量与边际量的关系，在我们说明 MP 与 AP 时所用的身高例子中，在此也可以适用。第二，当 MC 大于 AVC 时，AVC 必然会上升，理由同上。第三，因此，MC 必然与 AVC 在后者的最低点之处相交（A 点），在该点上由于边际成本等于平均变动成本，因此多增加一单位产出，并不会改变平均变动成本的大小。事实上，由于 MC 是 MP 的倒 U 关系，而 AVC 又是 AP 的倒 U 关系，因此在图 8.3 中，我们说明 MP 与 AP 会在 AP 的最高点相交，所以在图 8.6 中，MC 也会与 AVC 在 AVC 的最低点相交，即 A 点。第四，MC 与 AC 的关系也一样，即 MC 小于 AC 时，AC 会下降；MC 大于 AC 时，AC 会上升；而 MC 与 AC 在 AC 的最低点相交，即 B 点。

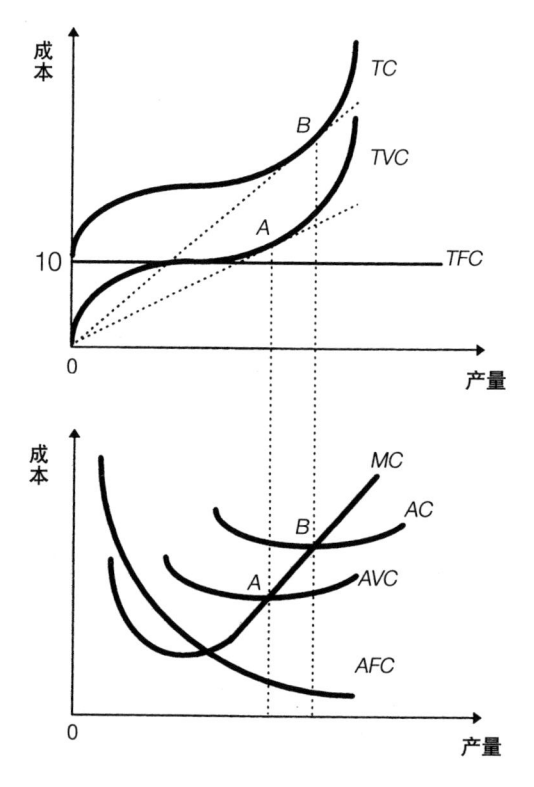

图 8.6　总成本、平均成本与边际成本的关系

　　成本曲线可说是厂商做决策的最重要考量因素之一，因此成本曲线的特性也就格外重要。在前节中，我们曾提及生产函数，表现出生产要素与产出之间的关系。其实，这是一个非常抽象的概念，如果我们去问一家公司的经理，他可能很难告诉你说他们公司的生产函数是什么样子。但是，如果你问他多聘一个工人要多花多少钱，或者，多生产一个产品要多花多少钱，这个经理也许可以很快地就可以给我们一个明确的答案。因此生产成本可说是厂商最能掌握的信息，我们在分析厂商行为时，自然也必须对生产成本的特性要能完全了解。

三、长期下的生产与成本

（一）等产量曲线

在前节的分析过程中，我们一直假设土地的支出是固定的，也就是有固定成本的存在。但我们知道，只要时间够长，厂商当然也可以改变固定支出，比方说购买更多的土地或是购买更多的机器设备。因此我们把时间很短的情况（也就是有固定成本存在的情况），称为短期；而长期下，则所有的生产要素都可以变动。事实上，厂商的决策不但在短期与长期下有所不同，在极长期下(in the very long run)也会有很大不同。此处我们所谓的极长期除了包含固定支出可以变动以外，主要是指厂商可以引进或创造出新的生产技术 (technology)。在新的生产技术下，相同数量的工人可能可以有更多的产出。比方说，同样的土地与同样的农民，可以有更多的稻米产量，因为长期下可以有更优良的稻米品种以供使用。

在前节的表 8.1 中，我们同时列出土地为 1.5 亩与 3 亩的生产数量。在短期下，假设土地为 1.5 亩 (K_1)，我们可以绘出一条平均成本曲线，见图 8.7 的 $AC(K_1)$，其中成本最低点为 A，在 A 点下的产量 (Q_1)，可称为 K_1 固定成本下的生产容量 (capacity)。我们已经说明过 $AC(K_1)$ 会出现先递减再递增的情况，因为在固定成本固定下，平均产量会有先递增再递减的情形。

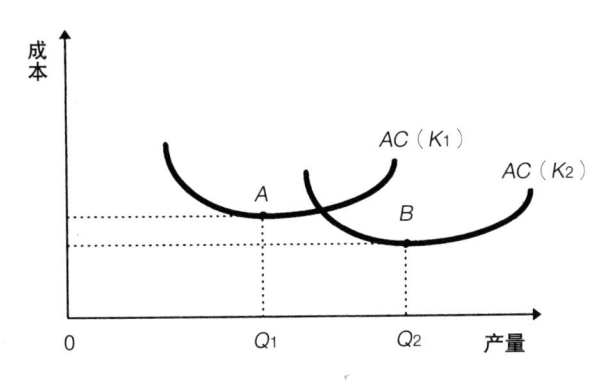

图 8.7 长期下生产容量的变化

在短期下，因为土地大小是固定的，所以要变动产量时，唯一的方法就是变动劳动数量，即变动成本。但在长期下，厂商却可以考虑是否要扩大土地的使用，如果厂商决定增加土地到 3 亩 (K_2)，则他就会面临一条新的平均成本曲线 $AC(K_2)$。显然的，在新的固定成本下 (K_2)，厂商的生产容量会变大，即 Q_2。由于长期下，土地与劳动都可以变动，因此如果厂商要增加产出时，他面临的问题就会复杂得多！他应该增加劳动就好？或是只增加土地？或是两者都增加呢？说不定还可以增加土地，而减少劳动？到底应该如何选择呢？

要回答上述问题，我们首先要知道劳动 (L) 与土地 (K) 之间有多大的代替性，或者说如果我们要维持相同的产出，L 与 K 之间可以做什么样的组合呢？我们把可以达到某一定产出量 (Q_0) 之下，所有 L 与 K 的可能组合连接起来，可以得到一条曲线，我们称为"等产量曲线"(isoquant)，见图 8.8。等产量曲线的概念与消费者无异曲线的概念十分类似，后者是说消费者为达到一定数量的效用，所必须消费的产品组合；而前者则是说厂商为达到一定产出，所必须投入的生产要素组合。比方说，在表 8.1 中。我们可以看到为达到 25 单位的产出，我们可以选择 10 亩地与 9 个工人，如图 8.8 的 a 点，或是 20 亩地与 5 个工人，即 b 点。此处必须再强调一次，因为这是长期分析，所以我们才可以自由地在不同的固定支出之间做选择。

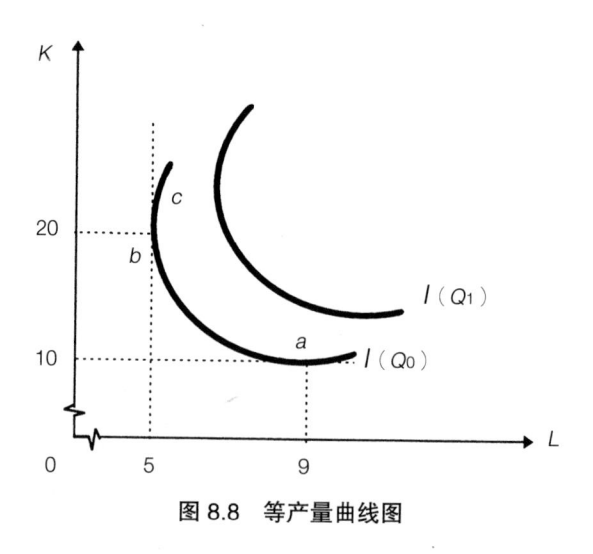

图 8.8　等产量曲线图

等产量曲线与无异曲线十分类似，也有一些特性，兹说明如下：1. 等产量曲线原则上都应是负斜率的，因为 K 与 L 都有正的边际产出。只有当 K 或 L

具有负的边际产出时，等产量曲线才可能出现正的斜率，如图 8.8 中的 c 点以上 (K 有负的边际产出) 或 a 点往右 (L 有负的边际产出)。然而理性的厂商不会选择 K 或 L 为负的边际产出下生产，所以厂商的选择必然只会存在于 ab 之间。2. 等产量曲线愈往右上方代表愈高的产出，因为此时要素投入愈多。3. 等产量曲线会布满整个图形之中，且任何两条曲线都不会相交。4. 等产量曲线上任何一点的斜率，称为"边际技术替代率"(marginal rate of technological substitution, MRTS)，即：

$$\triangle K / \triangle L = MP_L / MP_K 。$$

边际技术替代率 (MRTS) 表示在维持固定产出之下，减少一单位的某一种要素投入时，必须增加另一种投入的数量。由于任何一种要素投入都会出现边际生产力递减的状况，因此边际技术替代率也会出现递减的情形。换句话说，当一种投入减少时，要维持同样的产出，另一种投入的增加量就必须愈来愈大，因为后者的边际生产力愈来愈小。

既然在同一条等产量曲线之下，有如此多种的可能组合来完成某固定的生产量，此时厂商该如何选择产出呢？答案很简单，找出成本最小的组合。问题是，该如何找呢？在消费者选择商品时，无异曲线告诉我们说，消费愈多愈好。但消费者有收入限制，因此有预算限制式来决定其有限的选择。预算限制式不但决定于消费者的收入，更重要的是，预算限制式同时表现出两种商品的相对价格。消费者的最佳选择条件是，花在每一种商品上的最后一块钱所带来的边际效用必须相同。

对厂商而言，问题几乎也完全一样。厂商面临的问题是，在固定产出之下 (即同一条等产量曲线) 如何使成本最低。此处我们先说明厂商的"等成本线" (isocost curve)，等成本在线每一点的成本都相同。假设每一个员工的薪资是 w，每一单位土地的租金是 r，则厂商雇用 L 单位的员工与 K 单位的土地时，其总成本 TC 为：

(8.5) $$TC = wL + rK$$

如果我们在保持 TC 不变之下，而让 L 与 K 自由的变动，则不同的 L 与 K 组合，可以达到相同的成本 (TC)，此不同的 L 与 K 之组合就是我们所称的等成本线，见图8.9。等成本线也可以表示为：

(8.6) $$K = \frac{TC}{r} - \frac{w}{r} \times L$$

因此，等成本线的斜率就是两种生产要素的相对价格之比，即 △K/△L =—w/r。

此外，在要素价格固定下，等成本线平行往右移时，表示成本支出愈高，因为厂商使用更多的生产要素，如 TC_0 到 TC_1。如果等成本线的斜率改变，表示两种生产要素的相对价格发生变化，如图8.9中的 TC_0 变成 TC_2，表示劳动变得相对较贵。

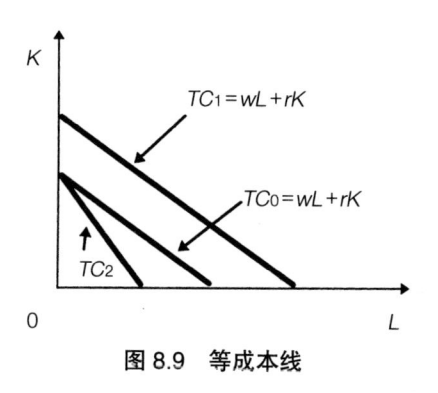

图8.9 等成本线

在产量固定下，要使成本最小，就应找出一个能使成本线最低的生产要素组合。图8.10显示，在产量固定在 Q_0 之下，选择 A 点生产时，成本较高。另一方面，选择较低的成本支出，如 C 点，则无法达到产量 Q_0。唯有选择等产量曲线 $I(Q_0)$ 与成本线相切的一点，即 B 点，才能达到成本最低。换句话说，B 点是长期下厂商生产某一产量 Q_0 所能达到的最低成本，而 B 点也是成本最低组合之点，也是厂商的最佳选择。

由于一方面成本线的斜率代表两种生产要素的相对价格，另一方面，等产量曲线的斜率表示两种生产要素的边际技术替代率（$MRTS=-MP_L/MP_K$）。当等产量曲线与等成本线相切交于 B 点时，两条线的斜率相同，即：

$$-\frac{w}{r} = -\frac{MP_L}{MP_K}$$

上式可以改写成：

(8.7) $$\frac{MP_L}{w} = \frac{MP_K}{r}$$

(8.7) 式是厂商达到成本最小的必要条件。其经济意义非常清楚，在成本最低的情况下，厂商花在劳动 (L) 上的一块钱所带来的边际产量 (即 MP_L/w) 要等于花在土地 (K) 上的一块钱所带来的边际生产量 (即 MP_K/r)。如果前者大于后者，厂商应增加劳动数量而减少土地用量；反之，则应该减少劳动，增加土地数量。

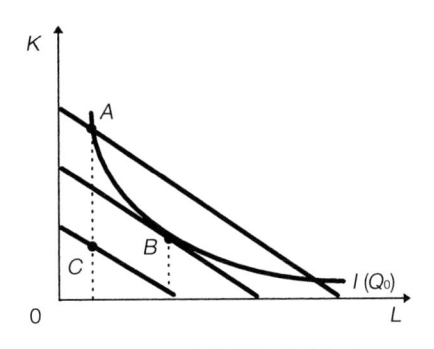

图 8.10 厂商的最低成本组合

（二）长期成本曲线

长期下，厂商可以任意变动劳动与土地，因此生产函数中不再有固定生产要素，也没有固定成本，因此生产函数可以写成：

(8.8) $$Q = f(L, K)$$

长期下，当 Q 改变时，厂商应如何选择 L、K、或其间之组合呢？答案很简单，厂商可以先把所有可能的组合都排列出来，然后针对每一种不同的产量，寻找最低成本的生产方式，而该最低成本就是生产该产量下的长期成本。

在前节中我们假设只有两种固定成本可供选择，现在我们再增加一个 30 亩地的选择，现在有 K_1（10 亩）、K_2（20 亩）、K_3（30 亩）等三种长期下的不同固定支出可供选择。针对不同的 K，厂商可以选择不同的劳动加以配合，因此可以得到三条不同的平均成本曲线，$AC(K_1)$、$AC(K_2)$、$AC(K_3)$，如图 8.11 所示。

现在假设厂商要生产 Q_1 的产量，它会选择哪一种方式生产？生产成本为何？在三种不同的固定成本下，生产 Q_1 所需的成本分别是 C_A、C_B、C_D，其中以 C_A 最低。表示长期下厂商若要选择 Q_1 的产量，则应选择 K_1 的固定支出，因为如此可以使其生产平均成本最小。换句话说，此时生产 Q_1 的长期平均成本为 C_A。同理，长期下，若要生产 Q_2 的产量，则厂商应选择 K_2 的固定投入，如此可以使长期平均成本最低（E 点）。在生产 Q_3 的产量下，则以 K_3 的固定投入最低，可以使长期平均成本最低（H 点）。

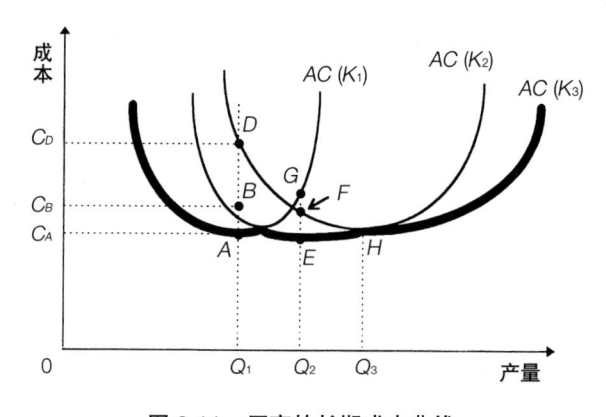

图 8.11 厂商的长期成本曲线

由上述解释可知，其实长期平均成本曲线 (long-run average cost, LRAC) 是由所有最低的短期平均成本所组成。在图 8.11 中，粗线部分即是厂商的长期成本曲线，即长期成本曲线是短期成本的包络曲线 (envelop curve)。由于在我们的例子中只有三种固定投入的选择，因此长期成本曲线看起来并非一条平滑的曲线。事实上，只要我们允许有许多不同的固定投入，则就会有许多的短期成本曲线存在，如此长期成本曲线就会形成一条平滑的曲线，见图 8.12。同时，我们看到长期成本曲线的形状也跟短期成本曲线相同，即呈 U 字形。

长期平均成本曲线由短期成本曲线所组成，因此长期边际成本曲线 (long-run marginal cost, LRMC) 也就是由对应的短期边际成本 (SRMC) 所组成。在图

8.12 中，假设我们有无限多条的短期平均成本曲线，因此每条 $SRAC$ 对 $LRAC$ 的贡献都只有一点，因此在该点（如 A_1 点）下对应的长期边际成本（如 B_1 点）就是该产量（Q_1）下的长期边际成本。将这些相对应的长期边际成本点连接（B_1、B_2、B_3……），就可以得到长期的边际成本曲线 ($LRMC$)。

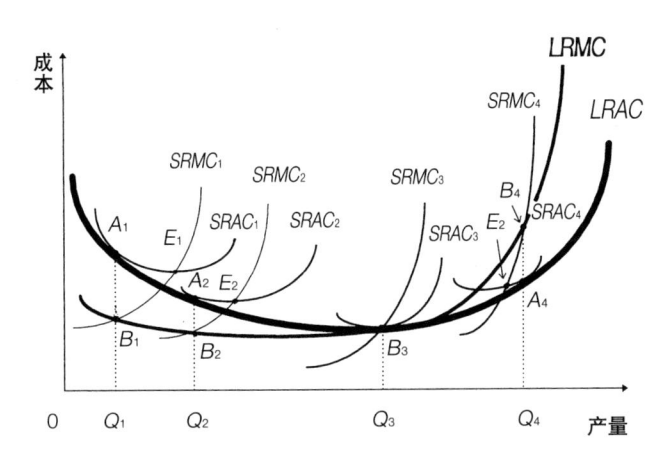

图 8.12　长期成本曲线与短期成本曲线的关系

在长期平均成本曲线与长期边际成本曲线的构成中，有几个重要的特性必须加以澄清：第一，长期平均成本是短期平均成本的包络曲线，因为我们定义长期成本是所有短期成本中，针对每一个产量都能达到最低成本的组合。而长期边际成本虽然是由长期边际成本所组成，但却不是长期边际成本的包络曲线。第二，长期平均成本曲线是某一产量下，所有短期成本中生产成本最低的一点，但该点不一定是该短期平均成本的最低点。例如在图 8.13 中，产量在 Q_1 之下的长期平均成本为 A 点，但却不是对应短期成本（$SRAC_1$）的最低点（B 点）。第三，长期平均成本曲线下降时，会与短期成本曲线的下降部分相切（A 点）；而长期平均成本曲线上升时，会与短期成本曲线的上升部分相切（E 点）。第四，唯有在长期平均成本最低的一点才会与短期成本曲线的最低点相切（D 点），此时由于边际成本曲线也正好与长期平均成本曲线相交于该点，所以长期边际成本曲线也会通过该点。

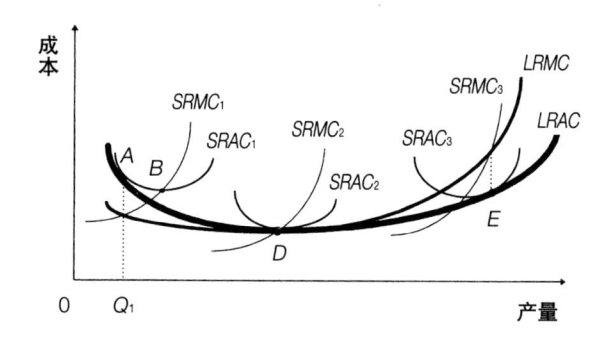

图 8.13　长期成本曲线的特性

（三）规模报酬

在图 8.12 中，我们看到长期平均成本 (*LRAC*) 的几个特性与短期平均成本曲线的几个特性非常类似：第一，长期边际成本呈正 U 字形。第二，当长期边际成本小于长期平均成本时，长期平均成本会下降。第三，当长期边际成本大于长期平均成本时，长期平均成本会上升。第四，所以，长期边际成本必然会与长期平均成本在后者的最低点相交。

在上述的四个特性中，后三个特性都可以用平均量与边际量的概念加以解释，理由与长期成本曲线完全相同。但是为何长期平均成本也呈 U 字形，值得吾人进一步说明。首先，短期平均成本出现 U 字形的主要理由在于边际报酬先增后减，或者我们称为"边际报酬递减法则"。由于短期下，有某一种固定成本存在，因此当另一生产要素不断增加时，其边际生产力迟早会出现边际报酬递减的情形。

但是长期平均成本的情况不一样，因为长期下，厂商可以同时变动所有的生产要素；换句话说，厂商有可能同时增加两种生产要素，也可能同时减少。当厂商固定一种生产要素投入量，而只增加另一种生产要素时，这时我们称产量的变化为边际报酬 (marginal return)。但是在长期下，当两种生产要素同比例变动时，我们称产量的变化为规模报酬 (return to scale)，因为这时候厂商的生产规模扩大了。

在图 8.14 中，在产量 Q_1 之前，当厂商长期同时变动两种生产要素情况时，长期平均成本不断下降，显示两种生产要素变动带来的平均产量增加更快。因此我们称其为规模报酬递增 (increasing return to scale)，即此时同时变动两种生产要素下，产量增加的速度超过要素投入增加的速度。当产量介于 Q_1Q_2 之间，长期平均成本呈水平线，即长期平均成本是固定的。此时表示两种要素投入增加的比例刚好等于其产量增加的比例，因此平均生产成本没有变化，此时我们称为固定规模报酬 (constant return to scale)。在产量超过 Q_2 之后，长期平均成本在递增，表示此时产量增加的比例会小于两种生产要素同时增加的比例，称为规模报酬递减 (decreasing return to scale)。

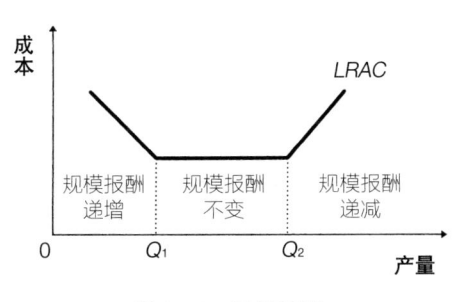

图 8.14　规模报酬

我们可以用一个距离与交通工具的选择，来说明规模报酬的观念。假设我们有四种交通工具，即走路、骑自行车、开汽车、坐飞机，这些工具对应的平均成本曲线分别为图 8.15 中的 AC_1、AC_2、AC_3 与 AC_4。若我们要从台北车站到新公园，走路应该是最有效率的方式；要从台北车站到台大医院，则骑自行车也很方便。但如果要由台北到新竹骑车可能就太辛苦了，此时开车会是最有效率的。但如果要坐飞机，似乎就有点不太经济，因为飞机刚起飞可能马上就要降落了。如果要从台北到高雄，坐飞机则比开车要有效率，而且成本会低很多。

在图 8.15 的例子中，在 1 公里距离内，走路的成本最低，是最有效率的方式。在 1 公里到 5 公里中间，则以骑自行车最方便，成本最低。5 公里到 200 公里之间，开车最有效率，成本最低。200 公里以上，则应坐飞机，成本才最低。此例告诉我们，针对不同的生产规模，会有不同的固定成本投入来对应，才可以达到最低成本的生产方式。

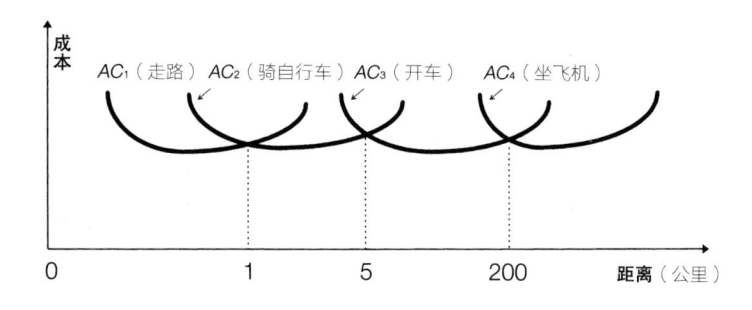

图 8.15　距离与交通工具

短期成本与长期成本之比较

短期下，由于固定投入不能改变，因此要增加产出时，厂商只能用增加变动投入的方式来达到目的。但是长期下，厂商的自由度就有很多，他不但可以考虑增加变动投入，也可以考虑是否要变动固定投入。换句话说，短期下的办法，在长期下也可以使用；但长期下的办法，短期下却可能无法使用。既然长期下可以选择的办法较多，其成本也必然不会高于短期下的办法。我们可以利用下面的例子，做更详细的说明。

假设在原来的产量 (Q_0) 之下，变动投入 (L_0) 与固定投入 (K_0) 是最佳组合，见下图中之 A 点。现在厂商要增加产出至 Q_1。短期下，因为固定投入不能变

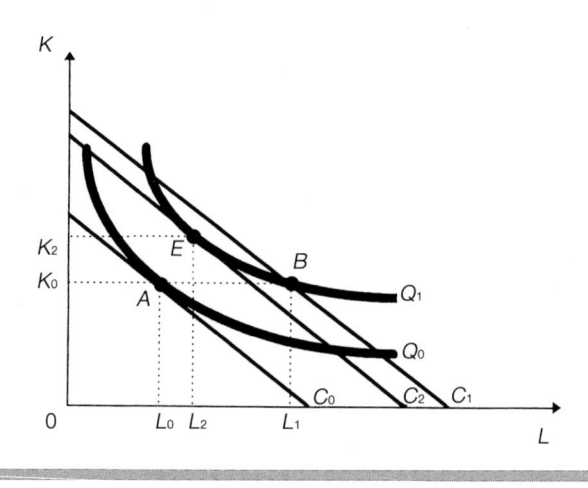

动，仍然维持在 K_0，因此厂商只能增加变动投入量至 L_1，生产点由 A 点移到 B 点，此时的生产成本增加到 C_1。

然而，事实上，由于产量增加，长期下的最佳选择也许应该以增加一部分的固定投入 (K) 来因应。在上图中，长期下的最佳选择是 K_0 增加到 K_2，L_0 增加到 L_2，即 E 点。由于此时新的等产量曲线与等成本曲线相切，表示此时可以达到最低的成本组合。事实上，此时的生产成本为 C_2，小于固定成本维持不变下生产点 (B) 的生产成本 (C_1)。

规模报酬在经济学上是一个很重要的观念，因为在不同的生产量下，往往要对应某一个固定投入的规模，才能达到最有效率的生产。尤其固定支出在短期内不易改变，因此厂商在投资时，长短期之间的决策经常不同，一旦固定成本投入以后，不易再变动，对于长期下的决策也会有很大的影响。此外，边际产出与规模报酬是两个完全不同的观念，读者务必要仔细加以辨别。

四、极长期下的生产

（一）技术进步与生产成本

不论是短期或是长期，生产函数告诉我们产出与要素投入量之间会有一定的关系。当生产要素投入愈多时，产出就愈多。但生产成本与要素投入的生产力有关，当平均生产量愈大，平均生产成本就愈少；反之，则愈大。而不论是在短期或长期下，我们都假设生产技术是固定的，因此产量才会与生产要素之间维持一定的关系。

但随着时间的推移，科技不断进步，再加上厂商研究发展支出 (research and development, R&D) 的扩大，生产技术的改变与进步 (technological change) 被运用到生产过程中。在技术进步下，同样的要素投入有可能带来更多的产出，因此生产成本也相对降低。但由于技术进步通常需要耗费大量时间，所以我们称之为极长期下的生产。比方说，台湾的农业生产技术不断在进步，一个很重大的突破就是稻米生产从一年收成两次，变成一年可以收成三次。在此种情形下，即使人力与土地的投入量都不变，但每年稻米的产量却可以增加50%，这就是技术进步带来的效果。

技术进步的种类很多，尤其在工业革命之后，人类科技突飞猛进，生产上的技术进步也在各方面显现。大致上来说，我们可以把技术进步分成三大类：第一，生产技术的进步。例如由手工织布到机器织布，由步行到汽车普及，由飞鸽传书到电话通信。第二，新产品的引进。比方说由收音机到电视，由自行车到汽车，由电话到手机。第三，新原料的使用。比方说由铜器到铁器，由尼龙到混纺；更重要的是，生产工人由教育水平较低的非技术性工人进步到教育水平较高的技术性工人。

（二）技术进步与经济增长

自从工业革命以来，几项重要的科技创新，大大提高人类的生产能力，也迅速促进了工业国家的经济发展。其中尤以蒸汽机的发明为最，蒸汽机的出现造就了大量的火车与蒸汽轮船，两者都大大降低了运输成本，使得国与国之间、地区与地区之间的贸易快速增长，人们更容易以专业化的方式生产，来提升全面性的生产力。

其次是电的出现，以及随后的电灯、电话与电报的出现。前者使得人们每天的工作时间得以延长，等于增加了更多的人力投入；后者则更进一步降低信息与交易成本，缩小了全球市场的距离。

第三是新能源的出现，由煤炭到石油再到核能，没有新能源的出现，前两项的贡献可能会大打折扣。

然后是计算机与智能型手机的发明。计算机的出现开始是原始的快速运算而已，其后资料处理变得很重要。但自从互联网出现以后，大家才发现网络世界是真正的无远弗届。智能型手机不但取代了电话，而且也相当程度地取代了计算机，尤其是在网络应用方面。

最后是网际网络的发明，物联网的出现不但使信息传递快速提升，而且对日常生活各方面都带来了极大的便利。虽然，到目前为止，物联网能够带给人类福祉尚未达到极限，但其对于人类的贡献绝对不少于以前任何一种创新。

由于科技发明 (invention) 与创新 (innovation) 在现代的经济增长中扮演着极端重要的角色，世界先进国家莫不积极地大量投入科技研发，竞争激烈的厂商也个个不落人后。研发支出在先进国家与大型厂商的各项支出中，都占有愈来愈重要的比例。

对新兴工业化或发展中国家而言，研发的投入自然十分重要，但由于其科技技术根本上落后发达国家相当大的距离，因此追赶不易。但前面提到，技术进步的项目中有一项是生产要素的改变与增加，却是比较容易达到的。高等教育的普及，也可以看成是人力资本的累积，使得每个个别劳动者的生产力大幅提高，等于是一个人当两个人用，自然可以加速经济增长。另一方面，高比例的储蓄率，提供国内投资所需的大量资金。换句话说，高储蓄率使得国家长期有能力不断地增加机器厂房等资本累积，这是另一种生产要素的累积。

经 济 名 词

独资	合伙	股份公司
劳动	资本	土地
企业家精神	交易成本	技术性工人
非技术性工人	创新	固定成本
变动成本	生产函数	总成本
边际成本	平均成本	总产量
平均产量	边际产量	生产要素
报酬递减率	生产技术	长期成本曲线
等成本曲线	等产量曲线	包络曲线
边际技术替代率	规模报酬递增	固定规模报酬
规模报酬递减	规模经济	

讨 论 问 题

1. 试述边际产量与总产量的关系。
2. 何谓生产三阶段？其中哪一阶段是合理的生产范围？

3. 试述固定成本与变动成本如何划分。

4. 试述短期、长期、极长期如何划分。

5. 请说明短期平均成本曲线与长期平均成本曲线的关系，及短期边际成本曲线与长期边际成本曲线的关系。

6. 在"杀鸡用牛刀""杀牛用菜刀"，以及"杀鸡用菜刀"三种方法中，何者有效 (effectiveness)？何者无效？何者有效率 (efficiency)？何者无效率？何者符合经济规模？

7. 以前电视广告中，有一家药厂曾提出一句很有名的广告词：双层药片，相乘效果。你可以用经济规模的理由加以说明吗？

8. 请说明为什么边际成本会在平均变动成本的最低点与平均变动成本相交。

9. 请说明为什么边际成本会在平均成本的最低点与平均成本相交。

10. 在图 8.6 中，我们看到 B 点在 A 点的右边，也就是说，边际成本与平均成本相交在边际成本与平均变动成本交点的右边。这是一般现象吗？还是特例？为什么？

11. 请分别举出二例说明规模报酬递增、规模报酬不变，以及规模报酬递减的状况。

12. 请分别举出二例说明边际报酬递增、边际报酬不变，以及边际报酬递减的状况。

13. 厂商如何追求最小生产成本的组合？其原则与消费者追求最大效用有何差异？

14. 你觉得企业存在的目的为何。为什么会有不同形态的企业组织存在（如独资、合伙、公司）？其优劣点为何？

15. 请说明为什么长期平均成本在下降时，会与某一条短期平均成本的下降部分相切；长期平均成本在上升时会与短期平均成本的上升部分相切，而长期平均成本的最低点又会与短期平均成本的最低点相切。

16. 请说明造成短期平均成本呈现 U 字形的理由何在，造成长期平均成本呈现 U 字形的理由何在。

17. 请绘图说明长期成本必然会小于或等于短期成本。

第九章
完全竞争市场

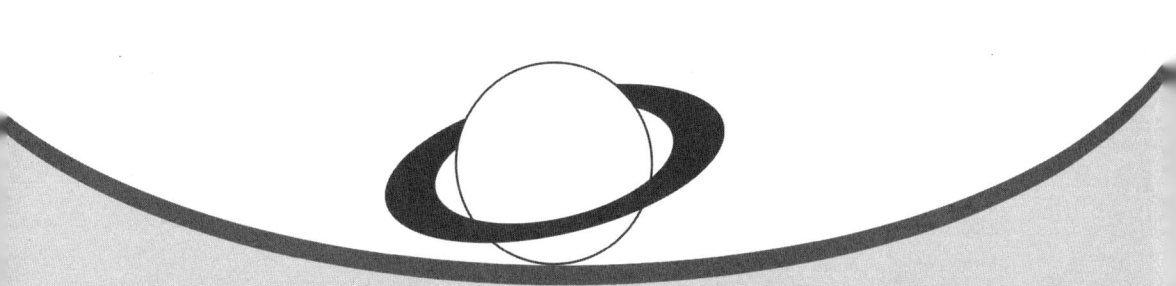

★ 市场结构与厂商行为
★ 完全竞争市场的短期均衡
★ 完全竞争市场的长期均衡
★ 市场结构与厂商行为

一、市场结构与厂商行为

在前面一章中我们曾分析厂商的成本结构，以及如何追求成本最小的产出。然而，厂商的最终目的在于追求最大利润，因此除了要知道如何使生产成本最小以外，另外一个重要的影响因素就是厂商的产品价格。

厂商追求利润最大，直觉来说，当然应该把价格定得愈高愈好。但是，我们知道在现实社会中，厂商的确希望如此，但可能不一定能实现。

对小杂货店老板来说，他希望一斤鸡蛋能卖到 50 元，但他知道并不可行，因为对街的统一超商只卖 25 元一斤。HTC 可能希望把手机卖到 3 万元一部，但他们知道这并不可行，因为消费者会很快地转到其他品牌去。台电公司在台湾的电力市场上是唯一的供应者，不必担心别人的竞争，他们可以用涨价的方式来增加收益吗？姑且假设当局的油电价格审议小组不存在，没有人会干预台电调整电价的行为，在此种情况下，台电以涨价方式来达到增加利润的目的，可行吗？我们知道虽然台电是唯一的供给者，但消费者却永远有另外一种选择，即减少消费。因此，台电不一定增加电价就一定可以提高利润，因为还要看看消费者的反应如何。

在上述的例子中，我们可看出虽然市场上的产品价格表面上是由厂商决定，但真正决定市场价格的仍然是供需双方。当然在某些时候市场竞争很少（比方说台湾的电力市场），此时卖方（台电公司）有相当大的力量来决定市场价格，我们称其具有市场力量 (market power)。而在某些时候，厂商几乎完全没有决定产品价格的能力（如杂货店里的鸡蛋价格）。至于厂商具有多少市场力量，则与市场结构 (market structure) 有关。如果某种产品在市场上只有一家厂商（如台电公司），没有其他竞争者，我们称该厂商为独占或垄断 (monopoly)，此时厂商具有很大的市场力量。如果市场上有很多很多的厂商（如出售鸡蛋的小杂货店），而且该产品的质量与别家厂商几乎完全相同（如鸡蛋），则这些厂商之间彼此的竞争必然十分激烈，彼此之间对于价格都没有决定的力量，我们称该市场为完全竞争市场 (perfect competition market)。

事实上，独占与完全竞争是市场结构的两个极端，大多数产品市场都介于两者之间，既不是独占，也不是完全竞争。比方说，台湾的水泥市场中只有少数几家生产者，如台湾水泥、亚洲水泥、嘉新水泥等。由于有好几家生产，所以它们不是独占，但由于厂商数目不多，因此每一家对于水泥的市场价格都有相当大的影响力。在此种情形下，我们称该市场为寡占市场(oligopoly)。还有一种情形，是厂商的数目很多，例如服饰精品店，因此它们市场价格的影响力不大，但由于每家出售的服饰精品与别家又不完全相同，因此它们还是可以在产品价格上自由地做一些调整，在此种情形下我们称该市场为独占性竞争市场(monopolistic competition market)。

本章先介绍完全竞争市场的特性，下一章介绍独占市场，最后再介绍不完全竞争市场。

（一）市场结构

市场结构对于厂商利润、消费者福祉，以及资源使用的效率都有很大的影响。一般而言，市场结构与厂商数目有很密切的关系，但是真正重要的是不同市场结构下带来的竞争程度。以独占市场为例，因为只有一家厂商，没有竞争可言，因此独占厂商有很大的市场力量来决定产品价格，我们称其为价格追寻者(price searcher)，或者是价格决定者(price maker)。另一方面，当厂商数目很多很多，每一家厂商相对而言都非常小，因此它们彼此之间的竞争都很激烈，大家都没有决定价格的能力，只能接受市场决定的价格，我们称其为价格接受者(price taker)。

虽然，市场竞争程度与厂商数目有关，但也不一定会绝对相关。比方说，台湾地区的水泥产业中大约有六、七家厂商，彼此之间默契很好，形成一个相当大的利益共生集团，对于生产的水泥价格采取相同的定价步调，因此彼此之间的竞争很小，此时我们可称之为联合独占。另外一个极端的例子，是美国有名的可口可乐与百事可乐之间的竞争。在美国的饮料市场中，可口与百事两家一直占最大的市场。由于两家饮料公司传统上就一直采取竞争的态度，使得虽然庞大的市场上只有两家公司最大，但彼此之间的激烈竞争绝不输于任何其他产业。

产品差异的大小也是决定市场力量大小的重要因素。以农产品而言，一般来说，稻米、蔬菜、鸡蛋等商品的质量相去不远，我们称为齐质产品(homogeneous product)，因此消费者在购买这些产品时，都以价格为主要的考虑因素。所以在大量的生产者存在时，由于消费者有充分的选择，使得每家生产者间彼此都没有能力变动价格。但如果产品质量有些不同，例如服饰精品店出售的商品，厂商经常可以利用质量、品牌或服务态度等各方面的差异——我们又称之为异质产品(heterogeneous product)，来诉求自己的产品与别人的不同，进而可以要求较高的价格。因此，虽然同样有很多的厂商，但因产品的差异，使得厂商仍然具有某种程度的市场力量。

很多时候市场竞争程度不只与市场上有多少竞争对手有关，也与市场上潜在的对手有关。厂商能否自由进出市场(free-entry)是一个关键。很多时候，法律或政府规定保障某一家厂商，形成独占与进入障碍(entry barrier)，此时这家厂商自然不必担心有潜在的对手加入(例如台湾的台电公司)。

但有些时候，有些独占厂商的存在是由于其具有某种特殊的生产技术而形成独占。这时候，这家独占厂商可能会担心有其他潜在厂商会发展出类似的产品，加入竞争，因此该厂商有可能会降低其产品价格，虽然可能损失一点利润，长期下却可以抑制潜在对手进入市场，此时这家厂商的独占力量就比较小。例如英特尔公司虽然目前在生产个人计算机中的数学运算器世界市场上享有独占的地位，但它仍不断地研究开发更新更快的产品，以免可能被其他潜在的对手追过去。

独占厂商另一个潜在的对手虽然不在同一产品市场上，但却可能在其他相似的产品市场上。由于两种产品相类似，消费者可以在不同产品之间做替代选择时，原先独占厂商的市场力量就会受到限制。比方说，在高铁通车之前，铁路局在台湾是独占厂商，是台湾唯一提供铁路服务的企业。但是当铁路局提高火车票价时，人们可能会转向公路局或航空公司，或者自行开车，减少购买火车票。因此，虽然铁路局本身不用与其他火车公司竞争，却必须与其他提供交通服务的公司竞争，在此种情形下，铁路局的市场力量其实是受到相当大限制的。

另外，在厂商规模方面，由于完全竞争和独占性竞争的厂商数目都很多，它们的市场占有率都很小，因此厂商的规模都很小。因为市场上寡占厂商的数目很少，因此厂商的规模都比较大，比方说，台湾的水泥公司的规模都不小；此外，例如台湾地区的报纸主要是由四家大报组成，每一家的规模都很大。最后，独占厂商因为只有一家来提供产品给整个市场，因此通常它的规模都会很大，例如台湾电力公司，因为独占而有很大的生产规模。

至于在利润方面，一般而言，只要厂商能够提出一些特别的想法或做法，通常在短期下厂商都会有利润存在，不论他们是在什么样的市场结构里面。比方说，农业是比较接近完全竞争的产业，农民之间的竞争一直都是很激烈的，但是如果一开始只有一家农民会种甜柿，他当然可以赚到钱；但是，当别的农民看到这个农民种甜柿的利润很好，他们也会想要学习种甜柿，等到大家都会种了以后，由于甜柿的供给增加，价格下跌，长期下种甜柿的利润就会消失。同样的，独占性竞争厂商面临类似的问题，比方说，几年前，台湾曾经风靡过葡式蛋挞，最先开始引进的厂家的确赚了一些钱，但是不久别的厂家看到蛋挞的生意很好，就立刻有很多厂家进入市场，也开始疯狂追逐狂卖蛋挞，结果很快蛋挞的价格下跌，利润就不见了，于是很多的厂商也退出市场，台湾消费者疯狂追逐蛋挞的情况也就消失了。因此，独占性竞争厂商也是短期下有利润，长期下的利润也会不见。其主要原因与完全竞争市场相同，也是因为其他厂商很容易进入市场，只要有钱可赚，就会有人想要进入分一杯羹，长期下来这些利润就会消失。

然而，寡占和独占的情况就很不相同，因为当寡占厂商有利润时，由于市场上有进入障碍，而使得其他厂商无法进入，于是其长期利润就可以一直维持。比方说，台湾的油品市场上只有两家厂商，即中油公司和台塑石化。这两家每年利润都很多，但是因为投资生产汽油的金额很大，一般人根本没有这个财力；另外，即使像一些国外的油品公司虽然财力上没有问题，但是却不容易找到销售管道（加油站），于是它们也不容易进来。在新的厂商不容易进来的情况下，寡占厂商在长期下仍然得以享有利润。独占的情况也一样，一般而言，主要是因为政府的规定让独占者享有唯一在市场上销售的权利，因此其利润很大，而且可以长期存在。

根据以上的讨论，我们可以把不同市场结构下的特性先综合于表 9.1 中，后面再针对这些不同市场结构下的特性一一探讨。

（二）价格的决定

价格在市场体系中扮演着最关键的角色。借着价格的高低，消费者知道要选择什么样的商品来消费，同时可以决定要消费多少。同样的，生产者也会利用价格所带来的信息，决定该生产什么东西，同时决定生产多少。当市场需求超过供给时，价格就会上升，消费者得到信息知道购买这些东西的人太多了，就会考虑是否该转向购买其他代替产品。另一方面，价格上升又告诉生产者，生产数目可能太少了，才会出现供不应求的状况，所以产品应该赶快增加产出，以供应市场的需要。所以，价格是由市场供给与需求双方所共同决定的。

表 9.1　市场结构的特性

	完全竞争 (perfect competition)	独占性竞争 (monopolistic competition)	寡占 (oligopoly)	独占 (monopoly)
厂商数目	为数众多的厂商	颇多厂商	为数不多的厂商	一家厂商
产品性质	产品性质相同	产品间有差异，但差异很小	产品有差异，且差异颇大	只有一种产品
市场进出	进出市场容易	进出市场容易	进入市场困难	几乎无法进入
市场力量	对价格没有控制力	对价格有少许控制力	对价格具控制力，但担心同样的价格报复	对价格有很大控制力
厂商规模	小	小	大	很大
短期利润	存在	存在	存在	存在
长期利润	不存在	不存在	存在	存在
实际例子	农业	服饰、餐厅	汽车、水泥、家电	公用事业、燃气、水电等

但是，当我们走进统一超商时，经常会看到店员正在为每一项商品挂上价格标签。也许会有人纳闷价格不是由厂商决定的吗？为什么会由市场决定呢？

的确，价格到底是由谁决定呢？价格发生变化时，是谁开始先变动价格的？这可说是经济学中最基本的问题，但也是最难回答的问题之一。我们说价格是由市场供给与需求共同决定的，这是从整个市场的角度来看。问题是市场在哪里？对每一个生产者而言，在他选择价格时，他必须考虑的市场是什么呢？他需要考虑全体消费者的反应？还是只考虑他家小店附近的消费者或其他竞争者的反应？

当每一个厂商在决定自己的价格时，他至少必须考虑到两种可能的反应，一种是来自同行或竞争者的反应，一种则是来自消费者的反应。厂商数目非常多，而且生产的产品又十分相似，使得生产者彼此不知道谁是谁时，表示相对于市场而言，每一家厂商的规模都很小，因此当一家厂商企图改变价格时，其他厂商可能根本不会注意到。这时候，这家厂商变动价格就不会引起其他厂商的反应。另一方面，当厂商数目很多，充斥了整个市场时，消费者可以很容易地在不同家厂商间做选择。在此种情况下，比方说，当甲厂商提高价格时，其他厂商不会有反应而维持原来的价格，但一旦消费者发现甲厂商的价格比别家高，质量又十分相近时，他们会立即转向其他家购买。甲厂商的销售量会立即减少许多，甚至可能根本卖不出去。显然，此时甲厂商不敢随意提高价格。

稻米市场是一个很好的例子。生产稻米的农民非常多，一般而言，农民之间很难分说谁家生产的稻子与别人有何不同。另一方面，稻米销售厂家也非常多，一般的消费者可以很容易地在不同的地方买到白米。所以，如果某家品牌的白米真的比别人贵很多，消费者就根本不会向这家买。

那么降低价格又会如何？同样的，在别家厂商没有任何反应下，消费者会蜂拥地挤向甲厂商，由于甲厂商相对于市场而言，规模太小，无法吸纳所有消费者，因此最好的方式仍然是再提高价格。

根据以上分析可知，在完全竞争市场下，厂商数目太多，质量又十分接近时，厂商很难随心所欲地改变价格，而只能面对市场所决定的价格。所以我们说，完全竞争厂商是价格的接受者(price taker)，它们没有任何市场力量。由于厂商产品之间彼此替代性非常高，因此它们之间的竞争十分激烈。

在独占的市场结构之下，由于只有一家厂商，它不用担心其他竞争者。然而，即使不考虑其他可能的潜在竞争者，独占厂商仍然要面对来自消费者的竞争。换句话说，由于独占者面临的市场需求其实就是整个的市场需求，因此当生产者提高价格时，一定也会考虑需求量，因此，这时候独占厂商就必须在价格与数量之间仔细考虑。而且，它要考虑生产成本，另一方面则要考虑薄利多销或厚利少卖的问题，当然，这与消费者的需求弹性有密切关系。无论如何，在独占的情况下，厂商有很大的力量去决定市场价格，也就是说，厂商有很大的市场力量，我们称其为价格决定者(price maker)。

至于介于完全竞争与独占之间的不完全竞争情况就复杂许多。在寡占的情形下，厂商数目不多，因此每家厂商之间彼此都十分在意。当第一家厂商变动价格时，其他厂家很可能会立即采取反应的行动。这时候，厂商之间彼此的竞争可能很激烈。但另一方面，由于厂商数目不多，厂商之间彼此可能十分熟悉，长久之下，彼此也可能形成某种默契，在调整产量或价格上采取一致的行动，此时厂商间的竞争就会很小。

寡占的另一特色是，由于厂商数目不多，相对于整个市场而言，每一家的规模都相当大，任何一家厂商采取行动时，都会对市场产生重大影响。换句话说，当市场需求发生任何变动时，厂商都会受很大的冲击。因此，这时候寡占市场的厂商会对市场有很大的影响力，它们会有相当程度的市场力量来决定产品价格。但是同时，由于它们受到其他厂商的牵制，也无法完全地去变动价格。它们的市场力量要比独占厂商小了许多。

如果说寡占厂商的行为比较接近独占厂商，那么独占性竞争厂商的行为就比较类似完全竞争厂商。就厂商的数目而言，独占性竞争厂商的数目也有很多很多，相对于整个市场而言，增加一家或减少一家都不会有任何影响。从厂商之间的关系来看，彼此之间是不太会有直接反应的。但是与完全竞争市场最大不同之处是，独占性竞争厂商生产的产品在质量上会略有差异。因此，虽然产品之间会有替代性，但由于质量上的差异，消费者可以区分出不同厂商之间的差别，所以产品之间的替代性会比完全竞争市场下要小。在此种情形下，不完全竞争厂商可以要求与其他厂商不同的价格，因为他可以宣称其产品与他人不同。

服饰精品店是最好的例子。我们在台北街头的每一个角落，都可以看到服饰精品店。常常是那里又开了一家，这里又关了一家，厂商来来去去，不会引起太大的注意。由于数目太大，厂商的进出并不会对整个产业有任何的影响。但是每家出售服饰时，却可以订定不同的价格，这与销售大米是完全不同的。因为卖米的很难说他的米跟别人有什么不同，服装店的老板娘却可以一连串地叙述她的衣服有多么与众不同，尤其是穿在某一位顾客身上的时候。

在独占性竞争市场下，由于厂商数目非常多，彼此之间的竞争也非常激烈，所以厂商能决定价格大小的空间并不大，而通常取决于其产品与其他厂商之间的差别大小。如果厂商可以愈明显的将其产品与其他人区别，则它对价格会有较大的影响力；反之，则愈小。

（三）自由与竞争

大致上来说，厂商的市场力量与厂商的数目多寡和产品质量的相似与否都有密切的关系。厂商数目愈多，彼此之间的竞争愈激烈；产品质量愈相似，厂商之间的竞争也愈激烈。厂商之间竞争愈激烈，市场力量愈小，影响价格的能力也愈小；市场力量愈小，厂商的利润也就愈低。以独占厂商来说，它几乎可以完全自由地决定价格，唯一要考虑的因素就是消费者的反应和需求弹性，因此它的利润可能是最高的。另一方面，完全竞争厂商情况则正好相反，由于完全无法自行决定价格，因此市场力量很小，故其能拥有的利润空间就很低。

事实上，长期下影响厂商市场力量与利润大小的因素，除了厂商数目和产品质量近似与否以外，也与市场的开放和自由进出有密切的关系。在一个开放的市场下，当一个独占厂商享有高额利润时，很容易引起他人注意，也想加入市场分一杯羹。如果此厂商没有受到法律独占的保护，长期下别家厂商进入的可能性会非常大，因此独占的利润就会被分享。以台湾的油品市场为例，早期"中油公司"长期受到当局保护，为唯一的生产者，因此能一直享受独占所带来的丰厚利润。1992年，台湾允许开放其他厂商炼油及销售汽油等，结果台塑集团决定进入市场，投资成立台塑石化公司，成为台湾第二家石油公司。目前台湾汽油市场上，"中油公司"的市场占有率约三分之二，台塑只有三分之一，但后者的经营效率较高，其每年利润都超过"中油公司"。

在完全竞争的市场中，虽然厂商人数众多、竞争十分激烈，但短期下我们并不能排除利润的存在。如果利润一直存在，而且市场可以允许厂商自由进出，则长期下就会一直吸引更多的厂商加入。在供给不断增加之下，市场价格会被迫逐渐往下调整，每一家厂商能享有的利润空间会愈来愈小，最后终将完全消失。同样的，如果短期下完全竞争厂商若有损失，则长期下会有厂商退出市场，在市场供给减少下，价格逐渐上升，使得厂商能重新回到没有损失的情形。

此处必须注意的是，当我们说厂商没有利润时，我们指的是厂商没有超额利润 (excess profit) 或经济利润 (economic profit)。即厂商没有超额利润，它们的正常利润 (normal profit) 仍应存在。所谓正常利润，是指厂商的利润应该要刚好与它们的机会成本相等。

由于厂商调整固定资本必须在长期下才能进行，因此进入市场或退出市场的决定也必须是一种长期下的决定。长期而言，厂商能否自由进出市场，对于提高市场的竞争程度与厂商的长期利润有非常密切的关系。在允许自由进出市场下，完全竞争厂商即使在短期内可以享有利润，但长期下利润将会因为吸引更多厂商加入而消失。

不完全竞争市场的情况也十分类似。在寡占市场中，由于厂商数目较少，在彼此牵制之下，厂商之间不至于任意调整价格。但为追求利润最大，厂商之间容易形成默契，采取一致的产品与定价政策是可以理解的，因此，寡占厂商在短期下就可以享有相当程度的利润。然而，如果市场允许自由进出，当寡占厂商享有巨额利润时，自然也会吸引潜在竞争者进入市场，分享利润。但是即使市场允许自由进出，一般而言，寡占市场下，厂商的进入并不十分容易。第一，一般而言，寡占厂商的规模较大，厂商的进入成本很高，风险较大。以台湾为例，汽车业、水泥业以及家电业都属于寡占市场，每家企业的规模相当大，新的厂商不容易与之竞争。第二，每家企业为了竞争，通常都会投入大量的广告费用，打响它们的品牌。我们经常说消费者对品牌有忠诚度，大都指的是这些寡占厂商的产品。在此种情况下，也相当程度地限制了新厂商的加入。第三，有些时候，寡占厂商为了降低新厂商加入的诱因，采取联合压低价格的方式，虽然在短期下的利润较低，但由于长期下不会吸引新的竞争者加入，而使原有厂商得以长期享有这些利润。

独占性竞争厂商则没有那么幸运，主要理由在于它们的规模太小，根本没有任何能力去影响市场，也没有能力去阻止其他厂商进入或退出。因此在短期下，独占性竞争厂商也许可以利用产品差异化的诉求而享有利润，但长期下的利润就不容易存在。服饰店与餐饮业是标准的例子，KTV与小钢珠店的情形则更为明显。在KTV业者成立之初，由于家数少再加上产品新鲜，大家趋之若鹜，使得业者得以享有巨额利润。但在巨额利润引诱之下，立即会有其他人也想要加入，长期下就不断地有新的KTV业者出现。在庞大的竞争压力下，业者必须不断地推出吸引顾客的手段，当然更直接的做法还是压低价格。不论业者采用何种方式，其长期利润都会因其他业者的加入竞争而降低。

因此，长期下独占性竞争市场上的厂商能否存在长期利润，端视其能否保持与其他厂商在质量上的差异而定。就服饰店而言，它是否能一直推出领先市场潮流的衣服？就餐饮业而言，它是否能保持与众不同的口味？就KTV来看，它能否提供宾至如归与安全上的服务？只有在长期下能一直保持与其他厂商不同产品质量的厂商，才有可能在长期下拥有利润，不必担心其他厂商的竞争。

从整个社会资源使用效率的角度来看，在市场自由开放下，现有厂商会因为长期下潜在厂商加入的威胁，而必须压低产品价格或提高产品质量，以保持竞争力。因此，社会资源的使用效率较高，消费者的福利也会因此而增加。

二、完全竞争市场的短期均衡

（一）完全竞争市场的特色

前节已简略介绍各种市场结构下的特性，现在我们要更进一步说明不同市场结构下的假设，及厂商如何决定其最适产量并追求最大利润。首先，一个市场要符合完全竞争，必须先满足下列4种条件：1.厂商数目众多；2.各厂商产品的质量完全相同；3.厂商可以自由的进入或退出市场；4.厂商与消费者对于产品价格和产品质量都具有充分信息 (full information)。

首先，完全竞争市场的第一个条件是：市场上要有为数众多的厂商，数目多到每一家厂商都变得相对很小，小到无法影响价格为止。由于厂商数目很多且规模又小，因此一家厂商多卖一个商品或少卖一个商品既不会影响到市场价格，也不会影响到别家厂商的销售量。其次，每家厂商提供产品的质量要完全相同，因此厂商不能利用产品的差异来要求不同的价格。就消费者而言，他们也无法区分不同厂商提供的产品有何差异，因此不会产生产品忠诚度的问题。第三，完全竞争下的厂商可以完全自由地进入或退出市场。由于每一家的规模都很小，增加一家或减少一家厂商并不会在市场引起任何注意，但是虽然个别厂商对市场没有影响力，长期看新厂商的不断加入，会使市场供给增加，价格下降，终使原有厂商享有的超额利润消失。同样的，若原有厂商有损失，长期下也会因为有些厂商退出市场，而使全市场的供给减少，价格回升。完全竞争市场的最后一个条件是，生产者与消费者对于产品价格及其他市场状况都具有充分的信息。因此，哪一家厂商涨价或降价，大家都知道；任何一家提高价格，消费者会立即转向其他厂商购买；同样的，当任何一家厂商降价，消费者一定会蜂拥而至，因为他们都具有充分的信息。

在上述的 4 种条件下，完全竞争市场就可以显现出它的最主要特色，即每家厂商都是价格的接受者。如果有一家厂商要涨价，所有的顾客都会跑光，若一减价，则会有一大堆顾客上门；换句话说，每一家厂商面对的市场需求曲线都非常具有弹性。在极端情况下，我们可以说完全竞争厂商面对的是一条具有水平线的需求曲线。同时，由于每一家厂商规模相对于市场而言，都非常地小，因此不论它销售多少个产品，都不会影响到市场价格。所以，每一家厂商都可以在面对的水平市场需求弹性下，自由地选择其最佳的产出量。

我们必须再提醒读者，虽然每一家厂商的规模很小，虽然每一家厂商都不能单独影响价格，但是最后的市场价格却必须由所有厂商加总所组成的供给曲线与市场需求曲线来共同决定（如图 9.1）。在图 9.1(A) 中，市场的均衡价格 (P_0) 由市场供给曲线 (SS) 与市场需求曲线 (DD) 所决定，但在图 9.1(B) 中，每个个别厂商所面临的却是一条具有无弹性的水平线的市场需求曲线。

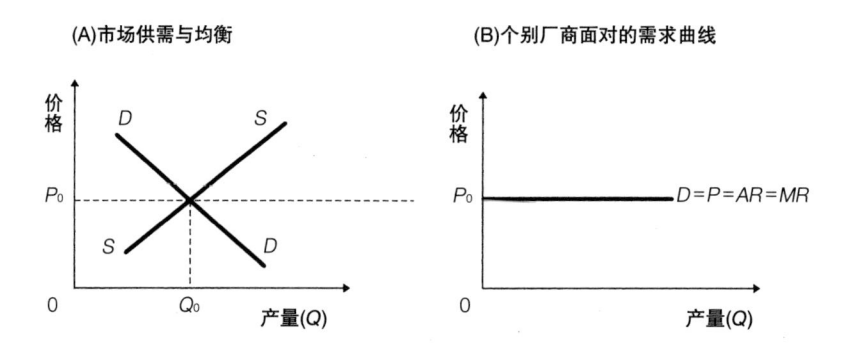

图 9.1 完全竞争厂商所面对的市场需求曲线

此处我们要再说明的是，事实上，完全竞争市场是一个非常理想化的市场，因为要找到质量完全相同的产品可能并不容易。农产品的质量很相近，以白米来说，我们也可以区分池上米、中兴米、富丽米等，它们的价格也不会完全相同。鸡蛋没有品牌之分，但也有大小和新鲜与否的差异。即使我们找到两个完全相同的产品，但也会因销售地点不同，而使价格有所差异。比方说，我们家巷口小店的统一原汁牛肉面一包要卖 40 元，但再远一点的统一超商只卖 35 元。再换句话说，厂商可以很容易地找到借口，让消费者相信它们的产品与别人不同。因此，要找到质量完全相同的产品是很难的。

同样的，假设消费具有完全充分的市场信息，也是一个与现实社会不尽相符的情况。一般而言，消费者的市场信息都会比生产者少，况且竞争市场上的厂商数目那么多，消费者如何去寻找售价最低的厂商呢？

不过，虽然我们指出一些不符合实际现象的假设，也指出完全竞争市场只是一个理想中的市场，但却不能抹杀完全竞争市场理论所带给我们的重要信息与经济含义。尤其在下节中，我们会详细说明完全竞争市场所具有的重要经济福利之含义。虽然我们不能使市场达到完全竞争，但竞争所带给我们的经济意义却非常清楚。如此，完全竞争理论就足以有它存在的价值了。

（二）个别厂商的短期均衡产出

由于完全竞争厂商面临的市场需求曲线是一条水平线，因此不论它要销售多少产品，都可以用市场价格 (p) 来出售。假设一家厂商出售的数量为 q，则其"总效益"(total revenue, TR) 为

$$(9.1) \qquad TR = p \times q$$

因此平均收益 (average revenue, AR) 为

$$(9.2) \qquad AR = \frac{TR}{q} = p$$

而每多卖一个产品的边际效益 (marginal revenue, MR) 为

$$(9.3) \qquad MR = \frac{\triangle TR}{\triangle q} = p$$

事实上，由于需求曲线是水平线，每个单位商品的售价都是 p 元，因此平均价格也是 p 元，所以平均收益也是 p 元。同时，每多出售一个商品的收入也是 p 元，此即边际收益。因此出售商品的平均收益与边际收益会相同，即 AR=MR，这可说是完全竞争下的另一项特色。如图 9.1(B)，个别厂商面临的（水平）需求曲线 D，也就是他的平均收益曲线 (AR) 和边际收益曲线 (MR)。

233

厂商的最终目的在追求最大利润。当厂商知道市场价格及自己的收益情况之后，它就要再进一步考虑自己的最适产量与生产成本，以求得最大利润 (π)。厂商的利润为总收益 (TR) 减去总成本 (TC) 的剩余，即

(9.4) $$\pi = TR - TC$$

要使利润最大，厂商必须找到一最适量 (q^*)，使下式成立

(9.5) $$0 = \frac{\triangle \pi}{\triangle g} = \frac{\triangle TR}{\triangle q} - \frac{\triangle TR}{\triangle q} = MR - MC$$

亦即

(9.6) $$MR = MC$$

(9.6) 式的经济意义很清楚，厂商追求最大利润的必要条件是要找到一个产量，使得生产的边际效益 (MR) 等于边际成本 (MC)。当边际收益大于边际成本时，表示多生产一单位产品的收入会高于多生产一单位产品的成本，此时厂商当然应该增加产出。相反的，当边际收益小于边际成本时，多生产一单位产品的收入会小于多生产一单位产品的成本，此时厂商自然要减少产出。唯有当边际收益等于边际成本时，厂商才不应该再增加或减少产出，此时的产量 (q^*) 应该就是厂商的产量，因为这时厂商的利润最大，我们也称该产量为厂商的均衡产出。

我们也可从图 9.2 中，进一步了解厂商的最适产量。在图 9.2 中边际收益 (MR) 与边际成本 (MC) 相交于 A 点，该点就是厂商追求最大利润下的最佳选择，或称短期均衡点，此时厂商的最适产量为 q^*。

在均衡产量 q^* 之下厂商的平均成本为 Bq^*（或 D0），总成本为平均成本 (Bq^*) 乘以数量 ($0q^*$)，因此总成本为面积 $0DBq^*$。同时，平均收益为 0P，总收益为平均收益乘以数量 ($0q^*$)，故总收益为 $0PAq^*$。后者减去前者就是厂商的利润 (π)，即面积 DPAB，这也是厂商在现有价格 P 下所能达到的最大利润。

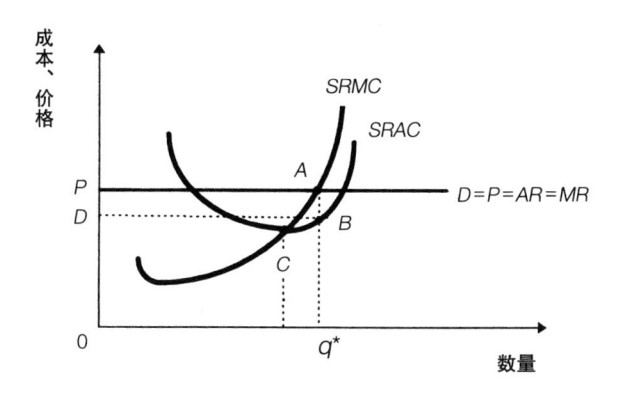

图 9.2　完全竞争厂商的短期均衡

值得注意的是，完全竞争市场并不能保证厂商在短期内一定会有利润。比方说，在图 9.3 中，若市场价格 (P) 低于生产成本的最低点 (E)，此时厂商在短期下就会有损失。此时厂商该如何选择最适产量呢？答案与前面相同，即仍然选择边际收益等于边际成本的一点（即 A 点），因为如此可以使厂商的损失最小，如图 9.3 中的 PDBA。

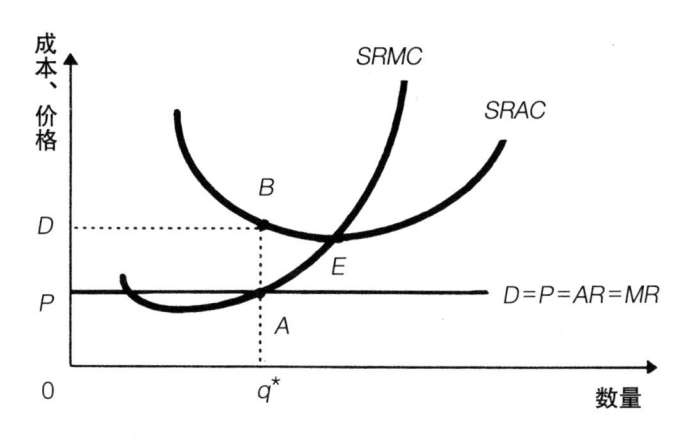

图 9.3　有损失的完全竞争厂商

（三）完全竞争厂商的短期供给曲线

在图 9.2 中，我们看到价格较高时，厂商会维持边际成本等于边际收益，使利润最大。而在图 9.3 中，我们也看到价格较低时，厂商仍然会维持边际成本等于边际收益的条件，使得损失最小。事实上，不论价格是高或低，为追求利润最大，厂商都会维持边际成本等于边际收益的条件。

在此种情况下，我们发现其实厂商的最适产量选择一直都在其边际成本曲线上移动，如图9.4。在价格为 P_1 时，厂商的短期均衡为 A 点，最适产量为 q_1；价格为 P_2 时，最适产量为 q_2；价格为 P_3 时，最适产量为 q_3。因此，我们可以得到一个很重要的结论，即对完全竞争厂商而言，其边际成本曲线就是厂商的供给曲线，因为个别厂商的短期供给曲线的价格与数量关系会完全反应在其短期边际成本曲线上。

不过，并不是整条短期边际曲线都是供给曲线。我们知道当价格低于平均成本的最低点（如图9.4 的 C 点）时，厂商会面临损失，但为追求损失最小，厂商仍然会持续生产 (q_3)，使得边际收益与边际成本的条件被满足。但如果价格再下降呢？比方说降到 E 点，厂商还应该生产吗？此时应该生产多少呢？这里有一个非常重要的观念，必须详加解释。

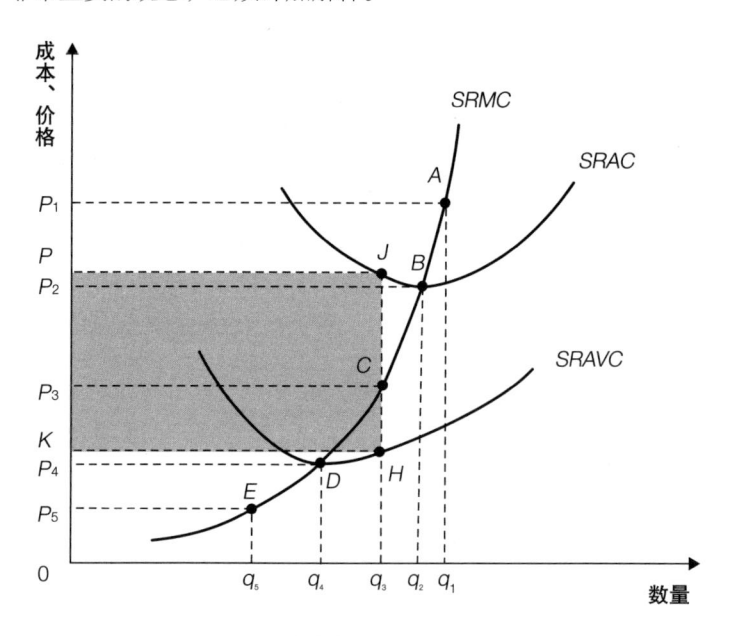

图 9.4 完全竞争厂商的短期供给曲线

短期内，厂商的成本可分为两种：即"变动成本"与"固定成本"。前者与产量有关，产量愈多，变动成本支出也愈大；而后者则与产量无关，不论生产多少，固定成本的支出都是固定的。当产品价格为图 9.4 中的 P_1 时，厂商有正的利润，厂商当然会乐于生产。但是当产品价格下降到比平均成本还低的时候，如图 9.4 中的 P_3 点时，厂商是否还应该生产呢？此时厂商有两种选择，即继续生产 q_3，或完全不生产。依图形来看，厂商继续生产时，其损失为每单位损失 JC 乘上产量 q_3，因此总损失为面积 P_3CJP。但若完全不生产，则会损失所有的固定成本，在图形中，q_3 下的平均固定成本为 JH，即短期平均成本 ($SRAC$) 与短期平均变动成本 ($SRAVC$) 之差距，因此此时固定成本总额可以用图形面积 $PJHK$ 来表示。由于 P_3CJP 小于 $PJHK$，因此厂商应选择继续生产。

上述选择的经济理由也很清楚，因为如果不生产，厂商会损失已经投入的所有固定成本 ($PJHK$)。而如果生产，因为此时价格 (C) 高于平均变动成本 (H)，因此，在生产 q_3 之下，厂商不但可以把变动成本（面积 $0q_3HK$）赚回来，甚至还可以多赚回一些 ($KHCP_3$) 来弥补固定成本的损失，因此生产下的净损失较小。

如果价格跌到 P_5，此时厂商若生产，其最适点为 E 点。在 E 点上，由于价格低于变动成本，所以厂商若投入生产，则其收入不仅不能收回变动成本，更不可能回收任何已经投入的固定成本。所以厂商这时最好的选择应该是歇业不生产，放弃已有的固定投入，这是最佳的选择。

沉没成本不是成本？

固定成本是短期内存在的成本，特性之一是厂商在决定生产多少数量之前，就已经存在的了。不论厂商最后决定生产多少产量，固定成本都不会变动，因此我们称为"沉没成本"(sunk cost)。由于固定成本与产量无关，厂商在决定最适产量时，应该完全不用考虑固定成本的大小，只要考虑收益与变动成本之间的关系即可。这是一个非常基本且重要的经济观念，兹举一例说明之。

假设崑滨叔住在浊水溪旁，以种植西瓜为业。某年夏天，他投入了种子及肥料等共 20000 元的成本，种出了总重 1000 公斤的西瓜，准备收成。但他估计还要花上 10000 元的人工来收成与搬运到市场上去。请问在下列三种不同的市场情况下,他应该如何去做决策才可以使他的利润最大,或损失最小呢?

情况 1:现在西瓜的市场情况很好,西瓜批发价每公斤 35 元,崑滨叔如果把西瓜收成,并送到市场上去,他的利润会是:

(35 × 1000) - 20000 - 10000=5000 元

如果不收成,则已投入的 20000 元心血(沉没成本)就泡汤了,损失为 20000 元。当然,这时候他会选择收成他的西瓜。

情况 2:由于今年瓜农的一般收成都还不错,市场上的西瓜批发价格每公斤 20 元。请问他该收成这些西瓜吗?若不收成,则原来的心血就都损失了,损失 20000 元。但若收成,则会有损失,利润为:

(20 × 1000) - 20000 - 10000= - 10000 元

在收成之下,净损失为 10000 元,小于不收成下的损失 (20000 元),故他应该收成该批西瓜。

情况 3:由于瓜农全面丰收,市场上西瓜的批发价大跌到只剩下每公斤 5 元,此时崑滨叔还应该收成吗?若不收成,则沉没成本是他的损失 (20000 元);若收成,则利润为:

(5 × 1000) - 20000 - 10000= - 25000 元

收成下的损失 (25000 元) 还超过不收成下的损失 (20000 元),因此崑滨叔这时的最佳选择是让西瓜留在田里,不应该采收。

在上述的三种情况中,其实真正该比较的是收成后的收益与收成时要多花的成本(即变动成本 10000 元),而原先已投入的 20000 元是沉没成本,不应考虑。在三种情况下,收益分别为 35000、20000,以及 5000 元,前两者高于变动成本 (10000 元),故应采收,而最后一种情况下的收益 (5000 元),甚至无法用来支付采收时的人工成本 (10000 元),因此应该放弃而不收成。

因此，我们可以得到一个结论，当产品价格低于平均变动成本 (SRAVC) 的最低点时，厂商的最佳选择是歇业，不再生产；而价格若在 SRAVC 的最低点以上，则应依边际成本等于边际收益的条件继续生产。因此，我们把平均变动成本的最低点 (D 点)，称为厂商的"歇业点"(shut-down point)。因此，厂商歇业点以上的边际生产成本曲线，才是完全竞争厂商真正的"短期供给曲线"(short-run supply curve)。

（四）完全竞争市场的短期均衡

在完全竞争时，每家厂商都会把它的边际成本曲线当作供给曲线，然后依市场价格来决定其最适产量。但另一方面，市场价格却要由所有的市场供给与市场需求来共同决定。为简化起见，我们假设所有的厂商信息都相同，生产能力也一样，所以生产规模也相同，因此生产函数与生产成本也一样。因此，我们把所有厂商的供给曲线水平加总，就可以得到整个市场的供给曲线，见图9.5。假设完全竞争市场中共有 n 家厂商，每家的供给曲线为 S_1、S_2……，其中 P_1 为变动成本的最低点，即厂商歇业点，因此供给曲线一定要在 P_1 之上。当我们把所有的供给曲线水平相加，就可以得到全体产业的供给曲线 S。注意此时 S 曲线的斜率要小于任何一条个别厂商 S_i 的斜率，换句话说，整个产业的供给弹性要大于个别厂商的供给弹性。因为当价格上升时，个别厂商会随着边际成本线来增加产出，但对全体产业而言，不但个别厂商的产出增加，而且厂商都会增加产出，并且还会有其他厂商的加入，因此产出增加更多。所以，整个产业的供给弹性会大于个别厂商的供给弹性。

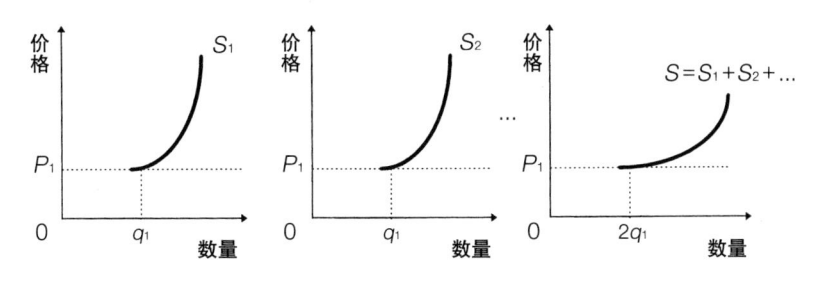

图9.5 完全竞争市场下的市场供给曲线

最后，由市场供给与需求，我们就可以得到市场的"短期均衡"(short-run equilibrium)，如图 9.6 的 E 点。在短期均衡下，市场价格为 P_0，市场供给量为 Q_0。此时个别厂商的生产最适点为 A 点，且供给量为 q_0。因为我们曾经假设此时有 n 家规模相同的厂商，所以市场的总供给量 Q_0 就会等于个别市场所有供给量的总和（即 $n \times q_0$）。

爱迪生是第一位美国产品倾销专家

大家都知道美国的爱迪生 (Thomas Edison, 1847—1931) 是一位电器发明家。事实上，根据 1911 年 12 月 20 日《华尔街日报》的报道，他也是一位懂得变动成本与固定成本、边际成本与边际收益的营销专家。下面引述他在报上的谈话：

"我是美国第一位把卖不掉的存货向国外倾销的制造商。30 年前我的财务报表显示没有赚什么钱。工厂的设备没有完全利用，因为产品在国内市场已经饱和。我们就想到让工厂设备完全利用，把生产出来卖不掉的产品以低于总成本（注：固定成本加变动成本）的价格向国外销售。所有同事都反对我，但我早就请专家做了成本的计算。如果我们增加产量 25%，变动成本只增加 2%。我就请人把这些国内卖不掉的产品以远低于欧洲产品的价格向欧洲倾销。"

爱迪生了解到：只要卖到欧洲商品的价格高于变动成本，其高出的收入就可以用来偿付固定成本。这短期策略有助于减少损失，长期来说，也就有助于市场占有率的扩大、公司的成长与利润的增加。

在短期市场均衡下，个别厂商可能有利润，也可能有损失。在图 9.6 中，由于价格超过平均成本的最低点，所以厂商有超额利润存在。在长期内，就有可能吸收更多的厂商进入市场，分享这些超额利润。但在短期内，新的厂商无法加入市场，使得现有厂商得以享有利润。

如果此时市场需求突然由 D_0D_0 增加到 D_1D_1，在短期内，由于厂商数目相同，因此市场供给曲线不会移动。在需求增加之后，市场均衡移动到 E_1 点，市场均衡价格会上升到 P_1，均衡产量增加到 Q_1。在市场价格上升之后，此时价格超过原来的边际成本，因此个别厂商的产量就会增加直到价格等于边际成本为止 (B 点)，个别厂商的最适供应量为 q_1。由于市场上厂商的总数 n 不变，因此市场总供给量 Q_1 仍然等于个别厂商供给量的加总 $(n \times q_1)$。

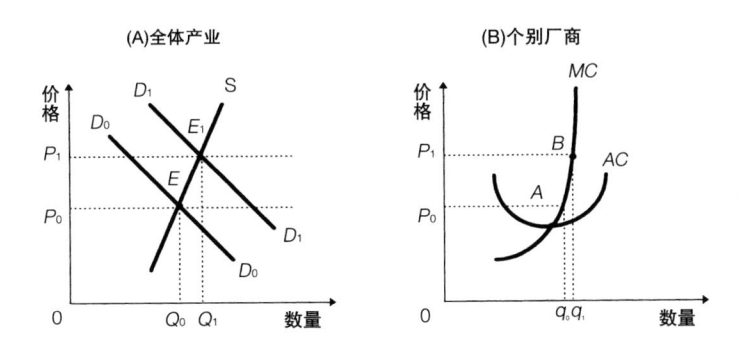

图 9.6　完全竞争厂商所面对的市场需求曲线与短期均衡

短期内，需求增加时，会导致市场价格上升，及交易量增加；由于厂商数目不变，个别厂商的产量也会随着增加，同时个别厂商的利润也会扩大。反之，若市场需求减少，则市场的价格与交易量都会降低，个别厂商的产量与利润也会同时减少。

三、完全竞争市场的长期均衡

（一）长期均衡状况

短期内，完全竞争市场的主要限制之一是厂商的数目不变，因此当需求发生变化时，均衡数量的增加或减少都要由个别厂商的产量变化来因应，个别厂商的利润也会随之发生变化。在图 9.7 中，短期内个别厂商的利润随着需求的增加而扩大，因为短期内不会有新的厂商进入市场来竞争。

长期的情况就复杂许多，当现有厂商有超额利润存在时，就会吸引新的厂商加入。新厂商加入一方面会使市场供给增加，导致均衡价格下跌。另外一个影响则是由于现在有更多厂商投入生产，因此会对生产要素产生更多的需求，如劳动、资本、土地等。在要素市场需求增加下，要素价格被迫上涨，导致所有厂商的生产成本全面提高。因此新厂商的加入，一方面会使产品价格下降，一方面又可能使产业的生产成本上升，终将导致现有厂商的利润逐渐减少。

完全竞争市场允许新厂商加入，因此只要现有厂商有超额利润存在，上述过程就会不断进行，现有厂商的利润就会不断减少，直到价格下降到平均成本的最低点，也就是直到厂商的超额利润为零，新的厂商才会停止进入。

相反地，如果短期内现有厂商有损失存在，长期内就会有厂商不堪亏损而退出市场，当然也不会吸引任何新厂商进入。在厂商数目减少后，供给减少，价格上升，直到仍停留在市场上的厂商亏损消失为止。

因此，长期内的市场均衡情况会如图 9.7 所示，市场供给与需求所决定的均衡价格 P^*，会刚好为个别厂商长期供给曲线的最低点（即 A 点）。由于此时市场价格等于平均成本（也等于边际成本），因此个别厂商没有超额利润，所以不会吸引新的厂商进入；但因为没有损失，所以也不会有厂商退出。因此，厂商的数目也确定（假设共有 n^* 家）。由于此时市场交易量为 Q^*，而个别厂商的最适产量为 q^*，所以市场交易量（Q^*）应该等于所有个别厂商产量的加总，即 n^*q^*。

我们称上述状况为完全竞争市场的长期均衡 (long-run equilibrium)，因为此时不但每一个厂商都维持在最适产量（即平均成本最低时的产量 q^*），而且厂商数目固定。在没有其他外力影响之时，个别厂商产量不会发生变化，且厂商数目也不会变动，所以是一个均衡状态。

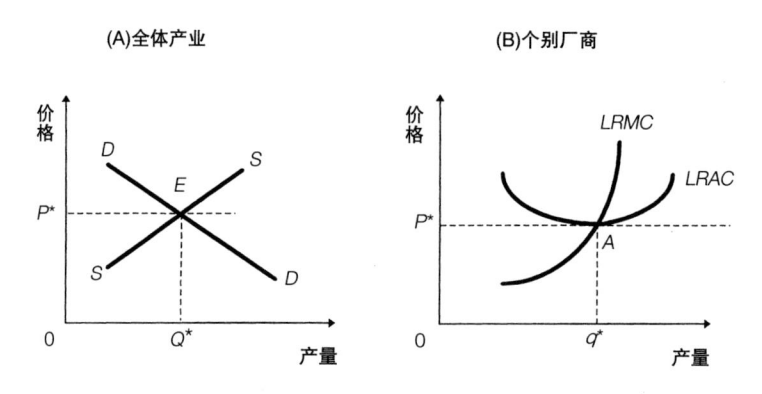

图 9.7 完全竞争市场的长期均衡

值得注意的是，当市场由短期均衡调整到长期均衡时，市场价格 (P) 与市场产量 (Q) 都会发生变化，两者都由市场供给与需求所决定。但对个别厂商而言，为因应新的市场价格，不但每家厂商的生产数量会调整，而且整个产业中厂商的数目也会变动，这是长期均衡与短期均衡一个很不一样的地方。

（二）长期均衡下的福利含义

完全竞争长期均衡对于资源使用效率与社会福利有几个很重要的经济意义，值得我们再加以说明：

第一，完全竞争在长期均衡下，会使厂商在长期平均成本曲线的最低点生产。事实上，该点同时也是短期平均成本曲线的最低点，见图9.8。由于短期平均成本曲线的最低点表示该生产规模已被充分利用，而长期平均成本的最低点也表示在所有产量当中，能够达到成本最低的生产方式，所以，无疑地，这是最有效率的生产方式，生产性资源都被充分利用。

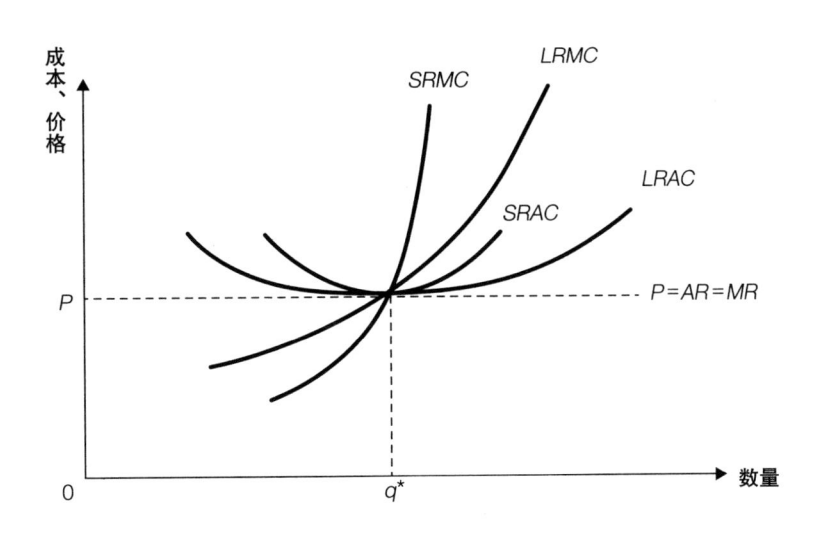

图 9.8 完全竞争市场长期均衡的福利含义

第二，长期均衡下，市场价格 (P) 等于厂商的平均收益 (AR)，也等于边际收益 (MR)，也等于边际成本 (MC)。其中市场价格 (P) 代表市场上消费者在消费此一单位商品时，所愿意支付的价格，我们也可以看成是这个产品所能带给整个社会的边际利益。另一方面，厂商生产一单位商品需要投入的边际成本，则可被看成是社会为生产此一单位商品所需支付的边际成本。在完全竞争之下，两者相等，表示这时候的社会福利可以达到最大，即 $P=MC$。因为若 $P > MC$，表示每单位商品带来的社会福利大于社会生产所需的成本，从整个社会的角度来说，此时应该再继续生产。反之，如果 $P < MC$，表示全社会的生产成本太高，应该减少生产。而完全竞争之下，可以使 $P=MC$，达到社会资源使用的最高效率。同时，由于此时价格也等于长期平均成本的最低点，表示消费者可以用最低的价格来购买，因此消费者剩余最大，社会福利最高。

第三，使完全竞争市场能达到长期平均成本最低点生产的一个重要条件，就是厂商可以自由进入或退出市场。在允许厂商自由进入之下，当原有厂商有利润存在时，长期内就会有新的厂商加入竞争。此时，由于供给增加，会促使市场价格下降。另一方面，价格降低，长期内也会迫使厂商寻求成本最低点的方式生产。对大多数经济学家而言，几乎都会同意市场开放与自由竞争，主要的理由在此，这也就是自由竞争的真谛。

（三）产业的长期供给曲线

在短期内，由于市场上厂商的数目固定，因此整体产业的供给曲线由个别厂商的供给曲线水平加总即可。但长期内情况不同，一方面厂商数目会调整，使得厂商供给曲线水平加总之和会产生变化，更重要的是，由于厂商数目的变化，可能因生产要素需求增加，导致要素价格和生产成本的变动，使得整个产业的供给曲线发生变化。

假设市场原来在长期均衡下，如图9.9(A)的 E 点，市场均衡价格为 P_0，交易量为 Q_0，个别厂商的生产量为图9.9(B)中的 q_0。现在假设市场需求突然增加至 D_1，短期下价格上升至 P_1，交易量增加为 Q_1，个别厂商的产量增加到 q_1，但长期下的变化呢？

由于此时市场价格超过长期成本的最低点，因此厂商有利润存在。在超额利润的吸引下，新的厂商不断加入，使供给增加。同时，由于新厂商出现，对于相关的要素市场价格产生压力。现在有三种可能情况：1. 要素市场价格不变；2. 要素市场价格上升；3. 要素市场价格下跌。兹分别讨论之。

(A)全体产业 (B)个别厂商

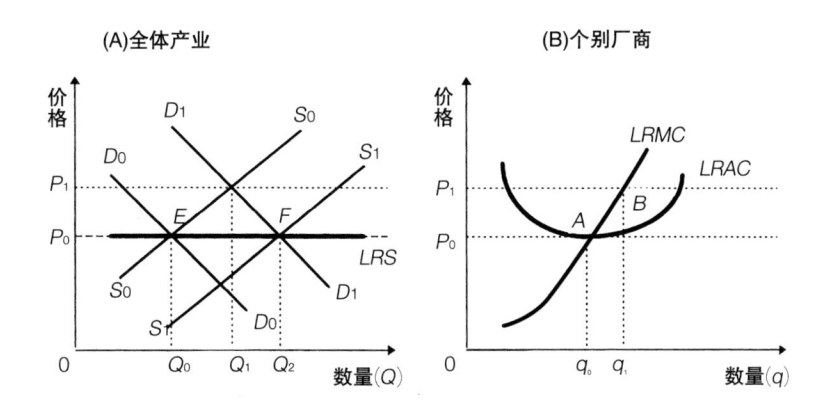

图 9.9 完全竞争产业的水平长期供给曲线

Uber 与出租车的市场竞争

随着网络世界的发达，全球最大的网络叫车平台 Uber，对于世界上许多国家和地区的出租车业都造成强大的竞争。在台湾也是一样，由于网络叫车很方便，再加上其价格具有很大的弹性，因此目前使用 Uber 叫车的也大有人在。然而，由于 Uber 不愿意在台湾设立实质的公司，接受政府部门管理，另一方面，他们也不愿意在台湾缴税，因此当局一直不愿意开放 Uber 在台湾的合法营运。

另一方面，长久以来，台湾的出租车业都实施所谓的靠行制度，主要理由在于方便当局管理。而且由于担心出租车数目太多，于是当局对于每一县市的出租车数目都加以管制。在严格的数目管制之下，出租车牌照变得物以稀为贵。不但如此，只拥有出租车牌照还不够，还必须要登记在某家出租车行之下，才能营业，这就是所谓的靠行制度。于是有心想开出租车的人就必须准备两种基本费用，一个是缴纳高昂的成本，以购买出租车营业执照，另一个是定期缴纳出租车的靠行费用。相形之下，出租车业者就大发利市，有些业者干脆自行购买昂贵的出租车执照，出租给个人出租车司机，然后再收取靠行费用。

较早以前，由于出租车数目较少，虽然开车的司机很辛苦，还要缴纳两种费用，但仍然可以享有不错的生活。现在出租车牌照虽然增加发行，但大

> 多数仍流到车行手中，出租车司机除了必须缴纳两种额外费用之外，再加上竞争较大，使得出租车司机们的收入大不如前。
>
> 管制出租车数目的目的之一，就是在以限制自由进入市场的原则下，来提高司机们的收入。但是在靠行制度下，司机们的利润绝大多数都被车行剥削而去，出租车司机朋友苦不堪言，现在再加上 Uber 的竞争，造成出租车业者收入更少。
>
> 其实，大家都知道，随着网络时代的来临，网络平台的使用势必不可抵挡。从消费者的角度来看，开放网络叫车是一定有必要的。但是，另一方面，现在出租车业者受到靠行制及其他的管制太多，因此，在开放 Uber 进来之前，出租车业者相关体制也应该做同样的修订及开放，包括靠行制度及网络叫车等。事实上，台湾现在也已经有一些网络叫车平台，例如"呼叫小黄"，但是因为出租车管理制度太严，使得这些网络叫车也受到很多限制，并容易受到来自 Uber 的竞争。

如果此一完全竞争厂商在要素市场上只占小小的一部分，当其厂商数目增加时，要素需要的增加对要素价格不会造成任何影响。换言之，我们假设此时厂商的生产成本没有任何变化。因此，当产品需求增加时，价格上升会引起厂商数目及产品价格的增加，而使价格又趋下降。但只要价格仍超过长期平均成本的最低点，厂商利润仍然存在，新的厂商就会不断增加，且使供给曲线右移，一直到均衡价格重新回到原来长期平均成本的最低点，也就是原来的价格为止（P_0）。此时的供给曲线为 S_1，新的市场均衡点为 F 点。

在新的市场均衡点 F 下，均衡价格仍然是 P_0，而新的交易量为 Q_2。但是个别厂商的交易量由短期内增加到的 q_1，再回到长期平均成本的最低点 q_0。那么市场是如何因应交易量的增加呢？答案是：市场上厂商的数目增加了。虽然个别厂商的产量不变，但厂商数目增加，因此使得全体产业的供给仍然是增加的。此处我们看到短期与长期在因应市场变化时的不同，短期内因为厂商数目不变，故个别厂商以增加产出来应付需求的增加。而长期内，因为利润的存在，促使更多的厂商进入市场，而原有的厂商在竞争压力下，不得不降低生产成本，最终又回到长期成本最低的地方生产，因此产量又回到原先的均衡产量（q_0）。

就个别产业的供给来看，长期内的供给曲线虽然由 S_0 增加到 S_1，但真正均衡点的移动由原来的 E 点移动到 F 点,连接 E、F 两点,形成的才是整体产业的"长期供给曲线"(long-run supply curve, LRS)。在本例中,产业的长期供给曲线为水平线,主要原因在于产业的产量增加时,对生产要素价格没有产生任何影响,所以个别厂商的长期平均成本也没有变化。在竞争的压力下,厂商会回到长期平均成本的最低点生产,而且产品价格也会维持在该点之上,所以长期供给曲线就变成一条水平线。

鸡蛋市场是一个很好的例子。一方面生产鸡蛋接近完全竞争市场,另一方面,生产鸡蛋的农民数目相对于全体农民的数目而言是很小的。因此,当鸡蛋消费需求增加而导致蛋价上升时,原有蛋农的收益会增加,但也因此而吸引了更多农民从事养鸡生蛋的工作。由于所需要增加的蛋农、饲料、土地都不会很多,因此这些生产要素的价格不会变动,原来厂商的生产成本也没有受到影响。但由于不断地有蛋农加入生产行列,使得鸡蛋供给一直增加,直到原有蛋农的超额利润完全消失为止。由于原有蛋农的生产成本不变,故最后的市场价格仍然会维持在原有蛋农生产成本的最低点,所以他们的产量也会回到原来的产量之下。此时,产业产量的增加是以蛋农数目的增加来满足,个别蛋农的产量与以前是相同的。

现在再假设:原来竞争市场上需要许多的生产要素。因此,当产品需求增加而使价格上升时,长期内厂商数目会因为利润的存在而增加。另一方面,由于生产要素需求的增加,而导致要素价格上升,也使得原有厂商的平均生产成本往上移动,如图 9.10。在图 9.10(A) 中,原来的长期均衡点为 E 点,均衡市场价格为 P_0,市场均衡产量为 Q_0,个别厂商的最适产量为 q_0。长期内,由于需求增加,使价格上升,也使厂商利润增加,但由于吸引了许多新厂商的加入,导致要素价格上升,也导致长期平均成本由 $LRAC_0$ 上升到 $LRAC_1$,如图 9.10(B),使得个别厂商长期平均成本最低点由 A 点上移到 B 点。

由于最低生产成本上升,使得产业的最终均衡价格也上升至 P_1,见图 9.10。在新的市场均衡下,市场价格上升 (P_1),市场交易量增加 (Q_1),而个别产量也由 q_0 增加到 q_1。此处必须说明的是,我们可以确定全体产业的总产量一定会增加,而且厂商的数目也会增加。但个别厂商的产量则可能会增加,也可能会减少,这取决于长期平均成本曲线的形状,以及如何往上移动。

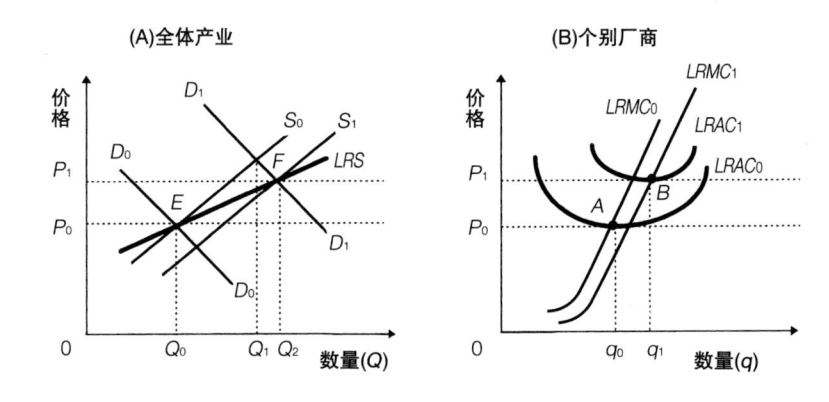

图 9.10　完全竞争产业的递增长期供给曲线

无论如何，我们在图 9.10 中看到，由于厂商数目增加以及对要素需求增加，导致生产成本的增加。所以，虽然长期内仍然保持在新的长期成本的最低点，但也同时造成产品均衡价格的上升，所以产业供给曲线 (LRS) 变成正的斜率，即价格上升，且产量也增加，造成产业长期供给曲线具有正斜率的主要原因，即在于要素成本增加。

对大多数的产品来说，只要产业规模够大，则当全体产出增加时，难免都会造成对要素市场的压力，从而导致生产成本的增加。所以，我们看到大多数产业的长期供给曲线都是正斜率的。

最后一种情况是具有负斜率的产业供给曲线。造成负斜率的产业供给曲线的一个原因在于生产要素市场因需要增加，而使要素市场价格下跌，从而使得产品市场上的生产成本降低。一般来说，这种情况并不容易出现，唯一的可能是当要素市场扩大时，要素市场的供给者可以通过规模经济的生产方式，来降低要素的生产成本，从而可以用较廉价的方式来供应，使得产品的生产成本降低。

虽然我们不容易看到要素市场的价格下跌，但有时候仍然可以看到产业有负的长期供给曲线，主要原因在于产业的生产技术进步。在一个技术进步迅速的产业中，由于生产成本不断因技术进步而下降，在完全竞争的情形下，会使价格也不断地往下调整，最终导致产业的曲线出现负斜率，见图 9.11。

在图 9.11 中，我们假设因为生产技术进步，使得产业中个别厂商的长期生产成本往下移动，由 $LRAC_0$ 至 $LRAC_1$。因此，当需求增加时，市场交易量与生产规模的扩大，带动厂商技术增加与成本降低，终而使产业出现负斜率的长期供给曲线 (LRS)。

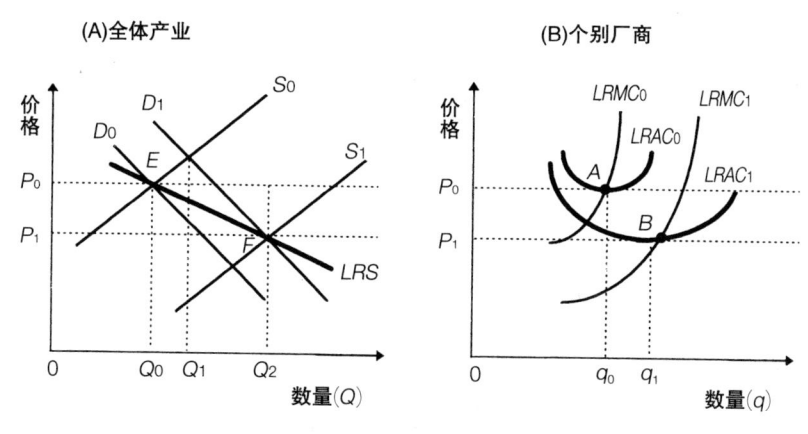

图 9.11 完全竞争产业的负斜率长期供给曲线

台湾的计算机产业可以作为一个例子。虽然计算机业者的数目不一定多到类似完全竞争，但竞争十分激烈。尤其台湾计算机产业技术进步非常迅速，使得生产计算机的成本不断下降。在市场竞争的巨大压力下，厂商也不得不以降价来应对压力，然而由于技术进步导致成本下降，所以计算机业者也有较大的降价空间。因此，虽然长期下计算机的市场需求不断增加，供给增加的速度更快，从而使得整个计算机产业出现负斜率的长期供给曲线。

经 济 名 词

市场力量	市场结构	完全竞争市场
不完全竞争市场	独占	寡占
独占性竞争	价格决定者	价格接受者
进入障碍	自由进入	齐质产品
异质产品	超额利润	正常利润
经济利润	充分信息	总收益
平均收益	边际收益	歇业点

短期均衡　　　　长期均衡　　　　短期供给曲线

长期供给曲线　　沉没成本

讨 论 问 题

1. 请分别说明完全竞争、独占性竞争、寡占、独占的特性，并各举二例说明之。

2. 试述"自由进出"的假设在完全竞争市场中的重要性，及在其他市场结构中的重要性。

3. 沉没成本是不是厂商的成本之一？厂商在做决策时，应如何对待沉没成本？你可以举出两个沉没成本的例子吗？

4. 完全竞争市场的条件有哪些？请分别说明之。

5. 请说明正常利润、超额利润与经济利润的异同。

6. 何谓歇业点？完全竞争厂商的歇业点何在？

7. 试比较完全竞争市场下，短期均衡与长期均衡的异同。

8. 试比较完全竞争市场下，市场的短期供给曲线与长期供给曲线之异同，并说明为什么长期供给曲线可能会出现负斜率的情况。

9. 请说明完全竞争市场所具有的经济福利含义，并说明为什么大多数经济学家赞成自由竞争。

10. 你赞成"物竞天择，适者生存"这句话吗？你觉得生物之间的竞争与本章所谓的竞争有何异同之处？

11. 有一家完全竞争厂商面对的商品市场价格为 q 元，而其总成本线为 $TC=q^2-q+4$。请问其最适产量为多少？此时的短期利润为多少？

12. 请说明在完全竞争市场下，厂商平均收益与边际收益之间的关系。

13. 在完全竞争市场下，如果所有厂商都是价格接受者，请问市场均衡价格是由谁决定的？为什么？

14. 请找出两样你认为接近完全竞争市场的商品，并到三家附近的商店中，比较此两种商品的价格。说明你做市场调查的结果是否支持完全竞争市场的条件？为什么是？或者为什么不是？

第十章

独占市场

★ 独占厂商的行为
★ 价格歧视
★ 独占的效率与管制

一、独占厂商的行为

（一）形成独占的原因

当厂商只有一家时，市场就出现了所谓独占或者垄断的现象，有时亦称"纯粹独占"（pure monopoly）。这种独占有三个特征：1.产品只有它独家销售；2.没有竞争对手或潜在竞争者；3.产品缺少近似替代品。

在本章中，独占与垄断两个名词互用。

在独占市场中，因为厂商是唯一的生产者，所以它是一个价格决定者，可借着降低价格出售更多的产品。在完全竞争市场下，厂商则是价格接受者（接受市场上的价格），在市场决定的价格下，可以出售它所想要出售的数量。因此，在完全竞争下，每一个价格接受者（厂商）所面对的是一条与横轴平行的需求曲线；在独占市场下，每一个价格决定者（独占厂商）所面对的则是整个社会的向下倾斜的需求曲线（见图10.1）。

独占产生的基本原因，是由于其他厂商进入产业的障碍，以及它本身拥有的成本优势。

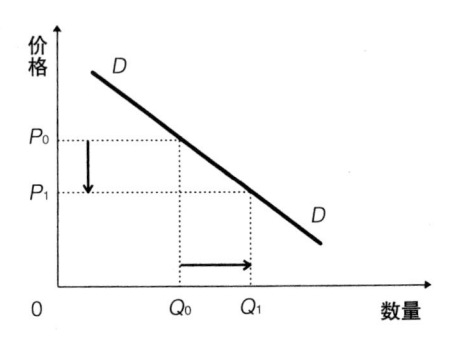

图 10.1 独占厂商所面对的需求曲线

1.进入产业的障碍

一旦厂商拥有独占力（如当地唯一的电力公司），就容易长期获利，不必担忧新竞争对手出现。

别的厂商要进入一个独占市场的主要障碍有：

(1) 法令限制： 政府设有各种限制，新厂商不易进入许多产业（例如，电信与电力事业）或职业（例如，医生及律师等需领执照等）。

(2) 专利权： 政府对发明者提供若干年专利，禁止别人剽窃他们的智慧财产。

(3) 策略性资源的控制： 垄断者拥有生产该商品所需的关键性原料，竞争对手不易加入。例如 De Beers 公司控制了全球大部分的钻石矿权；台糖公司曾经控制全台湾产糖用甘蔗的购买市场，使得台糖成为台湾唯一的制糖业者。

2. 成本优势

厂商形成独占的另一个重要原因可能是由于成本低廉，其他厂商皆无法与之竞争。成本低廉的主要原因可能是：

(1) 规模经济： 如果一个厂商的经济规模极大，当它达到极高的产量后，平均成本仍然在渐减中，那么这厂商就能够以低成本击败任何潜在的竞争对手。

此种情况一般称为"自然独占"(natural monopoly)，最容易出现在需要大规模且平均成本递减的产业上，譬如水电、燃气等产业。

(2) 技术领先： 厂商在研究发展方面的投资生效，可能使该厂商的技术水平优越，生产成本低廉，从而领先竞争对手。

比方说，计算机业中的英特尔公司在生产个人计算机用的数学运算器上，就具有领先优势，使其在该产品上享有几近独占的地位。

（二）独占厂商的成本与收益

在生产成本方面，独占厂商一般而言除规模较大以外，其成本形态与其他厂商并没有太大差异，我们仍然可以沿用完全竞争厂商的成本形态来表示。后面我们要讨论的寡占与独占性竞争厂商的成本形态也大致相同。所以除非特别提及，否则我们都以 U 字形的平均成本作为所有厂商的成本形态。

在收益方面，独占者与完全竞争厂商截然不同。完全竞争厂商是价格的接受者，面临的是一条水平的需求曲线，所以它可以在固定价格下，出售任何它想出售的数量，市场价格不会受到影响。但独占者不同，它是市场上唯一的供给者，因此整个市场的需求曲线就是独占厂商面对的需求曲线。独占者若想要增加销售量，势必要降低价格才可以，因为市场需求曲线具有负斜率。在此种情形下平均收益 (AR) 与边际收益 (MR) 就会出现差异。

我们以表 10.1 来举例说明独占厂商总收益、平均收益，以及边际收益之间的关系。首先要说明一个重要基本观念，市场需求曲线 (D) 就是独占厂商的平均收益曲线 (AR)，见图 10.2，因此第 1 栏的价格也就等于第 5 栏的平均收益。因为就独占者而言，市场的购买量就是独占厂商的销售量。以表 10.1 为例，当价格为 2 元时，市场需求量为 6 单位，独占者的总收益为 12 元，故平均收益为 2 元；当价格为 5 元时，市场需求为 3 个，独占者总收益为 15 元，平均收益亦为 3 元。因为消费者在购买商品时，先看价格高低，然后再决定一次买多少。所以当时的价格，就是买方每买一个商品的平均支出，也就是卖方每卖一个的收入，亦即厂商的平均收益。事实上，因为交易习惯都是先谈好价钱，再决定一次买几个，因此价格就会等于平均收益。如果交易情况出现了交易价格与数量同时变动的情况，价格就不会等于平均收益。比方说，我们常看到路边水果摊上的广告："一斤 40 元，三斤 100 元。"此时我们称厂商定价有"价格歧视"(price discrimination)，因此价格与平均收益不会相等，我们会在本章的下一节中专门讨论价格歧视的问题。

表 10.1 中，第 2 栏表示的是市场需求量，也就是独占厂商在不同价格下所能销售的数目。第 3 栏为总收益，等于价格乘上销售量。第 4 栏的边际收益是指多销售一单位时，所造成总收益的变动。准确的写法应当把边际收益放在总收益与总销售量之间。例如第二单位时，边际收益为 5，应当放在单位一与单位二之间。不过通常为了减少阅读上的麻烦，并没有这样准确地标示。

边际收益与总收益及需求弹性之间有十分密切的关系，让我们以表 10.1 及图 10.2 来说明。

根据表 10.1 的第 1 与第 2 栏，就可画出图 10.2 中的需求曲线；根据表 10.1 中的第 2 与第 4 栏就可画出图 10.2 中的边际收益曲线。比方说，在单位 0 与 1 之间时，$MR=7$；在单位 1 与 2 之间时，$MR=5$；在单位 2 与 3 之间时，$MR=3$……其余依此类推。

表 10.1　独占者总收益、边际收益与平均收益的关系

(1) 价格	(2) 数量 (即市场需求)	(3) 总收益 (TR) =(1)×(2)	(4) 边际收益 (MR) = △(3) × △(2)	(5) 平均收益 (AR) =(3)/(2)
8	0	0	−	8
7	1	7	7	7
6	2	12	5	6
5	3	15	3	5
4	4	16	1	4
3	5	15	−1	3
2	6	12	−3	2
1	7	7	−5	1
	0	−7	0	

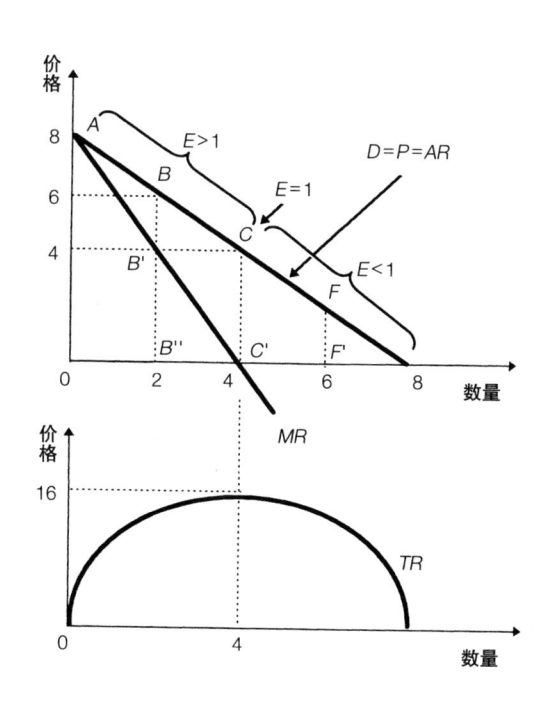

图 10.2　独占者总收益、弹性与总收益的关系

当需求曲线有弹性时 ($E > 1$)，边际收益为正值；弹性变成 1 时 ($E=1$)，边际收益等于零；弹性变小时 ($E < 1$)，边际收益变成负值。

255

从这样的关系中，我们就可下判断：垄断的厂商绝不会在边际效益等于零或变成负数时生产。也就是说，在本例中，他会生产的数量不会等于或超过4单位。

在需求弹性大于1时（即图10.2的需求曲线AC部分），价格下跌，总收益会增加，因此边际效益是正值。当弹性变成1时，总收益不变，因此边际效益等于零（因为边际收益 = $\triangle TR/\triangle Q$，当$\triangle TR=0$时，$MR=0$）。当弹性小于1时，总收益会下降，因此边际收益就变成了负值。

从这样的关系中，追求利润最大的独占厂商，也就只会在需求曲线弹性大于1的AC部分生产。

（三）独占厂商的短期均衡与长期均衡

独占厂商与任何其他厂商的目的相同，都在追求利润最大。而追求利润最大的基本原则也相同，即应达到边际收益等于边际成本的条件，即$MR=MC$。因为若$MR > MC$，表示多生产一个产品的边际效益会大于边际成本，此时厂商自然应该增加产出；相反的，$MR < MC$，表示收入不敷支出，因此厂商应该减少支出。唯有当$MR=MC$时，厂商才能满足利润最大的条件。但除了$MR=MC$以外，厂商还必须考虑时间因素。

因此，厂商的短期下的最适产量，也就是短期均衡应该是：若价格不低于平均变动成本时（$P \geq AVC$），厂商在边际收益等于边际成本（$MR=MC$）处生产。

长期下的最适产量是：若价格不低于平均总成本时（$P \geq ATC$），厂商在边际收益等于边际成本（$MR=MC$）处生产。

让我们以图10.3来说明。当独占者的产量为Q_0时（$MR=MC$时的产量），他就获得了最大利润。在Q_0处，$P_0 > AVC(AVC=I)$，因为价格大于平均变动成本，厂商在短期中仍会生产。在Q_0处，$P_0 > AC(AC=G)$，所以，厂商在长期下也将生产。

在Q_0处，厂商的利润等于$GFEP_0$（阴影面积），也就是平均单位利润（P_0-AC）乘以产量 $=(P_0-G) \times Q_0$。

另一方面，垄断厂商也可能亏本而倒闭。如果固定成本较高，使得Q_0处的$AC > P_0$，但$P_0 > AVC$，那么厂商在短期中仍然生产，但长期中则要考虑关闭。

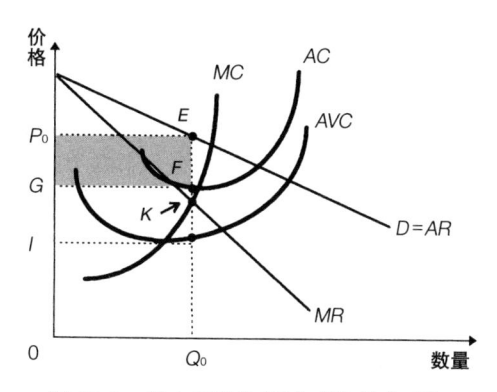

图 10.3 独占厂商短期中求取最大利润

例如在图 10.4 中，厂商决定生产的话，最适产出水平仍然是 MR=MC 时，决定均衡产量 Q_0=3。在短期下，因为 P_0(10 元) 超过 AVC(6 元)，所以厂商会生产，但会发生 $GFEP_0$ 的损失 (阴影面积，总收益 TR=10×3=30，减总成本 TC=12×3=36，等于损失 6)。值得注意的是，如果歇业不生产，那么固定成本的损失会是 (12−6)×3=18，也就是说，短期下，厂商会持续生产，使损失由 18 减到 6，省下了 12 的损失。但是在长期下，因为 P=10，不敷 AC 的 12，所以厂商面临关闭的选择。

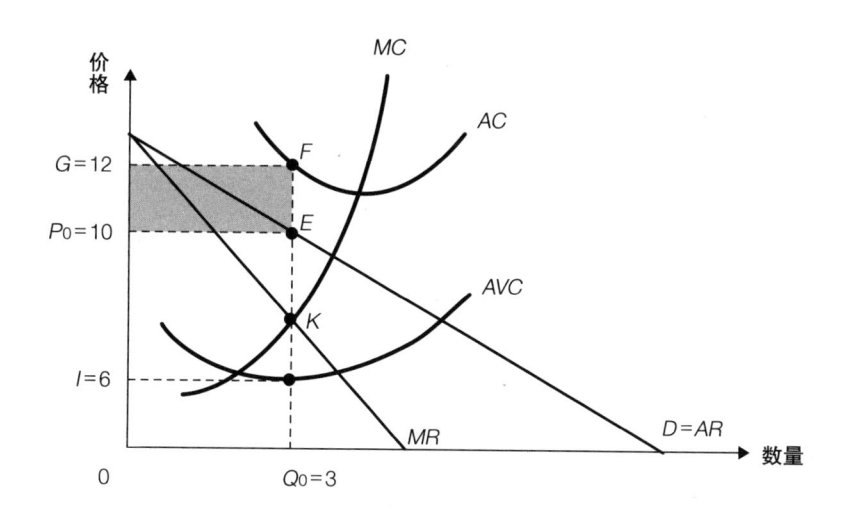

图 10.4 独占厂商长期中面临歇业的选择

有时候，我们经常听到一些对于独占的误解及一些似是而非的说法：

"独占者要索取所能得到的最高价格。"

事实上，最高的价格是在仅生产一单位时才能得到。只要 $MR > MC$，独占者即能借着增加销售而获利。因为要增加销售就必须降低售价，所以独占者不可能也没有必要索取最高售价，参阅图 10.3。造成这种现象的主要原因在于，独占者面临一条负斜率的需求曲线。换句话说，虽然独占厂商不用担心别家厂商的竞争，但仍要面对消费者买或不买的选择。

"独占者总是在获利。"

事实上，在短期中，独占者与其他厂商一样可能发生损失，见图 10.4。此外，在 $MR=MC$ 的条件下，如果需求曲线刚好与独占者的平均成本相切，则此时的独占利润会是零。

独占厂商的行为中，还有一些特色值得我们进一步阐述。

1. 独占者未必以最低平均成本生产

在完全竞争下，长期中，厂商必须在最低平均成本下生产，否则就会被那些在最低平均成本下生产的企业所淘汰。独占者无此种竞争压力，他可能在 AC 下降的部分，或最低点，或上升的部分生产（依 $MR=MC$ 的产量而定）。

由于独占厂商不一定会在成本的最低点生产，通常会选择在平均成本最低点的左边生产，也就是其产量会小于最适规模下的产量，所以会造成资源的使用缺乏效率，形成资源浪费，这可说是独占厂商造成社会福利的损失之一。

2. 独占者在需求曲线上有弹性处生产

唯有在有弹性的产量范围内，边际收益才会大于零 ($MR > 0$)。由于边际成本 (MC) 大于零，只有在上述产量范围内，利润最大化的条件才可能达成：

$$边际收益 = 边际成本\ (MR=MC)$$

3. 价格超过边际成本

在独占者利润最大化的产出水平下，$MR=MC$，所以 $P > MC$。但是因为价格表示消费者愿意支付的成本，也表示该产品能够带给消费者的利益。另一方面，MC 代表厂商生产该产品所需支付的成本，我们也可看成是整个社会的成本。在 $P > MC$ 下，表示社会对这个产品的消费利益大于社会的生产成本。显然此时若厂商能增加产出，则社会利益会大于社会成本，也就是说整个社会可以达到更高的福利水平。

事实上，$P=MC$ 才应是社会福利最大的条件。不幸的是，独占厂商在追求利润最大的条件下，只考虑自己的利益，而忽略全体社会的利益，导致全社会产量小于全社会福利最大的产量。这可说是独占者造成社会福利的第二种损失。

4. 独占者无供给曲线

供给曲线告诉我们在每一个价格下，厂商所愿意生产的数量。但是独占者不是价格接受者，它们可以自行订定售价。因此我们不可能建立独占者的供给曲线，来表示某一价格下它愿意生产的数量。独占者经常在价格上升时增加供给，但也可能在价格上升时减少供给。

在面对不同的价格下，完全竞争厂商会依边际成本大小，来决定其最适产量，因此边际成本曲线成为完全竞争厂商的短期供给曲线，且价格与产量会有一对一的关系。但独占厂商不会如此做，因为独占者必须同时考量产量与价格的关系。所以当它面对不同的需求曲线时，在面对同样的价格时，可能会有不同的产量。

比方说在图 10.5 中，我们假设有两种不同的市场情况。第一种情况的市场需求弹性较大 (D_1)，第二种弹性较小 (D_2)，而两种市场的 MR 都与独占厂商的边际成本 (MC) 相交于 E 点上。也就是说，在两种不同的市场情况下，独占厂商都会生产相同的产量 (Q_1)。但是在弹性较大的 D_1 上，独占厂商所订的价格为较小的 P_1；在 D_2 时，独占厂商的定价则为较高的 P_2。本例说明，即使产量相同，但为因应市场情况，独占者会订出不同的价格。也就是说，独占者的供给量与价格并没有如同供给曲线上价格与产量保持一对一的关系，而必须依市场情况而定。所以对独占厂商而言，供给曲线不存在。

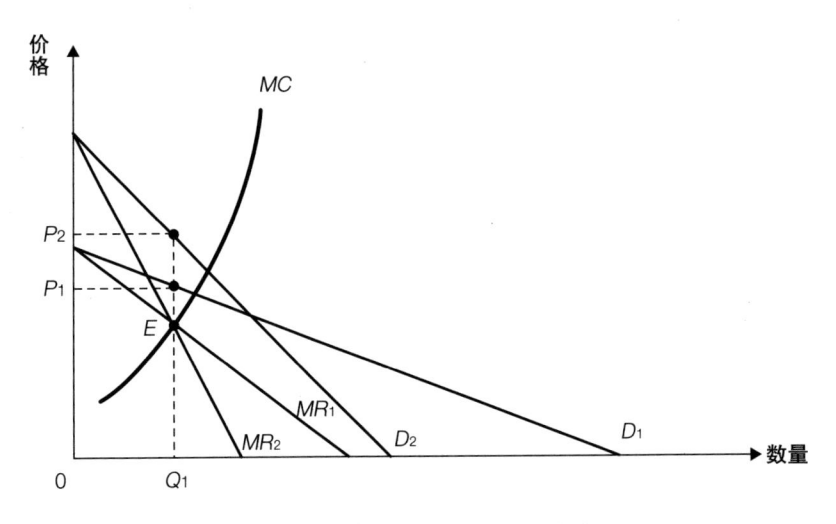

图 10.5　独占厂商没有供给曲线

二、价格歧视

（一）价格歧视的原因

到目前为止，我们都假设独占者将其所有的产品都以相同的价格出售，这也是一般人的交易习惯。但对独占者而言，它是唯一的供给者，所以可以把相同的产品依不同的价格出售。比方说，独占者可以定价为"一个 40 元，三个 100 元"，对不同数量订定不同价格；也可以定价为"学生与老年人半价，其他人要买全票"，这是针对不同的人订定不同的价格。如果这些价格的差异并不反映生产成本上的差异，例如运输成本的差别，则这种定价的方式就称为价格歧视 (price discrimination)，或差别取价。

由于独占厂商面对的是一条负斜率的需求曲线，所以厂商要增加产出时，必须以降价方式进行。因此，如果厂商要多出售一个商品，其边际收入是该商品的价格再减去前面几个商品因减价而损失的收入。所以，其边际收入 (MR) 会小于价格（即平均收益，AR），这也是为什么在图 10.2 中，我们看到独占者的边际收益会小于平均收益。

以前述表 10.1 的例子来看，原先价格为 7 元时，市场只愿意买一个。当价格降为 6 元时，市场需求增加为两个，故总收益增加为 12 元，相减之下我们得到边际收益 5 元，小于当时的价格 6 元。

但如果厂商采取价格歧视策略，情况就不相同了。如果厂商规定，第一个商品的售价是 7 元，如果要买第二个，则第二个商品的售价是 6 元。因此，两个商品的总收入是 13 元，第二个商品的边际收入是 6 元，等于当时的价格。由于消费者消费第二个商品的边际效用是 6 元，所以会以 6 元去购买第二个商品。在上述例子中，我们看到当独占者采取价格歧视时，其总收益和边际收益都增加了，因此价格歧视对厂商是有好处的。

但是谁损失了呢？当然是消费者，因为消费者剩余缩水了。在图 10.6 中，我们看到原先价格为 6 元时，消费者会花 12 元购买两个单位产品，因此全社会可享有的消费者剩余为三角形面积 DBP_2。但现在独占者规定买第一个商品要支付 7 元 (P_1)，买第二个商品要支付 6 元 (P_2)，买两个单位商品共需花 13 元，因此与前面相比，消费者要多支付斜线面积的部分（在本例中为 1 元），而该斜线面积就是消费者剩余的减少。事实上，该斜线面积就变成为独占厂商因价格歧视而增加的生产者剩余。

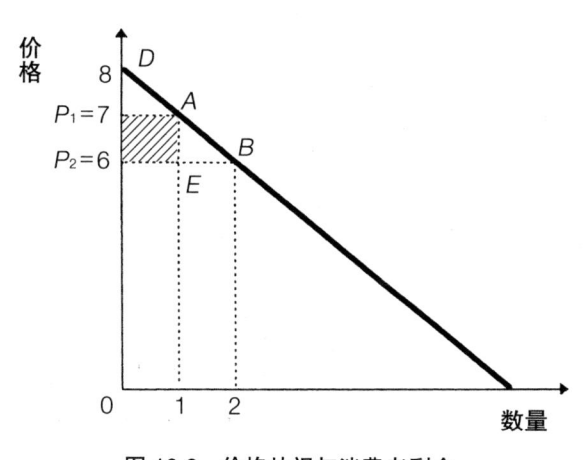

图 10.6　价格歧视与消费者剩余

但是采行价格歧视时，购买者不可以转售他们购得的产品，否则的话，购买者可以低价购得商品后再转售给其他买者，此举会破坏厂商的差别价格策略。以电力公司为例，我们常看到电力公司实施尖峰定价法 (peak-load pricing)，即为鼓励人们在非尖峰时间用电，减少在尖峰时间用电，他们把尖峰时刻的电价订得很高，而离峰时间的电价就订得较低。由于一般人很难把非尖峰时间的电力移转到尖峰时间来用，因此电力公司的尖峰定价法就可以很有效地实施。

价格歧视对消费者而言大都是不利的，因为有部分消费者剩余会被独占者拿走。但因为独占者可因价格歧视而有更高的边际收益，在可以赚到更多钱的情况下，独占者也会增加产出，对全社会的福利而言，这可能是唯一的好处。

（二）价格歧视的种类

价格歧视大致上可分为两类，一类是针对不同的购买者订定不同的价格。譬如电影院门票分有全票、军警票、学生票；公交车票分全票、学生票；私人医师对富人与穷人收费不同；健身俱乐部门票分会员与非会员等。另一类是针对相同的购买者在购买不同数量时，给予不同的价格。譬如说，"一斤40元，三斤100元"；水上乐园的门票"一张500元，但30人以上团体打八折"；"衬衫一件500元，买二送一"。这些都是经常看到的商品促销广告，事实上都是价格歧视以不同形式表现的例子。

1. 市场区隔下的价格歧视

电影院票价区分为全票与学生票，但学生买票时真的感到被优待了吗？电影院的老板区分全票与学生票，是为了优待学生还是增加自己的收益呢？以前电影同业公会对于电影院票价有所谓的公定价格，票价规定十分严格，但这形成了所谓的"联合独占"。在经过政府多次劝导以后，电影同业公会放弃对个别戏院订定票价的规定。即使如此，虽然各家戏院票价有所不同，但大家仍沿用全票与学生票的差别定价，理由何在呢？

在独占市场下，厂商有能力对不同的购买者出售不同的价格，但如何区分这些人才可以使厂商收益最大呢？答案很简单：与不同消费者的需求弹性有关，对于需求弹性较小的消费者，厂商可以订定较高的价格；对于需求弹性较大者，则订定较低的价格。如图10.7所示，当市场需求弹性较大时，独占者所能订的价格较低，如(A)中之P_1；反之，当市场需求弹性较小时，独占者所能订的价格较高，如(B)中之P_2。当需求弹性较大时，如果定价较高，立即会损失许多顾客，因此采低价政策较佳；反之，当需求弹性较小时，厂商可以采取高价策略。此原则与本书前数章所提及消费者行为是完全相同的。

现在让我们再回来看看电影票的定价策略。一般来说，学生收入较低，对票价较敏感，同时学生的娱乐种类较多，譬如去 KTV、打保龄球、郊游、烤肉等，这些活动都可以作为看电影的代替品。因此，如果电影票价格太高，他们大可以其他形式的娱乐来代替。换句话说，学生对于看电影的需求具有很高的价格弹性。对于其他买全票的观众来说，一来他们的收入较高，对于票价的敏感性较低，再来由于工作时间的限制，参加其他类活动的机会较少，因此看电影的需求弹性较低。对电影院老板来说，电影院的成本大都属于固定成本，边际成本较低，即使学生票较便宜，但也远超过增加一个学生观众所需的边际成本；因此，定价较低的学生票反而可以增加老板的利润。

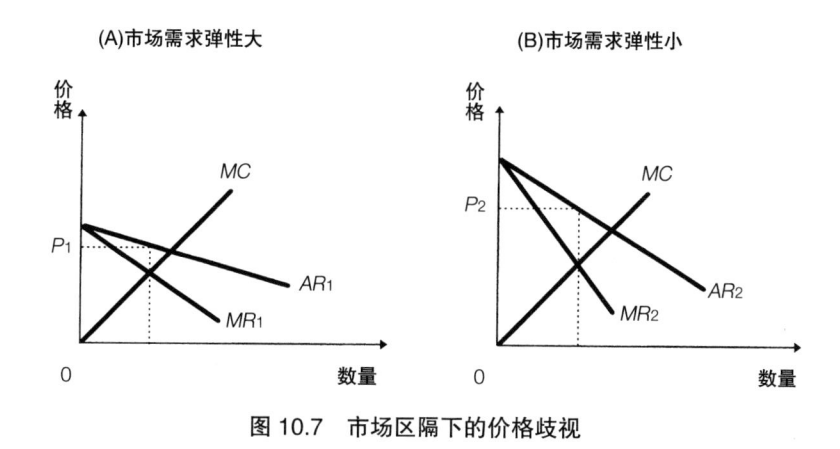

(A)市场需求弹性大　　　　　　(B)市场需求弹性小

图 10.7　市场区隔下的价格歧视

价格歧视：一个可以支持的例子

经济学者通常是不赞成价格垄断或差别定价的。下面一个例子常见于西方的教科书中，用来说明在特殊情况下，差别价格是行得通的。

例如在一个缺乏牙医的小乡村，如果牙医对他的顾客收取一样的费用，则平均成本太高，整个乡村的总需要无法抵付平均成本。

图 (A) 表示总需求曲线低于平均成本曲线。如果他收取 P_1 费用，有 Q 数目的顾客，但总收入 $0P_1EQ$ 不足支付总成本 $0CLQ$，两者的差额 P_1CLE 即是此牙医的损失。在这一情况下，牙医迟早会离开，小村就失去了牙医的服务。

如果牙医可以用差别价格，对有钱人收取较高的费用，对清贫者收取较低的费用，则他的收入会增加，乐意留下来，小镇也就留住了这位牙医，岂不是两全其美？

(A)顾客的总需要

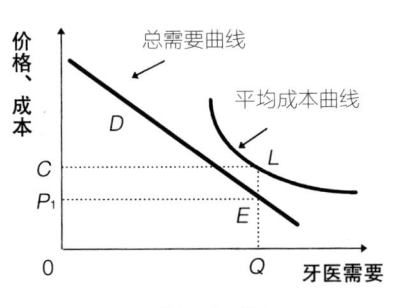

牙医收取差别价格

图 (B) 表示对有钱者收取 P_w 较高的价格，仍然有 Q_w 的顾客需要这样的服务，他的总收入等于长方形 (10+6) 的总和。这个收入是大于如果价格在 P_1、顾客 Q_2 的长方形 (6+7) 的总和。有钱者之所以需要支付较高的价格，就是因为他们对牙医的需求曲线弹性较低。

图 (C) 表示对清贫者收取 P_p 低价格，有较多的 Q_p 顾客，总收入为长方形 (6+10) 的总和。这个收入大于如果价格在 P_2、顾客在 Q_2 的长方形 (6+4) 的总和。由于清贫者的需求弹性大，所以低价格可以激发较多的需要。

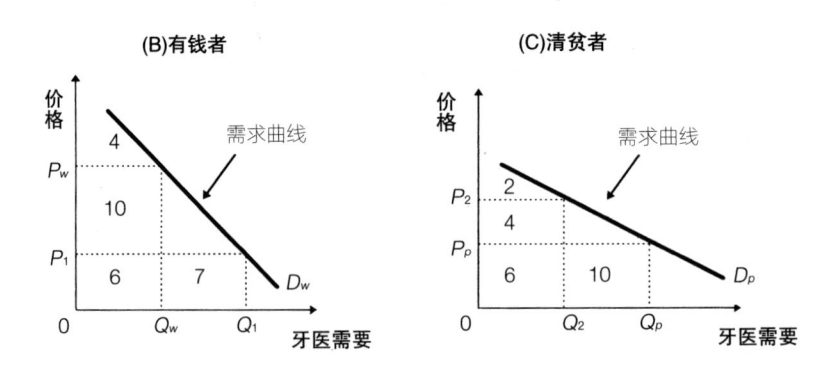

(B)有钱者　　　　**(C)清贫者**

从上面三个图形中，我们可以观察到：对收入不同的人收取差别价格，可使牙医同时从有钱者与清贫者两边得到较好的收入。大多数经济学者认为这样的差别价格是可以容忍的。

2. 不同数量下的价格歧视

另外一种我们经常看到的价格歧视不是针对某一个特定对象而来的，而是对不同的购买数量给予不同的价格。比方说，我们经常看到"袜子一双 40 元，三双 100 元"的广告，而在图 10.6 中，我们就已经详细说明了厂商如何利用此种价格歧视达到增加收益，减少消费者剩余的做法。

事实上，如果厂商将价格定得愈细，对于消费者剩余的剥削就会愈大。比方说："袜子一双 40 元，第二双 35 元，第三双 25 元。"如果一个独占厂商能够知道某一个消费者的整条需求曲线，就可以完全按照该需求曲线来定价。在《需求理论》一章中我们曾提及，需求函数是依消费者的边际效用或愿付价格而形成的。因此如果厂商能够依需求曲线的斜率，一一加以定价，就可以得到最大的收益，而消费者的消费者剩余则会被完全剥削殆尽。此时我们称为"完全价格歧视"(perfect price discrimination)。

比方说，在表 10.1 中，我们曾列出市场需求曲线。如果现在独占厂商规定商品第一个卖 7 元，第二个卖 6 元，第三个卖 5 元，第四个卖 4 元，第五个卖 3 元，第六个卖 2 元，第七个卖 1 元。如此一来，消费者不论买几个商品都无法累积其消费者剩余，因为任何一个商品的价格刚好都等于该商品所带来的边际效用。

另外值得一提的是，在完全价格歧视下，价格变成厂商的边际收益（即 $P=MR$），因为此时的价格代表多卖一个的价钱，前面几个商品的价格并不会受到影响。因此，此时边际收益会高于非价格歧视下的边际效益；在完全价格歧视下，厂商的最适产出数量也会高于非价格歧视下的产量。同时，独占者的最大利润条件成为 $P=MR=MC$，与完全竞争产业相同，其产量也将与完全竞争产业下的产量相同。

从以上讨论，我们知道：

(1) 价格歧视是以不同的价格销售相同的商品。反映不同成本的价格差异，则不算是价格歧视。

(2) 完全价格歧视是销售者按需要价格制定每一单位产品的价格。

(3) 为了实行价格歧视，必须在购买者难以转售商品给他人的情形下才易生效。

(4) 如果厂商能够在分离的市场中，以不同的价格销售产品，该厂商在分配其产出时，应该使每个市场所售最后一单位产出的边际收益相等，并且使 $MR=MC$。这样一来，厂商会对那些需要弹性小者抬高价格，并对需要弹性大者降低价格。

(5) 各种形式的价格歧视都会使产量及总利润增加。

美国经济学会会员费里的价格歧视

美国经济学会 (American Economic Association, AEA) 是全世界最大的经济学会，其会员数目至少在万人以上，每年元月初在美国召开年会时，都有近万人左右参加，热闹非凡。参加 AEA 会员可以免费获赠 AEA 出版的期刊，包含《美国经济评论》(American Economic Review)、《经济文献期刊》(Journal of Economic Literature)，以及《经济展望期刊》(Journal of Economic Perspective)。由于这三种期刊都是非常重要的刊物，为获此三种刊物，参加 AEA 会员的人数非常多。

因为别的学会与期刊都无法与 AEA 竞争，在几近独占市场的情况下，身为全世界最大与最重要的经济学会，当然也会采取它们认为可以获得利润最高的定价方式，即价格歧视。AEA 的会费定价系以每个会员的收入高低来制定，以 2017 年为例，AEA 规定会员年收入在 10.5 万美元以上者，年会会费是 40 美元；年收入在 7 万美元至 10.5 万美元之间者，会费为 30 美元；年收入在 7 万美元以下者，会费是 20 美元。

三、独占的效率与管制

（一）独占的效率

与完全竞争相比，独占是市场结构的另一种极端。我们可以发现，在独占市场下的产品售价较高，产量较低，因此伤害了资源的有效分配及生产效率。而且，我们曾提及能带来最大社会福利的真正完全竞争市场几乎是不存在的，但我们看到效率较低的独占市场却比比皆是。以下我们就更仔细地来比较完全竞争市场以及独占市场在效率上的差异。

在完全竞争下，供给曲线(即完全竞争下的边际成本曲线)与需求曲线相交于 E 点，此时价格等于 $P_C=MC_C$，产量等于 Q_C，见图 10.8。

在独占情况下，$MC=MR$ 相交于 V 点，所决定的数量为 Q_m，价格为 P_m。独占厂商的价格 P_m 是高过边际成本 MC_m，且其价格高于完全竞争下的 P_C，产量则低于 Q_C。

因为独占价格高过边际成本 ($P > M_C$)，独占厂商就产生了资源的错误分配 (resource misallocation)。同时因为售价通常又高过最低平均成本 ($P > A_C$ 最低)，造成了生产无效率 (production inefficiency)。

从整个社会的观点来看，在完全竞争下，当价格是 P_C 时，消费者剩余为 $P_C TE$；当独占者提高价格到 P_m 时，消费者剩余减少到 $P_m TJ$。消费者剩余所减少 $P_C P_m JE$，其中 $P_C P_m JV$ 转嫁到独占者，称为"独占者收入"(monopolist's gain)，而 VJE 这一块三角形的面积则白白地损失了。这一块 VJE 的面积就称为社会福利损失 (social welfare loss)。

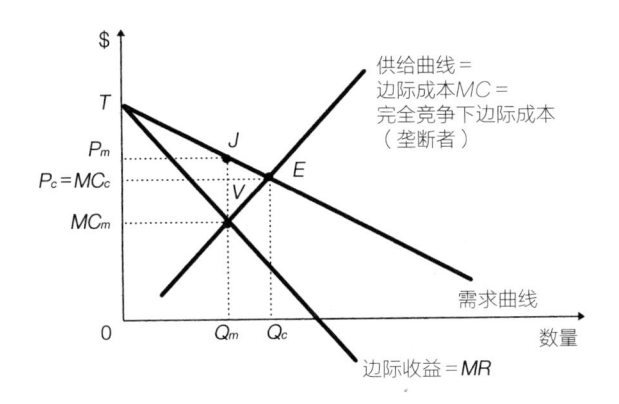

图 10.8 完全竞争市场与独占市场的比较

1. 资源运用低效率

此外，独占又容易造成收入分配不均及资源运用低效率 (X-inefficiency)，资源运用低效率是指在现有的技术水平及资源运用下，未能达到本来可以生产更多的产量，因此生产的平均成本也就比最低可能成本为高。

如图 10.9 所示，如果厂商运用资源妥当，生产 Q_C 时，单位平均成本应为

AC_C (A 点)，但是，如果独占厂商由于内部管理不善，市场又缺少竞争，它生产 Q_C 时，成本则为 AC_X；同样的，它生产 Q_m 时，平均成本可低到 AC_m（B 点），但独占厂商的平均成本可能为 AC'_X。资源运用低效率正反映在 AC_X 与 A 点，以及 AC'_X 与 B 点的差距上。

独占固然有上述的弊端，但也有一些可能的优点，其中包含：1. 减少厂商投入与倒闭的成本，因为独占者倒闭的风险较小；2. 独占者的规模通常较大，因此大规模生产可以带来较低的成本；3. 独占者规模较大，有较高能力进行研发工作，因此可以提升技术进步。我们把独占厂商与完全竞争相比之优缺点列在表 10.2。

图 10.9 资源运用低效率

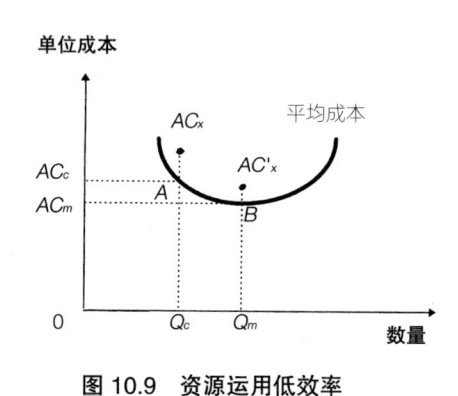

表 10.2 与完全竞争相比时，独占的优势

明显的缺点	可能的优点
• 价格较高	• 减少厂商投入与倒闭的成本
• 产量较少	• 大规模经济生产带来较低的成本
• 生产与资源分配低效率	• 技术进步
• 资源运用低效率	
• 社会福利损失	

（二）独占的管制

独占市场的缺点较多，因此政府会设法寻找一些办法来减少独占所带来的弊端，大致上有三种做法：价格管制、课征定额税 (lump-sum tax) 以及独占事

业公营化。此处先说明前两项的经济理由，然后在下一小节中我们再专门讨论公营独占事业的问题，因为台湾的独占事业大都属于公营，例如台电和以前的"中油公司"、台湾"中华电信"及台湾烟酒公司等等。

1. 价格管制

在没有任何管制下，独占厂商会依边际成本等于边际收益 ($MC=MR$) 的原则来决定产量，即图10.10中之 K 点。在此种情况下产量较少（2.5单位），产品价格较高（5.5元），但独占厂商却享有最大的利润。独占厂商的产量较少，对社会全体消费者而言是十分不利的，因此有些人就建议政府应该管制独占的产品价格。由于独占者本身并没有供给曲线，所以价格降低时并不一定会使其产量减少，还必须视厂商的生产成本而定。

以台湾为例，台电公司与以前的"中油公司"都是独占事业，得以享有巨额的独占利润。由于台湾地区不产石油，"中油公司"的原油几乎完全仰赖进口，国际油价大幅上扬时，"中油公司"的炼油成本也随之增加，为维持一定的投资报酬率，"中油公司"就会提高油品价格。台电公司发电过程中，以火力发电所占比例最高，其中使用原油的比例也相当大，因此国际油价上扬时，同时会增加台电的发电成本。然而，"中油公司"与台电的产品价格应该增加多少才足以反映成本，是个相当技术性的问题。为避免"中油公司"与台电拿原油价格上涨的借口，达到提高产品价格与利润的目的，台湾行政管理机构设立油电价格审议小组，专门负责审查油品价格和电费价格的涨跌，我们会在本章最后一节做更进一步探讨。

对于独占者价格管制的原则，有两种不同的看法。第一种说法是，我们应该把独占厂商的利润完全反馈给社会，也就是要把价格降到独占者的利润完全消失为止。让厂商利润为零的方式就是把价格（即平均收益，AR）降低到厂商的平均成本 (AC) 为止（即图10.10中之 E 点，此时价格为4.5元）。由于 $AR=AC$，所以独占厂商的利润为零。此种做法的好处一方面是可以让独占者的利润完全反馈给消费者，而且同时可以让产量最大（3.6个单位）。但有一缺点是 E 点并不是全社会资源使用效率最高的一点，因为该点不能满足全社会边际生产成本等于全社会使用的边际效用的条件。

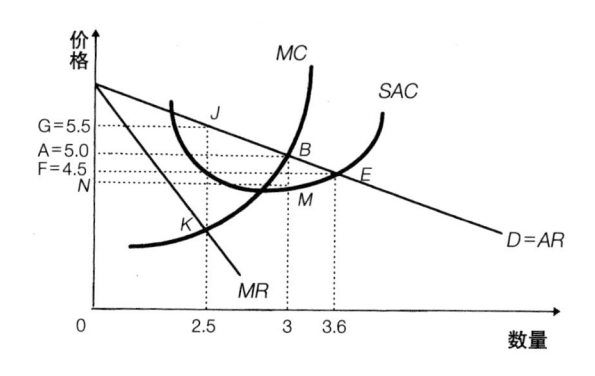

图 10.10　独占市场下的价格管制

事实上，从全社会的角度来看，独占厂商的边际生产成本就是整个社会的边际生产成本。同时，消费者的需求（亦即独占者的 AR 曲线）代表的是消费者的边际效用大小，这也就是整个社会在消费该商品时的边际效用。因此，就全社会角度来看，满足资源使用效率最高的条件是，社会使用该产品的边际效用等于生产该产品的边际成本。在图 10.10 中，就是 AR=MC 之交点，即 B 点。因此，如果政府要让社会资源的使用效率最高，应该把价格设在 B 点之处（即每单位 5 元），此时独占厂商的产量为 3 个，介于利润最大的产出与利润为零的产出之间。但问题是，此种定价方式之下，独占者仍然有相当大的独占利润存在，即图 10.10 中的面积 BANM。为减少独占者此一部分的利润，政府可以利用课税方式来处理。但课税是否会影响厂商的产出，而离开社会资源使用最有效率的条件呢？这是以下我们要探讨的第二个课题。

2. 课征定额税

由于独占厂商能用市场的力量，来享受巨额的独占利润，为减少独占者的利润，政府对独占者课征利润税是一个很直接且有效的方法。然而，课税不但会影响独占者的利润，也可能影响独占者的产品价格及其产量。因此如何以课税方式减少独占者利润，但又不影响独占者的产出，就成为政府一项很重要的课题。

从经济直觉来看，独占厂商的产品定价和产出是由厂商的边际成本等于边际收益来决定。因此，政府的课税方式若能避免影响边际成本和边际收益，即可避免对独占厂商最适产出的影响。

最简单且有效的方法是对独占厂商课征定额税,即不论厂商生产多少、利润多高,政府对独占者都课征一定的税额。由于此税额固定,其效果就如同增加独占者的固定成本一般,对边际成本不会有任何影响。由于定额税的课征不影响独占者的边际成本,也不影响独占者的边际利益,所以对独占者的最适产出与价格也没有任何影响。另一方面,而由于价格不变,所以也不会对消费者产生任何影响。

以图 10.11 为例,在没有缴交定额税之前,独占厂商的最适点为 K,即最大利润是生产 2.5 个单位。此时价格为 5.5 元,平均生产成本为 4 元,每一单位产出利润为 1.5 元,因此总利润为 3.75 元。如果此时对厂商课征 3.75 元的定额税,即面积 GLPJ,则会使厂商平均成本上移至 SAC'。但注意,由于对厂商而言,此一税额是固定的,不论厂商生产多少单位的产品,税额都不会变动。此种情况下,厂商的边际成本曲线不会做任何移动,因此独占者的最适点仍然是 K 点,最适产量仍然是 2.5 个,最适价格仍然是 5.5 元。但此时的利润 (3.75 元) 则会全部缴税,使得独占者完全无利润可言。

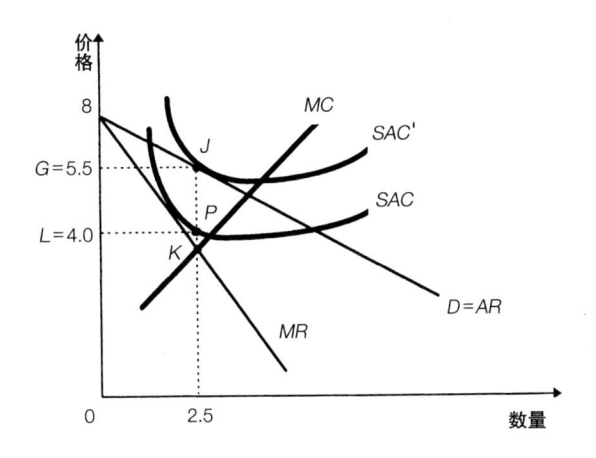

图 10.11 对独占厂商课定额税的效果

但在本例中,若只以课征定额税 (3.75 元) 的方式将独占者的利润充缴财政,并不一定能完全符合经济效率,因为厂商的最适生产点 K 并不是全社会资源使用效率最高的一点。在图 10.10 中,我们曾提及厂商边际成本与社会需求曲线相交点（B 点），才是真正达到社会资源使用效率最高的一点。因此在图 10.10 中，政府的最佳政策应该是双管齐下：首先对独占者实施价格管制，限制其价格为 OA（即 5 元），使独占厂商选择 B 点为其最适产出。然后再对独占厂商课征定额税，而此时是税额总额应该等于独占厂商在产量为 B 点（即 3 单位）时的总利润，即面积 ABMN。在课征定额税之下，独占者的平均成本上升至图 10.11 中的 SAC'，但边际成本 (MC) 不受影响，所以独占厂商的最适产量仍然会是 B 点。所以，一方面独占者的利润会完全被政府以税收形式收回，一方面独占厂商会选择社会资源使用效率最高的一点（B 点）来生产。

（三）独占与公营事业

1. 自然独占

在世界上许多国家和地区，很多独占市场都由公营事业享有，台湾地区的台电公司、前"中油公司"、前烟酒公卖局等并不是特例。造成公营事业享有独占市场收益的理由很多，最重要的是因为在独占市场下，独占厂商会享有巨额利润，为使此巨额利润不至于被民间所独享，因此由政府公营事业来负责，可以将盈余"缴库"。然而，由于公营企业的经营效率较低也是一个国际性的共通现象，因此独占事业是否应由公营事业独享仍有很大争议。不过，在一种例外的情况下，独占市场由公营企业来做似乎较有理由，此即自然独占。

所谓自然独占是由于某一种产业不论生产规模多大，都一直具有规模报酬递增的现象；也就是说，其长期下的平均成本一直都在递减，如图 10.12。依据边际成本与平均成本的关系可知，当平均成本下降时，边际成本会下降更快。换句话说，在图 10.12 中，边际成本会一直维持在平均成本之下。在考虑市场需求与边际效益之下，如果此独占者没有受到任何限制，为追求最大利润，其最适生产点为 E 点，即边际收益等于边际成本，产量为 Q_e，价格为 P_e。显然此时产量太少，价格太高，对社会福利而言是不利的。

若要达到社会资源使用效率最大的目标，独占厂商应该选择边际成本与需求曲线（或平均收益）相交之点来定价，$P=MC$，即 A 点，此时价格应该为 PA，此法又称边际成本定价法 (marginal cost pricing)。但在本例中，由于边际成本亦远小于平均成本,两者差异为 AC 两点之间的距离,所以采用此种产出原则,此一独占厂商会出现损失,即 $ACDP_A$。在此种情况下,必然不会有民营企业愿意参加此市场,因此必须由国有企业来承担。而其长期的损失,可以由政府来补贴。但是,由于长期损失的存在,也许并不适合于任何企业,因此有人建议在自然独占下,应采用 AR=AC 的定价方式,即 B 点,此时价格应该为 P_B,如此可以保证企业的长期利润为零,此法又称为平均成本定价法 (average cost pricing)。

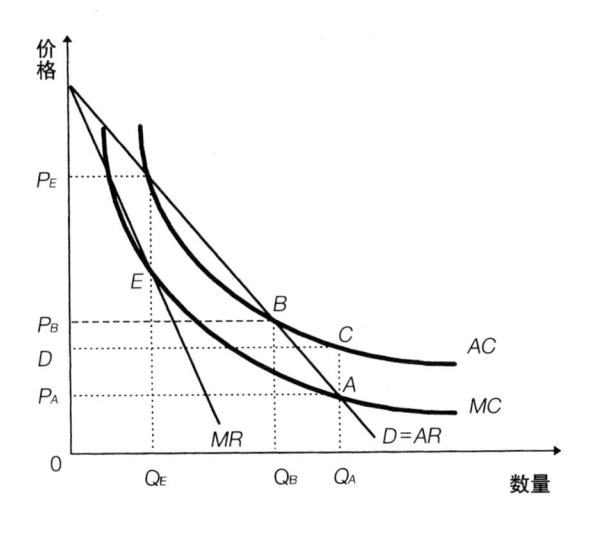

图 10.12 自然独占

在图 10.12 中,由于生产规模愈大,生产效率愈高,平均成本愈低,因此厂商规模应该愈大愈好。最好把市场上的产出完全集中由一个企业单独负责,如此可以使全社会的生产成本最低,所以此时独占是最好的,因此我们称为自然独占。那么在现实社会中,哪些产业属于自然独占呢?一般而言,电力事业、自来水事业、电话通信等产业,都会有自然独占的性质。也就是说,需要管线运输者,都可能会出现平均成本递减的现象。试想,如果全木栅地区只有政大一个地方有人居住,则台北市政府仍然必须由翡翠水库拉一条管线到政大,生产成本很高。但如果沿线有愈来愈多人居住,则每个人分摊的成本就会愈来愈低,这也就是经济规模的出现。一般而言,自来水、电、燃气、电话都会有类似情况。

在自然独占条件下，我们看到世界上大多数国家和地区经营水、电、电话等的企业，大都以独占形式出现，而且大都属于公营事业。

2. 公营事业的效率

虽然自然独占是公营事业存在的一个重要理由，但在很多国家和地区中，仍然有许多不符合自然独占条件的公营独占事业。以台湾为例，前"中油公司"与前烟酒公卖局都是典型的例子。以"中油公司"来说，炼油事业虽然具有大规模生产的效率，但却不具有自然独占的条件，因此没有独占的必要。以英美等先进国家为例，他们的石油公司规模都非常庞大，如艾克森(Exxon)石油公司和德士古(Texco)石油公司都是世界名列前茅的大公司，但它们都是民营的。事实上，"中油公司"成为公营事业的主要理由在于战略目的，因为石油是很重要的战略物资，为确保台湾省有足够的石油供使用，故当局一直将"中油公司"保有公营的形态。直到后来，当局为引进汽油产业的竞争，于1992年制定"石油业法"，2001年通过"石油管理法"，允许民营企业炼油及售油，全面开放油品进口，其后才有台塑石油加入市场。

再以烟酒公卖事业的独占来看，理由更牵强。生产香烟和制酒的工厂，可以是很小规模的，甚至每一个家庭都可以有能力自行酿酒，因此可说毫无经济规模可言。台湾烟酒公卖一方面是基于传统，其实更重要的是基于财政上的考量。一般而言，社会大众对于烟酒消费的需求弹性很低，因此烟酒业者通常都有巨额利益存在。在税收不易征收的时代，政府烟酒公卖的收益就十分可观。以台湾为例，在1950年代，烟酒公卖收益曾占当局每年收入的10%以上，比例很高。

然而，不论政府将独占事业公营化的理由何在，一般而言，都不符合全社会资源使用效率的原则。以前面图10.11的分析为例，我们就曾提及利用价格管制与课征定额税的方式，可以使独占厂商的产出满足社会资源最有效率利用的原则，且使独占者的长期利润完全被政府吸收。以"中油公司"为例，油价调整一方面需经过"油电审议小组"同意，因此油价是受到管制的。另一方面，"中油公司"每年都必须将盈余缴库，所以长期下的利润也可看成是零，皆符合最适产出的原则。但问题是，我们如何确定"中油公司"的生产成本是真正最有效率的成本？或者说，我们如何确定"中油公司"没有生产无效率的情形存在？

由于公营事业必须将每年盈余缴库，因此公营事业会有诱因去设法降低其利润。一种减少利润的方式就是扩大生产成本，比方说，聘用更多的人手、兴建豪华的办公室……当然还有其他许多方法。由于前"中油公司"在台湾属于独占事业，我们不能以利润大小来判断其效率，但炼油业务在世界上的石油公司之间却是十分相似的，因此我们可以把世界上其他国家和地区石油公司的炼油成本拿来与"中油公司"相比较，很容易就可以看出"中油公司"的经营效率。依据台湾学者研究的结果显示，"中油公司"每日炼油一万桶平均需要103人，效率很高的新加坡民营炼油厂，每日炼油一万桶只需要18人！即使是以一般生产效率较低的泰国来看，每日炼油一万桶也只需要27人，同样远低于"中油公司"所需的人手。

公营企业效率较低，是一个普遍的现象。"中油公司"由于独占的利润存在，不容易看出低效率的影响。在汽油市场开放后，台塑石油公司进入市场，现在台塑石油每年的净利都比"中油公司"多很多，就可以看出前者的经营效率要比后者高很多。另外，在市场上面对较庞大竞争的公营事业，如"中船"、台铁、台汽公司，则出现连年巨额亏损的现象，正是最好的证明。

经济名词

自然独占	价格歧视	尖峰定价法
完全价格歧视	资源运用低效率	定额税
平均成本定价法	边际成本定价法	

讨论问题

1. 一般来说，独占者的价格会超过边际收益，请说明其原因。
2. 请说明造成独占的原因有哪些。
3. 课征定额税下，对独占者与竞争性产业的行为产生的影响会有何不同？
4. 政府有什么办法可减少独占者的利益，试以图形说明之。
5. 请绘图说明在独占情况下边际收益、弹性与总收益的关系。
6. 请绘图说明独占者与完全竞争者对产量与价格如何决定。

7. 请说明为什么独占者没有供给曲线。

8. 请说明为什么独占者必然会在需求弹性大于 1 的地方生产。

9. 请绘图说明在何种情况下,追求最大利润的独占厂商其利润会等于零。

10. 为什么在自然独占下,国营事业的出现是可以被接受的?

11. 请分别说明独占厂商在 (1)$MR=MC$,(2)$P=MC$,(3)$AR=AC$ 等三种情况下生产,所代表的社会福利大小有何不同。

12. 试述价格歧视的种类,请分别举二例说明之。

13. 何谓完全价格歧视? 有人说,在完全价格歧视下,独占厂商追求最大利润的结果可以使社会资源的使用效率达到最高,你同意这种说法吗?

14. "一件 80 元,买一送一"与"一件 40 元",有何不同? 当你看到广告词:"跳楼大拍卖,T 恤一件 40 元,三件 100 元。"你通常会买一件或是三件? 你会考虑很久吗? 你知道你为什么会考虑很久吗?

15. 我们可能常常听到有人说:"石油是很重要的民生物资,所以应该由政府来管理,最好是由公营事业来生产,以确保石油充分供应。"你同意这种说法吗? 你觉得稻米的重要性与石油相比如何? 你认为稻米应该由政府负责生产吗?

16. 有人说:"也有许多公营企业是很有效率的,我们不能一概而论地认为公营事业都是没有效率的。"但也有人说:"如果你能指出一个有效率的公营事业,我就可以指出十家没有效率的公营事业。"你可以指出三家有效率的公营事业吗? 你认为为什么公营事业的效率普遍较低呢?

第十一章
不完全竞争市场

★ 不完全竞争市场的结构
★ 独占性竞争市场
★ 寡占市场
★ 台湾地区有关规定

一、不完全竞争市场的结构

（一）市场力量

我们在前面两章中，曾分别阐述完全竞争市场与独占市场。前者厂商的家数几乎有无限多家，没有任何一家厂商有能力影响价格；后者则只有一家厂商，是价格的决定者。但在真实社会中，此两种市场结构都是非常极端的，绝大多数的产品市场都介于两者之间，它们都有超过两家以上的厂商数目，且彼此之间都有竞争，但竞争程度却不会像完全竞争一般激烈，我们称之为"不完全竞争市场" (imperfect competition market)。

不完全竞争市场的特色在于，每家厂商或多或少都对于市场价格有一些影响力，我们称其具有市场力量 (market power)，但每家厂商市场力量的大小则与厂商规模、厂商数目，以及产品相似程度有关。如果厂商数目很少，产品的质量差异很大，则厂商具有较大的市场力量；反之，如果厂商数目很多，产品质量又十分近似，则厂商的市场力量较小。

"市场集中度" (concentration ratio, CR) 是一个用来衡量厂商规模相对于市场大小的指标，市场集中度是每个厂商销售额占该产业总销售额的百分比。在独占市场下，独占厂商是唯一的生产者，所以其单独一家的市场集中度就等于整个市场的销售额。换句话说，在独占市场下，CR1=100%。在一般市场结构中，我们经常用该产业前四大厂商销售量占总产业的产值来衡量产业集中度，称CR4，有时候也可以用前十大厂商的销售比例来看，称CR10。当CR4愈大，表示产业集中度愈高，厂商对市场的影响力愈大，愈容易左右产品价格，对消费者可能愈不利。

表11.1列出台湾地区部分产业的市场集中度情况，其中纺织业和电力设备制造业的CR4都超过50%，表示他们的市场集中度很高，因为这两个产业的厂商都需要大量的资本投入，所以企业规模较大，产业中的企业家数较少，导致市场集中度较高。另外，食品饮料业的集中度就低很多，因为台湾地区食品业中虽然有一些知名的餐饮连锁店，但台湾一般的餐饮业的数量非常多，所以即

使有一些较大的餐饮连锁店，但 CR4 只占 24.3%。

在不完全竞争市场中，由于产业集中度不同，市场力量大小也不同。另一方面，厂商之间竞争力的大小也不相同。在完全竞争市场下，任何厂商只要提高一点点价格，所有的消费者都跑到其他厂商那里去，反之，只要略微降价，就可以吸引大批消费者过来，因此厂商面临的是一条非常有弹性的需求曲线。事实上，由于完全竞争厂商的规模相对于市场而言是非常小的，所以我们就直接以水平线当作每一个完全竞争厂商所面对的需求曲线，见图 11.1 的 D_1D_1。相反的，独占厂商是市场上的唯一生产者，其面临的需求曲线就是整个市场的需求曲线，虽然独占者不用担心其他厂商的竞争，但在调整价格时，仍需面对消费者可能不购买的选择，故需求曲线是有负斜率的，如图 11.1 中的 D_2D_2。

表 11.1　台湾地区市场集中度 (CR4)，2015

产业类别	CR4
纺织业	87.7%
电力设备制造业	59.3%
汽车及其零件制造业	41.8%
食品、饮料及烟草	24.3%
基本金属及其制品	22.1%

CR4 计算说明：依据 2015 年公布的制造业前 500 大排名，将各公司之产值除以该产业之总产值。

在不完全竞争市场下，厂商对于价格有一些影响力，但却不如独占者那么大。当厂商提高价格时，他不但要担心消费者可能不购买该种产品，还要担心消费者有可能转向其他厂商购买。因此，不完全竞争厂商面临的需求弹性会比独占者来得大。但由于不完全竞争厂商可以利用异质产品的诉求，使得产品价格上涨时，消费者也不会完全走光，因此厂商也不会面临一条弹性无限大的需求弹性。换句话说，不完全竞争厂商所面临的需求弹性应该介于独占厂商与完全竞争厂商之间，如图 11.1 中的 D_3D_3。

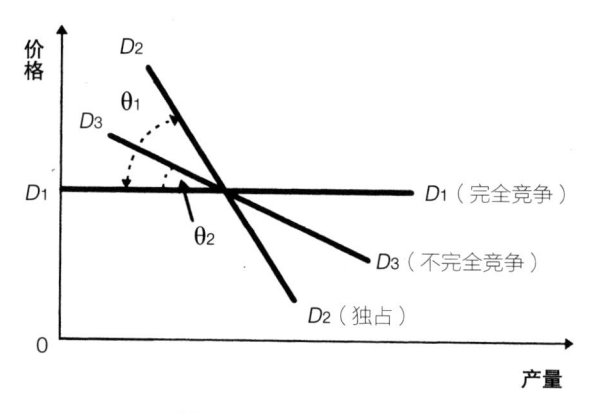

图 11.1 厂商的独占力量

根据以上讨论，我们可以利用厂商所面对的市场需求弹性的大小，来衡量厂商所具有的市场"独占力量"(monopoly power)。我们以 θ_1 代表独占厂商面对的市场需求曲线的斜率，由于独占者是唯一的生产者，所以 θ_1 事实上也就是全体市场的需求曲线斜率。不完全竞争市场面对的需求曲线斜率为 θ_2，注意 θ_2 必然不能大于 θ_1，但也不能小于水平线。最后，我们可以利用 θ_2 与 θ_1 的比例来代表个别厂商所具有的独占力量，即：

$$\theta = \frac{\theta_2}{\theta_1}$$

若 $\theta=1$，代表厂商为独占厂商；若 $\theta=0$，代表厂商为完全竞争厂商；若 $0<\theta<1$，表示厂商为不完全竞争厂商，且当 θ 愈大，所面对的市场需求弹性愈小，此时厂商的市场独占力量就愈大。

（二）不完全竞争市场的特性

不完全竞争市场中的厂商虽然具有一部分的市场力量，但事实上，却经常在同业之间有很大的竞争。它们一方面尽量让自己的产品与别人的有所差异，以降低彼此间的竞争，一方面又担心别家厂商的报复，而不敢任意变动价格。在此种状况下，不完全竞争市场中就出现许多其他形态的竞争，我们称为"非价格竞争"(non-price competition)。比方说，厂商以广告、赠品、抽奖等各种促销手段，来吸引顾客、扩大市场。

对于独占厂商而言，由于它是唯一的厂商，在缺乏竞争的情况下，独占厂商并没有太大的诱因去促销其产品。而对完全竞争厂商来说，它们的产品质量一方面与别的厂商十分相近，不易区分，而且完全竞争厂商的规模太小，也不太有能力进行促销工作。唯有不完全竞争厂商才能一方面有诱因去抢别家厂商的市场，一方面又有能力去促销，对于厂商数目较少的产业则更是如此。以下我们就分别针对不完全竞争市场中的一些特色加以说明。

1. 非价格竞争

由于不完全竞争厂商之间的竞争十分激烈，因此它们会采取各种促销方式。降价当然是最有效的手段，然而在不完全竞争中，由于厂商之间数目不一定很多，因此一家厂商降价后，很可能引起其他厂商采取相同的做法，如此一来所引起的价格大战对每家厂商都不利。为避免过度刺激竞争对手，我们就会看到厂商采取许多非价格性的促销手段，例如增加产品广告、附赠商品、抽奖促销及采取会员制等。

2. 产品差异化

为了增加自己产品的市场，降低与别人的竞争。"产品差异化"(product differentiation) 是一个非常有效的策略。买汽车时，一家厂商会告诉你它们的车子钢板较厚，开起来比较安全平稳；另一家说它们的车子比较省油，而且好开。还有一些厂商则以自己的品牌来建立消费者的产品忠诚度，借以区分顾客，减少与别人的竞争。耐克 (Nike) 与阿迪达斯 (Adidas) 穿起来的感觉到底有多不同？但它们各自拥有自己的品牌追求者，全拜产品广告建立品牌味道不同之赐。

3. 剩余的生产容量

由于每家厂商都希望自己的产品与别人有所差异，因此比较不容易进行大规模的生产，或者说比较不容易如同完全竞争厂商一般在平均成本的最低点生产。由于产量小于最低成本下的产量，因此有"剩余容量"(excess capacity) 存在，对社会来说是一种资源的浪费。不过，也有人说这种剩余容量是产品多样化的代价，不一定对社会不利，我们会在下节有更详尽的讨论。

4. 联合行为

在不完全竞争市场中，有些厂商为了避免彼此之间过度竞争，干脆采取合作的行动，我们称之为"联合行为"(collusion)，或"勾结"。此种情形在厂商数目较少时，比较容易出现，一方面厂商数目少比较容易谈判协定，一方面厂商数目少也容易彼此监视，不至于出现偷跑行为。有些联合行为是公开的，例如台北市公交车联营就是最好的例子。这些公交车业者彼此约定共同价格、分配路线，以及相同营业时间等。当然，一般而言，政府是不会允许此种联合垄断行为出现的——台北市公交车联营一方面有台北市公交车参加在内，一方面又受台北市议会监督，才能公开进行联合独占的业务。

大部分联合行为都是以默契的方式进行，例如台北市的百货业者从 10 月开始轮流实施一周的周年庆。难道每家业者刚巧都在 10 月左右开张吗？当然不是，这不过是百货业者彼此之间心照不宣，大家轮流采取的促销活动罢了。

一般而言，由于厂商之间的联合行为与独占相似，对于消费者都有十分不利的影响，因此政府在应付厂商的联合行为时便十分在意。美国的《反托拉斯法》(*Anti-trust law*) 是一个典型的例子。台湾当局所谓"公平交易法"于 1991 年通过，1992 年开始实施，其中有相当大的一部分就是在限制厂商的联合行为。我们会在本章最后一节，再仔细探究此一问题。

5. 稳定的市场价格

一方面由于可能采取联合行为，一方面厂商之间为避免彼此因竞争而引起价格变动，不完全竞争厂商对于变动的价格都十分谨慎，虽然它们都有某种程度的市场力量。因此，当我们看到西瓜、鸡蛋等产品价格经常涨跌不定时，许多不完全竞争商品的价格却十分稳定，例如电视机与水泥等。当然，农产品的价格波动与季节变化有密切的关系，但工业产品的需求也有许多季节性的变化（例如冷气机），然而，当我们看到辣椒、大蒜价格大涨大跌时，却很少看到冷气机价格大幅波动，这与两者的市场结构不同有密切的关系。

二、独占性竞争市场

依不完全竞争市场中厂商数目的多寡，我们可以再将之区分成二类：一种是厂商数目很多，规模不大，市场进出很容易，但产品质量之间略有差异，我们称此种市场为"独占性竞争市场"或"垄断性竞争市场"(monopolistic competition)。譬如说餐厅、美容院、服饰精品店大都属于独占性竞争市场。独占性竞争的市场结构与完全竞争市场非常接近，唯一的差别在于前者厂商之间的产品有差异，而完全竞争厂商生产的产品则完全相同。另一种不完全竞争市场的类型是"寡占"(oligopoly)，寡占市场中，厂商的数目不多，从两个到30个都有可能。大致上来说，只要厂商数目很少，而且这些厂商规模都相当的大，大到都可以叫出名字来，则此市场属于寡占市场。譬如说，台湾地区的汽油业、汽车业、水泥业、家电业、报业大概都属寡占市场。我们在本节中将仔细说明独占性竞争的特性，然后在下一节再介绍寡占市场。

（一）独占性竞争的特性

依台湾统计主管部门的工商普查调查统计资料显示，2011年全台湾地区工业部门企业家数达24.9万家，其中99.3%以上都属中小企业。在一个产业中，如果厂商家数非常多，多到厂商彼此不知竞争者是谁，而且因为厂商数目很多，使得每家企业相对很小，则每家厂商对市场的影响力也很小。但与完全竞争市场不同的是，独占性竞争中厂商数目虽然很多，但每家厂商都能想出一些办法使自己的产品与别人有些不同，因此这些厂商也就可以利用这些差异来对市场价格产生一些影响。这是独占性竞争市场与完全竞争市场主要不同之处。

由于独占性竞争市场上的厂商数目很多，每家厂商之间产品都有差异，虽然这些差异都无法太大，可能只是包装上、颜色、设计甚至只有销售地点上的不同。比方说，同样在菜市场上卖水果的阿水与阿财，前者卖的水果价格都比后者要高一些，因为前者卖的水果都比后者要来得新鲜。我们家巷口王大妈杂货店卖的鸡蛋一斤要比统一超商贵一块钱，但因为走到统一超商要多花5分钟，邻居大都还是跟王大妈买鸡蛋。

此外，由于独占性竞争厂商规模不大，进出市场都十分自由，其他竞争者也不会太在意。政大校门前有许多家店面，几年内不知道换过多少次老板，从自助餐店到炸鸡快餐店，从快餐店到咖啡店。开业之际总是吸引一些人潮，过不久新鲜感一退，人潮就不见了，小店也就可以换手了。当然政大校门口也有不少家餐厅是长期屹立不倒的，一般而言，这些餐厅都有一些与众不同的特色，比方说，价格较便宜、服务很快、东西比较有特色、老板和同学能打成一片等。这些小商店能够长久存在的理由，在于它们一直保持与别人不同的产品质量。在不完全竞争市场中，由于每家厂商都有一些特色，长期下才能存在；若有些厂商在长期下失掉其特色，则在激烈竞争时就会消失。

相对于寡占市场而言，独占性竞争厂商之间的竞争更为激烈，因为它们的厂商数目较多，产品质量较相近，且可以自由进出。在此种情形下，独占性竞争厂商产品之间的替代程度也比较高，所以当厂商提高价格时，消费者转移到向其他厂商购买的可能性也比较大。在此种情形下，独占性竞争厂商所面临的市场需求弹性会比较高，也就是说，独占性竞争厂商面临的需求曲线斜率较小。但因为它们多少还有一些市场力量，因此所面对的需求曲线也不会像完全竞争厂商一样呈水平线状态。

（二）独占性竞争厂商的短期均衡

在面对负斜率的需求曲线下，独占性竞争厂商所面对的边际收益曲线也具有负斜率，见图 11.2，与独占市场不同之处是，独占性竞争厂商面对的市场需求曲线斜率较小。在考虑生产成本因素之后，独占性竞争厂商会选择边际成本等于边际收益 ($MC=MR$) 的条件下生产，也就是图 11.2 中的 E 点。在 E 点上，厂商的最适产量为 Q_0，在 Q_0 产量下，独占性竞争厂商的最适定价为 P_0。由于此时的平均成本只有 B，所以独占性竞争厂商是有利润的，其利润大小为 $BACP_0$ 所围成的面积。

必须一提的是，独占性竞争厂商决定产量与定价的方式与独占厂商完全相同。也就是说，价格与数量是同时决定的，当然也必须同时考虑市场需求与厂商本身的边际成本。因此，独占性竞争厂商也没有所谓的供给曲线，也就是说，独占性竞争厂商决定的最适产量与价格之间，并没有一对一的关系，完全要看当时的市场需求与自己的成本而定。

另外，独占性竞争厂商也可能会有损失出现。在图 11.2 的最适产量下，如果平均收益水平（即价格水平）低于平均成本，独占厂商就会蒙受损失。但不论是有利润或蒙受损失，在短期下都不会吸引其他厂商加入或使原有厂商离开。但是，长期的情形则不同，因为在独占性竞争市场下，每家厂商的规模都不大，且厂商数目很多，厂商进出市场都非常自由。所以当厂商在短期下有利润存在时，就会吸引新的厂商加入，当厂商有损失时，长期下就会有厂商退出。

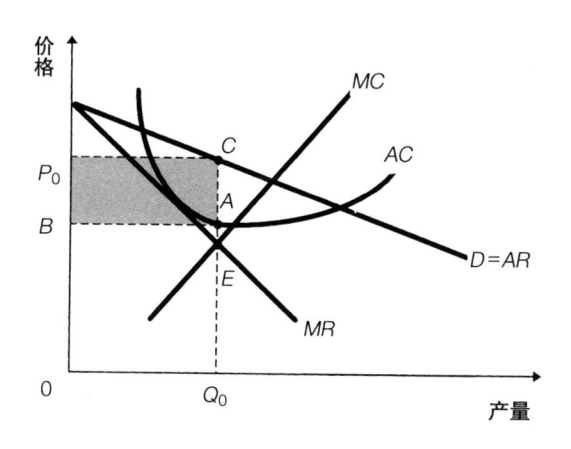

图 11.2 独占性竞争厂商的短期均衡

（三）独占性竞争厂商的长期均衡

在长期下，厂商能否自由进出市场是决定厂商能否享有长期利润的一个关键。在完全竞争市场中，我们允许完全竞争厂商在短期下得享有利润，因为短期下，新的厂商无法加入；但长期下来，厂商不断加入瓜分市场，于是供给增加，产品价格不断下跌，直到长期利润消失为止。独占性竞争市场亦十分类似，在允许长期下厂商得以自由进出条件下，当现有厂商享有超额利润时，就会不断吸引新的厂商加入。当新厂商不断加入瓜分市场，个别厂商所面对的需求曲线就会不断地往内移动。

长期均衡中，若原有厂商有利润，新的厂商就会不断加入，直到所有厂商的利润都消失为止；若原有厂商有损失，则会有一些现有厂商退出市场，直到留下来的厂商损失不见为止。因此，长期均衡下，独占性竞争厂商的利润会等于 0，见图 11.3。在图 11.3 中，长期下，独占性竞争厂商仍然会维持在

$MC=MR$ 条件下生产，即 E 点。但长期下来，AR 不断移动，直到在最适产量 Q_0 下，AR 会正好与 AC 相切，如 A 点。换句话说，在长期均衡时，平均收益等于平均成本，因此利润为 0。此时不会有新的厂商加入，也不会有旧的厂商退出，市场达到长期均衡。

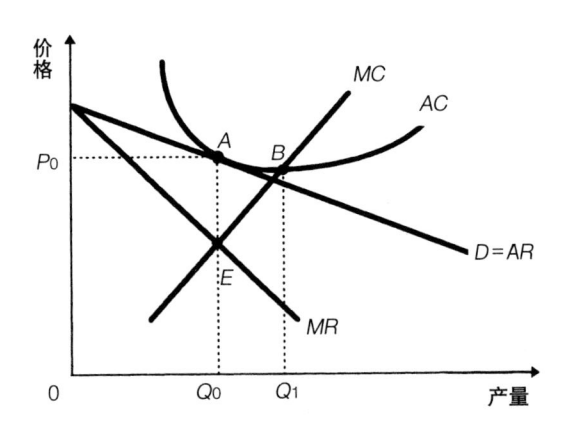

图 11.3　独占性竞争厂商的长期均衡

在图 11.3 中我们看到，独占性竞争厂商长期均衡下的最适产量 Q_0 小于长期平均成本最低点（B 点）下的产量 Q_1。由于独占性竞争厂商所面对的需求曲线具有负斜率，在长期均衡无利润的条件下，我们可以确定 AR 与 AC 的相交点一定会在 AC 最低点（B 点）的左边。换句话说，独占性竞争厂商永远不会选择在长期成本的最低点生产，而是选择较小的产量。因此，每一个独占性竞争厂商都会有剩余容量的出现。从全社会资源使用的角度来看，这是缺乏效率的，因为如果能够减少几家厂商，让存在的独占厂商略为增加其产出，则可以全面降低生产成本，一直到它们的产量扩大到平均成本的最低点为止。

不过，也有一些人持另一种看法。要知道在现实社会中，大多数产业都属于不完全竞争产业，其中尤其以独占性竞争产业的数目最多。如果我们认为独占性竞争产业的生产缺乏效率，怎么可能在如此长期的竞争下，还会有这么多独占性竞争厂商存在呢？在独占性竞争市场中允许厂商自由进出的情况，使得厂商长期下的超额利润减少到零的水平，同时却仍然有许多厂商存活下来，此一情形与完全竞争厂商几乎完全相同。因此，如果我们认为完全竞争厂商是有效率的厂商，则很难下结论说独占性竞争厂商是缺乏效率的厂商。

沈嘉宜的服饰精品店

沈嘉宜在忠孝东路的繁华路段上拥有一家小小的服饰精品店,专门出售欧洲的高级服饰、皮鞋等精品。为了提供与别人不同的商品,且随时走在时尚的尖端,沈嘉宜每三个月就要飞往巴黎、伦敦等地,寻找应时的服装及其他货源。

由于台湾女装市场竞争非常激烈,类似沈嘉宜一样拥有自己店面的女强人有很多,沈嘉宜自己就有好几个朋友从事类似的工作。但由于竞争激烈,很多服饰精品店的寿命都不长,最多几年就结束经营了。沈嘉宜算是比较幸运的,一方面由于店面地点不错,顾客容易上门;另一方面,沈嘉宜对于服饰有特殊的品味,顾客进门以后经常会被吸引,所以再度光临的比例也很高。

然而,女装市场不但季节变化很快,而且时尚潮流变化更快,如果不能随时掌握市场动态,顾客很快就会流失。所以沈嘉宜平时经常翻阅许多有关服装方面的杂志,更重要的是沈嘉宜大约每三个月就要去欧洲一趟,一方面为小店进货,另一方面也去学习欧美服装界的最新潮流。所以,沈嘉宜的经营成本其实是相当高的。所幸的是,女装的毛利还不错,扣除一般开支以后,沈嘉宜每年赚的利润足够沈嘉宜跑欧洲好几趟。虽然经常飞来飞去十分辛苦,但由于沈嘉宜本身对服装就十分感兴趣,所以也颇能自得其乐。

在独占性竞争市场中,市场的竞争非常激烈,新的厂商经常加入,旧的厂商又不断离开。在市场竞争中,想要赚取丰厚的利润不太容易,但如果能掌握一些与别人不同的特色,如地点、品牌等,赚取一些合理的利润也不是十分困难。沈嘉宜的故事不是一个特例,不只是在服饰精品店才有。事实上,成衣店、餐厅、KTV、咖啡店等诸多的市场中,都可以再三看到类似沈嘉宜的模式在进行着。

从另一个角度来看,也就是因为有这些人的存在,才使得台北街头上出现形形色色的商店,也才会让人感到台北市生机盎然。

那么我们该如何解释,独占性竞争厂商不会在长期成本的最低点生产呢?主要的理由仍然是独占性竞争市场与完全竞争市场的基本不同,即"产品差异性"。在完全竞争市场中，产品质量完全相同，故厂商可以利用大规模生产的方式，或标准化的生产方式，使生产成本降低。但在独占性竞争市场下，厂商存活的主要理由就在于产品差异化。换句话说，厂商不但要设法降低生产成本，还必须要不断保持与别家产品不同。因此，大规模生产或标准化生产的方式比较不容易在独占性竞争厂商中出现。师大路旁的牛肉面又便宜又大碗，因此它们可以长期存活，但每碗中放的面比较多，所以成本较高。士林夜市的东山鸭头能够长期存活且远近驰名，是因为老板每天都要花很久的时间用小火慢慢地卤出这些味道香浓的鸭头，这绝对不是大规模生产所能做到的。老板的生产成本虽然较高，但却能使他的产品与别人有明显差异。

　　从另一个角度来看，与完全竞争市场中提供完全相同的产品相比，产品差异化可能还可以带给消费者更大的选择。事实上，对消费者而言，这种多样化的选择本身就是一种福利。比方说，大家每天吃的鸡蛋或稻米可能没有太大的不同，但如果大家每天穿完全相同的制服去逛街，感觉会如何？如果公馆夜市中只卖自助餐，其他都不卖，还会有人去吗？无疑地，产品差异化本身就能带给人们更多的选择与效用。所以，我们应该把独占性竞争厂商生产成本较高的事实，看成是因为厂商为提供不全然相同的产品所必须支付的代价。

三、寡占市场

　　不完全竞争市场另外一种重要的结构形态，即寡占市场 (oligopoly)。寡占市场与独占性竞争市场的最大差别就是厂商数目。一般而言，厂商数目大约在两家到30家左右的产业，都可归类为寡占市场。由于厂商数目较少，厂商规模比较大，对于市场的影响力也较大。另一方面，由于厂商数目少、规模大，因此也较容易被人注意。以台湾地区市场为例，一般人能够叫出的几家大公司，大都属于寡占产业下的企业。同时，由于厂商数目不多，厂商之间也互相十分注意彼此的行动，当一方有所动作时，另一方可能立即有反制行动。所以，寡占市场厂商数目虽少，但竞争也可以是非常激烈的。而且由于厂商数目不多，厂商之间要形成共识也并不困难，同时厂商少，协商成本也比较低，在此种情形下，厂商之间的联合行为或勾结行为也比较容易出现。美国的《反托拉斯法》

与台湾当局的所谓"公平交易法"都对厂商之间的联合行为有严格的限制。

（一）大就是美？

寡占市场的最主要特色就是产业中厂商数目较少，因此厂商的规模通常较大。比方说，台湾地区的汽油业者只有两家，"中油公司"与台塑石油；再比方说，台湾地区的水泥业者大概只有六七家，包括台泥、亚泥、环球、嘉新及其他；电信业者有"中华电信"、台哥大、远传及其他；汽车业者有裕隆、福特、三阳及其他。

产业形成寡占市场的理由有很多，其中最重要的仍然与规模经济有关。在工业化的生产过程中，许多产品被标准化，使得产业得以凭生产线的方式进行生产。很多产业被迫要以大规模的生产才能使其生产成本降低。以汽车制造业为例，据估计，一家汽车制造工厂若要达到平均生产成本最低点的生产规模，则每年的年产量必须在 15 万辆到 20 万辆汽车之间，这产量几乎已经接近台湾每年需要的汽车数量。

规模经济的好处不只出现在生产成本方面，同时也会在其他方面出现，广告是一个明显的例子。规模太小的企业一方面无法承担昂贵的广告费用，一方面全面广告也会造成浪费。但大企业就没有此种顾虑，广告费用虽所费不赀，但与大企业的收入相比，可能并不十分明显。

广告可以提供大企业许多好处，兹略述如下：第一，介绍产品。若产品是全新的产品，则企业可以利用广告来教育社会大众，同时刺激大众对此产品的需求。第二，如果市场上已有竞争者，则广告可以扩大市场，将对手的顾客吸引过来。第三，广告可以改变企业形象，有很多广告根本与产品无关，但却直接以提升企业形象为主要目的。很久以前有一家家电业的广告词到现在仍然令人记忆犹新，即"打电话，服务就来。"此种强调公司售后服务的广告，事实上与提升企业形象有十分密切的关系。第四，可形成进入障碍。由于广告可以提高顾客对于产品的忠诚度，当大企业大量投入企业形象和产品广告时，新的厂商想要进入此一市场就必须三思，因为首先要克服顾客对产品忠诚度的问题可能就很不容易。可口可乐与百事可乐是全球知名的两大可乐制造商，由于它们在全球大多数国家中，都投下大量广告费用，造成各地顾客都有非常高的产品忠诚度。因此，虽然生产可乐的成本并不是那么高，但世界上很少有国家出产第三种畅销的可乐，因为大家都知道根本无法与这两家公司争夺顾客。第五，可以建立顾客的产品忠诚度。比方说，Nike强打"乔丹××代"球鞋，让年轻人都以穿该球鞋为酷炫的代表而非穿不可。在建立品牌忠诚度之后，就可以用比较高的价格出售。

大规模企业的另外一项优点是，由于企业规模较大，比较有能力进行研究发展(R&D)，因此比较容易促进产业升级。一般而言，企业的研究发展费用支出都十分庞大，而且研究发展通常都具有很高的风险，在十项研发中，可能只有一两项成功。对中小企业而言，它们可能无法承担这些风险所带来的压力，大企业却可以利用其中一两项研发成功的新产品或技术，来回收高额利润。在科技产业挂帅的今天，研发工作是企业活动中绝对不可或缺的。由于大企业在投入研发支出方面也比中小企业有利许多，我们可以预见未来将会有愈来愈多的大企业出现，而中小企业则将逐渐式微。

（二）非价格竞争

由于寡占市场上厂商的数目很少，企业之间对于彼此都十分清楚，因此容易形成牵制或合作。此处我们先说明寡占市场上企业之间的竞争。由于厂商数目很少，一旦一家变动价格，就很可能会引起其他人的反制行动，所以我们经常在寡占市场上看到产品有十分稳定的价格。比方说，西瓜的价格会随四季而变，但冷气机的价格却十分稳定，主要理由就在于后者属于寡占产业。由于寡占厂商之间不轻易采取价格竞争，因此非价格竞争就是最常被利用的手段，非价格竞争中又以广告和产品差异化最常被采用。

1. 折弯的需求曲线

我们先说明为什么在寡占市场下的产品价格通常会比较稳定。比方说，家电产品、洗发精、酱油等，这些都属于寡占市场中的产品。假设甲厂商生产的产品属于寡占市场，当它希望以降价方式来吸引顾客时，别家厂商一定会立刻发现。由于别的厂商担心顾客会被甲厂商抢走，于是也会降低价格。在此种情况下，甲厂商以降价方式来吸引顾客的效果并不会很好，我们也可以说降价时需求弹性较小，顾客增加不多。因此，甲厂商面对的是一条斜率较大的线，如图 11.4 中的 D_1。相反的，当甲厂商想要以涨价方式来提高利润时，却会碰到另一种困扰。由于甲厂商提高价格时，别的厂商却可以用维持原价的方式来吸引甲厂商的顾客，扩大市场占有率。所以，在别家厂商不跟进调涨之时，甲厂商的顾客会加速流失。换句话说，当甲厂商调涨价格时，它会面对一条较有弹性的需求曲线，如图 11.4 中的 D_2。

所以，事实上，甲厂商面对的会是一条折弯的需求曲线 (kinked demand curve)，即 BAD_1。针对 D_1 与 D_2 之下，分别会有两条不同的边际收益曲线，MR_1 与 MR_2。在对应折弯的需求曲线下，厂商面对的边际收益曲线是 $BCEMR_1$。在追求最大利润下，甲厂商会选择 $MC=MR_2$ 之点生产，即 C 点，此时产量为 Q_0，价格为 P_0。

在图 11.4 中，我们可以看见甲厂商的边际收益曲线中有一段垂直的部分，即 CE 段。只要甲厂商的边际成本曲线移动范围在该 CE 之间，则其最适产量与最适定价（Q_0 与 P_0）都不会改变。因此，我们说寡占厂商的产品价格会是十分稳定的。而造成折弯的需求曲线主要是因为在价格调涨与调降时，其他厂商的反应不同所致。

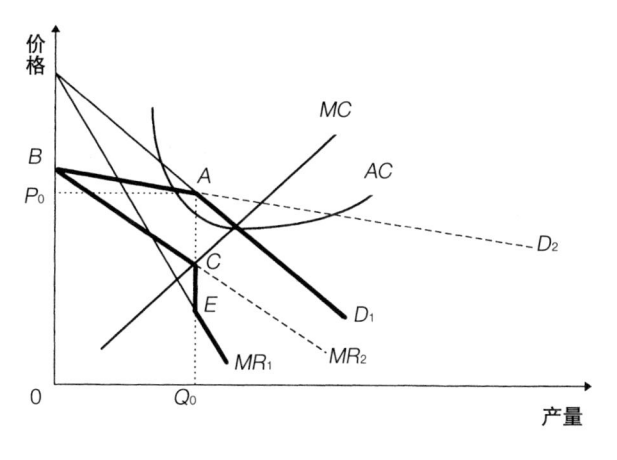

图 11.4　折弯的需求曲线

2. U 型的生产成本

由于寡占厂商通常都采用大规模的生产方式，在此种情况下，生产成本比较容易出现 U 字形。而且其中最低成本之处，会有很长的一段水平线，也就是说在该水平线段内产量略为变化，仍然可以保持最低的平均生产成本。所以当市场需求发生变化时，厂商可以利用调整生产规模的方式来应付。比方说，当经济不景气，市场上汽车的需求减少时，汽车厂商可以利用关闭整条生产线的方式来回应。因为停止一条生产线，并不会影响其他生产线的生产成本，所以此时仍然可以维持在最低的生产成本之处生产。

另一方面，由于大规模生产的产品以工业产品居多，工业产品通常储存成本较低，当市场需求发生变化时，厂商可以利用调整存货的方式来应付。比方说，冷气机是一种具有季节性的商品，当夏季来临之际，冷气机的需求会大幅增加，但市场上夏天冷气机的价格却不会比冬天贵多少。主要理由在于制造商可在淡季时就先增加产出，然后储存到夏季出售。但是，水果也是有季节性产品，储藏成本却很高，所以当某一种水果的季节来临时，其价格就会大跌，其他时候则居高不下。

3. 产品差异化

寡占市场上最常见的非价格竞争就是广告与产品差异化，广告的用处我们在前面介绍过，此处只拟说明寡占市场上产品差异化的情况。

寡占市场上厂商的数目较少，因此厂商很容易将产品略为修改，即可达到与其他产品区隔的目的。以汽车市场为例，福特汽车有 Fiesta、Focus 和 Mondeo；马自达有马 2、马 3、马 5 和马 6；日产有 Tiida、Livina 和 Sentra 等等。本来生产大型车和小型车是为了市场区隔，但在竞争之下，变成大车与大车竞争，小车与小车抢市场。可口可乐公司产品有可口可乐和雪碧，百事可乐公司有百事可乐、七喜汽水，黑松公司则有黑松汽水和黑松沙士。

（三）进入障碍

寡占市场上的另一个特色就是进入障碍。寡占市场中的厂商由于具有很大的市场力量，所以可以享有相当大的超额利润。在利润的吸引之下，长期下新厂商的加入也可以预期。然而，我们看到台湾有许多传统产业，比方说，水泥业，一直享有很高的利润，而长期下厂商的数目却十分固定，亦即新的厂商很不容易进入该产业与之分享利润。此时，市场上存在着相当程度的进入障碍。

在一般情况下，寡占市场都存在相当高的进入障碍，使得厂商数目不易增加。兹分别说明如下：

1. 大规模生产的风险

由于寡占市场企业的规模很大，新厂商加入时必须投入相当大的资金，其中有一大部分属于厂房、机器，以及开办费用等沉没成本。一旦投入之后，即使想退出也不容易收回此部分的投资。由于此沉没成本费用很大，新厂商在加入市场时，必须有相当大的把握才进入市场。在此种巨大的竞争风险下，往往会使有心加入的厂商却步。

2. 广告与产品忠诚度

前面曾经说明过，寡占厂商经常利用大量的广告来建立公司的知名度及顾客对其产品的忠诚度。事实上，此种广告效果会造成很大的进入障碍，因为新厂商很难在短期之内与原有厂商竞争，除非新厂商能立即投入大量的广告费用或以其他方式来吸引顾客。

3. 原料市场的掌握

有些时候，独占厂商的出现是因为它掌握了所有的原料来源。寡占市场的情况也十分类似，如果少数几家厂商掌控了大部分的原料来源，新厂商自然不容易加入。台湾地区的矿产有限，水泥业者能使用的水泥矿场也十分有限，在目前少数几家水泥公司掌握了大部分水泥矿场的情况下，其他新厂即使有意加入生产，也会因为缺乏原料来源而作罢。

4. 政府法令的限制

很多时候，独占厂商出现是因为政府的规定，同样的，寡占厂商的出现也有很多时候受益于政府的法令。以银行业为例，在多年以前，台湾地区的银行业中只有少数的几家大银行，如台湾银行和"三商银"（第一、华南、彰化）。但自从1991年当局宣布开放民间设立银行后，立即有十九家新银行设立。事实上，当时当局对于新银行的设立仍然有十分严格的规定，例如新银行资本额不得少于新台币 100 亿元。在此种限制下，新银行的设立自然十分不易。

此外，台湾地区从事票据买卖与交换业务的票券公司也只有三家，即国际票券、中兴票券、"中华票券"，这三家公司都是当局允许下设立，其他厂商不得加入此种票券交换业务。事实上，此种金融服务业的市场需求很大，提供的业务也不一定具有规模经济。但在当局规定下，造成这三家票券公司垄断整个市场。其他如无线电视台、大台北燃气、欣欣天然气公司等，都是在当局限制厂商自由进入下的寡占公司。

（四）联合行为与勾结

寡占市场上，厂商的数量很少，厂商之间彼此的一举一动都十分清楚，大家的行动也都互相受到很大的牵制。但另一方面，由于厂商数目有限，厂商之间若能形成共识，采取一致行动，则彼此都可能获得更高的利润。此种联合行为在寡占市场上最容易形成，如果所有寡占厂商采取完全一致的行动，则称之为"联合独占"或称"卡特尔"(cartel)。在联合独占下，厂商集体的行为与独占者无异，大家获得利益后，再依事先约定均分。

无疑地，当寡占厂商采取联合行为时，结果必然是产量减少，价格上升，对消费者十分不利。因此美国的《反托拉斯法》及台湾当局所谓"公平交易法"，对于这种联合行为都有极严格的限制。然而由于寡占市场厂商数目很少，厂商很容易以形成默契的方式，来达到垄断市场的目的。比方说，台湾地区汽油业者只有两家，即"中油公司"和台塑石油，我们又可称之为双占市场(duopoly)。在油品市场只有两家的情况下，当一家涨，另一家立即跟进，或是一家降价，另一家也跟着降。虽然，双方事前并没有约定，但是同涨同跌的默契，很容易就形成联合行为。

由于政府不允许企业之间联合垄断的行为，台湾地区并不常见到此种案例，不过台北市已实施多年的公交车联营，就是一个有名的例子。公交车联营的最大好处是一票通用，让大众在买票时十分方便。缺点则是：一方面每家公交车业者都独享某些重要路线，在缺乏竞争下，要提高业者的服务质量并不容易。另一方面，在联营公交车制度之下，公交车票价是由所有业者共同决定，再经政府相关部门同意的。政府部门为看紧台北市民的荷包，公交车票价的调涨并不容易，调降则更不可能。试想如果某家业者想要更新车辆，增加班次，提供更密集的服务，但却无法以相对提高价格来支应，则动力必然不足。

国际市场上一个有名的联合行为就是"石油输出国组织"(Organization of Petroleum Exporting Countries, OPEC)。它们集合世界上大多数的石油输出国家，成为一个标准的卡特尔集团。1973年中东战争爆发，OPEC国家联合起来限制石油输出，结果造成了第一次石油危机。1979年两伊战争爆发，国际之间担心中东石油输出受影响，再度引发了第二次石油危机。

联合行为的主要困扰是万一有成员不遵守约定，就会出现垄断打破的可能。以OPEC为例，二次能源危机后，一方面世界各国开始重视节约能源，使得石油需求的成长受到限制，而另一方面，由于两伊战争持续很久，身为OPEC成员国的伊朗和伊拉克都希望扩大原油出口，以增加政府收入，支应战争所需。由于两伊扩大出口，破坏OPEC约定，其他成员国也不愿再受到出口限制。虽然OPEC的主要领导国之一沙特阿拉伯，一再以调整自己国家的出口来因应，但终究无法与其他国家的扩产相抗衡。1980年以后，国际油价一直疲软不振，OPEC成员国之间彼此信任度不足，使得OPEC对国际油价不易再起重大影响。

受到法律限制，寡占市场上厂商之间虽然不能明目张胆地进行联合行为，但在许多产业上，各种形式的默契行为却经常出现，包括"中油公司"和台塑石油曾经多次同涨同跌。此外，例如几家报纸曾在同一天将报价由10元调涨到15元，及百货业者自10月份开始轮流实施周年庆，都属于近似联合行为。其实，我们经常听到的绑标、围标、搓圆仔汤，都是厂商之间的联合行为，也都属于违反法律的行为。

大致上而言，决定寡占厂商之间合作或竞争的因素，可分成以下几项：1. 当厂商数目愈少，愈容易形成共同行为。一方面共识比较容易达成，一方面彼此较能互相监视，不致出现违反约定的举动。2. 当产品质量愈接近，就愈容易引起竞争，反而容易形成合作。以水泥业为例，由于水泥是相当齐质的产品，同时又具有大规模生产的特性，因此容易形成生产者之间的联合行为。事实上，台湾地区水泥业者之间的默契式联合行为也十分出名。3. 当产品市场停滞不成长时，厂商之间易于合作，因为彼此之间不愿意互抢对方的顾客。4. 在寡占市场中，若有一家很大的厂商，则易形成"价格领导者"(price leader)，于是易于合作。在 OPEC 中，沙特阿拉伯就扮演此一角色。5. 若厂商之间缺少非价格竞争时，易于形成合作。我们再以水泥业为例，由于非价格竞争以产品差异化和广告为主，而一方面水泥为齐质产品，没有产品差异化的问题；另一方面，水泥业为工业用品，水泥业者不需要花大笔资金从事广告活动以吸引顾客，所以水泥业者之间的非价格竞争也是很小的。6. 当新厂商不易加入市场时，原有厂商之间容易熟识，易于形成共识，且不用担心新厂商进入破坏，所以较易合作。

四、台湾地区有关规定

为阻止厂商之间联合行为造成独占，或不公平竞争而影响其他厂商权益以及影响消费者权益，大多数政府对于厂商行为与市场竞争都有相当程度的规范。比方说，美国有《反托拉斯法》，台湾地区有所谓"公平交易法"。

公平交易与独占：统一超商的连锁店

所谓"公平交易法"通过以后，"公平交易委员会"便积极运作，处理过许多有名的案例。最近一件引人注意的案件，就是关于台湾地区最大连锁商店统一超商的市场独占地位。据报道，到 1996 年底，全台湾地区统一超商包含直营店与加盟店在内，共有 1317 家，估计其 1996 年度全年营业额达 286.3 亿元。

据"公平会"指出，统一超商连锁事业在某些地区的市场占有率已超过 50%。在此庞大的市场占有率下，造成许多不公平竞争上的问题。第一，其他超商的生存空间已经很小，几乎完全无法与统一超商相竞争。第二，由于统一超商规模庞大，对上游供货商具有庞大的市场力量——如果对供货商的价格不满意，统一超商可以拒绝销售该商品，达到封杀该商品的目的。第三，统一超商之前曾出现拒绝销售与统一企业生产相似的产品，使得统一企业近似占有独占地位。

针对上述不公平竞争所可能带来的不利后果，"公平会"考虑依地区划分原则，在特定地区内只允许统一超商设立一定的数目。同时，为避免统一超商不销售与统一企业类似的产品，"公平会"也考虑规定新加盟的统一超商在没有正当理由下，不得限制与统一企业有竞争性的产品进入其市场的渠道。

资料来源：《世界日报》，1997年2月14日。

挑 战 广 告

美国有一家地方电视台曾经推出一个非常受欢迎的电视节目，其内容主要在针对电视上的产品广告做实验。如果有观众看到电视上的哪一段广告觉得有问题，就可以写信给该节目主持人，由主持人出面依广告内容做实验，测试广告的真实性。

大多数广告大都难免会有夸大其词的内容，至于是否严重到损害消费者权益，则需由法院来判决。在上述挑战广告的节目中，大多数广告都无法经得起实验考验，却也有少数商品能符合其广告内容，令人惊奇。兹举二例以飨读者：

1. 质量纯正的色拉油不会凝结

有家厂商强调它们的色拉油质量纯正，放在冷冻库中八小时不会凝结，而其他品牌则质量不纯正，放在冷冻库会结冰。这个实验很容易进行，主持人选了五六种品牌的色拉油放到冷冻库中，第二天在电视上当场开封，结果其他厂家的色拉油都结冰了，只有该家厂商的色拉油仍然可以倒出来，完全符合广告所述。

2. 不怕被猩猩摔打的行李箱

另外有一则广告内容十分夸张，有一只（由人装扮的）大猩猩，把一只新的行李箱又打又摔，结果该行李箱仍然完整如新。有观众认为该厂商的广告过分夸大，请电视主持人进行实验。电视主持人找了一个体重300磅的职业摔跤选手代替大猩猩，把行李箱又踩、又摔、又丢地折腾了十几分钟。出人意料的是，该行李箱竟然完好如初。电视主持人不得不称赞该行李箱真的如同广告所说的一样耐用。唯一可惜的是，所有实验都以不记名的方式进行，因此观众无从知道到底是哪一家的行李箱如此耐用。

（一）《反托拉斯法》

美国的《反托拉斯法》早在 1880 年就出现，其立法精神在于提高企业之间的公平竞争，主要做法一方面在防止企业形成垄断，一方面则在禁止企业出现不当的交易行为。

企业形成垄断的方式很多，其中三个较常见的情况包含：1. 企业之间的联合行为；2. 企业成长过大，形成独占；3. 企业之间相互并购，造成垄断。兹各举一例说明之。

传统上，美国国内与国际电话业务都由美国电话电报公司 (AT&T) 独占。1989 年，美国联邦通信委员会 (Federal Communication Commission, FCC) 勒令 AT&T 解散。一方面 AT&T 分出 19 家独立的区域性电话公司，服务各地的地域性电话业务，AT&T 仍然负责国际电话业务。另一方面，国际电话市场开放竞争，随即有 MCI、Sprint 等数家厂商加入国际电话业务市场，形成激烈竞争。不过为防止企业之间不当竞争手段 (例如压低价格，打击新进入的厂商)，FCC 对于各电话公司收取的国际电话费用仍然加以监视。

在企业并购方面，美国市场于 1980 年代开始，出现过一阵并购热潮，其中有很多笔并购案的交易金额都超过数亿、数十亿甚至数百亿美元以上。比方说，2017 年 7 月美国电信厂商 Verizon 以 48 亿美元并购 Yahoo。全球最大的并购案是 2016 年 10 月，美国电信巨擘 AT&T 用 1087 亿美元并购时代华纳公司。

另外，企业并购案也同时在世界其他国家中出现，而每一个国家对于大型企业合并时，都会小心检视其市场占有率的变化，主要目的在于防止这些企业借合并达到独占市场的目的。比方说，2000 年 10 月，美国 GE 公司宣布以 450 亿美元并购另一家美国的跨国家电产品大厂 Honeywell，结果在 2001 年 7 月被欧盟否决，这是欧盟第一次否决美国的企业并购案。另外一个案例是 2016 年 4 月，英国电信大厂 Three UK 以 148 亿美元并购另一家电信公司 O2，但是欧盟担心并购会造成英国电信产业出现垄断的可能，于是否决此并购案。

大家一起唱：好乐迪与钱柜合并案

KTV 是台湾年轻人重要的休闲活动之一，其中好乐迪和钱柜是两家最大的 KTV 连锁店。2003 年，好乐迪和钱柜宣布合并，计划成立好乐迪育乐集团，虽然双方把合并计划送交"公平会"审查，但是却没有实际的进一步行动，合并案就此告终。

2006 年，好乐迪与钱柜重启合并计划，并再送到"公平会"审查，但是由于考虑其市占率太大，可能会出现市场垄断的问题，于是"公平会"决议否决此一合并案。然后，这两家公司提出诉愿要求重新审查。结果 2008 年，"公平会"再度否决此一合并案，后来业者又提出两次的合并案，但是都被"公平会"否决。

理论上来说，当两家业者合并后，他们在市占率大增的情况下，一方面可能借此提高唱歌的收费；另一方面，也可以用较低的价格向上游买歌。无疑地，这两家公司的经营效率会因为市场规模扩大而增加，其未来的获利也会增加。

但是，从市场竞争的角度来看，两家合并后在台湾 KTV 的市占率超过五成，在大台北区更是超过九成，因此如果他们涨价的话，消费者只能乖乖地接受，不容易找到其他的代替者。另一方面，对于唱片公司或作曲人来说，他们在面对庞大的 KTV 业者时，也可能因为缺乏竞争而遭受损失。因此，公平会否决这两家业者的合并，对于市场竞争来说应该是比较有帮助的。

不过，虽然这两家业者无法进行合并，但是由于台湾地区的市场较小，而且这两家彼此又已经有交叉持股，所以某种形式的实质合作是一定会发生的。

（二）台湾地区有关规定

台湾地区维持市场公平竞争与交易的重要有关规定是所谓"公平交易法"，于 1991 年公布，1992 年起实施。其中主要管理的方向有三个：1. 禁止独占厂商出现；2. 防止企业有联合独占行为；3. 防止企业进行不当的交易行为。

1. 在禁止独占厂商出现方面

台湾当局所谓"公平交易法"规定，凡是一家事业的市场占有率在二分之一以上、两家事业的市场占有率在三分之二以上、四家事业的市场占有率在四分之三以上者，都视为独占事业。因此，寡占市场也在认定范围之内。

在此一规定下，有多家公营事业已违反规定，但有两个例外：一是台湾当局所谓"公平交易法"实施五年后开始执行；另外，公营事业另有规定者从其规定。

2. 在防止联合垄断行为方面

台湾当局所谓"公平交易法"实施以来，"公平会"曾多次对厂商的联合垄断行为加以调查及处分。其中以国际票券、"中华票券"、中兴票券的案例最引人注意。因为三家票券公司都是在当局允许下成立的票券公司，专门从事票券买卖及借款业务，属于寡占市场。由于三家票券公司依其协议决定收取相同的收费标准，"公平会"认定其符合联合行为，要求其停止该项协议及联合行为。

3. 在防止企业不当交易行为方面

"公平会"在防止企业进行不当交易行为方面的案例更多，比方说，它曾多次对多层次直销厂商进行调查与处分。在广告不实方面，也有许多案例，其中尤其针对建商出售预售屋广告中，面积灌水和建材不符方面，多次对建筑商展开调查，并认定其违反广告中之内容，因此判定应予购屋者赔偿。

比较新的案例发生在2017年1月，高雄市"联上湖×××"建案广告不实，联立建设公司被"公平会"罚新台币80万元，联永广告公司被罚20万元。另一个较有名的广告不实案例，是京铨艺术公司于2015年6月举办"达·芬奇特展"，广告宣称"70亿元达·芬奇自画像"及"一次让观众可以欣赏总价值近100亿元新台币的真迹画作群"，但是公平会认定其内容是"虚伪不实及引人错误的表示"。简单地说，由于这些参展的画作并非真迹，所以这些广告内容是不实的，结果被公平会处罚50万元新台币。

经 济 名 词

不完全竞争市场　　市场集中度　　独占力量
非价格竞争　　　　联合行为　　　卡特尔
反托拉斯法　　　　独占性竞争　　寡占
进入障碍　　　　　折弯的需求曲线

讨 论 问 题

1. 试举二例并叙述不完全竞争市场的特性，再比较其与完全竞争市场之异同。

2. 何谓独占力量？与市场力量有何关联？

3. 试述独占性竞争厂商的短期均衡与长期均衡。

4. 试比较独占性竞争市场与完全竞争市场的效率及其带来的社会福利大小。

5. 试述寡占市场的特性，并比较其与独占市场之异同。

6. 你觉得广告的功能何在？在企业大做广告下，效果会不会打折？那么为什么厂商还要经常大做广告呢？

7. 何谓联合行为？你可以举出两个例子加以说明吗？

8. 试比较独占性竞争厂商与寡占厂商在产品差异化行为上的异同。它们分属不同的市场结构，但为什么都会选择进行产品差异化的行为呢？

9. 有人说："大就是美。"你觉得寡占厂商符合这种"大就是美"的看法吗？你认为市场上应有较多的大企业？或是应有较多的中小企业？

10. 寡占市场上产品价格较稳定的原因何在？折弯的需求曲线与厂商之间的竞争有什么关系？为什么折弯的需求曲线只会出现在寡占市场，而不会出现在其他市场上面？

第十二章

要素需求

★ 市场循环
★ 厂商的最低成本组合
★ 厂商的最大利润选择
★ 要素独买

一、市场循环

在本书前六章中，我们说明在收入固定下，消费者如何决定其最适的产品选择，使其效用最大。同时，我们也说明厂商的成本函数及其与产量的关系。然后，我们在第七章到第十一章之中，讨论供需双方如何在市场上决定产品价格；当然，不同的市场结构对于市场上价格如何决定有重大的影响。这种讨论过程，把供需双方与市场都已详细地说明，已然可以形成一个相当完整的体系。

事实上，对家庭单位和厂商而言，这只说明了其行为的一半而已。比方说，厂商决定产量后，下一个问题是该如何生产这些产品，如何选择不同的生产要素组合才能使成本最低。因为厂商还必须到要素市场上采购它需要的生产要素。对家庭单位而言，如何选择不同的产品来消费，以使其效用最大，这当然是非常重要的问题。但同时，另一个重要的问题是，家庭单位也可以设法多找一份工作，来增加其收入。换句话说，他可以在工作与休闲之间做选择，以提高其效用。当然，他必须以减少休闲为代价，因此也有可能降低其总效用水平。

显然，此时还有一个重要的市场我们还没有讨论，此即"生产要素市场"(factor market)，其中包含劳动、资本、土地、企业家精神。生产要素与传统产品市场的一个主要差别在于买卖双方角色是互换的，即厂商在产品市场上是卖方，但在要素市场上却是买方；相反的，家庭单位在产品市场上是买方，但在要素市场上却成为卖方。

我们把家庭单位、厂商、产品市场，以及要素市场连成一气，才可以形成一个经济体系中完整的市场循环图。在图 12.1 中，家庭单位支出金额在产品市场上购买商品，而厂商则在产品市场上提供商品，获取收益。而另一方面，家庭单位在生产要素市场中提供生产要素获取收入，厂商则在要素市场中购买生产要素，此即其生产成本。

家庭单位购买产品是因为生活所需，为支付日常的花费，人们必须去工作，赚取收入以供花费。厂商的情况十分类似，厂商的目的在追求最大利润，因此它希望在产品市场上能赚取最高的利润。但为了要生产产品，它必须同时到要素市场上购买生产要素，以供生产之用。而且如果厂商想要生产愈多，它就必须在要素市场上采购愈多；如果厂商完全不想生产，那它也就不需要任何生产要素。所以厂商对于生产要素需求的大小，可说主要取决于其产品在市场上销售的情况。因此我们称厂商对于生产要素的需求是一种"引申性的需求"(derived demand)。

我们在本章中将专注于讨论要素市场的需求，其中我们将说明如何推导出厂商的引申性需求曲线。在下一章，我们则探究要素供给，基本上这属于家庭单位的供给，其中又以劳动供给最重要，但我们也会讨论资本、土地及企业家精神的各种供给情形。

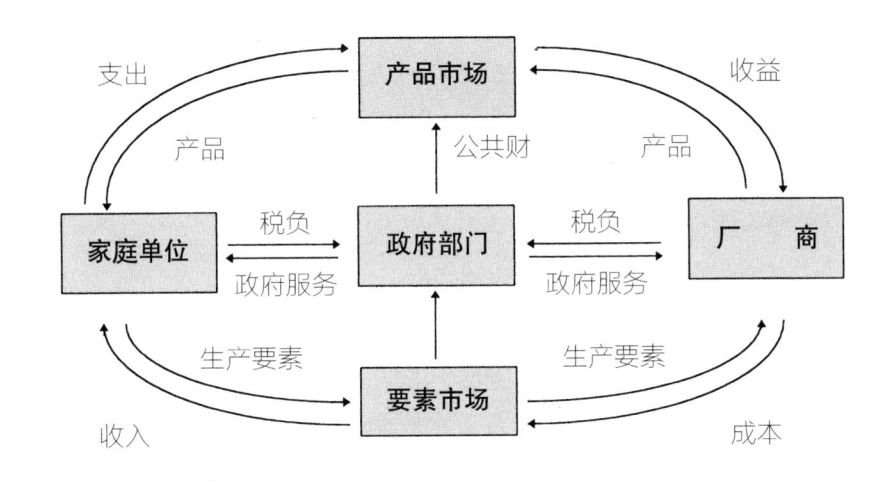

图 12.1 市场循环

另外必须一提的是，在图 12.1 中，我们特别把政府的位置绘出来，主要理由是因为政府部门也在市场中扮演重要的角色。政府部门的功能一方面在于提供市场一个完善的交易环境（例如管制独占事业），更重要的原因是市场失灵(market failure)。比方说很多时候，有些商品的市场并不存在，如空气污染；有些时候市场虽然存在，但却不容易定价，使得私人不愿意生产，如公共建设。因此在大多数国家中，政府部门都扮演非常重要的角色，而且政府部门作用也在一直扩大中，即使是资本主义国家也不例外。我们会在第十四章中专章探讨市场失灵与政府职能的关系。

二、厂商的最低成本组合

厂商的目的在追求最大利润，因此它必须考虑两个主要问题：第一，在目前价格下，该生产多少产量；第二，在该产量下，应如何生产？换句话说，该如何选取劳动或资本等不同要素来生产。我们先讨论后面一个问题，前一个问题留到下一节再说明。

（一）等产量曲线

在本书第六章中，我们已提及等产量曲线的组成，此处我们再进一步说明其性质。我们假设要素市场上只有两种生产要素，即劳动 (L) 与资本 (K)。厂商要生产一定数量的产品 Q，可以用很多劳动加上较少的资本，或者较多的资本与较少的劳动。基本上，产量与要素投入之间会有一定的关系，此种关系我们称为"生产函数"，即 (12.1) 式。

(12.1) $$Q = f(K, L)$$

在上述生产函数中，劳动的边际生产量与资本的边际生产量都会是正的。在第六章中，我们曾说明虽然有时候生产要素会因为投入太多，而出现负的边际生产量，但任何追求利润最大的厂商都不可能会选择该投入量。我们以产量对生产要素的偏微分来代表两种要素的边际生产量，其中 f_L 与 f_K 分别代表劳动与资本的边际生产量，即

$$MP_L = \frac{\Delta Q}{\Delta L} = f_L > 0$$

$$MP_K = \frac{\Delta Q}{\Delta K} = f_K > 0$$

当厂商想要增加产出时，它必须先知道 f_L 与 f_K 的大小如何，以便在增加劳动与增加资本之间做选择。但在此之前，我们应该先绘出"等产量曲线"(isoquant)，以便让厂商能够更容易知道如何可以使产量增加。等产量曲线是表示在维持相同产出 (Q_0) 下，所有可能的劳动投入量与资本投入量所形成的

组合，见图 12.2。在图 12.2 中，我们把劳动量当成横轴，资本量当成纵轴，在产量固定在 Q_0 下，再把所有可能的劳动与资本组合连接，就可形成产量为 Q_0 下的等产量线。

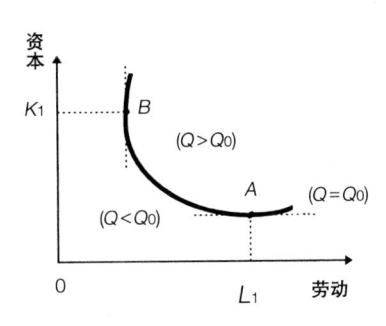

图 12.2 等产量线

等产量线的特性我们在第六章已经说明过，此处再略加叙述。

1. 等产量线必然有负斜率。因为劳动与资本都有正的边际生产力，所以要维持相同产出时，一种投入量减少，另一种投入量就必须要增加。我们把其斜率称为边际技术替代率 (MRTS)，表示两种生产要素之间在维持固定产出之下的转换率，即：

$$MRTS = \frac{\triangle K}{\triangle L} = -\frac{f_L}{f_K} = -\frac{MP_L}{MP_K}$$

说得更简单一点，边际技术替代率表示若要维持相同产量，减少一台机器时，必须要增加多少工人；换句话说，一台机器的产量可以换多少工人的产量。

2. 在 A、B 两点上，等产量线出现正斜率是因为某一种要素投入的边际产量出现负的。如在 A 点右边以后，表示劳动投入太多，使得劳动边际生产量是负的，所以要有更多的资本投入，才可以使产量维持固定。同样的，在 B 点以上，表示资本投入太多，资本有负的边际生产力，所以此时必须有更多的劳动投入才可以维持相同的产量。虽然在生产技术上而言，我们不排除等产量线会出现正的斜率，但对追求利润最大的厂商来说，一定不会选择该点作为生产决策。所以合理的等产量线应该介于 A、B 之间，因此必定具有负斜率。

3. 等产量曲线会凸向原点。因为两种生产要素都有边际报酬递减的情况，当劳动不断增加时，劳动的边际生产力愈来愈小，可以替代的资本量也会愈来愈少。

4. 等产量曲线把整个平面分成三个区间，在等产量线 Q_0 的上面，表示 $Q > Q_0$；在等产量线 Q_0 的下方，表示 $Q < Q_0$；在等产量在线，则是 $Q=Q_0$。由于等产量线把整个区域分为三部分，厂商便可以很容易地知道，要增加产量时该朝哪个方向移动。

5. 等产量线布满整个图形，而且任何两条等产量线都不能相交，其理由与无异曲线的情况完全相同。

等产量线纯粹是生产技术上，劳动与资本之间的关系。有些时候，生产者很容易把劳动与机器之间做替代。比方说，传统上，我们可以用人力耕田，也可以用机器耕田，而一台机器可以替代5个人。由于机器与人力之间的替代率是固定的，所以此时的等产量线是一条直线，如图12.3(A)。

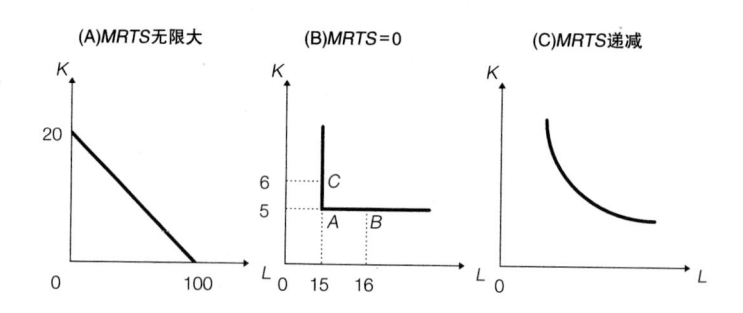

图12.3　边际技术替代率

有些时候，机器与人力之间完全不能替代。比方说，一家计程车行有5辆车，因此必须有15个司机。假设每个人每天跑8小时，且三班轮换，则该车行的最低成本组合就是15人与5部车，如图12.3(B) 的 A 点，若车行多聘一人，因为没有多余的车子可用，所以边际生产量是零，如 B 点。同样的，若车行多买一辆车，也因为没有多余的人手来开这部车子，所以此项资本投入增加的边际生产量也是零，如 C 点。显然在此种生产技术下，厂商最佳的组合就是每三个人配一部车子，所以等产量线会呈直角型，厂商无法多用人力来代替车子，也无法多用车辆来代替人力，因此车辆与人力之间无法做任何替代，我们称其边际技术替代率为零,此种生产函数称为"李昂铁夫生产函数"(Leontief production function)。

在正常情况下,等产量曲线的斜率应该介于直线与直角之间,即图 12.3(C)。一般而言,等产量线曲度愈小,愈接近直线,则两种要素之间的替代率愈高;反之,若曲度愈大,愈接近直角,则两种要素之间的替代率愈低。

(二)等成本线

等产量线告诉厂商在一定的生产技术下,增加劳动与增加资本对产量的影响有多大。但厂商为追求生产成本最小,所以在决定产量之际,还必须同时考虑两种生产要素的价格,使其能选择成本最少的生产组合。假设劳动的价格为工资 w,而资本的价格为利息 r,当厂商劳动投入量为 L,资本投入量为 K 时,其生产的总成本 C 可以表示为:

(12.3) $$C = w \times L + r \times K$$

由于 (12.3) 式是一条直线,表示在该直线上,厂商的支出都是固定的,如图 12.4。"等成本线"(isocost) 表示在维持成本固定情况下,所有劳动投入与资本投入所形成的组合。等成本线的斜率表示在维持固定成本下,劳动与资本之间的替换率是多少。说得更简单一点,为维持相同的总成本,多用一台机器,必须少用几个人,也就是说一台机器的价格可以取代几个人的工资,即:

(12.4) $$\frac{\Delta K}{\Delta L} = -\frac{w}{r}$$

等成本线同样把整个平面区分成三部分:右上方的投入组合成本较高,左下方的成本较低,等成本在线各点的投入组合成本相等。而当整条等成本线平行右移时,表示厂商的成本增加,但两种生产要素的相对价格不变,因为斜率不变,见图 12.4(A) 中的 I_0 与 I_1。若斜率改变,则表示两种要素的相对价格发生变动,以图 12.4(B) 为例,当等成本线由 I_0 移动到 I_1 时,表示资本价格不变,但劳动的价格下降。

(A)要素相对价格不变，成本增加   (B)劳动价格下跌

$\Delta K/\Delta L = -w/r$

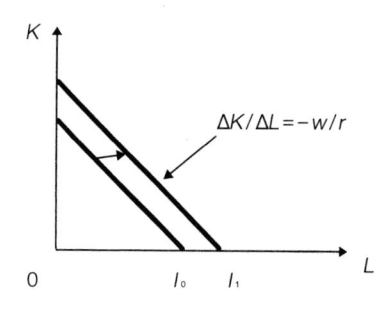

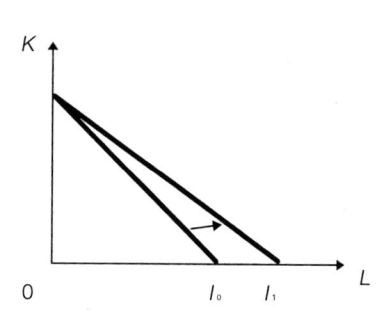

图 12.4　等成本线

（三）最低成本组合

等产量线代表厂商生产技术上的限制，原则上厂商希望达到愈高的产量愈好，即等产量线愈往右移愈好。不过，此处我们要问的是另外一个问题，即厂商在产量确定下，该如何选择最佳的要素组合，使得其生产成本最低？换句话说，在产量固定下，厂商希望等成本线愈往左移愈好。

在图 12.5 中，假设厂商希望的生产数量为 Q_0，在该产量下，厂商应如何选择最佳的劳动与资本组合？ A、B 在同一条等产量在线，故产量相同，但 B 点的成本为 C_1，大于 A 点下的生产成本 C_0，故 A 点比 B 点为佳。D 点的生产成本 (C_2) 比 A 点 (C_0) 低，但 D 点在等产量线的左边，表示 D 点的产量太小，无法满足厂商的产量要求。

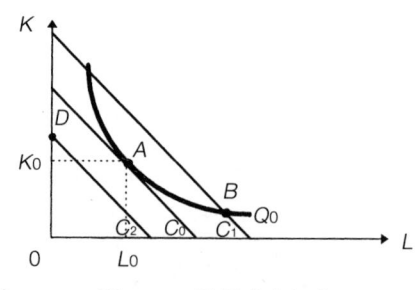

图 12.5　最低成本组合

事实上，A 点是厂商在维持产量 Q_0 下，所能达到的最低成本 C_0，其最佳的

投入组合为劳动量 L_0 与资本量 K_0。在 A 点时，等产量线 Q_0 与等成本线相切，表示两条线的斜率在 A 点上刚好相同，所以利用 (12.2) 与 (12.4) 式，我们可得：

$$\frac{\triangle K}{\triangle L} = -\frac{MP_L}{MP_K} = -\frac{w}{r}$$

可再将之改写成

(12.5) $$\frac{MP_L}{w} = \frac{MP_K}{r}$$

(12.5) 式的经济意义十分清楚，即用在劳动上的最后一块钱所带来的边际产出（即 MP_L/w），必须要等于用在资本上最后一块钱所带来的边际产出（即 MP_K/r）。如果前者高于后者，表示最后一块钱花在劳动上的边际产量较大，所以我们应该增加劳动投入；反之，如果前者小于后者，表示最后一块钱花在资本上的边际产量较大，所以厂商必须增加资本投入。唯有花在劳动的一块钱带来的边际产出等于花在资本上一块钱的边际产出时，厂商才达到最适组合，不应该再变动任何投入。此结果与消费者追求最大效用时非常类似，即消费者最后一块钱花在不同产品上带来的边际效用必须相同，否则就必须增加购买边际效用较高的商品。

三、厂商的最大利润选择

厂商为追求最大利润时，有两个条件必须同时满足，一方面在面对市场价格下，寻找最适产量，然后在最适产量下寻找最适要素投入组合。对完全竞争厂商而言，其面对的产品价格是固定的，因此在其决定产量后，再找出最适要素组合即可。但若厂商是独占或寡占时，情况较复杂，因为它必须知道自己的边际成本曲线和产品的市场需求曲线，以决定自己的最适产量；但同时，也要考虑在该产量下，其生产要素的价格是否会受到影响。

换句话说，在产品市场上，厂商是否是完全竞争市场，对于厂商如何决定产量与价格会有很大影响。同样的，要素市场是否属于完全竞争市场，也会对厂商决定购买多少数量的生产要素有很大影响。此处我们先讨论要素市场为完全竞争的情况，下一小节再讨论要素独买市场。

（一）引申性要素需求曲线

我们先假设生产要素市场是一个完全竞争市场，厂商可以在该市场中以固定的价格去购买任何它所希望的数量。换句话说，它面对的是一条水平的要素供给曲线，如图 12.6(A)。在水平的供给曲线下，供给弹性无限大，不论厂商买多少生产要素数量，都不会影响要素价格。

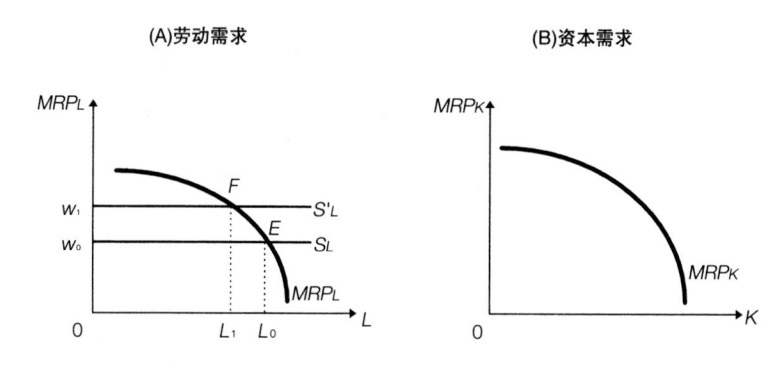

图 12.6　厂商的要素需求曲线

在产品市场上，在第六章我们已详细讨论过，厂商若要追求最大利润，则必须满足最后一单位产出的边际收益 (MR) 要等于生产该产出的边际成本 (MC)，即：

(12.6) $$MR = MC$$

边际成本表示每生产一单位产出所必须多花费的成本。可是在有两种生产要素下，厂商可以利用增加劳动或增加资本的方式，来达到产出的增加，此时我们该如何计算厂商的边际成本呢？在前一节中，我们曾说明厂商为追求成本最小的生产要素组合时，必须满足以最后一元花在劳动上得到的边际产量要等于最后一元花在资本上得到的边际产量，亦即 (12.5) 式。然后我们把 (12.5) 式等式两边的分子与分母互换，得到 (12.7) 式。

(12.7) $$\frac{w}{MP_L} = \frac{r}{MP_K} = MC$$

(12.7) 式的左边表示若只增加劳动时，每增加一单位产出，所必须多支付的劳动成本；等式的右边则表示，若只利用资本增加来达到产量增加时，每多增加一单位产出，所必须多支付的资本成本。因此，其实两者都是边际成本，一个是以劳动成本来表示，一个是以资本成本来表示，而在厂商最适成本组合下，两者必须相等。理由很简单，若 $w/MP_L > r/MP_K$，表示以劳动增加产出的边际成本较高，因此应以增加资本的方式来扩大产出；反之，则应以增加劳动的方法来扩大产出。在最适组合下，不论是利用哪一种方法，厂商增加产出的边际成本都相同，即 MC。

为追求利润最大，厂商必须同时满足最适产量的条件与成本最低组合的条件，因此我们把 (12.6) 与 (12.7) 两式合并，得到以下条件：

$$MR = MC = \frac{w}{MP_L}$$

$$MR = MC = \frac{r}{MP_K}$$

经移项后，可改写成：

(12.8) $$w = MP_L \times MR$$
(12.9) $$r = MP_K \times MR$$

(12.8) 与 (12.9) 式表示厂商为追求利润最大，在要素需求方面所必须满足的条件。在 (12.8) 式中，MP_L 代表每增加一单位劳动投入可以增加的产出，而 MR 则表示这些增加的产出在市场上可以卖出的边际收益。因此，$MP_L \times MR$ 表示每增加一单位劳动投入，可以多带给厂商的边际收益，我们称之为劳动的"边际收益量"(marginal revenue of product, MRP_L)。注意，边际收益量 (MRP_L) 与边际收益 (MR) 是完全不同的概念，后者是指厂商每多出售一单位商品所能增加的收益是多少；前者则是指厂商每增加一单位要素投入，所能增加的收益是多少。因此劳动的边际收益量不但要考虑生产要素的边际生产量 (MP_L) 以外，还要考虑产品出售时的边际收益 (MR)。同样的，每单位资本投入也有边际收益量 (MRP_K)，而资本的边际收益量是由资本的边际生产量 (MP_K) 与边际收益 (MR) 所组成。因此，我们可以写成：

(12.10) $$MRP_L = MP_L \times MR$$

(12.11) $$MRP_K = MP_K \times MR$$

因为 MP 和 MR 都是负斜率，所以边际收益量具有负斜率，如图 12.6，不论是资本或劳动都是如此。因为当要素投入增加时，其边际产量必然会下降，所以边际收益量会下降。由于劳动的边际收益量 (MRP_L) 代表厂商每增加一单位劳动投入所可以获得的边际收益量，而在面对完全竞争的劳动市场下，厂商每增加一单位劳动所必须支付的价格是固定的，即 w_0，所以为追求最大利润，厂商会增加劳动直到两者相等为止，此即图 12.6(A) 的 E 点。这时厂商的劳动购买量为 L_0，且 $w_0 = MRP_L$。若劳动供给的减少到 S'_L，价格上升为 w_1，厂商在 L_0 下的边际收益量太小，因此厂商会减少劳动投入。在劳动投入减少下，劳动的边际产量 (MP_L) 会增加，使得 MRP_L 上升，直到 $w_1 = MRP_L$ 再成立为止，此时劳动的需求量为减少到 L_1。

由上述说明可知，边际收益量其实就是厂商对于要素需求的"引申性需求曲线"，因为厂商对于劳动的需求完全依 MRP_L 而决定。以劳动的边际收益量来看，当厂商增加一单位要素投入时，一方面可以使产出增加 (MP_L)，一方面可以使收益扩大 (MR)，两者的乘积就是厂商因为劳动投入增加而带来的边际收益量 (MRP_L)。显然，当此边际收益量愈大时，厂商对于要素的需求就愈大，因为表示厂商可以赚愈多的钱。我们称之为"引申性需求"，是因为厂商对于劳动投入需求的大小，除了决定于市场上的劳动价格 (w) 以外，更决定于劳动的边际生产量 (MP_L) 及产品的边际收益 (MR)。在其他条件不变下，产品市场上人们对厂商的产品需求增加，会使厂商的边际收益增加，所以增加劳动投入可以带给厂商更多的利润；最后厂商就会增加劳动的需求。

（二）边际产值

到目前为止，我们仍只假设生产要素市场是完全竞争市场，所以厂商在购买生产要素时，可以在固定价格下任意购买其需要的数量。我们并没有对产品市场做任何假设，但这并不表示产品市场不重要，事实上，厂商的要素需求曲线，即边际收益量曲线，是由生产要素的边际生产量 (MP) 与边际收益 (MR) 所组成。前者是由厂商的生产技术所决定，后者则与厂商所面临的市场结构有密切关系。在第七章到第十一章的分析中，我们曾仔细探讨市场结构不同对厂商收益的影响。其中最大的分别是，当产品市场是完全竞争市场时，由于产品价格是固定的，所以该产品的价格 (P) 就是厂商的平均收益 (AR)，也就是厂商的边际收益 (MR)。而当产品市场不是完全竞争市场时，产品价格 (P) 仍然等于厂商的平均收益 (AR)，但不等于厂商的边际收益 (MR)。一般而言，由于平均收益在下降，所以不完全竞争厂商面对的边际收益也在下降，而且会低于平均收益。

我们把劳动的边际产量 (MP_L) 乘上产品价格 (P)，称为劳动的"边际产值"(value of marginal product, VMP_L)。VMP_L 表示说当厂商多投入一单位劳动，所增加的边际产出在现在市场价格下所能出售的价值。即：

(12.12) $$VMP_L = MP_L \times P$$
(12.13) $$VMP_K = MP_K \times P$$

然而，在产品市场属于完全竞争市场下，则 P=AR=MR，所以：

$$VMP_L = MP_L \times P = MP_L \times MR = MRP_L$$
$$VMP_K = MP_K \times P = MP_K \times MR = MRP_K$$

上式表示在产品为完全竞争市场下，劳动投入的边际产值会等于劳动投入的边际收益量，见图 12.7，主要理由在于厂商的边际产出可以用固定价格出售。

如果产品市场是不完全竞争市场，则厂商面对的边际收益会低于价格与平均收益，所以边际收益量也会小于边际产值，见图 12.7(B)，因为：

$$VMP_L = MP_L \times P$$
$$MRP_L = MP_L \times MR$$

造成 MRP_L 小于 VMP_L 的理由也很清楚。当不完全竞争厂商增加劳动投入时，一方面会使劳动的边际产量减少，因为劳动产出具有边际报酬生产力递减的现象；另一方面，当产出增加时，不完全竞争厂商要扩大销售，必然必须降低价格，因此使得其边际收入减少。而值得注意的是，厂商在购买劳动时，是以劳动的边际收益量作为其决定要素需求的标准，所以其最佳的劳动购买量〔即图12.7(B)中的 L_0〕，会小于完全竞争市场下的购买量〔即图12.7(B)中的 L_1〕。

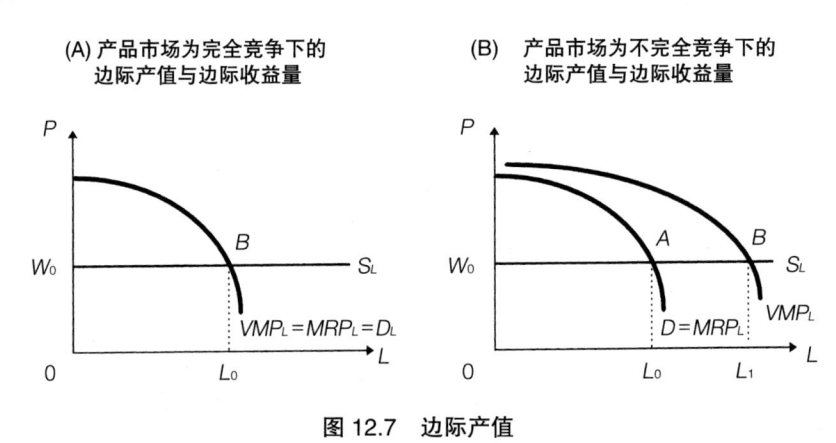

(A) 产品市场为完全竞争下的边际产值与边际收益量

(B) 产品市场为不完全竞争下的边际产值与边际收益量

图 12.7　边际产值

在前面几章讨论市场结构的过程中，我们曾提及不完全竞争厂商所造成的不利因素之一，就是产量会小于完全竞争厂商。此处我们又看到另外一个后果，由于不完全竞争厂商的产量小于完全竞争厂商，所以前者对于要素需求的数量也会小于后者。因此从劳动市场上来看，不完全竞争厂商提供的就业机会就会少于完全竞争厂商，这可以说是不完全竞争厂商带给社会的另外一个不利因素。

最后，我们要进一步说明在要素市场为完全竞争下，厂商对于生产要素的引申性需求所具有的特性。由于厂商的要素需求决定于边际产量与边际收益，因此其需求弹性也与这些要素有关。生产要素的需求弹性是指当要素价格下降1%时，厂商对于要素需求购买量增加量的百分比。比方说，厂商的劳动需求弹性为：

$$(12.14) \quad D^L = \frac{\triangle L / L}{\triangle w / w} = \frac{\triangle L}{\triangle w} \times \frac{w}{L}$$

一般而言，决定要素需求弹性大小的主要因素有四项，兹分别说明如下：

1. 当产品市场上对产品的需求弹性愈大时，厂商的要素需求弹性也会愈大。因为此时厂商的边际收益会愈呈水平线，所以边际收益量也会愈呈水平线，因此要素需求弹性会愈大。

2. 当厂商使用的要素替代性愈高时，要素需求弹性愈大。因为如果资本与劳动之间可以很容易地替代，则当劳动价格上升时，厂商会立即改用资本来代替劳动，在此种情形下，劳动需求会减少许多，因此弹性较大。

3. 若该要素支出占成本比例愈大，则需求弹性愈大。因为当要素支出比例较高，则当价格变化时，厂商的反应会比较敏感，在此种情形下，厂商的需求弹性也就会比较高。

4. 产品市场为不完全竞争市场时，厂商的要素需求弹性较小；反之，则较大。因为产品在不完全竞争市场下，厂商面对的边际收益曲线较完全竞争厂商所面对的边际收益曲线为陡，因此厂商的边际收益量斜率也较陡，故需求弹性较小。

四、要素独买

在前面数节的讨论当中，我们假设要素市场属于完全竞争市场，因此买卖双方都可以在市场价格下，任意去购买或出售他们所希望的要素数量，而不至于影响要素价格。也就是说，厂商面对的是一条水平的要素供给曲线。在前数章产品市场的分析中，我们说当市场属于不完全竞争市场时，厂商若要增加产出，则必须降价，才能达到目的，因此，这些厂商面对的是负斜率需求曲线。同时，由于需求曲线也是厂商的平均收益曲线，故当平均收益曲线随产量的增加而下降时，边际收益曲线会下降得更快。因为厂商为扩大销售量而降价时，不但只降低最后一单位的产品价格，他还必须同时降低前面数量的价格，因此边际收益会减少更多。

在要素市场上，存在非常类似的情况。尤其在要素市场上，厂商属于买方，当厂商的生产规模很大，需要很多生产要素时（例如劳动与土地），很有可能会因为这些厂商对生产要素需求增加，而导致要素价格上升。最极端的情况是要素市场上只有一家单独的买方，此时我们称为要素独买 (monopsony)。比方说，台湾当局曾经规定，所有农户所种植的制糖用甘蔗都必须全部卖给台糖公司，作为制糖之用。因此，台糖公司一方面在制糖市场上成为独卖者，但同时也在甘蔗市场上成为独买者。

台塑公司在云林麦寮乡兴建六轻工厂，建厂完成之后，六轻厂会需要大量的工人。无疑的，麦寮乡会有许多人进入六轻厂工作，因此台塑公司就有可能变成麦寮乡劳动市场中的劳动独买者，或者，至少会对麦寮乡的劳动工资有重大影响。

另外一个有名的劳动独买市场的例子是"中华职棒公司"。1989年，当"中华职棒联盟"成立时，只有四支职棒球队，后来增加到六队。这六支队伍成为职棒市场上的独买者，每年由"中华职棒公司"负责安排职棒新兵的分配事宜。有意参加职棒市场的球员，若不加入"中华职棒公司"的安排，就无法进入职棒市场成为职棒球员。在此种情形下，由于职棒联盟具有独买力量，因此他们可以决定球员的最高薪资。不过，自1997年开始，第二家职棒公司成立——台湾大联盟，其中也有四支新的职棒球队。一方面台湾大联盟会增加对球员的需求，更重要的是，他们的加入打破了原先"中华职棒公司"对职棒球员的独买力量。在买方的市场竞争之下，球员薪资的增加是可以预见的，当时陈义信、黄平洋、洪一中、鹰侠等职棒明星由"中华职棒公司"跳槽到台湾大联盟，自然与薪资增加有密切的关系。

现在让我们利用"中华职棒公司"的球员独买市场，来分析独买者所面临的供给曲线与成本曲线。由于职棒球员的培养十分不容易，每位球员都需要经过小学、中学、成棒等训练。若要增加一位合格的职棒球员，则可能需要经过长久的努力与训练才行。尤其在刚开始成立职棒时，有很多先天条件较好的球员，可能很容易地成为职棒球员，因为他们可能有较好的天赋，成为职棒球员的成本较低。而当职棒球员的需求数目增加时，一些天赋条件中等的球员，也可以加入，但却必须经过更多的努力才得以成为职棒球员。然而这些球员却必须付出较高的训练成本，才能进入职棒市场。显然职棒联盟若要增加职棒球员的数目，则必须提高职棒球员的薪资才能达到目的。换句话说，职棒公司面对的要素供给曲线是一条具有正斜率的供给曲线。

假设职棒公司面对的球队数目与球员平均薪水之间的关系，如表12.1所示。在表12.1中，当职棒联盟想要增加球队数目时，就必须提高球员薪资，以吸引更多球员加入。但由于训练球员的成本会随着球员数目而上升，因此球员的供给曲线是具有正斜率的。假设只有一队球队时，球员的平均薪资为每月10万元；球队增加为二队时，球员薪资必须增加到12万元。依此我们可以计算每增加一个球队所需要的"平均要素成本"(average factor cost, *AFC*)和"边际要素成本"(marginal factor cost, *MFC*)。由于球队数目增加时，球员薪资也同时提高，而且增加的是所有球员的薪资，不只是新增加球队的球员薪资，所以边际要素成本会高于平均要素成本。

表 12.1 独买者与劳动供给

球队数目	球队平均薪资（万元）	总要素成本（万元）	平均要素成本（*AFC*）	边际要素成本（*MFC*）
1	10	10	10	10
2	12	24	12	12
3	13	39	13	15
4	14	56	14	17
5	15	75	15	19
6	16	96	16	21
7	17	119	17	23

依表12.1的数据，我们可以绘出职棒联盟的平均要素成本曲线和边际要素成本曲线，见图12.8。由于职棒联盟在职棒市场上属于独占市场，因为只有"中华职棒公司"组织职棒比赛。当球队数目较少时，每场职棒的观众人数较多，职棒公司的收益较大。当职棒比赛数目增加之后，每场比赛的收入会减少。换句话说，职棒公司的边际收益量(*MRP*)会呈现负斜率，依据我们前面的分析，这也就是职棒公司对球队的需求曲线(*D*)。

职棒公司为追求最大利润，会将球队数目订在增加球队所需的边际成本等于边际收益量之处，即*MFC=MRP*，亦即图12.8中的*A*点。在*A*点，*MFC=MRP*所决定的球队数目为四队，此即最佳数目。此时，球员的每月平均薪资为14万元。注意，球员的薪资系由其供给曲线(亦即平均要素曲线)所决定。换句话说，边际要素成本与边际收益量决定最适的球队数目，然后再由供给曲线决定球员薪资。上述的决策过程，与独占厂商先决定最适产品数量再决定售价是完全一致的。

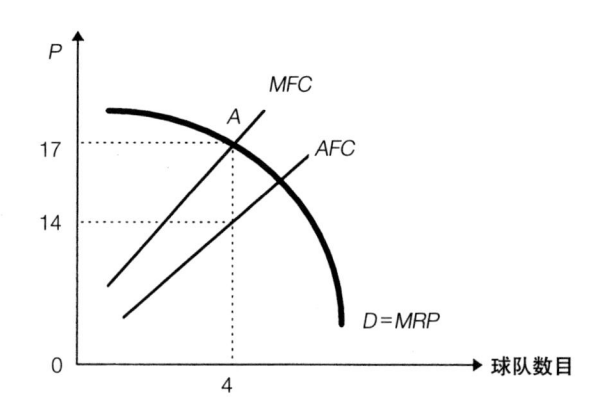

图 12.8　独买要素的要素成本曲线

在图 12.8 中，当球队数目为 4 队时，事实上每位球员可以带给球队的边际收益为 17 万元，但他们却只领到 14 万元的工资。换句话说，他们的边际贡献超过他们所领的工资，多余的部分成为职棒公司的独占利润。

要增加球员的薪资有两种方法可行：第一种是打破职棒公司的独占市场，增加竞争。1997 年台湾第二家职棒公司成立（台湾大联盟），新职棒公司的加入，一方面增加对职棒球员的需求（需求曲线往右移动），使得球员薪资增加；另一方面，由于职棒公司的独占力量减少，同时也会降低球员边际贡献与薪资之间的差异。台湾大联盟成立之后，除了原有球员以外，各队同时重金挖角，网罗不少"中华职棒联盟"的明星球员。职棒公司之间的竞争，势必提高职棒球员的薪资。同时在竞争之下，球员也会被要求发挥最大的实力，观众自然也可以欣赏到更精彩的比赛。

增加球员薪资的第二种方式是自由球员制度 (free agent)。自由球员制度规定球员球龄届满一定年限之后（比方说十年），即可成为自由球员。自由球员可以依自己的条件，向各球队议价。此时，职棒公司不能规定自由球员的去处，所以职棒公司就不再是要素独买者。在各球队求才若渴的情况下，自由球员的薪资会大幅增加。美国职棒大联盟 (Major League) 很早就开始采用自由球员制度，因此职棒球员要求的年薪非常高，以洛杉矶道奇队王牌投手克萧 (Clayton Kershaw) 为例，其 2016 年的年薪为 3100 万美元；其他年薪超过 1000 万美元的球员也比比皆是。日本职棒也在数年前开始引进自由球员制度，一方面增加球员转队的机会，一方面也大大提高了球员的薪资；2016 年底，阳岱钢加入日本东京巨人队，据消息报道，其为 5 年的合约，每年年薪为 3 亿日元。

超级巨星经济学（II）

2016 年，洛杉矶道奇队职棒球员克萧的年薪为 3200 万美元，NBA 巨星克里夫兰骑士队的詹姆斯，年薪也高达 3096 万美元。他们并不是特例，美国职业运动员的年薪在千万美元以上者比比皆是。

为什么这些运动员会有如此高的薪水呢？理由很简单，他们个个都有一手。观众若想看球员在空中飞来飞去，除了詹姆斯以外不做第二人想；观众想看妙传，则只有已退休的湖人队的魔术师约翰逊是天生好手；若想看高空勾射，则只有湖人队前球员贾巴尔可看。

这些人的薪水这么高，是因为他们能提供一些别人没有的技巧。换句话说，他们提供了某些独占的生产要素。观众若要观赏这些特殊动作，就必须花钱。此种特殊才能，使他们成为要素市场上的独占者。这些独占力量，造就了这些职业运动员的天文数字收入。

然而，这些运动员毕竟还有其他运动员与之竞争。芝加哥公牛队的已退休球员乔丹的空中飞行技巧就不一定会输给詹姆斯。再比方说，犹他爵士队的后卫斯托克顿的传球总数就超过魔术师约翰逊的纪录。

事实上，美国娱乐界一些天王巨星的年薪收入有不少是以亿美元为单位计算的，例如 Lady Gaga、小贾斯汀及泰勒·斯威夫特等人，这些人具有的才能更难被别人所取代，因此他们不但面对更大的市场，且拥有更大的独占力量，所以也得以享有更多的独占利润。

经济名词

市场循环	生产要素	要素市场
引申性需求	市场失灵	李昂铁夫生产函数
边际收益量	边际产值	独买
平均要素成本	边际要素成本	

讨论问题

1. 何谓市场循环？请说明市场循环中，家庭单位与厂商所扮演的角色。

2. 何谓引申性需求？请说明如何推导企业的引申性需求曲线？又，产品市场上的独占厂商是否具有引申性需求曲线？

3. 请说明厂商如何追求成本最小的生产要素组合。

4. 成本最小的要素组合与利润最大的生产要素组合是否有所不同？两者之间有何关系？

5. 请说明边际收益量与边际产值之间的关系。厂商为追求利润最大时，所考虑的是边际收益量还是边际产值？为什么？

6. 试比较直线型的等产量线与李昂铁夫型的等产量线，其具有的特性有何不同？其隐含生产要素之间的替代关系有何差异？请分别举二例说明之。

7. 试述独买厂商的平均要素成本和边际要素成本。

8. 试举二例说明要素市场的独买现象，并说明独买厂商如何利用独占力量来获取利润，并比较要素独买者与产品独卖者的定价方式有何差异。

9. 1996年第二家职棒联盟在台湾成立（台湾大联盟），打破"中华职棒联盟"的独占现象。请问此举对于职棒球员的薪资会造成什么影响？后来在2003年，两个联盟又合而为一，请问此举对于球员的薪资又会产生何种影响？

10. 假设有一厂商面对水平的要素供给曲线，其中工人 (L) 薪资每月二万元，每台机器 (K) 租金每月为100万元。厂商的生产函数为 $Q=6K + 16L-L^2$。假设厂商希望生产34个单位的产出，请问其最小成本的生产要素组合为何？此时每月的支出为多少？

第十三章
要素供给

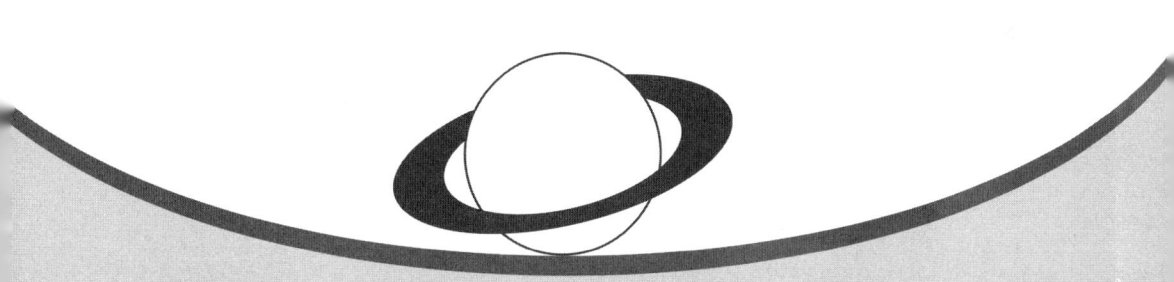

★ 劳动市场
★ 资本与利息
★ 土地与地租
★ 企业家精神与利润

要素市场的另一半，就是要素供给。要素的需求来自厂商，其需求主要是为完成生产的目的；而要素的供给则来自家庭单位或个人，他们是生产要素的拥有者。在生产过程中，厂商所需要的生产投入非常多，包含人力、资金、机器、厂房、原料、半成品、能源……但由于其中很多要素的性质十分接近，而且我们也不可能对所有的要素投入都一一讨论，因此我们把生产要素总括分成四大类，即劳动、资本、土地与企业家精神。

其中劳动包含一般性工人、技术性工人、管理人员等，劳动应该可以说是生产过程中最重要的一部分。劳动的报酬是薪资，薪资通常占厂商成本中最大的比例。

资本包含机器、厂房及资金，即一般所谓的"流动资本"(working capital)与"固定资本"(fixed capital)都包含在内。资本的报酬是利息，也可以看成是厂商利用资本的成本或代价。当然这时的利息是只考虑使用资本的机会成本；事实上，使用固定资本的成本，还必须包含折旧费用在内。

土地则包含土地本身及土地内所拥有的物品，如矿产。土地的报酬是地租，一般而言，土地是不会折旧的。

最后一项重要的生产要素是企业家精神，因为不是说只要把土地、机器、人力放在一起就可以赚钱了，老板还必须知道该如何生产、生产多少、到哪里去卖、售价该订多高，当然更重要的是他还必须经常承担风险。所以，我们通常把企业的利润看成是企业家精神的报酬。

一般而言，上述四种生产要素都由个人或家庭单位所拥有：劳动属于每一个个人，企业家精神则可能属于具有高度组织能力或管理头脑的人所拥有，土地也应该属于每一个个人。最后，资本也属于个人（此处指的是广泛的资本），因为每一家企业所有的资本都属于某些个人。

比方说，企业的股本属于股东，企业其他的资金则大都是向银行借来的，而银行的资金则属于存款者的资金。所以，不论是股东（投资者）或银行的存款者，他们才是真正的资本拥有人，而这些人都是个人或家庭单位。

由于人们的欲望无穷，希望能消费的商品愈多愈好，但另一方面却受到资源有限的限制。在我们分析消费者行为中，收入是家庭单位的最重要限制条件，我们一直都在收入固定的假设下，分析家庭单位如何来选择消费不同的商品组合，以使其效用最大。然而收入固定只是一个简单的假设，它并没有考虑到家庭单位如何改变其收入的可能。而事实上，家庭单位的收入来自薪资收入、利息、股利等。

表 13.1 显示出台湾地区家庭单位的收入来源结构。

表 13.1 台湾地区家庭单位收入来源

单位：%

年度	受雇人员报酬	财产及企业收入收入净额	移转收入
1981	68.8	28.7	2.5
1985	68.8	29.1	2.2
1990	66.7	30.1	3.2
1995	64.6	29.9	5.5
2000	59.3	30.9	9.9
2005	58.8	29.9	11.3
2010	58.1	29.3	12.6
2011	59.0	28.2	12.8
2012	58.2	27.8	14.0
2013	57.9	27.4	14.7
2014	57.1	28.9	14.0
2015	57.6	27.8	14.6

资料来源：台湾统计主管部门《国民收入统计摘要》。

注：财产收入包含租金收入、利息及股利收入。

在 1980 年以前，家庭单位的收入近七成来自薪资收入，剩下部分主要来自财产与企业收入。其后，薪资收入的比重逐年下降，到 2015 年的 57.6%，而在此同时财产及企业收入的比重则一直维持在 28% 上下，没有太大的变动，此结果显示台湾地区收入结构变化趋势对于薪资收入者是不利的，而对于拥有财富及企业者是较有利的。不过，另一方面，由于政府对于公劳保退休金及中低家庭收入的补贴，使得家庭收入不致减少太多。

以下我们就针对劳动、资本、土地以及企业家精神分别加以讨论。

一、劳动市场

（一）劳动与休闲

劳动成本是厂商最重要的成本支出之一，劳动收入则是家庭单位最主要的收入来源。然而，劳动供给却有十分高昂的代价，因为每一个人平常都必须上下班（也就是说，必须亲身参与），才能达到提供劳务的目的。对每一个个人来说，他当然希望薪资愈高，工作时间愈少愈好，所谓"钱多、事少、离家近"正是一般人心目中理想的工作。

为了满足消费的欲望，每一个个人都必须找一份工作，只要收入愈高，就可以购买愈多的商品，提高生活质量与效用。但另一方面，要增加收入就必须更努力地工作或增加更长的工作时间，因此必须以牺牲休闲时间为代价。但是上帝是公平的，每一个人每天都只有 24 小时，每一个个人应该如何在其收入、工作时间与休闲时间之间做最佳选择呢？

虽然一般人的上班时间为 8 小时，但人们可以利用加班或找第二份工作的方式来达到提高收入的目的，例如早上送报，晚上开出租车等。但当工作时间增加，休闲时间减少，使休闲所带来的边际效用就会愈来愈高。因此，若要人们延长工作时间，则必须以更高的薪水来吸引他们。这也是为什么政府规定民间企业要求员工加班工作时，加班费用的工资要超过正常工资 1.5 倍以上。

假设某甲每小时的工资报酬为 w，其公司允许其自由选择工作时间 L，因此某甲每天的收入 (Y) 就是 $L \times w$。我们可以说某甲的效用函数由两部分组成，即收入 (Y) 与休闲时间 (H)。他一方面希望收入愈多愈好，一方面也希望休闲时间愈长愈好，但是他每天只有 24 小时。所以某甲的时间限制式为：

(13.1) $$L = 24 - H$$

我们也可以将 (13.1) 式换算成收入限制式，即：

(13.2) $$w \times L = w(24 - H) = 24w - w \times H$$

其中 $w \times L = Y$ 即为某甲每日的收入。

把休闲时间放在横轴，收入放在纵轴，就可以绘出某甲的预算限制，见图

13.1。在图 13.1 中，横轴最多为 24 小时，为每日的时间限制；而纵轴最高为 $24 \times w$，表示某甲每天不吃不睡所能赚到的最高收入。预算线的斜率就是某甲每单位工时的薪资 w，当某甲时薪提高为 w'，则预算线外移；反之，若时薪下降为 w''，则预算线内移。

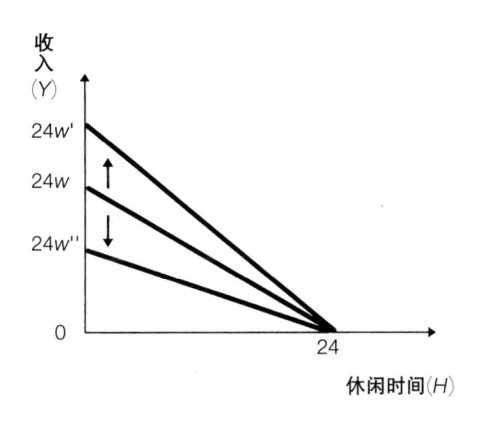

图 13.1　家庭单位的收入预算限制式

由于某甲的效用由收入 (Y) 与休闲 (H) 所组成，他可以为了增加收入而减少一些休闲时间，或是为增加休闲时间，而减少一些收入，使两者的效用水平皆相同。换句话说，我们可以绘出一条代表某一效用水平的无异曲线，如图 13.2 的 I_0。该无异曲线表示，在维持相同效用的水平下，不同收入水平与休闲时间所形成的组合，显然无异曲线愈高，代表的效用水平也愈高。

某甲自然会希望自己的无异曲线愈往右边愈好，但却受到时间预算的限制。以图 13.2 来看，某甲的最佳休闲时间与收入的选择，应该是无异曲线 I_0 与预算线相切的一点，即 E 点。在 E 点上，某甲选择每天的最适休闲时间为 H^*。因此他每天的工作时间为 $L^*(=24-H^*)$，所以收入是 $w \times L^*$。

我们必须提醒读者，在图 13.2 中，横轴上代表的是时间，每个人每天拥有的时间为 24 小时。在最佳选择的 E 点时，决定的最佳休闲时间 H^*，这是由原点往右计算的结果。而另一方面，每天只有 24 小时，所以用 ($24-H^*$) 就可以得到每天工作时间 L^*，也就是由 24 往左计算到 H^* 点。而由于预算式的斜率就是工资率 w，所以在 E 点下纵轴的高度就代表某甲的收入，即 wL^*。

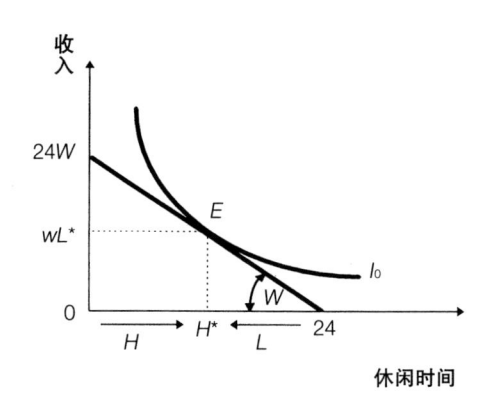

图 13.2　工作与休闲的最适选择

（二）后弯的劳动供给曲线

近年来我们经常听到工厂老板埋怨说，工人一放假就全部不见了，想要找人加班赶工非常困难，即使加班的工资为平常薪资的 1.5 倍，仍然不容易找到愿意加班的人。二十几年前台湾地区工人一般的薪资还很低，工人们都很喜欢加班，希望收入愈多愈好，为什么现在情况不同呢？许多台商的工厂也有同样的情况，台商工厂中的外地员工很多都是远离家乡来到工厂上班，平常努力工作，遇有加班机会，更是不会放过。他们真的比台湾地区工人更热爱工作吗？

答案很简单，当收入很低时，收入带来的边际效用很高，因此大家喜欢工作，相较之下休闲并不重要。但是当收入逐渐增加，带来的边际效用就会愈来愈小；相反的，休闲就会愈来愈受重视，休闲的边际效用愈来愈高。等到薪资高过某一水平，在收入很高的情况，人们重视休闲，反而会减少工作时间，就形成有名的"后弯的劳动供给曲线"(backward-bending labor supply curve)，见图 13.3。

在图 13.3 中，当工资率由 w_0 上升到 w_1 时，由于工作的报酬提高，于是人们愿意增加工作时间，所以休闲时间由 H_0^* 减少到 H_1^*。当工资再增加到 w_2 时，由于薪资已经很高，人们反而希望能有多一点的休闲时间，于是休闲时间由 H_1^* 增加到 H_2^*，工作时间反而减少。我们把均衡点 E_0、E_1、E_2 点连接起来，就形成一条后弯的劳动供给曲线，L^s。

我们可以把图 13.3 略加修改，即横轴以工作时间 L 来表示，纵轴以单位薪资 w 来代表，则图 13.3 的后弯供给曲线可以更清楚地表示成图 13.4 中的 L^s。

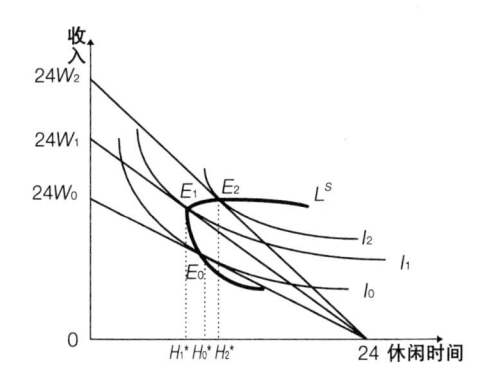

图 13.3 劳动供给与工资率

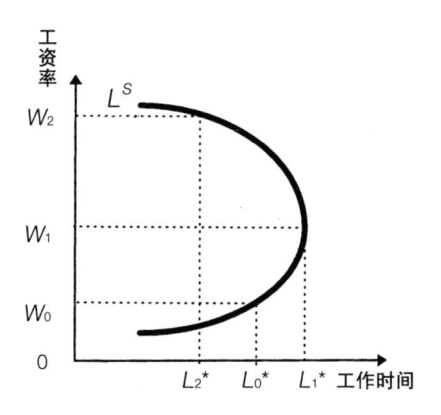

图 13.4 后弯的劳动供给曲线

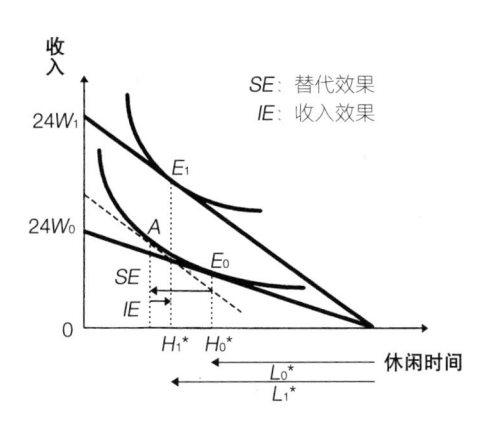

图 13.5 工资增加的收入效果与替代效果

我们可以用收入效果与替代效果来进一步说明个人劳动供给曲线出现后弯的原因。当工资率为 w_0 时，人们的收入较低，此时收入的边际效用很大，人们希望多增加一些收入，对于休闲时间的多少比较不在意。所以，当薪资由 w_0 增加到 w_1 时，会有两种效果出现。一个是替代效果，因为此时工作的报酬率较高，人们会选择增加工作，此即图 13.5 中由 E_0 增加到 A 点的部分。但另一方面，由于收入增加，人们开始希望有多一点的休闲时间，因此会增加休闲时间，减少工作时间，此即 A 点到 E_1 点的收入效果。

在图 13.5 中，我们看到 E_0 到 A 点的距离大于 A 点到 E_1 点的距离。也就是说，此时工资增加所带来的替代效果大于收入效果，所以人们的工作时间是增加的，即由 E_0 点移动到 E_1 点。休闲时间由 H_0^* 减少到 H_1^*，而工作时间则由 L_0^* 增加到 L_1^*。

为便于阅读，我们不再在图 13.5 中绘出薪资再上升到 w_2 的效果。但是我们可以知道，当薪资不断增加，收入不断提高时，人们对于休闲的重视程度会愈来愈高。薪资增加对提高人们工作的效果就会愈来愈小。在图 13.3 中，当薪资由 w_1 提高到 w_2 时，由于此时收入已经很高，工资上升所带来的替代效果很小，而产生的收入效果较大，因此导致人们的工作时间反而会减少，最终我们就会看到一条后弯的劳动供给曲线。

此种后弯的劳动供给曲线普遍存在于每一个国家与地区。就一个国家来看，当收入低的时候，人们希望多一点工作，多一点收入，休闲时间少一点也无所谓。当经济逐渐成长，人们的一般收入增加后，劳动的意愿会降低，后弯的供给曲线就会出现。

如果我们拿不同国家或地区来比较，此种工作意愿与收入相反方向的情况仍然十分明显。比方说，拿台湾工人工作的时间与美日等先进国家的工人相比，则台湾工人的工作时间较西方国家长。比方说，西方国家早已实施每周工作五天的制度，台湾直到 2001 年才开始全面实施公务员每周工作五天的制度，而工人全面周休二日（一例一休制度）更是迟至 2016 年底才开始实施。甚至现在有些先进国家，如德国，其国内工人每周的工作时数只有 35 小时。

（三）市场劳动供给曲线

前面提及对大多数个人或家庭单位而言，当工资不断增加以后，后弯的供给曲线就会出现。那么整个市场上的劳动供给曲线是否会出现相同的情况呢？

虽然每一个个人都有可能出现后弯的劳动供给曲线，但一方面每一个人的效用曲线不尽相同，而且每一个人原有的财富大小也不一定相同。所以当工资上升时，对一些原先收入效果较大的人来说，可能已经进入后弯阶段，但对另外一些人来说则可能还没有。更重要的是，工资上升之际，会有一些原先不在劳动市场的人被吸引加入劳动市场，这些新的劳动加入，会使整个市场上的劳动供给增加。

在图 13.6 中，某甲与某乙两人都有一条后弯的劳动供给曲线。当工资率为 w_0 时，某甲进入劳动市场提供劳务。当工资上升时，其劳动供给量增加，全社会的劳动供给量也增加。当工资率上升到 w_1 时，某乙也进入市场，使得市场上的劳动供给量增加更多。当工资上升到 w_2 时，某甲开始减少其劳动供给量时，由于工资很高，会吸引更多劳工进入劳动市场。后者的加入可以抵消某甲所减少的劳动供给，因此全社会的劳动供给仍然会出现递增的现象。所以，虽然个人的劳动供给曲线可能有出现后弯的情形，但就社会的劳动供给曲线来看，应该是永远具有正斜率的。

（四）工会

劳动属于生产要素的一种，其价格也应该由市场供需来决定。尤其劳动是普遍的平均分散在每一个人身上，因此每一个劳动供给者的规模都很小，所以供给应该是相当具竞争性的。另一方面，市场上的厂商数目非常多，不论何种产业的厂商，原则上都需要劳动，所以劳动需求也是颇具竞争性的。因此，一般而言，大多数国家和地区的劳动市场都相当接近完全竞争市场。

图 13.6　市场劳动供给曲线

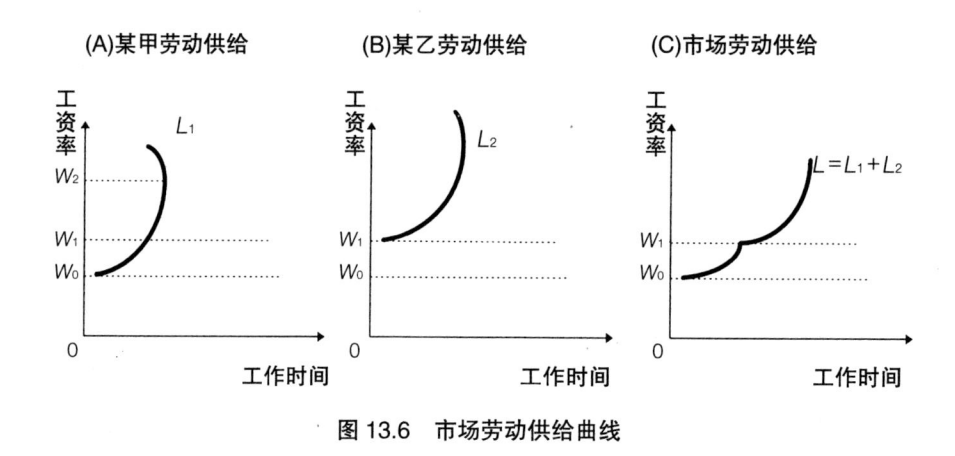

　　虽然劳动市场相当竞争，但由于劳动市场上的卖方（即家庭单位或个人）之市场信息通常较少，且由于个人的议价能力较弱，所以在寻找工作的过程中，属于劣势的一方；相反的，厂商由于要雇用较多的劳动，且市场信息较丰富，因此在劳动市场上属于较优势的一方。尤其有不少非技术工人，不但市场信息少，且工作能力较低，他们很容易就成为劳动市场上被剥削的一群人。

　　为保护市场上收入较低的工人，大多数的政府便制定了最低工资来保障这些人的薪资，但是我们在第六章中曾经说明过，最低工资不一定对低工资者有利。以图 13.7 为例，在市场完全自由下，均衡工资为 w_0，劳动就业量应为 L_0。若政府订定的最低工资为 w_1（低于 w_0），则因为低于均衡工资，对市场不会产生影响。若将最低工资订得较高，如图 13.7 中的 w_2，这么一来最低工资固然可以使有工作者的工资上升，但却同时使工作机会减少到 L_1，因为此时工资太高，厂商会减少对劳动的需求量。注意，此时失业人数不是只有原先的 L_0 与 L_1 之间的差异，而是 L_1L_2。因为当工资上升到 w_2 时，会吸引更多人进入市场，不幸的是因为厂商减少工作机会，这些新进人员势必无法找到工作，所以社会的失业会有 L_1L_2 之多。

　　除了政府可能对劳动市场作出干预以外，劳动市场上出现的另外一种集体力量就是"工会"(labor union)。工会的出现主要是因为个别工人的市场力量太小，在市场上属于劣势，于是有许多相同职业的工人，或是同一家公司的工人就会组成工会，利用所有工人的力量来与公司议价。如果工会的参与人数甚多，工会就可以形成劳动市场上的独卖者，市场力量自然十分可观。

假设原来的劳动市场是完全竞争市场，买卖双方的规模都很小，现在劳动供给的一方组织工会，就可能形成卖方独占，我们最常看到的情况就是工会要求加薪。然而其结果会与政府提高最低工资类似，虽然工会达到提高工资的目的，但却以牺牲一部分工人的工作机会为代价。尤其值得注意的是，这些失去工作的工人大都属于低工资者，因为这些人的生产力较低，当工资率提高到超过这些人的工资时，厂商一定会先放弃这些人的工作机会。

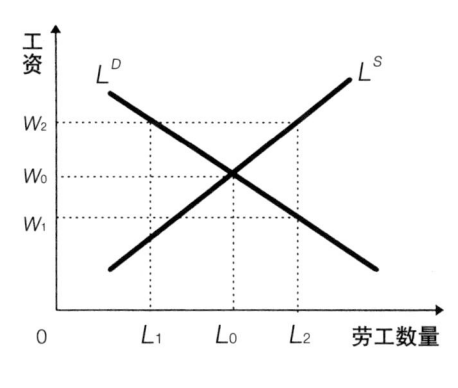

图 13.7　最低工资

那么为什么在工会发达的西方国家，还经常看到工会要求加薪的案例呢？理由很简单，因为参与工会者大都属于工资较高的技术性工人，这些人在要求加薪之后，并不容易遭到裁员；而真正失去工作的人，多数是那些原先工资较低者。所以大部分工会都只保护到原先工资就比较高的工作者，因此工会的存在是否真正对所有工人都有利，仍然值得探讨。

不过，如果当劳动市场上的买方是具有市场力量的大厂时，工会的存在就会有正面的意义。我们再利用"中华职棒联盟"的例子来说明。由于"中华职棒联盟"是唯一的买方，所以它是职业棒球球员的独买者，其面对的平均要素成本为 AFC 与边际要素成本 MFC（如图 13.8 所示）。在面对"中华职棒联盟"的需求曲线 (D) 下，"中华职棒联盟"的最佳决策点为 E 点，即会雇用 L_0 的球员数目，薪资为 w_0。

由于事实上球队球员对职棒公司的边际贡献为 E 点，高于 w_0 的薪资，显然有一部分成为职棒公司的独占利润。假设职棒球员们为多争取自身的利益，成立职棒球员工会，全体球员决定对职棒公司采取一致性的行动，形成了卖方独占。

在买方与卖方都是独占的情况下，我们称为双边独占(bilateral monopoly)。亦即此时职棒公司是唯一的买者，而职棒工会则是唯一的卖者。

假设为维护职棒球员的利益，球员工会要求最低工资上升到 w_1。因此，职棒公司面对的平均成本曲线成为 W_1BAFC，而对应的边际成本曲线则成为 W_1BCMFC。职棒公司为追求利润最大，仍然会维持 MRP=MFC 的条件，所以新的最适点为 D 点。因此，职棒工会成立后，一方面使工资由 w_0 增加到 w_1，另一方面也使工作机会由 L_0 增加到 L_1。

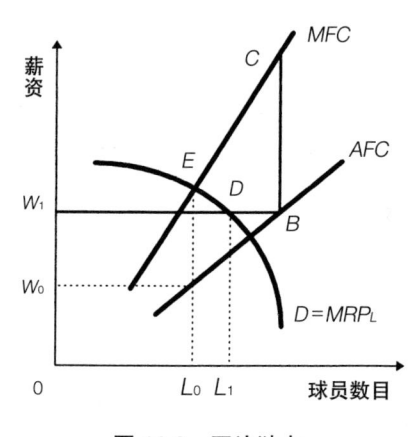

图 13.8 双边独占

"一例一休"做好两配套，避免三输

一例一休正式上路，台湾地区工业总会秘书长蔡练生说，企业可能会用减班或增加其他人手来因应，所以员工不一定有好处；其次，企业的人事成本一定会增加，对企业不利；最后，企业为反映成本，一定会设法涨价，转嫁给消费者，因此物价会上升，对消费者也不利。结论是，一例一休的结果是三输。行政管理机构发言人徐国勇立即回应说，依据物质不灭定律，一例一休必然是员工的薪资会增加，企业的成本也会增加一些。有人成本上升，但也有人获益，不可能造成三输。

读过经济学的人都知道，的确有一些经济理论是从物理学应用过来的，例如推估股价波动的布朗运动,但是从来就没提到物质不灭定律也可以用到经济学。行政管理机构发言人的发言代表当局,竟然可以如此"自自冉冉"地说话,把自己当成电视名嘴,也实在令人叹为观止。

现在我们来看一例一休可能产生的影响。第一,因为休假日上班的成本是平常的 2.66 倍,这么高的成本雇主是不可能负担的,所以雇主可能找另外一个员工来代替,或是被迫减班。总之,原来员工的加班机会没有了,因此可能薪水比以前还少。当然,工人赚到了休假,可是如果他想要的是加班呢?是否应该给他选择的机会呢?

第二,企业要增加新手工作,成本一定会上升,至于增加多少则决定于劳工成本占总成本的比重。比方说,运输业者估算他们的劳动成本大约会增加 8% 左右,所以企业当然会有些损失。

第三,企业成本增加以后,会设法把涨价成本转嫁给消费者。但是,转嫁的幅度则要看消费者的需求弹性和生产者供给弹性何者较大,一般来说,双方都会承担一部分,因此双方都会损失一部分。依经济研究机构估计,一例一休会导致物价上涨约 0.22%。不过,也可能有些不肖业者会借此机会跟着涨价,趁火打劫,物价有可能涨得比预期还要高。

第四,由于聘用人员不足,未来企业很可能会以减班的方式来因应。所以民众喜欢半夜逛街的习惯可能也要改变了,未来 24 小时上班的服务业,可能也会改变经营形态。总之,民众需要牺牲一些生活的便利性,这是另外一种代价与成本。

所以,如果未来配套措施没有做好,实施一例一休的结果,就是造成工人、企业与消费者三输的结果,这与物质不灭定律没有任何关系。

其实,行政管理机构负责人说的是实话,一例一休后,物价一定是会上涨的。问题是,如果知道物价一定会上涨,为什么在推动此一政策之前,没有先告诉全体民众?让大家事前有更多信息可以判断是否要支持此一政策?或是说,台湾"行政院"在推动此一政策之前,根本就不在意对物价可能产生的影响?

就像是这位负责人说过,未来可能提高货物税,来增加政府税收;但是,是否应该同时告诉民众,货物税也是会转嫁的,可能造成物价上涨。货物税表面上看起来是由企业承担,但是企业一定会透过涨价的方式,转嫁一部分

> 给消费者。这是经济学原理就教过的，所以政府在推行此一政策时，应该考虑可能造成物价上涨的影响。更重要的是，政府部门应该明确告诉民众，未来必须面对物价上涨的压力，充分地让民众了解，然后再去争取民众的支持，这才是负责任的政府应有的作为。
>
> 最后，在相关配套方面，至少有两件事要做好，第一，各县市的劳动检查一定要努力执行，确保所有企业都确实遵守此一政策。第二，行政管理机构"稳定物价小组"和"公平会"应该要发挥功能，一方面要避免企业任意哄抬价格，更不允许相关产业有联合涨价行为。

在西方先进国家中，有许多厂商的规模都非常大，雇用的员工人数也十分可观，他们在劳动市场上有相当大的市场力量。在此种情况下，工会的存在对员工而言，就十分有必要，这是工会存在的另外一个重要原因。

二、资本与利息

厂商为了制造商品出售，赚取利润，必须先购买机器与厂房设备，称为"固定投资"或"固定资本"。同时，也需要一些资金和存货以供销售周转之用，是为流动资本。两种资本合为厂商的资产，所以厂商是资本的需求者。这些资金的来源可分成两部分，一方面厂商可以自己拿出一部分钱出来，或者利用股票上市来筹集资金，这部分成为公司的股本，或称股东权益(shareholder's equity)。厂商资金来源的另一部分，则是向银行借款或发行债券，两种形式都是厂商的负债(liability)。

家庭单位是资金的供给者，家庭单位可以把钱存到银行，赚取利息，然后银行再把钱贷给厂商。或者家庭单位可以把资金直接拿到证券市场上去买股票，赚取股利，或购买公司债赚取利息。不论是放到银行变成存款，或拿到股票市场上去投资，家庭单位都成为资金的供给者。

资本是生产资源的一种，因此使用者必须支付代价，即利息。在自由资金市场下，利率的高低应该由资金的供给与需求来决定。因此为了解利率如何由市场决定，我们必须先讨论资金的供给与需求如何形成。

（一）时间偏好与跨期选择

假设大雄每个月收入为 4 万元，在支付一般正常开销后，每个月大约都会剩下 1 万元。到了月底，大雄必须考量如何来处理这 1 万元，比方说，找几个朋友大吃大喝一顿，或到垦丁玩一趟，把这些钱花光；或者他可以把这些钱先存起来，作为出国旅游基金；也许以后还可以考虑买车子，甚至买房子。当然，如果能现在就出国去玩一趟最好，但钱还不太够，只好先忍耐一下。对大多数人来说，面对同样的商品或劳务，目前的消费应该会比未来的消费带来更大的效用，我们称为"时间偏好"(time preference)。因为大雄忍耐目前的消费，留到以后再消费，因此先把钱存到银行，所以他提供了一些资金，成为资金的供给者。而由于他延后消费，降低他目前的效用，因此必须给予某种补偿，这种补偿就是利息。由于储蓄可看成对目前消费的一种忍耐，故有人有把利息看成忍耐消费的报酬，我们称之为"忍欲说"。

资金报酬的另一种说法是承担风险。不论是把资金放在银行或拿去投资，都会产生风险。比方说，当通货膨胀出现时，今天拿出 1 元去储蓄，在通货膨胀下，明年拿回 1 元时购买力已经变小了。更严重的是，万一遇到银行倒闭或是投资的企业倒闭，则存款或投资的钱更是完全泡汤。因此为使这些风险能得到补偿，资金供给者应该要有一些报酬，这些报酬就是利率。

我们可以用一个很简单的模型，来说明时间偏好、储蓄、与市场利率的关系。假设现在大雄只面对两期的时间，两期下的收入分别为 Y_1 与 Y_2，两期的消费分别为 C_1 与 C_2。市场利率为 r；也就是说，如果第一期有储蓄 S_1，则第二期就会变成 $(1+r)S_1$。大雄两期的总效用是由两期消费所组成，即 $U=U(C_1,C_2)$。而两期的收入则为其限制条件，如 (13.3) 式。

$$(13.3) \qquad Y_1 + \frac{Y_2}{1+r} = C_1 + \frac{C_2}{1+r}$$

首先，我们可以把大雄的两期预算限制式绘出，如图 13.9，横轴代表第一期的消费与收入，纵轴代表第二期的消费与收入。如果大雄第一期一毛都不花，他在第二期的总消费最多就可以达到 $(1+r)Y_1+Y_2$，即 B 点；而如果大雄第一期就预支第二期的收入，则第一期全部可以花的钱为 $Y_1+Y_2/(1+r)$，即 A 点。连接 A、B 两点，就可以形成大雄的预算限制式。决定该预算限制式的斜率大小就是利率。利率愈高，斜率愈大，预算限制式往外旋转，表示大雄储蓄的报酬愈大。

既然效用函数由两期消费所组成，当然两期消费都是愈多愈好，但也必须受到两期预算的限制。我们可以把两期消费看成两种商品，在维持总效用不变下，一期消费量的减少可以用另外一期消费的增加来弥补。换言之，我们同样可以绘出维持效用固定下的无异曲线，如图 13.9 中的 I_0。

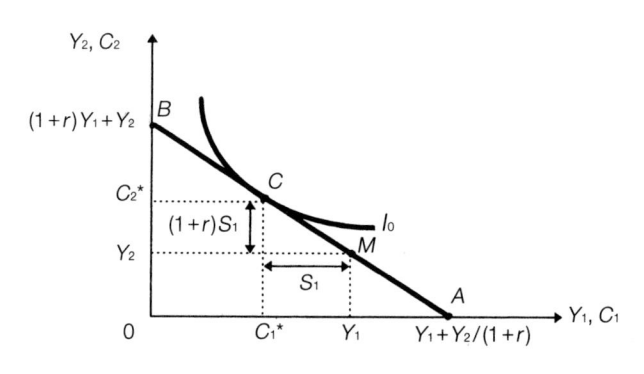

图 13.9　时间偏好与储蓄

我们先假设大雄两期的收入分别为 Y_1 与 Y_2，即 M 点。在收入限制下，大雄追求总效用极大，因此他要选择预算线与无异曲线相切的一点，即 C 点。在 C 点上，大雄两期的最佳消费分别为 C_1^* 与 C_2^*。

由于第一期收入为 Y_1，而消费为 C_1^*，所以大雄在第一期的储蓄 S_1 为正，即 $(Y_1-C_1^*) > 0$，第一期的收入大于支出。到了第二期时，大雄的总消费为 C_2^*，其中包含第二期的收入 Y_2 与第一期的储蓄 $(1+r)S_1$。换句话说，第一期的储蓄 S_1 到了第二期成为 $(1+r)S_1$，此即储蓄的报酬。由于第一期的储蓄是正的，所以大雄成为资金的供给者。

细心的读者应该已经发现，大雄也可能会有负的储蓄，只要最佳消费组合 C 点落在收入 M 点的右下方，就会使大雄第一期的储蓄出现负数，见图 13.10。在图 13.10 中，第一期的最佳消费量为 C_1^*，大于第一期的收入 Y_1，所以第一期的储蓄是负的，即 $S_1(=Y_1-C_1^*) < 0$，大雄成为借款者。

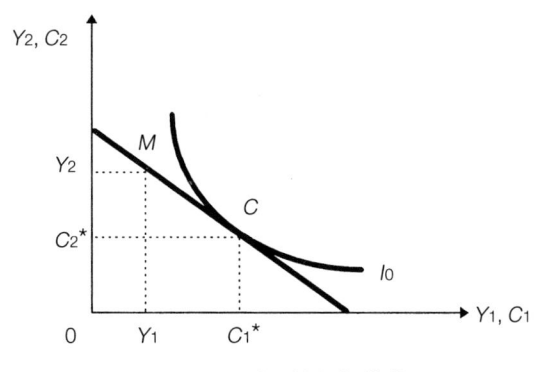

图 13.10　时间偏好与借款

储蓄大小固然与收入和消费大小有关，也与利率有密切关系。一般而言，当利率上升时，人们会有更高的诱因增加储蓄，这是替代效果。但利率上升，也使人们的利息收入增加，同时会使人们收入增加，所以长期会增加消费，并减少储蓄，是为收入效果。不过在短期下而言，利率上升时，应该会使人们储蓄增加，如图 13.11。换言之，资金的供给应该与利率呈正向关系。

在图 13.11 中，原来的储蓄为 S_1，当利率由 r_1 上升到 r_2，使预算限制式往外旋转时，最佳消费点由 C 点移到 D 点，两期的消费则为 C_1' 与 C_2'，此时第一期的储蓄成为 $S_1'=Y_1-C_1'$。依图 13.11 来看，S_1' 大于 S_1，表示当利率上升时，人们的储蓄增加。为节省篇幅，我们不再说明利率上升所带来的替代效果与收入效果。用心的读者不妨自己尝试一下，看看能否将图 13.11 中的两种效果区分出来。

其实储蓄的目的很多，除了增加未来消费以外，还有预防的动机在内。一般而言，如果社会安全制度不完善，人们希望能有较高的储蓄，以供未来不时之需。依经济学大师罗斯托 (W.W. Rostow) 的说法，当经济增长迈入成熟期以后，人们习惯于大方消费，储蓄率才会比较低。目前台湾地区的储蓄率有下降的趋势，主要原因有二。第一，劳退制度与全民健保制度逐渐完善；第二，人们已逐渐有出境旅游与大量消费的习惯（见表 13.2）。

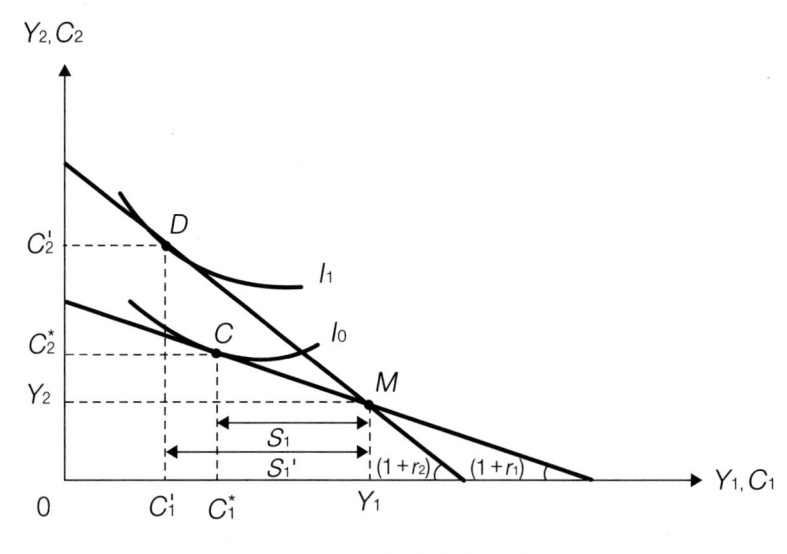

图 13.11 时间偏好与利率

表 13.2 主要国家储蓄率比较

单位：%

年份	日本	韩国	美国	德国
1960	33.4	–	23.2	28.9
1970	38.0	–	21.2	27.1
1980	31.1	25.0	22.1	22.3
1990	34.1	37.6	18.9	25.2
2000	27.6	33.3	20.3	20.6
2015	23.3	29.7	18.3	23.1

（二）资金需求与市场效率

厂商是资金的需求者，厂商利用资金去购得机器、厂房、原料，以便生产成品，出售赚取利润。资金作为生产要素的一种，厂商对资金的需求与厂商对劳动的需求相同，都是一种引申性的需求。当市场上对厂商的产品需求愈高时，厂商也需要愈多的机器和厂房来生产产品，对资金的需求愈高，所以厂商对资金的需求也决定于资金的边际生产量。而资本的边际生产量与劳动的边际生产量十分类似，即一方面决定于厂商出售产品的边际效益，一方面决定于资产的边际生产力。与使用劳动量的考虑相同，厂商决定最适的资本使用量时，也会使用资本直到边际产量递减的部分为止。也就是说，追求利润最大的厂商，在使用资本时，其最佳选择一定是在边际生产力递减的一段。

> **"今朝有酒今朝醉"新解**
>
> "今朝有酒今朝醉"是时间偏好说的最佳写照。时间偏好说告诉我们今天的消费比明天好，今天的一块钱比明天的一块钱好。
>
> 也许有些人会问：如果时间偏好是对的，为什么会有那么多人要储蓄呢？中国的储蓄率一向很高，远高于欧美等国，我们该如何解释此一高储蓄率的现象呢？
>
> 储蓄的另外一个目的是为了准备未来可能会需要的支出，例如可能突然生病需要花钱看病，或是退休后，没有收入但仍需花钱等。因此，在退休制度或医疗保险制度较为完善的国家，一般来说，其储蓄率就会比较低。造成亚洲国家储蓄率较高的原因之一，可能也跟社会安全体系较不完善有关。

由于产品的边际收益为负斜率，资产的边际生产力也具有负斜率，所以厂商使用的资金同样具有负斜率的边际收益量。换句话说，厂商对于资金的需求也具有负斜率。当市场利率较高时，厂商的资金需求较少；当利率下跌时，厂商的资金需求就会增加。我们把所有厂商的需求曲线加总，就可以得到整个市场的资金需求曲线。由于每一个厂商的资金需求曲线都具有负斜率，所以整个市场的资金需求曲线也会呈现负斜率，见图 13.12。

最后，把厂商的资金市场需求曲线与家庭单位的资金供给曲线放在同一图形中，我们就可以得到资金市场的均衡，如图 13.13，均衡的市场利率为 r_0，均衡的资金数量为 K_0。

由于资金的来源是每一个家庭，所以供给者的数目非常多。同时，资金的需求也来自每一个厂商，所以需求者数目也同样非常多。而且，资金就是资金，没有任何质量上的差异，所以资金市场是非常竞争的。尤其资金市场上的信息流动非常快速，买卖双方的信息都非常多，进出市场十分容易，甚至国际之间的资金都非常容易相互流动。在此种情形下，我们可以说资金市场非常接近完全竞争市场。一般而言，要素市场大都十分接近完全竞争市场，但在劳动市场上还可区分技术性劳工与非技术性劳工等，在资金市场上几乎无法区分任何差异，所以资金市场可说更接近完全竞争市场。

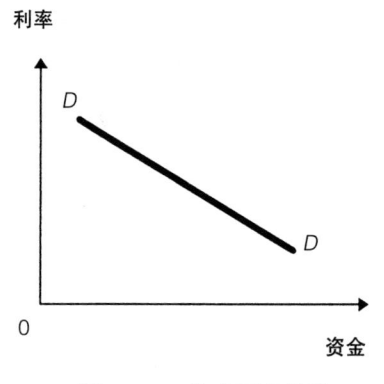

图 13.12 资金需求曲线

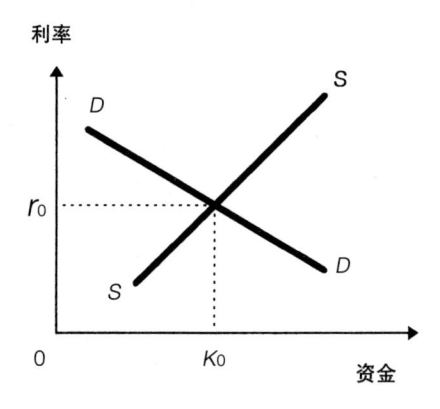

图 13.13 资金市场均衡

三、土地与地租

（一）地租与经济租

土地是第三种生产要素，它的特色是不容易增加，但也不会折旧，所以土地的供给是相当固定的。但这只是针对一个社会的土地面积而言，若只针对某一都市或一个地区，则都市和地区仍然有扩大的可能。不过大致而言，土地的供给都是相当固定的；也就是说，土地的供给弹性很小，供给曲线几乎为垂直。

在敦化南路上一家著名的冰淇淋店中，一球香草冰淇淋要卖 100 元。当你跟店员抱怨说:"东西好贵！"店员会告诉你:"因为我们的店租很贵，所以东西才卖得比较贵。"似乎言之有理！但是再让我们仔细想想，是因为地租贵所以东西才卖得贵，抑或是因为该地点有赚头才使地租变贵？

18 世纪末期，英国曾出现谷价大涨的情况。有些人认为因为地租太贵，所以导致谷价上涨，因此他们建议英国政府应该限制谷物价格。但限制谷物价格，可能造成谷物生产不足，且容易出现黑市，使谷价更高。当时的经济学大师李嘉图则持不同的看法，他认为谷价大涨，是因为英国连年战争，使谷物供给不足，导致谷价上升。而谷价上升时，生产谷物者有利可图，所以愿意支付较高的地租来扩大产量。于是他建议英国政府开放谷物进口，抑制谷物价格上涨，在种植谷物无利可图的情形下，农民对土地的需求减少，地租自然就会下降。

事实上，由于土地供给呈垂直线，因此地租几乎完全决定于人们对土地的需求大小。在图 13.14 中，当需求为 D_0 时，市场的均衡地租为 P_0。当需求增加到 D_1 时，土地供给量仍然为 Q_0，价格却上升到 P_1，此时生产者剩余增加斜线面积的部分，而完全以消费者剩余减少为代价。换句话说，土地的供给面决定数量的多少，需求面则决定地租的高低。

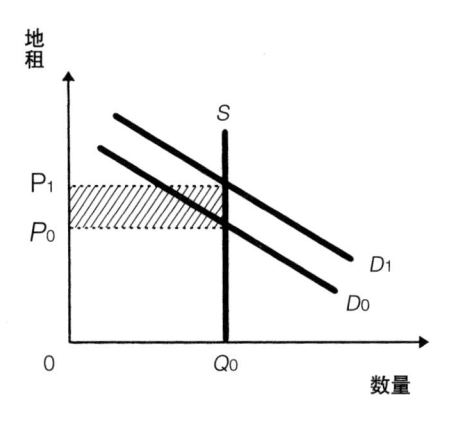

图 13.14　土地需求与地租

这些年来，台湾地区房地产价格不断上升，与土地供给量固定有密切的关系。一方面台湾岛内的人口数量原本就多，2015 年台湾地区平均每平方公里人口密度高达 650 人。另一方面，由于经济快速成长，人们收入提高，对于居住环境的要求不断增加，尤其需要扩大居住面积，因此对土地的需求不断增加，而土地供给又极为有限，自然造成房地产价格节节上升。

事实上，任何生产要素只要供给量固定，就会出现类似土地价格节节上升的现象，使该处的生产者剩余不断增加。在土地市场上我们称为"地租"，在其他供给固定的商品，我们称之为"经济租"（economic rent）或"准租"（quasi-rent）。比方说，荷兰的知名画家凡·高流传的画作数目很有限，且数量固定。当世上人们收入不断上升之余，人们对凡·高的画作也愈感兴趣，因此其每幅画作动辄以数千万美元计算，而且还不断上升。其情况与土地数量供给固定十分相似，是为准租。

梅丽尔·斯特里普演戏，詹姆斯打篮球，周杰伦唱歌大概都有相当程度的准租在内，因为他们的特殊才艺都不是别人所能模仿的。

（二）涨价归公与实价课税

由于土地市场的特殊性，使得土地价格经常随着经济的成长而水涨船高。从社会公平的角度来看，土地拥有者享有的高额地租，有点不劳而获，因此孙中山先生倡导涨价归公的原则，也被许多研究土地的学者奉为圭臬。从土地本身的使用效率来说，短期下是否实施涨价归公并不至于产生多少直接的影响，因为课税只是将经济利益由一方转到另一方手里而已，但长期下对土地资源使用效率的影响则很大。

首先，让我们来分析对土地课税的效果。在本书第四章中，我们曾讨论课税的效果。我们提及不论是对卖方或买方课税，结果都很相似，因为最后租税的归宿决定于买卖双方供需弹性的大小。在土地市场上，上述原则仍然适用。在图13.15中，假设原来的土地需求线为 D_0，市场价格为 P_0。若我们对土地需求者课每单位 t 的税收，则会使需求者的需求曲线下移到 D_1 的位置，此时市场均衡价格为 P_1。而 P_1 与 P_0 之间的差异就是税率 t。由于供给曲线固定，所以需求曲线虽然降低，但最终均衡量仍然是 Q_0，因此对需求者不会产生任何影响。此时虽然是对土地需求者课税，但真正的租税归宿仍然是土地所有者。因为课税以后，市场价格降到 P_1，而交易量仍然为 Q_0。生产者剩余由原先的 $0Q_0AP_0$ 减少到 $0Q_0BP_1$。其中相差的部分 P_1BAP_0（阴影面积），成为政府的税收（即

$t \times Q_0$)。

另外一种更直接的方式，就是对土地所有者课税，每单位土地课征 t 元的土地税，如此土地拥有者亦必须支付 $t \times Q_0$ 的税负。由于土地供给为垂直线，无法转嫁给土地消费者，因此土地所有者必须承担所有的租税。

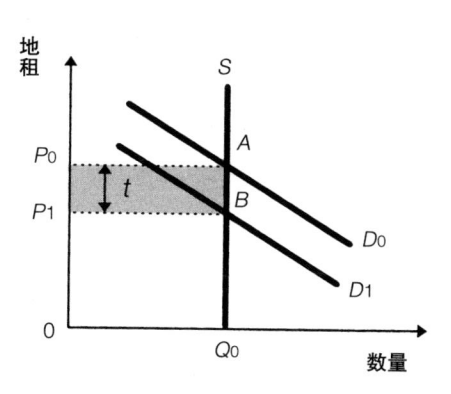

图 13.15　土地税的效果

土地增值税、地价税与房屋税应依实际交易价格课税

从财政学角度来看，土地增值税、地价税与房屋税是三种很好的赋税，因为课征这几种税既不会影响土地使用数量，也不影响土地使用效率，而且是对较有钱的地主课税，符合公平原则。因此，大部分的国家或地区都会课征土增税、地价税与房屋税，原因即在此。

在台湾地区，土地增值税也是一项很重要的税目，而且税率很高，最高可达 40%。如果土地增值税确实执行，则一方面可以增加地区税收，一方面可以减少某些人对房地产的炒作。但不幸的是，在执行课征土增税时，遭遇到一个很大的困难，即不动产交易价格认定的问题。另一方面，地价税与房屋税的实质负担较低，主要也是因为不动产价格认定较低，使得持有人的实质有效税率较低。

依目前台湾地区相关规定，土地与房屋等不动产交易有三种价格：一是公告地价，一是公告现值，另一种是实际交易价格，即市价。公告地价数年才调整一次，在房地产价格连年上涨的情况下，根本无法反映市价。公告现值理论上是逐年调整，但一般仍然低于市价。虽然目前很多房地产交易价格以公告现值来认定，但因为仍低于市价，即使课征 40% 的增值税，土地投机者仍然有利可图。这也是为何台湾土地投机行为始终无法遏止的最重要原因之一。

事实上，土地与任何其他商品相同，只要有交易，自然应该以实际交易价格课税。但为什么要按公告价格课税呢？许多人认为实际交易价格无法掌握，因此无法实价课税。其实，掌握实际交易价格纯粹是技术上的问题，并不难解决。第一，几乎所有的不动产放款银行都有征信部门，他们对每笔不动产价格的估计都相当准确，政府可以利用这些机构所提供的资料，来对每一笔不动产交易进行估价。第二，由于不动产交易金额通常相当庞大，一般都需要向银行贷款，政府可利用银行贷款资料，来估计不动产的实际交易价格。第三，政府也可以要求中介业者据实申报不动产交易价格，否则撤销其执照。在美国，所有不动产交易都必须经过中介业者，而每一个中介业者都必须领有中介执照。由于不动产交易金额庞大，不动产的买主通常信息较少，属于市场劣势的一方，若有专业中介业者协助，对于平衡不动产市场买卖双方的信息会有很大帮助。第四，其实政府部门已经于 2012 年 8 月 1 日开始实施不动产实价登录制度，要求所有不动产交易都必须以实际交易价格登录。有这些实际交易价格为基础的情况下，未来政府部门对所有不动产的市场价格就可以估计的更准确。

总之，房地产属于生产要素之一，其市场交易亦应遵守供需规则。但由于买方通常信息较少，专业的中介业者可扮演维持市场秩序的角色。更重要的是，由于房地产供给有限，很容易成为炒作的对象。房地产价格大涨，不但容易造成收入分配的恶化（如无壳蜗牛族的问题）；长期下，也会导致生产事业投资设厂的困扰，导致生产事业长期投资减少，对总体经济的发展是相当不利的。

四、企业家精神与利润

有了劳动、机器、土地等生产要素以后，还必须有人将之组织起来，这只有企业家出面才做得到。事实上，要生产何种产品、如何生产、如何定价、如何寻找市场、如何建立营销网络等，这些都不是简单的事，必须要有非常专业的人才能完成这一连串事情。然而，这种能力的大小不容易衡量，它不像劳动、机器与土地等实际商品可以仔细地去计算其数字与金额。在此种情形下，我们很难去计算每一单位的企业家精神有多少报酬。因此，我们采用比较笼统的做法，即把企业的收益减去薪资、利息、地租等成本，剩余的利润就称为企业家的报酬。

其实如果企业需要生产、营销、管理等人员，企业老板可以聘雇一些专业的经理人员来负责这些企业的重要活动，老板只要支付他们薪水就可以，因此，企业的利润来源应该还要有其他原因。事实上，依经济学大师熊彼特和奈特 (Frank Knight) 的说法，企业的利润主要来自创新活动和承担风险的报酬。

（一）创新与利润

创新可以使企业与众不同，在享有独占商品或市场的情形下，企业得以获得利润。而此利润大小端视企业创新活动所带来的独占力量能维持多久而定，企业若要能长期享有利润，就必须不断地有创新活动。

经济学上所指的创新，其范围要比一般人所称的发明 (invention) 要广泛，而且一般的发明不一定能立刻运用到市场上来。比方说，人造卫星发明之初，只能用在科学与军事用途上，但现在商用卫星却在地球轨道上漫天飞舞。依熊彼特的说法，企业的创新活动可分成四项，即产品创新、原料创新、生产方法创新，以及市场创新。

1. 产品创新是最常见的创新活动。全新产品的推出，当然可以让人一夜致富，比尔·盖茨发明微软系统，乔布斯推出苹果手机，以及扎克伯格推出 Facebook，都使他们成为巨富。其实在现今世界市场的庞大需求下，极小形式的产品创新就足以带来可观的利润。比方说，交通工具由自行车到机车，再到汽车；个人计算机由台式计算机到笔记本电脑，再到智能型手机。几乎每一种产品创新的过程中，都有人因而获得巨额的利润。当然，我们也可以说，因为有这些巨额利润的存在，才使得人们有很大的诱因不断地去创造发明。

2. 原料创新也是一种重要的创新。在能源方面，由水力、煤、石油、核能、到太阳能，都一一代表技术的进步。在衣服使用的布料方面，从传统的棉、麻、丝，到尼龙、人造纤维，一直到混纺，每一个过程，都带给创新厂商无限的商机与利润。当然，在新产品推出之际，旧的产品可能就会遭到严重打击，这是市场竞争下出现的自然结果。

3. 生产方法创新通常可以使企业的生产成本降低，从而获取利润。比方说，以前用人工做馒头，后来大家都改用机器做馒头。虽然传统馒头有其独特的口感，但揉面、发面、蒸熟的过程需要太多人力，成本太高，不如机器制作来得方便。譬如以前报纸用人工排版，需要大量的人工，又不灵活；现在改用计算机排版，又快又美观，更节省人力。其他如生产线制造方式、自动化生产等都是一些重要生产方法的进步，这些都可以带给企业可观的利润。

4. 最后是市场创新。麦当劳在美国是一家老牌的快餐店，但1980年初它在台北设立第一家分店时，曾打破麦当劳的世界销售纪录。10年后，麦当劳引进到北京时，再度创下销售纪录。旧的产品换到新的市场，其效果与推出新产品是非常相似的。亚马逊(Amazon.com)是美国最大的网络销售平台，马云在中国创立淘宝网，成为中国最大的网络销售平台；Facebook、Twitter是全球最大的社群平台，中国国内出现了微博、微信，成为中国最大的社群平台，这些都是市场创新的标准案例。

（二）风险与利润

芝加哥的经济学教授奈特认为，企业的利润主要是承担风险的报酬。企业主投下巨额资金，把劳动、机器、土地配合在一起，希望能生产产品，然后销售到市场上赚取利润。但从生产开始，到获取利润为止的漫长过程中，厂商必须面对各式各样的风险。包括生产过程中可能产生的风险、销售过程中的市场风险、市场上同业竞争带来的风险，以及其他各种风险，如天灾与政治风险等。等到一家厂商经历过这些大大小小的风险之后，它才可以开始享受姗姗来迟的利润。（事实上，其间可能已有许多企业因无法承担某些风险而倒闭。）有人说，成功的企业其利润来自其他失败者的损失，应该也不为过。

> **杀头生意有人做，赔本生意没人干**
>
> 贩卖与吸食毒品在台湾地区是重罪，累犯者可能被处死刑。1996年台湾地区在时任"法务负责人"马英九先生的全力扫毒之下，毒品市场的供给迅速减少，毒品价格高涨。海洛因的地下价格为每克新台币5000元以上，有时甚至超过1万元。
>
> 1996年美国司法部宣布，香港地区和台湾地区是泰国金三角毒品出口的重要转运站，希望台湾地区能配合美方全力缉毒。马英九当然非常乐于与美方合作，减少国际毒枭横行。不过马英九对于美国司法部把台湾地区列为国际毒品转口站深感不平，他说："海洛因在美国每克只卖100美元，在台湾地区要卖到5000元新台币以上。如果国际毒枭能把毒品运到台湾，他们一定会选择在台湾地区销售，怎么可能再把毒品转出口到价格更低的美国去销售？他们难道不知道'杀头生意有人做，赔本生意没人干吗？'"

在生产过程中，企业面对的风险很多。原料投入以后，产品是否能依原计划生产出来？产品会不会有瑕疵？不良品的比例有多高？存货会不会太少或太多？

市场销售过程中，风险可能更大。产品价格是否订得太高？产品能否符合消费者的口味？市场的总体经济状况如何？人们的需求是否受到影响？财务调度是否正常？台湾地区曾经有很多家建设公司在大举推出新的预售屋后，立即遇上房地产不景气，导致资金周转不灵而倒闭。生产厂商财务周转是一个重大的问题，其带来的风险经常有致命的危险。台湾一家知名的手机厂商，因为要扩大全球市场，推出了自己的手机品牌，而且曾在世界手机市场中占有一席之地。但是，因为苹果手机抢占了高端手机市场，再加上小米及其他品牌手机又抢走了中低端手机市场，使得这一家手机的全球市占率一下子就萎缩。

竞争者带来的风险更是不容易预测。竞争者带来的风险一方面可能是推出新产品，一方面可能是压低产品价格，最后一种就是一窝蜂地抢进，此种竞争在市场上屡见不鲜。新产品的推陈出新以计算机市场最为明显，从台式计算机到笔记本电脑，再到智能型手机，也不过短短几十年的时间。从室内电话进展到手机的时间较长，但是从一般手机到智能型手机却非常迅速，使得几家国际手机大厂完全来不及应变而几乎消失，如 Ericsson 及 Nokia 等。当 MTV、KTV、柏青哥刚刚在台湾推出之际，店家的收入十分可观。由于开店成本不大，高额的利润立即吸引了许多业者纷纷加入，当这些商店四处林立时，店家的利润就消失无形了，于是业者又纷纷结束营业。

除了上述的诸多风险以外，天灾与政治风险也经常是企业必须面对的。台湾地区的农民每年夏天都必须面对台风可能造成的灾害，这可以说是每一个农民心中的痛。台湾地区的养虾与其他养殖业者也曾风光一时，但前些日子全台湾地区虾苗遭遇一场传染病，养虾业从此一蹶不振。近年来，海峡两岸之间的经贸关系快速发展，赴祖国大陆投资的厂商数以万计。虽然有些厂商蒙受损失，但许多台商赚大钱也是不争的事实。

经济名词

流动资本	固定资本	后弯的劳动供给曲线
工会	双边独占	股东权益
时间偏好	创新	资本利得税
经济租	准租	

讨论问题

1. 何谓后弯的劳动供给曲线？为什么劳动供给曲线会有后弯的情况？请举二例说明之。

2. 设定最低工资对劳动者不一定有好处，为什么大多数工会还是坚持要求厂商提高工资呢？

3. 何谓双边独占？在劳动市场买卖双方都是独占的情形下，工会可以扮演什么样的角色？

4. 何谓时间偏好？你觉得时间偏好适用在你身上吗？请以本身的经验，举二例说明之。

5. 时间偏好与储蓄有何关系？两者同时存在是否有矛盾？

6. 有人说要素市场比较接近完全竞争市场，你觉得呢？有人说股票市场更接近完全竞争市场，你觉得呢？

7. 创新与发明有何不同？请各举二例说明因创新与发明而致富的例子。

8. 创新的种类有哪些？请分别举例说明之。

9. 风险与利润的关系为何？企业在投资时，应考虑哪些风险？

10. 何谓地租？何谓经济租？两者有何关系？

11. 何谓公告地价？何谓公告现值？何谓市价？三者之间有何关系？

12. 请问对土地的卖方课征交易税与对买方课征交易税会有何不同？

13. 何谓资本利得税？为什么大部分国家都对土地利得课以重税？

14. 你是否赞成土地交易应按实价课税？为什么？

15. 请用图形分析利率上升时，对人们储蓄意愿的影响，同时并分别指出其中的收入效果与替代效果。

第十四章
市场失灵、政府职能与法律

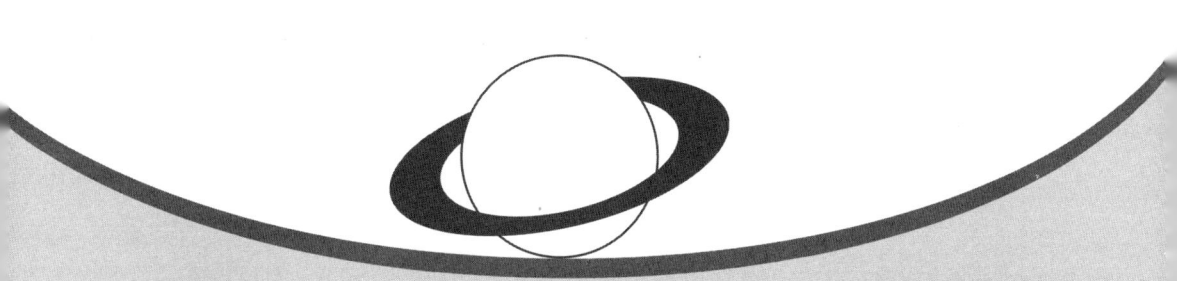

★ 市场失灵与政府干预
★ 政府的职能
★ 效率、公平与稳定
★ 财产权、专利权与法律制度

经济学之父亚当·斯密在其巨著《国富论》中，一再强调管最少的政府就是最好的政府。他认为除了少数几件事情以外（例如国防、司法，以及教育），其他事情应该尽量交给市场，让看不见的手去解决问题，这也就是有名的自由放任主义(laisser faire)。在本书的分析过程中，我们曾多次说明自由与竞争的重要性，而且我们也指出自由竞争能带给社会最高的福利水平。

然而，在某些时候我们仍然需要政府协助。第一，在本书第十章中，我们曾提及自然独占情况，在自然独占情况的市场中，若要达到最有效率的产出（均衡条件 $P=MC$），厂商必然会有所损失，所以厂商不会依照该条件来生产，此时政府就可以出面成立公营事业负责生产该产品，再由政府补贴其亏损。

第二，有时候有些商品是好的商品(goods)，有些商品是坏的商品(bads)。人们也愿意支付价格来拥有或避免这些商品，但却没有市场可以让人们对这些产品进行交易。比方说，现在人民的平均收入水平很高时，一定会有不少人愿意多缴一些税，或多出一些钱，让住家附近的环境变得更干净或更安静一些。可惜他们找不到可以交易的对象，这时就需要政府出面来负责收税并处理这些事情。通常这些缺乏市场的商品，都是由于一些人的消费或生产而使得其他人同时受到影响，我们称为外部性(externality)。例如某人在住宅区中开设一家电动玩具店，影响了这个社区的安宁，这就是一种负的外部性(negative externality)。

第三，还有一些商品在提供人们消费时，不具有排他性(exclusive)。比方说，当一座灯塔盖起来时，所有经过的船只都可以受益，不会有某一艘船被照到，而另外一艘不会被照到的情形，此种商品我们称为公共财(public goods)。国防、道路、桥梁、学校都是公共财。由于消费不具排他性，因此公共财的主要问题是：很难向使用者收费。比方说，国防支出该向谁收费呢？显然每一个人都同时被保护，此时人们该如何为国防支付费用呢？兴建道路又应该向谁收费呢？在拓宽马路时，有时会向商家收取受益费，虽然受益费收入与修筑道路的成本不成比例，但是受益最大的是商家吗？或是那些川流不息的车辆与路人呢？在订价困难与收费不易的情况下，公共财通常要由政府出面兴建。

第四，还有很多时候，市场上买卖双方的信息差异大，我们称为信息不对称(asymmetric information)。一般而言，信息较少的一方经常容易受到信息较多的一方剥削，这时候，政府就必须出面设法弥补双方信息的差异。比方说，医疗是非常专业的技术，通常病人几乎是任由医生摆布。如果医生医疗的知识或技术不足，病人却一无所知，病人就会面临非常大的危险。为保证每一位医师都有足够的专业知识，政府就规定开业医师必须要有多少年的学历及实习经验，然后再经过严格的考试，才能拿到执照。由于每一位合格医师都具有足够的专业知识，病人才不会因医生缺乏专业知识而受到不适当的治疗。会计师、律师、护士等专业需要合格证照，都是基于相同的理由。

上述几种现象都是在缺乏市场或市场无法正常运作下所产生的，此种状况我们统称为"市场失灵"。所以，市场失灵可说是政府干预经济活动的主要理由之一。

另一方面，经济公平也是社会问题中一个重要的课题，例如收入分配、社会福利、失业救济等。在厂商追求最大利润的假设之下，通常经济公平的问题并不容易经由市场来解决，这时候政府职能就会扮演重要的角色。

一、市场失灵与政府干预

在自由经济体系中，政府除了制定适当的法律及维持一个适宜的竞争环境以外，其他干预应该愈少愈好，价格体系自然会发挥"看不见的手"之功能，使社会资源的配置达到最高效率。然而在某些情况下，自由市场不能保证达到资源的有效运用。比方说，有时市场并不存在（如空气污染），或信息不完全（如医疗市场），或者市场存在但收费不易（如公共财），或者是在自由市场下，若要达到最有效率的生产，则厂商必然会出现损失，如自然独占。在此种市场失灵的状况下，某种程度的政府干预就有必要。

（一）自然独占

有些厂商在提供产品或服务时，必须先有很大的固定成本投入，然后在增加产出时，边际成本却非常小。当使用人数愈来愈多时，每个人平均分配到的平均固定成本愈来愈少，因此使得平均成本呈现持续下降的情况；也就是说，有规模报酬递增的情形出现，见图 14.1(A)。

譬如说，台北市为提供自来水，必须先花一大笔经费兴建翡翠水库，然后再铺设地下水管由新店延伸到台北市中心，这些都是耗资庞大的固定支出。假设只有台北火车站一个地方要用自来水，台北市政府仍然要花相同的固定支出。然而，如果台北火车站旁边来了一户新的人家，他也要用自来水，这时自来水公司只要再接一条小小的副管到该户，平均成本就会降低一半。显然的，当自来水管沿线的住户逐渐增加时，每户必须分配的固定成本就会愈来愈低。大多数需要管线运输的产业都会具有类似的性质，如电信、电力、瓦斯等，这些产业有时也被称为"公共事业产业"(public utility industry)。

这些产业的生产规模愈大，产业的平均生产成本愈低，如果能完全交由一家来生产，则可以使平均生产成本最低。因为此种产业以独占市场方式生产可以达到最高效率，故我们称其为"自然独占"。

事实上，即使某一企业的生产成本不具有长期规模报酬递增的状况，而是具有传统的 U 型平均成本，如图 14.1(B)。但如果其固定支出很大，使得平均成本曲线维持一段很长的下降，然后才出现上升。而且相对来说整个市场的需求却不是很大时，因此市场需求曲线与企业平均成本下降的部分相交。换句话说，若市场需求相对很小，不足以完全消化一家企业的生产规模时，仍然可能出现自然独占的状况。

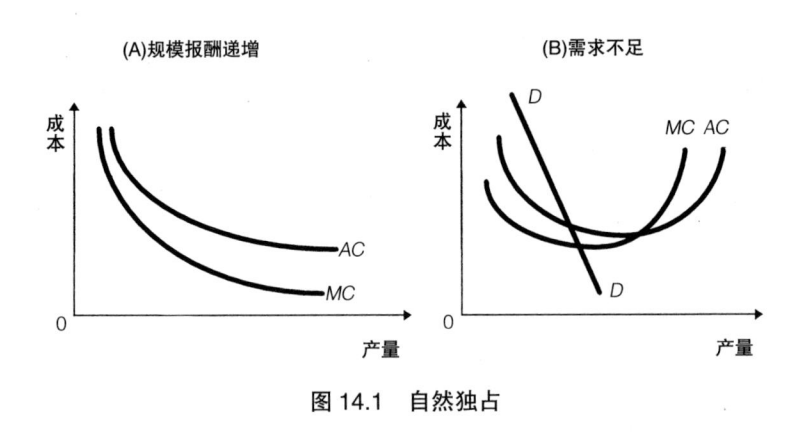

图 14.1　自然独占

比方说，某商业用人造卫星专门为传播国际电话之用，而发射一颗人造卫星到太空轨道的成本非常高，假设一颗人造卫星可以提供 2000 条国际电话线路同时使用，如果市场只要 1000 条国际电话线路，则无法使该卫星的规模充分发挥，此时我们只需要一家企业提供一颗卫星服务即可。

自然独占下，需要政府干预的理由十分明显，我们在本书第十章已详细说明过，此处再略加叙述即可。首先，若依独占者追求利润最大的计价方式，即 $MR=MC$ 的条件下产生均衡点 A 点，则产量为 Q_1，价格为 P_1，生产者利润为 P_1GJF，见图 14.2。由于此时社会的边际利益 (GQ_1) 高于生产者的边际成本 (AQ_1)，所以这不符合社会福利最大的要求。若要使社会福利最大，产出应该维持在厂商的边际成本 (MC) 与社会的边际收益（即 $D=AR$）的相交点，亦即图 14.2 中的 B 点。此时产品的价格为 P_2，数量为 Q_2，我们称此种方法为边际成本定价法。虽然 B 点的社会福利最大，但生产者会蒙受损失，因为此时生产的平均成本 (HQ_2) 高于平均收益 (BQ_2)，产生 P_2BHI 的损失，显然若政府要求产量选择 B 点，政府必须对此产业加以补贴，否则此产业无法生存。

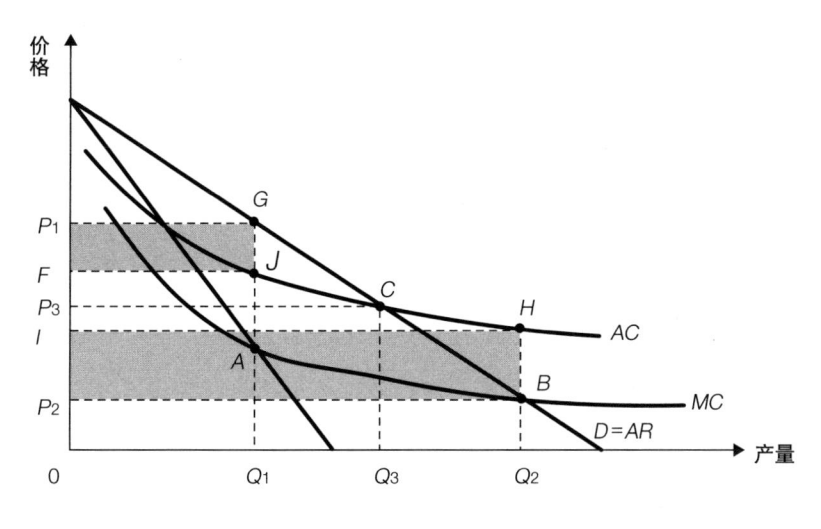

图 14.2　自然独占与定价

另外一种方法是使产业的长期利润为零，亦即选择平均成本等于平均收益的方式来定价并决定产量，此即图 14.2 中的 C 点，此时产品的价格为 P_3，数量为 Q_3，我们称此种定价方式为平均成本定价法。平均成本定价法可以使厂商利润为零，但产量少于 Q_2，所以经济福利会比边际成本定价法为低。

由上述分析可知，在自然独占下，一般厂商不会愿意进入市场生产。这时最好的方法就是由政府设立公营事业来负责生产。为追求社会最大利益，该企

业应选择 Q_2 的产量，产生的亏损 (P_2BHI) 则由政府补贴。这也是为什么在大多数国家或地区，电力、水力、瓦斯等产业都由公营单位独占经营的最主要理由。

然而，我们必须要说明的一点：自然独占由公营事业来负责可以提高全社会的福利，只是一种理论上的说法。因为公营事业在真正营运时，一方面由于属于政府监督，经营上受到很多限制，一方面经理的经营目的可能只是为追求自己或企业的利益，而非全体社会的利益。同时，由于事前已知会有损失出现，经理人员可以故意再制造出一些损失（比方说提高所有员工的薪资），然后借口说是产业本身特性使然。在此种情况下，公营企业本身的经营效率会偏低，因此很有可能抵销自然独占带来的利益。这也是为什么在 1980 年代末期以后，西方国家纷纷开始将公营企业民营化的主要理由之一。

（二）外部性

有很多时候，某些厂商在生产过程中影响到其他人，或有些消费者在消费过程中影响到其他人。比方说，宜兰县产的砂石由砂石车载运经过北部滨海公路送到台北。这些砂石车经常超载又超速，不但对北滨公路造成严重的损害，而且也对于北滨公路的其他行人与车辆造成极大威胁，这是一种负的外部效果。再比方说，某乙为了自家方便，在家门口装设了一盏门灯，过往的路人都会受益，这就是一种正的外部效果。

外部性的主要问题在于，这些外部性会影响其他人，但却无法以市场机制来达到最适的数量。比方说，砂石车超载又超速，固然可以减少经营者的私人成本 (private cost)，但却使社会负担了很多代价。其中道路的加速损坏与其他人身与车辆的安全受损都是成本，这些成本不需由厂商负担，而由全社会吸收，我们称之为社会成本 (social cost)。由于砂石商不需要负担这些社会成本，在只考虑私人成本下，他们会生产过多的产品，而社会成本却相对增加很多。这就全社会的福利观点来看，显然是不利的。

同样的，一楼住户装设门灯可以使整条街大放光明，一方面行车更安全，一方面行人夜行也不容易受到坏人侵犯。但由于这些好处是由路人享有，而装设路灯的家庭只会考虑自身是否需要。如果他觉得装置路灯的利益小于自己支出的成本，他就不会装置；反之，才会装置。然而此时由于有很大的"社会利益"(social benefit)存在，从效率的观点来看，应该要增加装置，但显然私人装置的意愿不会太强，使装置数量过少。

上述两个例子出现的原由，在于私人的成本和利益与整个社会的成本与利益有所不同。因为市场上只能反映出私人的利益与成本，因此只由私人成本与利益决定产量，无法保证使全社会的利益最大，此时我们称为"市场失灵"。

造成市场失灵的主因在于：有些成本或利益不容易显现在个人名下，但实际上却是存在的；比方说，砂石车所造成的社会成本与路灯所带来的社会利益都属于这种情况。既然市场失灵是由于缺乏市场所造成，我们就可以设法创造一个市场，把这些社会成本都转换成私人成本。换句话说，我们可以把这些外部效果"内部化"(internalization)。

譬如，我们可以估计每一部砂石车经过北滨公路时可能造成道路、人身或财产的损失，然后要求砂石车业者支付过路费。过路成本增加后，砂石车的数量自然会减少。由于生产砂石的成本与砂石车造成的外部成本都由私人负担，此时砂石车业者的产量就会符合全社会的效率水平。同样的，我们也可以估计每一家一楼住户装置门灯所带来的社会利益有多大，然后由政府支付费用给这些一楼住家。此时一楼住家装置门灯的个人效益与社会效益都包含在内，因此所有住户装置门灯的数量就可以达到全社会的最适数量。

然而，在上述内部化的过程中仍然有许多问题。比方说，这些砂石车造成了道路损失，我们也许可以把钱交给负责修缮的新北市政府，但因砂石车造成的人身与安全问题而支付的费用，应该交给谁呢？那些开车或走路经过北滨公路的人，是否都应该分得一些收入呢？因为砂石车的经过会影响这些人的安危。同样的，这些一楼路灯的建设费用，该由谁来出呢？其实应该是由每一位路过的车主或行人来负担。但是我们能想象每天晚上散步时，口袋里放着一大堆零钱，每走过一家有路灯的门口就投下一元买路钱吗？此种做法是否太浪费时间与人力？

其实外部性的存在并不是不可以用内部化的方式来解决，但问题在于解决时所需的交易成本(transaction cost)是否太高。比方说，前述路灯的例子中，我们就不可能让每一位路人出钱。在砂石车的例子中，我们固然不难让每一辆经过北滨公路的砂石车支付过路费，但却很难把这些费用交到每一个承担成本的人身上。

在此种交易成本很大的情况下，政府管理部门职能的出现就是一种比较有效率的解决方式。譬如，政府管理部门可以对砂石车业者收取过路费，也可以对装置路灯的住户补贴装灯的费用。事实上，外部效果出现的机会非常多。譬如厂商制造的空气污染与废水污染，开车族制造的噪音污染及道路拥挤成本，住宅区开设电动玩具店与小酒吧带来的噪音污染和公共安全问题等。这些外部效果有些可以内部化，有些则不容易，但一般而言，内部化的成本都非常高，在此种状况下，由政府出面来处理这些问题可能会比市场更有效率。

（三）公共财

在前节中所提及的道路是公共财，每户的门灯虽然是私有财，但若政府支付每家的补贴金额不容易计算，则不妨直接由政府出资来设置路灯，也是一种公共财。

公共财的主要特性是在消费时，不具排他性。在此种状况下，大多数人都会有想要搭便车(free-rider)的心理，也就是说由别人兴建，然后再来享用即可。比方说，砂石车主希望最好能由政府兴建一条台北到宜兰的快速道路，他们就可以免费使用。路灯方面也是一样，最好每家一楼住户都装置路灯，然后大家都可以免费使用。

由于公共财不具排他性，因此多增加一个人消费，并不会影响边际成本。比方说，军事支出照顾全台湾地区居民的安全，当人口由2300万人增加到2300万零1人，军事支出的总额并不会变动。再比方说，"中视"、"台视"、"华视"与"民视"四家无线电视台，它们的营运成本与收看节目的人数并没有直接关系，"台视"公司的经营成本不会因为观众是30万人或30万零1人而有所不同。换句话说，在非排他性的原则下，多一个人消费的边际成本是零。

在生产者的边际成本为零的情形下，若要追求社会利益最大，必须使社会的边际利益等于边际成本为止，亦即边际利益也必须为零。换句话说，价格也要为零才能使全社会利益最大。在此种状况下，显然没有任何厂商会投入生产。

但是，并非所有的公共财边际成本都是零。以军事和无线电视为例，消费者人数与经营成本的关系很少，也就是说，每多一位消费者的边际成本的确近于零，我们称这种公共财为"纯公共财"(pure public goods)。事实上，纯公共财的种类并不多，有军事、司法、无线电视等。

还有许多公共财的非排他性原则只存在于一定范围之中，超过该范围，就可能出现排他性，此时消费者的边际成本就不会再为零。比方说，高速公路上每分钟有30部以内的车子经过，大家都可以维持时速90公里的车速。但当车辆数目增加到31部，就会过于拥挤，为了保持安全，大家的车速都减少至80公里，显然第31部车子就会带来社会边际成本。一家公立医院每天供100人看病，医生可以仔细诊疗每一个病人。当病人增加到101人时，医师必须减少诊断时间，以照顾增加的看病人数，这第101人就带来了边际成本。

道路、桥梁、隧道、灯塔、学校、医院，以及公园等公共财，都具有类似的性质，在人数较少时，增加一些人的消费对营运总成本没有影响，其边际成本为零。但是超过一定人数以后，生产者的边际成本就会大于零。我们称此种商品为"准公共财"(quasi-public goods)或"地方性公共财"(local public goods)，又有人称之为"俱乐部财"(club goods)。

不论是纯公共财或准公共财，由于都具有非排他性原则，在人们的搭便车心理下，一般人都不太愿意出钱支付费用。这时候政府就有必要出面兴建公共财，并加以收费。譬如，全体性的军事建设，就以全体人民的税收来支付；而地方性的建设，如道路、桥梁等，则可以用地方性税收来支付。

虽然由政府出面兴建公共财，可以解决公共财供给不足的问题，但却不一定符合使用者付费及其他的公平原则。比方说，兴建道路可能是使用所有纳税人的钱，但有车阶级享用的道路就会较公交车族为多，而前者不一定支付较多的赋税。因此，为使效率与公平原则同时达成，公共财使用者付费及其他的原则也必须一并同时使用。我们会在后面几节再仔细探讨这些原则。

（四）信息不对称

市场失灵的另外一个重要原因在于买卖双方的信息差异过大，当双方信息不同时，由于有些信息无法在市场上交易，使得信息较多的一方可以利用优势的信息来剥削另一方，因此市场无法达到最有效率的情况，这时市场失灵再度出现。

医疗市场是一个很好的例子。由于医疗是一个非常专业的知识，当病人去看病时，几乎完全听任医师摆布。由于生病经常是生命攸关的事，医生若要剥削病人是很容易的。由于医生的信息远较病人为多，又有高额利润存在，于是过度医疗、过度给药，甚至密医出现的情况时有所闻。显然，此时医疗市场自由运作可能无法达到最有效率的结果。

此时，为保证每一位医师都有足够能力，且不会有不当的医疗行为出现，政府便会出面要求执业医师必须符合某些最基本的条件，例如在医学院修课及实习的最低年限，及必须通过严格的检定考试等。如果每一位医师都是合格医师，病人在看病时才不易出现误诊或遇到非法行医等情况，医疗市场的资源也才可以充分有效率地运用。

以台湾地区为例，西医医师的执照取得不易，执业资格要求严格，因此西医市场上供需双方的信息差异较小。然而，中医市场上情形不同，虽然目前主管部门也要求执业的中医也要有中医执照，但由于传统上就已存在许多中医诊所，其中可能有一些并没有合格执照，因此，一般人在上中医诊所时，较缺乏信心。在此种情形下，可能本来应该有更多人去看中医，且应该获得更好的中医治疗，但由于缺乏对中医的信息与信心，而减少了对中医市场的需求，造成中医市场资源无法达到充分效率。为提高中医市场的效率，提高人们对中医的信心，政府应该更严格地要求中医师考执业执照，同时取缔不合格的医师。否则，不合格的中医师会造成人们对中医市场的不信任而减少需求，等于是将不合格中医师的成本转嫁给合格的中医师，这是另外一种形式的负的外部效果，这对于中医市场资源的使用效率会有很大的影响。

住宅市场买卖双方信息的差异是另外一个例子。一般而言，住宅市场上卖方信息较买方多。一般社会大众一生中买房子的次数不多，对想买的房子情况并不会十分了解。如果卖方是屋主自己，他对房子本身就会十分清楚（哪里漏水、是否有蛀虫等）；如果卖方是房屋中介，则也会因卖房子的经验较多，而比买方有较多经验；如果是预售屋，卖方的信息更是会比买方多。

在卖方具有较多信息的情况下，买方可能会受到不同形式的损害或剥削。比方说，卖方可能会隐瞒一些不利的信息，如漏水、蛀虫，甚至海砂、辐射等。我们也有时候听到卖主对买主说："在你之前已有好几户人家来看过房子，如果你不赶快做决定，房子可能就被别人买走了。"预售屋建商则经常在广告坪数上灌水，在建材上动手脚。

要解决住宅市场上买卖双方信息不对称的问题，政府的介入也是必要的。比方说，政府可以要求所有不动产交易都必须经过中介商。而中介商必须经过一定条件或考试才可以取得执照，同时中介在协助买卖双方进行交易时，必须如实披露所有的信息，否则吊销其中介执照。上述说法似乎不太容易，但其实这在欧美国家早已行之有年。理由无他，一方面房地产交易金额很大，对每一个家庭都会产生重大影响；再一方面就是因为买卖双方信息差异很大，必须有一个中性的第三者来减轻双方信息的差异，协助交易进行。

二、政府的职能

我们经常听到一些似是而非的说法，比方说"石油是非常重要的，因此要由政府来负责""通讯事业攸关国家安危，故应由政府来做""教育事业是百年大计，应由政府负责"。如果这些东西都很重要，都要由政府负责，那么食、衣、住、行、教、娱哪一样不重要？是否都应由政府负责生产？我们真的需要这么大有为的政府吗？

试想我们周遭日常所用的物品，有多少是重要的？怎么可能都由政府生产？重要不重要不是政府应否干预或出现的理由，政府的干预应该是以提高全国资源的使用效率为主，当然另外一个重要目的则是维持资源的公平使用。

（一）政府的角色

如果有一个伟大又万能的政府不是很好吗？为什么我们不要呢？答案很简单，因为天下没有白吃的午餐。再有能力的政府也没有办法无中生有。当政府要参与经济活动，提供服务时，同时就必须使用资源。通常这些资源就必须由社会大众提供，譬如课税。因此，问题的症结不在于万能政府好不好，而在于政府参与经济活动，或干预经济活动时，其成本与效益大小如何。若不由政府参与，由民间市场自行决定，成本与效益又如何？两者之间的社会福利与社会公平孰高孰低？唯有当这些问题都被满意地回答之后，我们才能说万能的政府是否真的是伟大的。

一般而言，政府参与或干预经济活动的目的只有两个，一个是促进经济资源更有效率的发挥，以加速经济增长；另一个则是保持经济稳定，同时达到经济公平。

在追求经济效率方面，前节已经说明得十分清楚。在一般情况下，市场机制足以使经济效率充分发挥。因此，政府必须做的事情就是建立一个有秩序的游戏规则，让市场尽量保持自由竞争的条件，其他的事情放手让市场自行运作即可。唯有当一些特殊情况导致市场运作失灵时，再由政府出面干预或直接生产，其中包含自然独占、外部性、公共财，以及信息不对称等。

虽然，资源有效率的运用是每一个政府都应追求的目标，但经济稳定与公平也是很重要的。因为在市场经济下，有许多人或消费者在市场结构下就属于弱势者，必须由政府协助才得以获得较公平的待遇。比方说，某些残障、老迈、单亲家庭等弱势人士，在市场自由竞争下，他们的收入可能根本无法养活自己。在他们缺乏竞争能力下，政府自然不能坐视不管，而应给予某种程度的协助，例如直接给付生活补助金、医疗给付，或是给予就业训练等。社会福利的支出是每一个现代化国家必须提供的，且一般而言，愈进步的国家其社会福利支出比重愈高。

另外一种经济的弱势团体，亦经常出现在不同的经济结构中。由于缺乏市场来反映这些弱势团体的需求，因此某种形式的政府协助是有必要的，前节曾经提过信息不对称就是一个例子。另外一个常见的例子是通货膨胀的效果，在经济不稳定而通货膨胀严重的时候，一般而言大多数受薪阶级薪水的增加速度比不上物价上升的速度，于是他们的实际收入减少；相反的，生产者与贷款者则实际收入增加。不幸的是后者的收入本来就较高，在通货膨胀下，他们反而受益，这违反了一般人认为的公平原则。所以为保障大多数人的实际收入，政府维持平稳的物价是绝对有必要的。

（二）课税原则

对大多数政府而言，几乎都会提供国防、司法、教育以及其他种类的公共财，因此政府同时必须要有收入来支应提供这些商品的成本。一般而言，政府收入包含税收、其他收入，以及公营事业收入。

税收是政府的最大收入来源，其中包含直接税 (direct tax)，例如收入税 (income tax) 与间接税 (indirect tax)，如货物税 (excise tax)。政府收税时，固然希望税收愈多愈好，但同时也必须要兼顾效率与公平的原则。

1. 课税的效率原则

课税必须符合效率原则 (efficiency principle)，亦即课税的成本应该愈小愈好，而课税的收益则应愈大愈好。比方说，台北市政府为提高土地使用效率，减少人们炒作土地，而对空地课征空地税。但如何认定空地是一件困难的事，比方说在忠孝东路四段的一块空地上，地主为规避空地税，而种植数棵果树，宣称该地为果园，此时台北市政府是否还能对其课征空地税？再比方说，台北市政府要课征垃圾费，但不易于每个人倾倒垃圾时收费，于是改依随水及随袋来征收，这就是提高税收稽征效率的做法。

2. 课税的公平原则

课税必须符合公平原则，亦即"量能课税原则"(ability principle)，其中包含"垂直的公平"以及"水平的公平"。前者表示高收入者应缴较多的税，低收入者则应缴较少的税；后者表示收入相同者应缴相同的税。课税的公平原则可说是经济公平中，最重要的原则之一。

此外，课税不得因身份不同而有所不同。比方说，在台湾地区，以前军人及小学教师免缴收入税，此即违反公平原则。如果政府觉得军人与小学教师工作非常辛苦，待遇也不够多，则应以增加他们的待遇来弥补，而不应以免税为优待，因为此举违反民众缴税义务的公平原则。

课税公平的另外一项标准就是"有收入即应课税"的原则。以目前台湾地区税法规定，股票交易收入免缴收入税，就是一个严重违反租税公平的例子。一般而言，股票交易收入不但金额大，且大都由高收入者所获得。更重要的是，股票交易属于资本利得，在先进国家税法中，课征资本利得税经常比一般收入税还要来得高。我们不对股票交易收入课税，容易使高收入者累积资产，长期下造成贫富差距扩大，这是另一种形式的经济不公平。

（三）地方性公共财

纯公共财的种类并不多，例如国防、司法、无线电视等。其实大部分公共财都属于准公共财，如道路、桥梁、医院、学校、公园等。由于准公共财使用规模有限，故不必由全国统一处理，交给各地方政府负责即可。事实上，这也是地方政府存在的主要理由。各地方政府可依其需要来修建道路、医院、公园等地方性公共财。

同样的，地方政府提供地方性公共财时，必须有财源。大致来说，地方政府的财源有两部分，一部分来自中央政府的援助，一部分则来自地方财源。由于有些公共财的权属不清楚，使得中央与地方财源的分配也不清楚，便容易造成中央与地方在财源与提供公共财上的冲突。

在多数国家，大部分的税收属于国税。例如收入税、关税、土地增值税，只有少部分属于地方税，如营业税、土地税和房屋税等等。

美国也是三级政府，包括联邦政府、州政府，以及县市政府，各级政府之间的权利与责任归属都十分清楚。为了支付各级政府提供服务和公共财的需求，各级政府的财源分配也十分清楚。除了联邦政府对地方政府补助以外，州政府与地方政府有自主权利决定是否要增加自己的州税或城市税。美国联邦税包括联邦收入税及社会安全税(social security tax)；州税包含州收入税、交易税、财产税；地方税则有营业税、燃料税、牌照税等。

由于美国政府的地方自治精神实施得非常彻底，除了联邦政府课征的国税以外，各州及各县市不但可以决定自己的州税和城市税，也可以决定新的税目。其中各州的销售税(sales tax)出入很大，值得一提。比方说，目前美国各州的销售税中，以田纳西州较高，达9.46%，阿肯色州为9.3%，阿拉巴马州为8.97%。也有一些州则完全不征收货物税，比方说新罕布什尔州、俄勒冈州等。除了各州的州税不同以外，各城市的城市税也有很大出入。由于大城市的政府支出较大，比方说治安、公共建设、下水道、国民建设等，因此大城市的城市税一般都比较高。

（四）使用者付费

公共财虽然在消费上不具排他性，但每位消费者都能获得相当的利益，这是毋庸置疑的。然而，由于公共财不具排他性，许多消费者会有搭便车的心态，故意隐瞒其对公共财的需求，以求达到不必缴税而能享受搭便车的好处。但若每一位消费者都有此种心态，大家都低报对公共财的需求，政府提供的公共财数量就会低于真正的最适水平，这对于资源的使用自然是不利的，对社会福利也会有很大影响。

因此，虽然公共财的使用者增加时，对于提供公共财的边际成本增加几乎为零，但为避免人们搭便车心态而导致公共财生产不足，使用者付费是一个必须且重要的原则，毕竟天下不应有白吃的午餐。

使用者付费的原则可以用在许多地方。譬如说，开车者会制造废气，污染干净的天空，因此他们必须支付空气污染税。公立学校的学生享受政府提供的教育资源，他们必须支付学杂费用。道路、桥梁、机场等，都属于公共财，使用者付费原则都应适用。

然而，使用者付费原则与课税原则相同，它们都必须遵守效率与公平的原则。若征收费用的成本太高，则不应征收。比方说，高速公路征收过路费很容易，但要征收忠孝东路的过路费就很难。一方面在忠孝东路上设置收费装置可能阻碍交通流量，反而提高征收成本；另一方面，人们也会设法绕道规避收费，因此，使用忠孝东路就不宜收费。

使用者付费也应符合公平原则。比方说，政大每年预算经费约39亿元，以政大1.6万名学生计算，台湾当局每年花在每位学生身上的费用约为24万元，与政大学生每年所缴的学费只有2.5万元相比，学生的学费似乎过低。台湾公立大学学费过低是普遍的现象，政大并非例外。基于使用者付费的公平原则，提高公立大学学费是有必要的。

三、效率、公平与稳定

除了追求资源使用效率，提高经济增长以外，维持经济稳定和经济公平也都是政府的重要经济目标。稳定的经济社会可以提高人们的工作诱因，增加资源使用的效率，提高经济的公平；而且稳定的经济本身就能带给社会更多的福利。在一个经济公平的社会中，每个人都可以依其能力赚取合理的报酬，工作能力较低的弱势族群也得以获得政府的妥善照顾。

但是经济公平的一个问题在于其主观性。当我们提及经济效率和经济稳定(stability)时，大家都有一个很客观的标准，对于效率和稳定的定义都具有很高的共识。然而经济公平却是一个十分主观的看法，虽然大家都同意经济公平，但何谓经济公平？可能每一个人的定义都会有所不同。比方说，大家都同意高收入者应该缴纳较多的税，这是经济公平。但是高收入者缴税时，应采比例税(proportional tax)或采累进税(progressive tax)呢？在比例税下，每个人的税率是固定的，由于高收入者收入较高，故其缴纳的税额较高。而累进税则是税率随收入增加而上升，比方说收入净额在54万以内部分课5%税率，54万到121万之间课征12%，121万到242万之间课征20%等。由于每个人对于公平的定义并不一致，因此我们在讨论经济公平时，就必须要不断提醒读者我们所谓的经济公平的定义是什么。

另外，经济效率、经济稳定、经济公平都是政府所追求的目标，其中有些目标可以互相促进而同时达成，但也有很多时候这些目标之间会出现冲突与矛盾，这时候政府就必须十分清楚地分析这些目标之间的关联性。由于这三种目标都很重要，主观上很难取舍孰先孰后，施政者自然会依民众需要而做出最佳决策。重要的是，当一个决策决定时，政府也必须对民众详细地交代这些目标之间的关联性。在充分信息下，民众才能自行去做出他们自己的最佳选择。

（一）稳定与效率

经济稳定的定义十分简单，一个经济变量不要起伏不定就是稳定。比方说，一个国家的物价每年波动很小，我们说他们的物价很稳定。在一个不稳定的经济体系中，经济增长率、失业率、投资率经常都会起伏不定，对社会是相当不利的。反之，一个稳定的经济体系则可带给社会各方面的利益，兹分别加以详述如下。

首先，稳定的经济体系可以增加社会资源的使用效率。当一个经济体系不稳定时，就会有人希望借用经济波动的机会，来维护或创造自己的利益。在世界各国发生的恶性通货膨胀(hyper-inflation)历史中，都曾出现类似的景象。在恶性通货膨胀下，物价一日三变。人们拿到薪水后的第一件事，就是赶快去把一个月该买的东西全部买齐，以免钞票变薄。于是在通货膨胀严重的国家中，我们可以经常看到人们在大排长龙抢购商品，这些大排长龙以及抢购商品所花掉的时间，就是社会资源的浪费。

其次，稳定的经济体系可以吸引厂商增加投资，进而带动生产技术与经济增长。企业投资是经济增长的主要动力，而决定企业投资的最主要因素就是经济体系是否稳定。稳定的经济体系中，产品需求、产品价格、生产要素价格、生产要素供给都十分确定，厂商生产与销售的风险较小，在利润确定下，厂商投资的意愿较高。反之，若经济体系不稳定，厂商面临的投资风险较大，一方面他们可能要求较高的投资报酬率，或者他们可能根本就停止投资计划，这对于长期的经济增长非常不利。

再次，稳定的经济体系也较符合经济公平的原则。在通货膨胀严重之际，一般而言，拿固定薪水的大众或银行的小额存款者会受到损失，因为他们的薪水和存款的实质购买力都会下降。相反的，企业老板或是向银行贷款的人则会有利，因为他们还款会比较轻松。换句话说，通货膨胀会让中低收入社会大众的实际收入转移到企业主与拥有大笔财富的人手中，这也就是有名的"五鬼搬运法"。这显然不符合经济公平的原则。

最后，经济不稳定对经济弱势者影响更大。物价上涨不仅对领固定薪资者影响很大，对于退休人士的影响更严重。前者的薪资偶尔还可略作调整，以弥补物价上涨所带来的损失；退休人士的退休金却是固定的，他们对于通货膨胀所带来的损失则是一筹莫展。这也是何以政府会把退休金也随着军公教人员的薪资一并调整的主要理由。

无壳蜗牛的心声

1988年到2000年台湾地区的金钱游戏不只在股票市场中盛行，同样也在房地产市场上兴盛。由于许多人在股票市场上赚取丰富的利润后，便将其中部分资金转向房地产市场，使得房地产价格也随着股票价格水涨船高。以

> 台北市木栅地区为例，一栋40平方米的新成屋在1987年底的价格大约只有200万元，到了1990年底，同样的新成屋要卖到1000万元。另一方面，台北市每年平均家户收入在三年之内大约由60万元上升到80万元。换句话说，在房价大涨之前，木栅地区一栋40平方米的新屋大约需要台北市民三年多的收入即可购得；在房价大涨之后，台北市家庭必须12.5年不吃不喝才能购得一套房子。
>
> 在房价大涨前后，对拥有一套房子的人来说，房价大涨对他并没有什么影响，因为这是自住的房子；对有两栋房子的人来说，财富就立即大增。比方说，他可以一栋自住，另一栋再用1000万元卖掉，然后把1000万元存入银行，以当时年利率7%计算，每月可以有6万元的收入。所以这个人可以就此退休，每天靠银行利率过日子即可。相反的，对于一个没有房子的无壳蜗牛来说，他该怎么办呢？如果他家的收入与其他台北市民相同，每年有80万元的收入，他仍然无法负担一栋1000万元的房子。
>
> 根据统计，在房地产价格大涨后，台湾地区的财富分配迅速恶化。在房地产价格大涨之前，全台湾地区财富最高的20%家户，其平均财富是最低20%家庭的8倍；大涨之后，前者财富增加为后者的20倍。房地产价格大涨不但使财富分配恶化，更严重的是使许多家庭无法拥有自己的房子，而容易产生社会不安定。此外，昂贵的房地产价格也会阻碍厂商长期投资设厂的意愿。这些不利因素在长期下，对台湾地区的经济发展会产生极为不利的影响。

当经济不稳定，厂商面临经营困难而必须裁员时，首先遭殃的就是一些非技术性工人，这些人可能是初入社会的年轻人，或是即将退休的人员，或是其他生产力较低的人。这些人在收入上不如别人，再转业的能力也不如别人。不幸的是，当失业率上升时，这些人通常都是最先被牺牲的。

（二）收入分配

虽然经济公平并不容易定义，每一个人可能都有自己的主观看法，但是收入分配 (income distribution) 是否平均却是一个大家都能够接受的指标。一般而言，一个国家的收入分配愈平均，表示不同家庭之间的收入愈接近，较符合经济公平的原则。反之，收入分配愈不平均的国家，贫富差异愈大，经济公平愈难达成。

衡量收入分配的方法很多，理论上最容易被一般人所接受的是洛伦兹曲线(Lorenz curve)。洛伦兹曲线的绘制十分简单，先把一个国家所有家庭依财富高低排列，再把家庭数目逐一加总，并将家庭户数列在横轴上；然后再把家庭财富从低到高逐一加总，并将累积财富数字列在纵轴。最后再把这些对应的点连接起来，就可以得到洛伦兹曲线，见图 14.3。

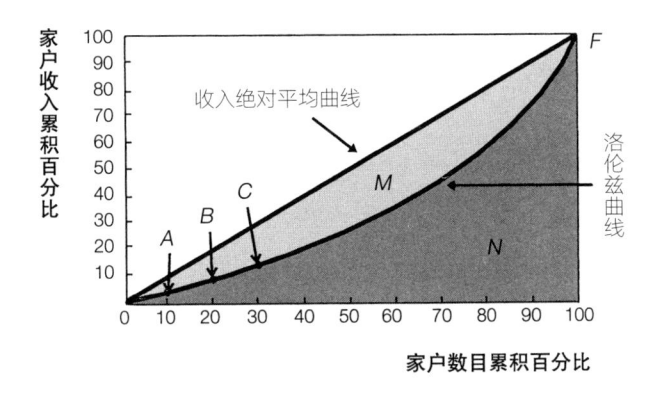

图 14.3 洛伦兹曲线

表 14.1 家户收入分配

家户编号	家户（累积户数）	家户累积（百分比）	家户收入	家户收入（累积金额）	家户收入（累积百分比）
1	1	10%	2 万	2 万	1.8%
2	2	20%	4 万	6 万	5.5%
3	3	30%	6 万	12 万	10.9%
4	4	40%	8 万	20 万	18.2%
5	5	50%	10 万	30 万	27.3%
6	6	60%	12 万	42 万	38.2%
7	7	70%	14 万	56 万	50.9%
8	8	80%	16 万	72 万	65.5%
9	9	90%	18 万	90 万	81.8%
10	10	100%	20 万	110 万	100.0%

假设某国有 10 户家庭，其收入分配依表 14.1 所示，我们把收入最低家庭

放在最上面，然后再依序排列数值到最后一户。接着我们可以计算累积的户数与相对累积的收入金额，并同时计算百分比。比方说，收入最低的10%家庭，其收入只占全体户数收入的1.8%，我们把该点列在图14.3的A点。收入最低的20%家庭，收入只占全体户数收入的5.5%，我们画在B点。依此类推，我们就可以得到图14.3中的洛伦兹曲线。

洛伦兹曲线愈接近对角线，表示收入分配愈平均。事实上，对角线代表每户的家户收入完全相同，也就是家户收入最平均。因为该曲线表示10%的家庭占10%的收入总额，20%的家庭占20%的收入，因此每一个家庭的收入都是完全相同的。相反的，如果前面所有的家庭收入都是零，所有的收入由最后一户收入最高的家庭所拥有，则此时洛伦兹曲线会成为直角线，这时收入分配最不平均。

用洛伦兹曲线衡量收入分配有其缺点，即当两条洛伦兹曲线相交时，我们便不易区分何者收入分配较平均，如图14.4中的0AF与0BF。为避免此一困扰，20世纪初意大利统计学家基尼再利用另外一个指标来计算收入分配，此即基尼系数(Gini Coefficient)。基尼系数是以对角线和洛伦兹曲线所围成的面积（即图14.3中的M），占全部对角线面积（即M+N）的比例。即：

$$(14.1) \qquad \text{Gini Coefficient} = \frac{M}{M+N}$$

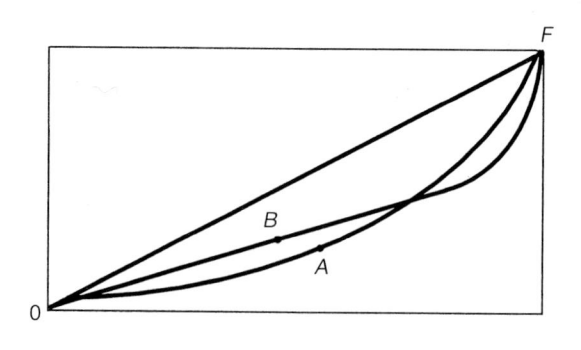

图14.4　相交的洛伦兹曲线

依 (14.1) 式可知，当收入分配完全平均时，$M=0$，因此基尼系数为 0；当收入分配完全不平均时，$N=0$，因此基尼系数为 1。一般而言，基尼系数介于 0 与 1 之间，系数愈大表示收入分配愈不平均。

另外一种经常被用来衡量家户收入分配的方式，是五等分系数法。此种方式是先把家户依收入高低分成五等分，收入最低的是第一等分，最高的是第五等分。然后计算各等分家户收入占总收入的百分比，最后再计算最高收入家户（第五等分）收入为最低收入家户（第一等分）收入的倍数。

我们再以表 14.1 的家户收入为例，重新改写成表 14.2。在表 14.2 中，我们把这些家户依收入高低区分成五等分，并分别计算各级家户的收入总额，及其占总收入的比例。结果显示收入最低的 20% 家户（第一等分）其收入只占全体家户收入的 5.5%；而收入最高家户（第五等分）的收入占全体家户收入的 34.5%，是最低收入家户收入的 6.3 倍。显然的，此一倍数愈大，家户收入愈不平均；此一倍数愈小，家户收入则愈平均。

表 14.2　家户收入分配：五等分系数法

家户编号	家户收入（万元）	家户数百分比	五等分	家户收入总额（万元）	家户收入比例
1	2	20%	1	6	5.5%
2	4				
3	6	20%	2	14	12.7%
4	8				
5	10	20%	3	22	20.0%
6	12				
7	14	20%	4	30	27.3%
8	16				
9	18	20%	5	38	34.5%
10	20				

表 14.3 显示台湾 50 年来家户收入的变化。其中几个特征有待说明：第一，第五等分家户收入与第一等分家户收入的倍数持续上升，显示台湾省家户收入分配在逐渐恶化当中，这并不是一个令人兴奋的现象。第二，尤其在 1986 年以后，此一倍数更迅速扩大，其原因与 1988—1990 年之间股市狂飙、房地产价格大涨有密切关系。第三，虽然近年来台湾地区收入分配略为恶化，

但大致说来，并不比英美等先进国家差。大多数先进国家的基尼系数约在 0.35 与 0.5 之间，如英、美、德等国均低于 0.4。但在许多发展中国家的基尼系数则较高，见表 14.4。

表 14.3　台湾家户收入分配比

年份	第一分位组(%)	第二分位组(%)	第三分位组(%)	第四分位组(%)	第五分位组(%)	第五分位组为第一分位组之倍数	基尼系数
1964	7.71	12.57	16.62	22.03	41.07	5.33	0.321
1970	8.44	13.27	17.09	22.51	38.69	4.58	0.294
1980	8.82	13.90	17.70	22.78	36.80	4.17	0.278
1985	8.37	13.59	17.52	22.88	37.64	4.50	0.291
1990	7.45	13.22	17.51	23.22	38.60	5.18	0.312
1995	7.30	12.96	17.37	23.38	38.99	5.34	0.317
2000	7.07	12.82	17.47	23.41	39.23	5.55	0.326
2005	6.66	12.43	17.42	23.32	40.17	6.04	0.340
2010	6.49	12.21	17.39	23.72	40.19	6.19	0.342
2011	6.53	12.05	17.32	23.86	40.25	6.17	0.342
2012	6.53	12.27	17.54	23.68	39.98	6.13	0.338
2013	6.57	17.38	17.49	23.60	39.96	6.08	0.336
2014	6.63	12.28	17.36	23.59	40.13	6.05	0.336
2015	6.64	12.18	17.35	23.63	40.21	6.06	0.338

资料来源：台湾统计主管部门《家庭收支调查报告》。

表 14.4　主要国家和地区收入倍数比较

国家（地区）	年别	最高收入为最低收入之倍数 每户	最高收入为最低收入之倍数 每人	基尼系数
日本	2015	6.30	–	–
美国	2009	9.59	–	0.388
新加坡[a]	2015	–	11.78	0.463
韩国	2015	–	5.11	0.295
中国（不含香港、澳门、台湾）	2010	–	10.02	0.421
英国	2014	–	7.80	0.390
德国	2011	–	4.60	0.301

国家（地区）	年别	最高收入为最低收入之倍数 每户	最高收入为最低收入之倍数 每人	基尼系数
瑞典	2012	–	4.16	0.273
巴西	2013	–	17.39	0.529
墨西哥	2012	–	11.04	0.481
哥伦比亚	2013	–	17.06	0.535
中国台湾	2015	6.06	5.58	0.338
中国香港	2011	20.70	–	0.521

注：(a)新加坡 2015 年数据来自 Labour Force Survey，为就业家庭，其不含社福移转收入及缴税支出，因此倍数较高。

资料来源：台湾统计主管部门《家庭收支调查报告》

（三）公平与效率

大致上来说，经济稳定与经济效率是相辅相成的。因为稳定的经济体系一方面可以提高资源使用效率，一方面也可以吸引厂商投资，因此可以使得技术进步与经济增长。虽然有人认为短期下，稳定与成长的目标之间可能会有一些冲突，但经济稳定是长期经济增长的必要条件。另一方面，稳定与经济公平之间也有密切的关系。一般而言，稳定的经济体系比较容易促成经济公平。

经济公平与经济效率目标之间有时候可以相互配合，有时候则不一定那么和谐。相反的，两种目标之间经常会出现相互冲突的情况。经济决策当局在面临两相抵触的经济目标时，如何折中或采取某一政策就是一件相当困难的任务。

一般而言，如果经济公平是与竞争或交易有关，则可以提高经济效率。例如所谓"公平交易法"中禁止大厂合并，因为市场份额超过一定比例，会造成厂商之间的不公平竞争，此种经济公平，当然可以增加竞争与资源使用效率。再比方说，我们在前节提及医疗市场与住宅市场上买卖双方信息差异太大，造成卖方利用优势信息来剥削买方的情况。此种不公平交易对于资源的效率分配也会有很大影响。政府应当设法减少双方的信息差异，增加双方在交易上的公平，如此可以增加资源配置的效率。在此种情况下，由于提高经济公平可以增加效率，政府当然可以一并解决两个问题。

如果经济公平直接与个人收入或社会福利有关，则经济公平与经济效率之间往往会出现抵触的现象。比方说，为符合经济公平原则，经济学家都会支持收入税率应采累进税率，但何种累进税率结构方式比较好呢？显然累进税率愈高，愈能缩小贫富之间的收入差距，较符合公平原则。但相对的，收入税率愈高，则愈容易使高收入者的工作诱因降低，对人力资源的运用十分不利。世界上社会福利最完善的几个北欧国家为提供足够的社会福利，大幅向人们收税，收入税率最高曾达90%。在此种高税率之下，大大抑制了人们工作的诱因，长期下空有高税率，却收不到足够税收。在税收不足与人们工作意愿不高的情况下，北欧国家改弦易辙，降低税率、减少福利支出，利用刺激人们工作意愿的方式，才使国库有足够收入进行社会福利支出。

在1980年代的美国里根总统时代，以供给面经济学说 (supply-side economics) 著名的总统经济顾问拉法 (Arthur B. Laffer) 就认为减税可以达到提高人们工作诱因及增加收入的效果。因此，虽然税率减少，但因人们收入增加，政府税收并不会减少，这就是有名的拉法曲线。如图14.5，当税率为0时，政府税收为0；而当税率为100时，由于人们没有任何工作诱因，收入为0，政府税收也是0。只有在最适税率 t^* 下，政府税收才会最大，即 R^*。拉法认为当时的收入税率已超过 t^*，故建议里根政府应大幅降低收入税率，此举可以使得人们提高工作意愿，增加资源使用效率，提高收入，从而也得以增加政府税收。里根政府采纳拉法教授的建议，大幅降低收入税率。此种做法固然使贫富之间的差距扩大，但也的确促使大部分美国人有更高的工作诱因，结果里根总统任内的八年之间，美国经济都维持在相当繁荣的水平。

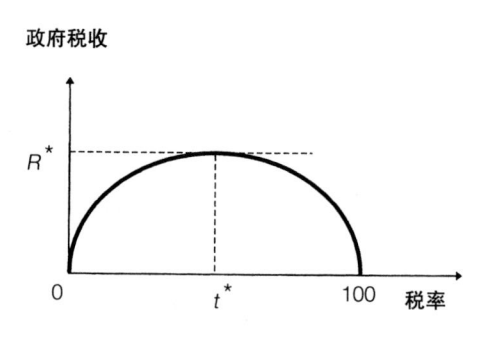

图 14.5　拉法曲线

社会福利支出与经济效率之间的矛盾更为明显。在先进国家中，一般性的社会福利支出通常在政府总支出中占有相当高的比例，各国的社会福利项目不尽相同。大致上而言，社会福利支出包含：全民健康保险、医疗、老人年金、失业救济与保险、国民住宅等，不论是哪一种项目，社会福利支出的主要特色之一就是"移转支付"(transfer payment)。所谓移转支付就是一方把资源交给另一方，而前者却没有得到相对应的资源。比方说，当失业者申请失业救济金，政府支付失业救济金时，并不要求失业者提供相对的劳务或其他支付。

大致上来说，社会福利可以带来社会稳定效果，因为当社会福利增加时，可以使全社会人们对未来生活有更安稳的感觉。比方说，失业救济制度可以使失业者不必担心没有工作以致衣食无虞；老人年金制度可以使老年人不必担心无人奉养，因为他们可以每个月拿到固定给付。

然而，由于社会福利支出的移转性质，使得政府社会福利支出本身并不具有任何直接的生产力，但政府仍然要支付相当大的资源。因此当社会福利支出增加时，政府就必须被迫减少其他具有较高生产力的政府支出，如教育支出、经建支出等。比方说，台湾最近几年当局的社会福利支出迅速增加，尤其在1995年全民健保开始实施以后，其占GDP的比例由1980年的12.8%提高到2015年的22.5%。见表14.5，在此种情况下，其他当局支出就被迫减少，其中防务、教育、经建支出都减少许多。比方说，防务支出占GDP比重由1980年的40.2%大幅下降到2015年的15.9%；同期间经建支出由26.0%下降到13.8%。

在大部分先进国家中，为应付日渐增加的社会福利支出，为不使其他支出项目受到太大影响，政府就必须另辟财源，其中最重要的就是增税。在社会福利最完善的北欧国家，个人收入税就非常的高。然而高额的收入税不但非常容易遭受人民反对，而且更进一步降低人们的工作意愿，对于国家长期经济发展与成长不利。

此外，如果政府社会福利做得太好，例如对于失业者提供高额的失业救济金，也会降低人们的工作意愿。因为失业与就业的收入差异不大，为何要辛苦工作呢？不如每天在家休息，等着领失业救济金，有何不好？同时，政府为筹措经费支付失业救济金，又必须对有工作者课征高额收入税，进一步降低有工作者的工作意愿。

除了课税以外，另一种财源是发行公债。但公债发行只是短期手段，因为政府不可能长期负担赤字。毕竟如果这一代的赤字不打平，就必须由下一代来承担。在长期赤字下，政府要是不增加税收，就是必须要减少支出，天下没有白吃的午餐。

表 14.5　台湾当局支出结构

（单位：%）

年份	一般政务支出	防务支出	教育科学文化支出	经济发展支出	社会福利支出	一般补助及其他支出
1955	7.8	78.5	2.1	3.4	5.5	2.8
1960	6.4	74.7	2.8	1.8	5.3	8.9
1965	6.1	61.9	2.5	14.7	7.9	6.9
1970	6.5	60.1	6.0	6.7	10.0	10.8
1975	5.2	48.0	6.0	18.1	12.6	10.1
1980	4.4	40.2	6.8	26.0	12.8	9.9
1985	5.5	39.8	11.5	18.2	16.7	8.3
1990	8.7	31.3	15.0	16.0	19.4	9.6
1995	9.3	23.5	15.7	13.8	13.5	24.2
2000	10.5	15.4	16.5	16.0	18.4	23.2
2005	10.6	15.9	19.2	15.8	18.2	20.3
2010	10.3	16.7	20.7	11.8	19.8	20.7
2011	10.2	16.4	20.7	12.5	21.5	18.7
2012	9.3	16.1	19.3	14.0	22.1	19.1
2013	9.2	15.6	19.2	14.0	23.7	18.4
2014	9.3	15.9	19.3	14.1	22.1	19.4
2015	9.3	15.9	19.7	13.8	22.5	18.7

资料来源：台湾统计主管部门。
注："社会福利支出"中，1992 年以前包含社区发展及环境保护支出，退休抚恤支出；1992 年以后则不包含。

为达到经济公平的目的，政府可以利用课税和社会福利支出的手段，将部分高收入者的收入移转给低收入或其他弱势团体。此种政策在大多数人观念中都应该可以被接受，然而我们也知道此种移转支付会造成社会资源使用较低的代价，事实上，这也就是为达到社会公平所必须支付的社会成本。

以目前台湾地区每人平均收入超过 2.2 万美元的标准来看，当局有足够的能力提供经济弱势族群更多的社会福利，包括医疗保险、老人年金、失业救济，与长照政策等，而且相信每一位社会大众也都会同意当局应当朝此方向去努力。

然而，由于社会福利支出对经济效率会有很大的影响，当局在选择适当的福利政策时，必须先仔细分析这些福利政策可能产生的代价，从而选择对资源使用效率影响最小的方式去执行。同时，当局在推行任何一项政策时，也必须再告知社会大众可能的利益与影响，以获得社会大众的支持。一般而言，社会福利支出比较容易为大众支持，当局自然会大为宣传，但另一方面，当局也必须有足够财源（比方说增税），但当局经常不愿意公开说明。

以 1995 年实施的全民健保为例，虽然民间负担所有费用的三分之二，其中雇主与员工各付三分之一，但当局仍需负担其中的三分之一，所以是一项社会福利。但由于全民健保支付迅速上升，使得健保财务赤字逐渐扩大。

为解决全民健保的财务问题，政府于 2002 年推出健保双涨制度，即同时调高每人薪资中的健保费率和每人看病时的部分负担费用，但仍然无法完全解决健保财务赤字的问题。直到 2013 年，当局再推出二代健保政策，针对非薪资收入中，单笔收入超过 5000 元新台币者，课征 2% 的健保费用，才使得健保财务问题暂时得以解决。

其实全民健康保险的主要目的应该是为避免有任何民众因为没钱看病，而导致健康或生命受到威胁，相信任何人都会同意全民健保的人道意义。但是，要知道上述情况只会在人们生重病的情况下发生，比方说心脏病手术或其他重大手术等。而至于民众最容易罹患的感冒、咳嗽等小病，一般只要花三四百元的诊疗费即可，对大多数人而言，这些费用比较不是问题。但是由于目前全民健保规定由健保署支付所有费用，再加上民众养成小病上医院的习惯，很容易造成人们过度使用医疗资源的结果。

在保险学中有一项很重要的观念就是"风险分担"(risk sharing)。为避免被保人（即社会大众）任意使用保险（即医疗给付），承保人（即政府）应该在某种范围以内与被保人分担风险。以全民健保为例，为避免社会大众过度使用医疗资源，政府可以规定在某项金额以下（比方说 2000 元）不予补助，超过 2000 元以上的部分，健保即全额补助。如此一来，一般人感冒咳嗽等小病就必须自行负担费用，在此种情况下，人们过度使用医疗资源的状况就会减轻。事实上，目前健保给付中最大的支出项目就是在这些小额给付上，如果"保大病，不保小病"的原则能够实施，一方面可以使医疗资源获得较有效率的使用，政府财政问题可以获得舒缓，另一方面其他政府支出也不致受到太大影响。如此一来，健保的经济公平原则可以维持，经济效率也不会有太大的损失。

四、财产权、专利权与法律制度

亚当·斯密认为，自由放任的经济体系就是最好的经济体系，所以政府干预应该愈少愈好。但是，他也强调有几件事是政府应当做的，如国防、教育与法律。国防与教育对国家的重要性自然是不言而喻，法律也不例外，因为每一条法律就代表一个制度，对于社会的影响非常巨大。事实上，法律不仅对社会的制度与公平有决定性的地位，而且法律经常对于经济效率也有很大影响。近年以来，法律经济学已逐渐受到经济学者的重视。

即使是其他法律，也经常含有很重大的经济效率意涵在内，比方说，一般的交通法律都会规定两车追撞时，后车几乎都必须负完全的责任，为什么呢？再比方说，为什么世界各国禁止渔船用流刺网捕鱼呢？为什么政府对于创新与发明授予专利权呢？为什么专利权又有一定年限呢？这些法律背后其实都与经济效率密切相关，我们在以下内容中逐一说明。

（一）法律与效率

台湾当局1991年公布且于1992年开始实施所谓的"公平交易法"，内容共分为七章四十九条，其中第二章定义并规范独占与联合行为，第三章定义并规范不公平竞争，可说是最重要的部分。在规范独占行为方面，第十条规定独占厂商不得有某些特定行为，第十四条规定事业不得为联合行为，都是对独占与寡占厂商行为的直接规范。第十一条则规定厂商结合而使市场占有率过大时，必须经主管机关核准，其中包含"事业因结合而使其市场占有率达三分之一者""参与结合之一事业，其市场占有率达四分之一者"以及"参与结合之一事业，其上一会计年度之销售金额，超过主管机关所公告之金额者"。

在第三章不公平竞争方面，第十八条规定商品转售时，厂商可以自行决定价格；第十九条及二十条明列事业不得进行妨碍公平竞争之行为；第二十一条及第二十二条规定事业对于商品及其相关事业必须提供足够充分且确实的信息；第二十三条则对直销事业加以规范。

所谓"公平交易法"的主要精神正如同第一条条文所述："为维持交易秩序与消费者利益，确保公平竞争，促进经济之安定繁荣，特制订本法……。"该规定主要在建立一个公平交易的市场，让买卖双方能在平等的地位上进行交易，让厂商在公平地位上竞争。"公平交易法规"的实施，使得台湾地区经济制度更趋完善，对于提升经济资源的使用效率有莫大助益。

除了所谓"公平交易法"以外，其他直接管理商业行为与经济活动的法律规定仍然是形形色色不胜枚举，这些直接管理或规范经济行为的法律规定，对于全社会资源使用的效率与公平都有很大的影响。

其实不只是这些直接与商业行为有关的法律规定对于资源使用效率有很大的作用，即使是一些其他看似与资源使用无关的法律规定，其中却经常含有一些重要的经济意义在内。立法者在立法时，固然要考虑立法的公平精神，经济效率也不应加以忽视，我们可以举几个很简单的例子来说明。

我们在本节一开始时，就曾提出一个问题：为什么前后车相撞时，法律规定要把绝大部分的错误归咎于后方的车子呢？难道前面的车主就不应该注意四面八方的来车吗？答案与"效率"有关。试想如果法律规定前后车相撞时，责任都归于前方车主，这时大家开车的习惯会如何改变？此时驾驶人不但要看前方，还要经常回头看后方，因为他可以撞到前面，但不可以撞到后面。如果大家开车都不时往后看，撞到前面的机会就会增加，全社会的车会肇事的概率也会提高。为避免这种结果，最简单的方法就是规定前后车相撞时，责任归属都为后方来车。如此一来，大家开车只需要轻松的注意前方的车子即可，不用担心后方追撞。此种规定的效率当然较高。

再比方说，为什么要规定"干道车先行"呢？出事时，为什么小巷子里出来的车子要负比较大的责任呢？因为一般来说，干道车速较快，要注意每一个巷道并不容易，且如果不时减速，容易耗油。更重要的是，如果"巷道车先行"，则干道上的车子要经常停下来让路，很容易引起塞车，甚至车祸。因此，为使交通资源更有效率使用，干道车先行就是正确的规定。

(二) 财产权

财产权 (property right)，或称产权，是一个很简单的观念。在资本主义国家中，大家把私有财产 (private property) 看作是一件理所当然的事。其实私有财产与共同财产 (common property) 之分并不是天生俱来的，而是必须经过法律的规定，才得以区分。然而，人们对于私有财产与共同财产的使用，在效率与公平上都有很大的差异，一个良好的法律对于私有财产和共同财产的定义必须十分清楚与周延才行。

在私有财产制度下，一个人取得任何一项财产都必须支付成本，当然也可以完全享有该项物品所带来的效用。在本书前面数章的分析中，我们知道一个人购买一种商品，直到边际效用等于边际成本为止，此时资源的使用才符合效率原则。

但如果有些财产是属于大家的，或是产权划分不清，人们在使用该资源时，会有什么样的做法呢？比方说，全民健保资源大家都可以使用，就类似一种共同财产，在全民健保制度下，人们看病时总是希望医师多开一点药，反正费用是由健保给付。健保监管机构的人在审核健保支付时，也不会有很大诱因去仔细审核，反正都是纳税人的钱。在此种情况下，医疗资源很容易被浪费。

共同财产更容易出现资源过度使用的问题。河流的功能很多，可以用来养殖、垂钓、水上活动、排放污水。由于河流的财产所有权并不清楚，于是大家都可以任意使用。其中垂钓及其他水上活动的外部性很小，但排放污水就有很大的负的外部性。由于利用河川排放污水很方便，而且在财产权不清楚的情况下，即使对别人产生不利的外部性，受到影响的人也无可奈何。在污染河流者的私人成本远低于治理污染河流的社会成本下，河流自然容易被过度污染。台湾绝大多数的河流都面临污染的问题，主要理由就是在于河流的财产权没有规范清楚。

要解决河流污染问题，一个简单的方式就是让污染者付费。也就是说，法律可以规定把河流的产权归属于政府，然后要求污染河川者付费。由于污染者必须付费，所以污染者所造成的社会成本也可转成污染者的私人成本。这时候，污染者就会考虑污染时所支付的付费大小与污染时所带来利益有多少（比方说，可以省下多少污水处理的费用）。此时，污染者就可以决定最适的污染水平，而全社会利用河川排放污染的数量也会达到最适水平。

上述污染者付费的原则也许大部分人都可以接受，但在实际执行时则可能会面临一些问题。如果污染者只是少数大工厂，政府可以很容易执行污染者付费的政策。但如果污染源很多，例如一般家庭排放的污水，这时候政府要依每一个家庭排放污水大小来收费，就是一件执行成本很高的方式。在此种情形下，更有效率的方式可能是先建立一个全面性的下水道系统，来排放污水。

其实不但共同财产会出现很多问题，只要是财产的所有人与使用人不同，就可能出现资源使用缺乏效率的情况。比方说，开车的人都有以下经验，车子受损送到修车厂时，老板问的第一个问题就是："你有没有保险？"有保险的话，是某一种修理方式，某一种价格；没有保险的话，则是另一种修理方式，另一种价格。当然，前者的价格会高出后者很多，车子却不一定受到更多照顾。理由很简单，反正是由保险公司出钱，车主何乐而不为？

与牛共舞：印第安人的牧场

早在英国清教徒移民美国之前，整个美洲大陆都是印第安人的天下。印第安人的生活以狩猎为主，比方说，吃野牛的肉，穿野牛皮的衣服。由于野牛属于共同财产，任何人都可以狩猎，大家都希望多捕猎一些。经过经年累月的狩猎，野牛数量逐渐减少。

为使野牛能够持续维持一定的数量，以供印第安人猎食，有些睿智的印第安长者就将狩猎区划分成几块。然后规定每年只准在某一块地区狩猎，让其他地区的野牛能有喘息与再生的机会。如此每年轮流在不同地方狩猎，印第安人也得以长时期保有足够的野牛群维生。

（三）专利权

保护专利权、著作权（版权）等知识产权都是很重要的法律制度，而且日渐受到重视。专利权、版权等知识产权都是一种知识（智慧）的权利，为什么要加以保护？为什么保护要有年限的规定呢？其中与经济效率有密切关系。

首先，专利的发明、著作与知识财产的创造通常都需要大量研究与精力的投入，再经过很久的试验与尝试之后，才能获得成功，其中自然也必须承担很高的风险。然而，一旦成功以后，新开发的商品与著作在提供给一般人消费时，其增加的边际成本是很低的。比方说，脸书（Facebook）网站在开发过程投入大量的研发成本，但是一旦开发成功后，脸书平台供人们上去使用，每增加一个人加入脸书，却不会使脸书网站运营的边际成本增加多少，所以加入脸书的人愈多，每个人的平均成本就愈低。另外，参加的人愈多，大家就愈容易找到朋友，脸书的吸引力也就愈大。

另一方面，由于脸书的成功，就会吸引其他人抄袭脸书的功能，另外设立类似的社群平台，来瓜分脸书的使用者及利润，这对于脸书的创办者而言当然是不利，而且是不公平的。因此，政府应要立法保护这些著作或专利的获利，如此未来才能持续鼓励相关的研发。

上述情况在著作及知识财产上都有类似的情形。一个作家可能花上两三年的时间才能写出一本书。不论有多少人买这本书，作家投入写书的时间都是固定的，所以是固定成本。在出书以后，印书的成本却非常低，几乎只有纸张与装订费而已。知识财产也十分类似，比方说一个计算机软件业者可能要花很大心血开发出一套新的三国志游戏，这可说是固定成本，而当他要拷贝出售给顾客时，边际成本却非常低，大概只需要磁盘的费用即可。

由于专利、著作、知识财产等都具有平均成本递减的特性，但又不易由政府生产，因此为鼓励民间多参与研发与其他知识财产之生产，政府订定专利权和著作权（版权）等知识产权等知识权利。在这些专利所有人享有独占利益下，可以大大鼓励民间积极参与生产并提供这些知识产权。

但另一方面，在授予独占的情况下，每一种智慧产权的生产数量小于社会效用最大的水平。因此，政府在授予知识产权时，都同时给予一定的时限。比方说，专利权的授予一般是 20 年，而著作权则享有终身再加死亡后 50 年的时间。在美国专利权得享有 17 年的独占市场，著作权则为 50 年。在专利权期满之后，任何人都得以自由生产或使用该产品。

经 济 名 词

自由放任主义	排他性	公共财
地方性公共财	信息不对称	市场失灵
平均成本定价法	边际成本定价法	外部性

第十四章 市场失灵、政府职能与法律

私人成本	社会成本	内部化
交易成本	纯公共财	准公共财
俱乐部财	直接税	地方性公共财
间接税	量能课税原则	效率原则
比例税	累进税	收入分配
洛伦兹曲线	基尼系数	拉法曲线
移转支付	社会福利	风险分担
财产权	专利权	共同财产
版权	知识产权	供给面经济学

讨 论 问 题

1. 何谓市场失灵？哪些情况会导致市场失灵？请分别举例说明之。

2. 何谓公共财？是否政府提供的产品一定就是公共财？

3. 如何区分纯公共财与地方性公共财？此两种商品的性质有何不同？地方性公共财应由中央或是地方政府提供？为什么？

4. 请分别各举出两种有外部经济与外部不经济的例子。并说明在该种情况下，政府应如何介入以提高资源使用的效率？

5. 何谓信息不对称？信息不对称会造成哪些问题？请举二例说明之。

6. 政府课税应遵守哪些原则？

7. 经济公平与经济效率之间的关系如何？你认为经济公平比较重要，还是经济效率比较重要？

8. 何谓洛伦兹曲线？何谓基尼系数？两者之间有何关系？

9. 台湾地区过去十几年来收入分配出现逐渐恶化的情况，你可以说明原因何在吗？

10. 何谓拉法曲线？美国总统特朗普是里根总统的信徒，想以减税的方式来刺激经济，此种想法与拉法曲线有何关系？

11. 何谓共同财产？在共同财产下，政府应采取何种政策才能提高资源使用效率？

12. 河流是人民的共同财产。有些人建议政府应完全禁止任何形式的污染

排放，有些人则建议采用使用者付费原则，还有些人建议由政府提供费用给工厂或其他污染来源，以使其减少污染排放。你觉得哪种效果比较好？请分别从效率与公平的角度说明之。

13. 何谓知识产权？其具有哪些特性？政府为何对于知识产权给予一定年限的专利权利？

14. 你赞成全民健康保险吗？为什么？你觉得目前实施的全民健保有哪些问题？该如何解决？

第十五章
不确定性与信息经济学

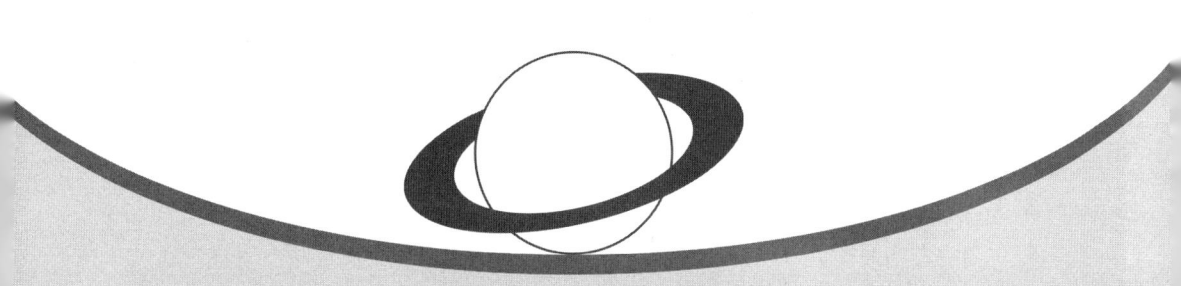

★ 不确定性经济学
★ 信息经济学
★ 信息、诱因与代理

"天有不测风云，人有旦夕祸福。"人生在世处处充满着风险与不确定性，经济活动更是如此，年轻人刚进入职场，首先就在盘算怎么样才可以找到最好的工作。找到工作以后，又在想该如何努力工作才可以晋升，或至少不被老板炒鱿鱼。工作几年存了一些钱，不知道该放在银行还是到股票市场去投资。买股票有风险，即使钱存在银行也必须小心看看该银行有没有参加存款保险。好不容易等钱存够了，想去买一套房子，但是该买二手房还是新房呢？如何才能找到最便宜的房子呢？买了房子以后，是不是该再去买房屋保险呢？

　　厂商同样面对各式各样的风险。产品能否顺利生产？产品能否被市场接受，竞争者是不是又会耍什么花招？最近劳工运动频繁，公司的员工会不会也参加罢工？不论是个人、家庭单位或是厂商，几乎时时都会面临一些有风险或不确定的情况，此时人们该如何抉择？或者是否有办法来规避这些风险呢？我们可以把这些问题归属于"不确定性经济学"(Economics of Uncertainty) 的范畴。

　　当人们面对风险或不确定时，有时候可以花一些钱来规避这些风险。比方说，担心房子发生火灾，导致一生心血泡汤，人们就会花一点钱去买保险。事实上，另外一种更积极的作法是在决定以前，先去寻找更多的信息。信息愈多时，风险带来的损失可能就会愈少。投资风险很大，有心的投资商不但会先到投资地区考察很多遍，还会四处询问朋友搜集资料，确认搜集到最完善的情报以后，再决定此一投资计划是否要实施。然而信息是要花费成本的，因此，在决定是否要搜集信息之前，就必须先考虑信息的成本及其可能带来的利益。这些都属于"信息经济学"(Economics of Information) 的范围。

一、不确定性经济学

（一）不确定性与风险

　　在日常生活中，不论是个人、家庭单位、厂商都经常会遇到一些不确定或风险，使得其效用、收入或利益产生变化。有时候突然中了统一发票，小赚一笔；有时候对手厂商突然宣布退出市场，于是原有厂商就趁机大赚一笔。但也有很多时候人们的财富会突然减少，比方说股票市场突然大跌，或是工厂突然失火，使得厂商血本无归。

当一个人买了一栋 1000 万的房子，为避免火灾造成的损失，他可能会去买房屋的火灾险。假设保险公司估计每栋房子每年发生火灾的概率是万分之一，因此该栋房子预期的损失就是 1000 元 (1000 万 × 1/10000)。所以，保险公司每年收取的保费就是 1000 元，再加上保险公司的行政及其他手续费用。在面对房屋财产的不确定中，我们可以知道火灾发生的概率。在本例中，发生火灾是一个状况 (state)，不发生火灾是另外一种状况；拥有一栋房子，则是一个事件 (event)。在本例中我们知道火灾发生的概率，故我们称拥有一栋房子是一个"有风险"的事件。一般而言，当人们知道一个事件发生状况的概率时，我们称该事件具有"风险"(risk)。

当我们掷铜板的时候，我们知道出现正面的概率是二分之一，出现反面的概率是二分之一，但我们不知道铜板掉下来时，到底会是哪一面出现，所以丢铜板是有风险的。买人寿保险的时候，保险公司会询问你的年龄、健康状况、婚姻、吸烟与否等，之后再决定你的保险事故发生概率与保费。其中概率乘上保险金额的预期支出，再加上保险公司的行政及手续费用，就可以计算出你应缴的保费。所以，个人是否要买人寿保险也有概率可循。

然而，很多时候人们面对的不确定事件要远比上述情况复杂。比方说，在台湾省，买一栋房屋时，要先考虑它是不是海砂屋或辐射屋，由于人们根本不知道台湾到底还有多少栋这种房子，因此也根本无从计算该栋房子为海砂屋或辐射屋的概率是多少。譬如说，有一天大雄的老板突然对他说："我们决定去新疆投资设厂，工厂设在乌鲁木齐郊外，我希望派你过去负责三年，薪水是现在的 1.5 倍。"大雄根本没去过新疆，完全不知道乌鲁木齐的状况，虽然薪水增加，但面对一个完全不确定的状况，他该如何抉择？

当人们面对的状况更为复杂、信息更少，甚至连事件发生的概率都不知道时，我们说他面对的是一个不确定的事件。与有风险的事件相比，一个不确定的事件信息更少，因为人们不知道可能有哪些状况会发生，更不必说各种状况发生的概率会是多少。

然而，即使是面对一些非常不确定的事件，人们仍然必须做出决定。比方说，大雄虽然完全不知道新疆的情况如何，但他还是必须告诉老板他到底决定去或不去。虽然绝大多数的人不清楚到底自己想买的房子是不是海砂屋或辐射屋，但他毕竟还是要决定是否该买这栋房子。从这个角度来看，其实虽然对这些事件并不十分清楚，但人们心中多少总会有些主观的猜测。比方说，有些人会认为海砂屋的概率太小，不可能发生在自己身上。此种想法就等于在主观上认定出现海砂屋的概率很小。大雄虽然没去过新疆，但他家附近有几个邻居常常在两岸飞来飞去做生意，看起来这些人的生活也都还不错，大雄也许会猜想到新疆工作的机会可能很好。如此，他主观上也把赴新疆工作这一事件的好的结果(或状态)给予较高的概率。

事实上，在面对一个有风险或不确定的事件时，人们在做出决定之前，必然会对这些事件所发生的概率加以评估。有些概率是十分清楚的，比方说掷铜板、掷骰子或房子发生火警的概率，有人称之为"客观概率"(objective probability)。但也有很多时候，由于信息很少，人们无法清楚地知道状况，但仍然必须对该事件加以猜测，此时我们称之为"主观概率"(subjective probability)。比方说，大雄对于去祖国大陆工作是好或是坏的猜测。因此有些人说：当人们面对的事件存在有客观概率时，他面对的是一个有风险的事件；而当人们面对的事件很难知道客观概率，只能作主观上的臆测时，他面对的是一个不确定事件。

其实，不论是客观概率也好，主观概率也好，人们在面对有风险或不确定的事件时，都必须依据概率来做判断与决策。因此，从此一角度来看，区分一个事件具有风险或具有不确定性，并没有太大意义。真正重要的是两种事件所代表的信息不同。

当人们出门旅游时，他在机场决定是否买旅平险，他要知道的是保费费率与飞机出事的概率即可。他大概不会再花精神去了解坐的是哪一种飞机、不同飞机的肇事率是多少等，因为航空纪录上带来的飞行失事纪录已经很客观。但当大雄决定要不要去新疆工作时，虽然他可以借着观察邻居到新疆工作的经验，来判断去新疆工作是好是坏的概率是多少，但总是可能觉得不太放心。更好的方式是干脆大雄自己先跑一趟乌鲁木齐，看一看那边的情况，搜集足够的信息，然后再决定是否要去那里工作。显然，在面对不确定的事件时，搜集信息就更有用。换句话说，在面对不确定情况时，信息的价值会更高。

总而言之，当一个人面对有风险或不确定的事件，必须直接做决策时，不论他有客观概率或主观概率，他都会依既有的概率来作决策，此时区分一个事件为风险或不确定事件并不重要。但是如果一个人可以在作决策以前，先考虑是否去搜集更多信息作为参考，此时区分一个事件是风险事件或不确定事件就有必要，因为信息价值 (value of information) 在两种情况下是有明显不同的。在本节中，我们只考虑人们面对风险与决策之间的关系，暂时先不考虑人们去取得更多信息的可能，所以在本节中风险事件与不确定事件是相同的。

（二）预期效用与风险偏好

当人们面对有风险的事件时该如何作决策呢？当收入或财富有变化时，人们该如何计算其财富带来的效用呢？经济学大师诺伊曼 (John von Neumann) 与奥斯卡·莫根施特恩 (Oskar Morgenstern) 提出"预期效用" (expected utility) 的观念，来处理人们面对风险下的决策。他们认为当人们面对风险事件时，该事件带来的效用可以用各种不同状况下所带来效用的期望值来表示。

假设一个事件 W 可能发生两种状况 S_1 与 S_2，两种状况带来的收入分别是 W_1 与 W_2，两种状况发生的概率分别为 P_1 与 P_2。依预期效用理论，这个事件 W 带来的预期效用可以表示为：

(15.1) $\qquad EU(W) = P_1 \times U(W_1) + P_2 \times U(W_2)$

其中 $U(W_1)$、$U(W_2)$ 代表财富带来的效用函数，我们称之为"财富效用函数" (wealth utility function)。$EU(W)$ 代表事件 W 所带来的预期效用，是由两种状况下的财富 W_1 与 W_2 所带来效用的期望值。

假设有一条财富效用函数如图 15.1 所示，则在事件 W 之下，状况 S_1 的财富为 W_1，其效用水平为 $U(W_1)$，即 A 点；状况 S_2 的财富为 W_2，其效用水平为 $U(W_2)$，即 B 点。再乘上各状况相对应的概率，就可以得到预期效用，$EU(W)$，即 C 点，或称为"效用的期望值" (expected value of utility)。

现在我们可以举例来说明，如何利用预期效用来解释人们面对风险下的决策行为。假设大雄刚从大学毕业，找到两个不同的工作，他面临该如何选择的问题。第一个工作是到政府部门工作，每个月的薪水固定是 20000 元；第二个工作是到平安保险公司上班做推销保险的工作，如果业绩情况好，大雄每个月可以赚到 30000 元；如果情况不好，每个月只能赚到 10000 元。大雄估计业绩状况好坏发生的概率各半。在此种情况下，大雄该选哪一个工作呢？

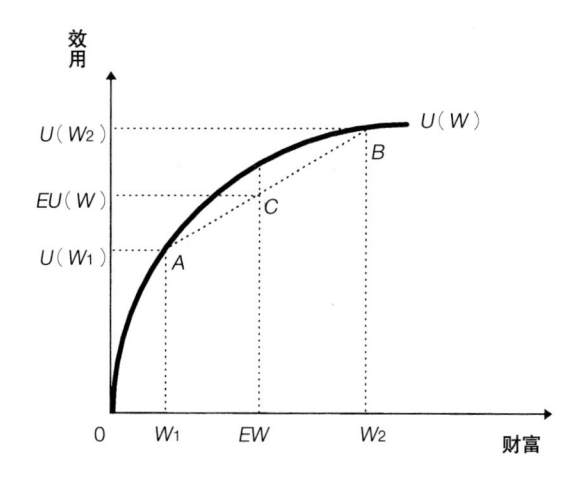

图 15.1 财富效用曲线

如果大雄决定去保险公司上班，他可能赚 30000 元，也可能只赚 10000 元，概率各是 1/2。所以如果他选择这个有风险的工作，他的预期效用等于：

$$EU(W) = \frac{1}{2} \times U(10000) + \frac{1}{2} \times U(30000)$$

在图 15.2 中，大雄选择在保险公司上班所带来的效用期望值为 $EU(W)$，即 C 点的高度。

如果大雄选择在政府部门工作，每个月拿固定的 20000 元薪水，没有任何风险，其效用为 $U(W = 20000)$，即 D 点，此时的效用水平为 $U(EW)$。

两个工作相比之下，去政府部门上班拿固定薪水，所带来的效用 $U(EW)$ 高于去保险公司上班带来的预期效用 $EU(W)$。所以，大雄应该选择去政府单位工作。

此处必须注意的是，在保险公司工作的薪水收入可能是 30000 元，但也可能是 10000 元，但期望值 (expected value，EW) 为 20000 元，即：

(15.2) $\quad EW = p_1 \times W_1 + p_2 \times W_2$

$$= \frac{1}{2} \times 30000 + \frac{1}{2} \times 10000 = 20000$$

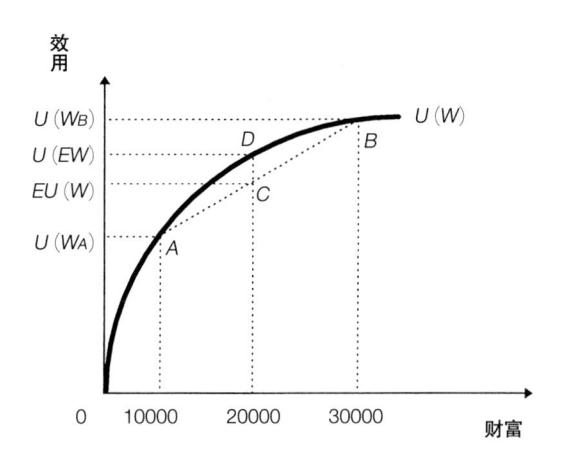

图 15.2　效用期望值与期望值的效用

所以，政府工作 20000 元的固定收入也等于保险公司工作收入的期望值。因此，20000 元固定收入所带来的效用也可以称作"期望值的效用"(utility of expected value)，即 $U(EW)$。

既然两个工作报酬的预期值都相同，为什么在本例中大雄应该选择政府的工作呢？答案与财富的边际效用和风险有关。在图 15.2 中，财富效用曲线 $U(W)$ 虽然随着财富增加而增加，但却以递减的速度在增加。换句话说，财富的边际效用虽然是大于零，但却呈现递减的现象。在此种情形下，收入从 20000 元减少到 10000 元的效用损失［即图 15.2 中的 $U(EW)$–$U(W_A)$］要大于收入由 20000 增加到 30000 的效用增加［即图 15.2 中的 $U(W_B)$–$U(EW)$］。所以，此时固定 20000 元的收入所带来的效用 $U(EW)$ 会高于有风险下的效用 $EU(W)$。

同时，在此种状况下，我们也可以说由于大雄喜欢没有风险的工作，不喜欢有风险的工作，所以大雄是一个"风险趋避者"(risk averter)。本书第四章曾提及，大多数人的效用函数都具有边际效用递减的现象，所以我们相信大多数的人都是风险趋避者。

图 15.3 为"风险中立者"(risk neutral) 的财富效用曲线图，由于其效用曲线

为直线，所以效用的期望值 $EU(W)$ 等于期望值的效用 $U(EW)$。两种工作带给他的效用完全相同，因此他风险是否存在并不重要，所以我们称为风险中立者。

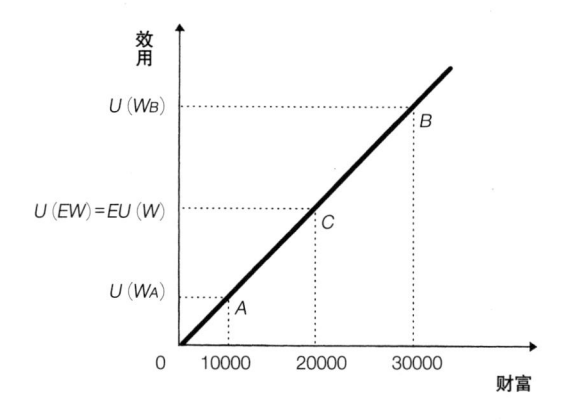

图 15.3　风险中立者

图 15.4 为"风险偏好者"(risk lover) 的财富效用曲线。在该图形中，效用的期望值 $EU(W)$ 大于期望值的效用 $U(EW)$。也就是说，此时有风险的工作所带来的预期效用 $EU(W)$ 高于没有风险下的工作所带来的效用 $U(EW)$。由于风险偏好者的效用函数隐含效用的边际报酬递增，一般而言，此种状况是较少出现的。

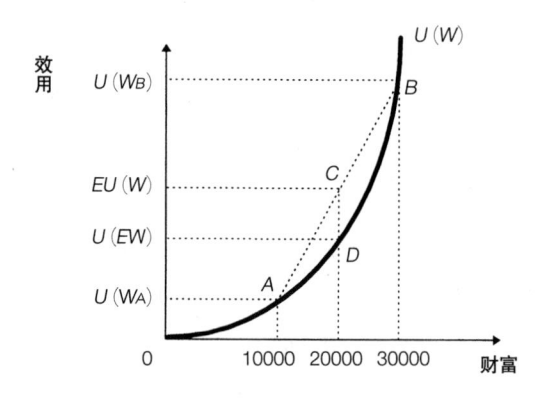

图 15.4　风险偏好者

由于大多数人的财富效用都会有边际报酬递减的现象，所以大多数人都不喜欢风险。因此在政府与保险公司之间做选择时，大雄会选择前者，大多数逃避风险的人也都会做出同样的选择。那么在什么样的情况下，大雄才会愿意去保险公司上班呢？由于到保险公司上班风险较大，承担风险又是一件不愉快的事情，因此若要大雄去保险公司上班，预期报酬就必须要高于政府单位的薪资才可以。增加预期报酬的方式有两种，一个是增加两个状况下的报酬，一个是提高报酬的概率。

（三）风险与保险

大多数人都厌恶风险，所以大家也都会尽可能远离风险。赌博是一种有风险的行为，所以参加赌博的人数为少数，六合彩是其中之一。赌城拉斯维加斯的游客很多，但大部分都是以娱乐为主，真正大赢大输的人并不多。虽然人们会远离风险，但在很多情况下却不得不面对风险。比方说，买了一部新车，可能就每天担心会不会被偷；投资股票，就担心股票是否会下跌。

为避免财产因风险而发生巨大变化时，最简单的方法就是去参加保险。为避免汽车被偷或房子被烧所带来的损失，我们可以投保汽车险和房屋火灾险。为避免生重病没钱看病，或发生意外而使家人生活顿失依靠，我们可以投保医疗险或人寿保险。

买保险要支付保费，因此会使一个人的财富下降，但万一发生意外时，则可借由保险公司的理赔而使得财产不致受损失。由于此时不论意外是否发生，财产都是固定的，也就是说保险可使财产确定，没有任何风险。风险减少可使效用增加，这就是利益；而保费就是减少风险的代价。

问题是，多少保费才合理呢？或者我们说，一个人愿意缴交多少保费来逃避风险呢？这与预期损失和风险偏好大小有关。一般而言，预期损失愈大，逃避风险情况就愈严重，则人们愿意支付愈高的保费。下面让我们举例说明之。

假设陈教授有50万元存款和一部价值50万元的新车，如果车子没有被偷，陈教授的总财富为100万元，财富最高；万一车子被偷，陈教授的财富就只剩下50万元。如果汽车一年内被偷的概率是0.1，陈教授会愿意花多少钱去买汽车保险呢？

由于汽车被偷时，车子完全损失，价值为0；若车子没被偷，价值为50万元，所以车子的预期财富为45万元（即 $0 \times 0.1 + 50 \times 0.9$），因此此时陈教授的总预期财富为 95 万元。但这是有风险的，因为其真正财富可能有 100 万元，也可能只有 50 万元。在预期效用为 95 万元下，其预期效用水平 $EU(W)$ 的高度为 A，见图 15.5。

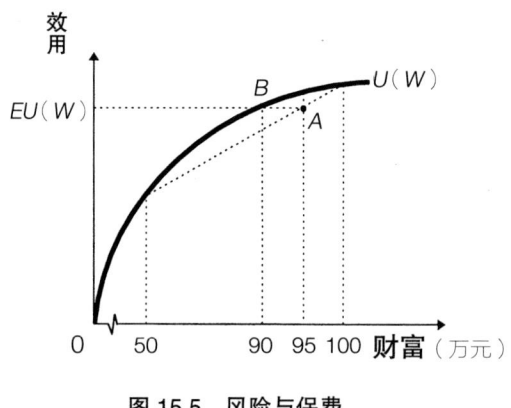

图 15.5 风险与保费

为消除车子被偷所带来的风险，现在陈教授愿意花多少钱来逃避风险呢？这个问题换一个方式来问，就比较容易回答：陈教授要有多少无风险的财富所带来的效用，才会等于有风险下 95 万元预期财富所带来的效用？也就是说，多少财富带来的确定效用水平会与图 15.5 中 A 点的预期效用 $EU(W)$ 一样高呢？我们可以在 A 点上画一条水平线与财富效用曲线相交于 B 点，假设 B 点代表的财富为 90 万元。这表示说确定无风险下的 90 万元所带来的效用水平，会等于有风险下的预期财富 95 万元的效用。

在此种情形下，陈教授会愿意以不超过 10 万元的价格去买汽车保险。假设此时保费为 10 万元，陈教授花 10 万元去买了保险以后，只剩 40 万元现金与一部车子。若车子没被偷，陈教授的财富净额为 90 万元（即 40 万元现金加 50 万元的车子）；万一车子被偷，保险公司会赔他一部 50 万元的车子，所以他的净财富仍然是 90 万元。所以，任何情况下财富都是 90 万元，所以陈教授此时不再面临任何风险。

此时，为逃避风险所交的 10 万元保费可以说是风险溢酬 (risk premium)，也就是陈教授为逃避风险所愿意支付的代价。风险溢酬的大小与潜在财富损失、损失发生的概率，以及陈教授厌恶风险的程度有关系。一般而言，潜在财富损失愈多、损失发生的概率愈大，以及厌恶风险的程度愈高，陈教授愿意支付的风险溢酬就愈大。

（四）风险分散与投资

购买保险是把个人所面临的风险转给保险公司承担，而保险公司也同时承做许多人的保险，因此可以达到风险分散 (risk diversification) 的效果。一方面大家缴的保费集合起来可以形成一笔较大的金额，当有人汽车失窃时，保险公司就可以用这笔钱来赔偿。保险的重点是必须有很多人参加；事件发生的机率很小；而且不太可能同时发生意外。如果所有投保的人都是在同一天车子被偷，保险公司可能会面临赔不出钱的问题。

汽车、房子、健康都可以投保，但有些东西有风险，却不容易投保，此时人们该如何面对这些风险呢？比方说，张妈妈想长期投资股票，却害怕股票价格大涨大跌，同时又无法购买保险，她该如何应付这些风险呢？先让我们举一例说明如何分散风险。

大雄有 10 万元资金想在政大校门口附近做小生意。比方说，他可以摆小摊位卖冰淇淋，如果大晴天，每天可以赚 1000 元；若下雨，则一毛生意都做不成。由于木栅附近经常下雨，假设下雨与出太阳的机会各是一半，所以大雄也考虑摆摊位卖雨伞，若下雨，阿雄每天可赚 1000 元；若出太阳，则可能一把雨伞都卖不掉，收入为 0，见表 15.1。大雄该如何选择呢？

表 15.1　风险分散

	出太阳 （概率 =1/2）	下雨 （概率 =1/2）	预期收入
卖冰淇淋	1000	0	500
卖雨伞	0	1000	500
一半卖冰淇淋，一半卖雨伞	500	500	500

如果选择卖冰淇淋，大雄的预期收入即为 500 元（即 $1/2 \times 1000 + 1/2 \times 0$）。如果选择卖雨伞，大雄的预期收入仍然是 500 元（即 $1/2 \times 0 + 1/2 \times 1000$）。但不论卖冰淇淋或是卖雨伞都有风险，比方说若选择卖冰淇淋，结果碰到连续下一个星期的雨，大雄就没有任何收入；或是选择卖雨伞，却遇上一星期的大太阳。

还好大雄读过《经济学的世界》，知道要分散风险，他决定把10万元的小摊子分成两部分，一半卖冰淇淋，一半卖雨伞。虽然每一部分规模变小——出太阳时，卖冰淇淋只能赚到500元；下雨时，卖雨伞只能赚到500元。但不论天气是出太阳或是下雨，大雄保证每天的收入都可以维持在500元。虽然预期收入与只卖冰淇淋或只卖雨伞相同，但因为此时每天收入是固定的，所以大雄的效用比较高，不必每天为出太阳或下雨而担心。

风险分散是一种自我保险 (self-insurance)，也就是利用两种风险可能相互抵销的方式，来减少自己的风险。风险分散最容易运用在股票市场上。以台湾省为例，目前上市股票总数超过一千多家。投资者要达到风险分散的目的，就不要把所有的钱都拿来只买一种股票，而应该加以分散。说得更简单一点，就是不要把所有的鸡蛋都放在同一个篮子里面，而应该放在不同的篮子中。

同时为达到风险抵销的目的，最好尽量找一些在不同情况下，报酬差异较大的股票。比方说，在大雄做生意的例子中，卖冰淇淋与卖雨伞就是两个不同情况下，报酬完全相反的投资。所以，在投资股票市场时，选择股票也应尽量区分。比方说，不但不要只买一家股票，应多买几家，同时最好也不要只买性质类似的股票，比方说水泥股与营建股股价通常会朝同一方向变化，如此就会失去分散风险的功能。

一般而言，股票种类愈多，公司性质愈不相关，则愈容易达到分散风险的目的，因此投资风险也愈小；反之，如果股票种类愈小，公司性质愈相近，则不容易达到分散风险的目的，投资风险也愈大。

二、信息经济学

在本章一开始时，我们曾区分一个有"风险"的事件是知道其客观概率的事件；一个"不确定"的事件是缺乏客观概率，最多只能以主观去臆测，也就是只有存在主观概率的事件。大年夜大家在家守岁围炉时，也许会玩玩捡红点或掷骰子，试试今年的手气如何。大家都知道玩扑克牌或掷骰子赌输赢都有一定的概率，所以也不必或不可能再去找更多的信息来增加赢钱的概率。但是当一个人买二手车时，他不知道买到的车子是好车或坏车，可能就必须多询问卖方一些问题，或者自己试开一下，先获取更多的信息，然后再决定是否购买。

在面对不确定因素存在时，信息就有价值。信息有时对买方有用，更多时对双方都有用。其实，我们在本书第十四章中就曾提及信息不对称可能造成市场失灵。在该种情况下，信息不但对个人有价值，对整个社会也有价值。

但是信息固然可以带来效用，同时也有成本。信息成本的特性一般具有很高的固定成本（如研发支出），但一旦信息被制造出来，其再增加一些人知道的边际成本就很低。信息作为商品的另外一个问题是信息本身就具有风险，因为我们永远无法知道一个信息到底是真是假。所以，信息本身就具有不确定性。对每一个信息的消费者而言，如何计算正确的信息成本，然后去利用信息带来的最大效益，是一件非常重要的课题。从政府与企业政策的观点来看，如何使信息在市场上充分运作，使社会福利与企业利润最大，则是另外一个重要的课题。

统一发票给奖办法与风险偏好

政府为鼓励消费者购买物品时向商家索取统一发票，以减少商家逃漏营业税，长久以来一直提供统一发票号码可以兑奖的策略。较早以前，统一发票兑奖只给几个大奖，其中头奖金额非常高。但由于不易中奖，人们对于索取统一发票意兴阑珊。为提高人们索取统一发票的意愿，税务部门再度将头奖金额提高为 200 万元。但也同时增加许多小奖，其中有八个三位数的末尾奖，每张奖额为 400 元。

末尾奖虽然金额不高，但中奖概率却高达千分之八，十分容易中奖。由于中奖概率提高，使得社会大众兑奖的兴趣增加，购买商品同时索取统一发票的意愿也大幅提高。当然，由于商家逃税不易，税务部门的营业税收入也大幅增加。

但是由于得奖的数目很多，使得税务部门的奖额支出很大，其中又以末奖给付最多。税务部门因此考虑要减少一半的中奖给付，却又不希望因此而减少人们索取统一发票的兴趣，税务部门该如何做呢？

> 简单来说，减少中奖给付的方法有两种，一种是将奖金减少一半，例如奖金由 400 元减少到 200 元；另一种方式是减少一半的中奖概率，但奖金不变，例如将尾奖由八个减少到四个。
>
> 由于大多数人都是风险趋避者，对风险趋避者而言；降低金额所带来的效用减少会小于降低中奖概率所带来的效用减少。权衡之下，将金额减半对人们索取统一发票意愿的冲击较少，税务部门遂于 1992 年底宣布将统一发票的尾奖金额减少一半，由 400 元降到 200 元，但维持尾奖数目不变。果然，此举对于人们索取发票的意愿没有明显影响。

（一）信息的特性

信息可以当作商品在市场上交易，比方说商业情报、专利权、生产技术等信息都可以交易。然而信息也有一些特殊的性质，使得其当成商品在市场上交易时，容易出现一些问题。

1. 生产信息的固定成本很高，边际成本却很低。比方说，药厂在开发一种新的药品，可能要花几亿元以上的研发支出。药方制造成功以后，生产药片的成本却非常的低。

2. 信息具有公共财的性质。知识是信息的一部分，知识具有公共财的性质则是众所周知的。李白的名诗："床前明月光，疑是地上霜，举头望明月，低头思故乡。"优美的词句大家都可以欣赏，每个人的消费并不能排除别人的消费。所有的歌曲、音乐、教科书也都具有相同的性质。由于知识的公共财性质，使得人们创造新诗、新知识、新产品的意愿受到影响，所以我们需要政府设立专利权、著作权等知识产权的保护制度来保障这些创作者的权利，并鼓励这些人继续从事创作与研发。

3. 信息具有不对称的性质。在商品买卖上，很多时候买卖双方的信息是不对称的。比方说，在旧车市场上，卖方比买方对于车子掌握的信息多；而在保险市场上，买保险者（要保人）对被保险者（被保人）的信息则远多于卖保险者（保险公司）。很多时候，信息本身当成商品买卖时，本身就具有不对称性。有些时候，某些企业在购买国外技术时，只知道这些技术可能十分有用，但经常并不了解这些技术。多年前有家著名的计算机公司，为扩大美国市场，于是并购一家美国计算机公司，希望借该美国计算机公司的营销网络打开自己产品的市场，然而结果并不成功。原因即是事前对该美国公司具有的营销网络未能充分了解。

4. 信息本身就具有风险。 在前一节，大雄选择卖雨伞或卖冰淇淋的例子中，也许有人也会建议大雄每天早晨起床就先听气象报告，然后再决定今天应该推出哪一个摊子来卖。这是一项很好的建议——如果气象报告完全正确。收听气象报告是一种获取信息的方法，但问题是气象报告完全正确吗。相信大家都认为气象报告也有很多时候不准，或是如果气象报告说："今天木栅的天气是晴时多云偶阵雨。"大雄该怎么办？由于收听气象报告的成本很低，大雄当然可以考虑先收听气象报告，然后再决定今天该做哪一种生意。有些时候，取得信息的成本很高，而信息本身是否那么有用也不确定，此时是否要取得该项信息就值得斟酌。比方说，企业决定要不要购买某一种专利来研发某一种特殊产品时，如果取得专利的成本很高，又不确定该特定产品市场是否很好，这种情况下，就必须仔细分析才能决定应不应该购买该专利权。

5. 信息具有非市场性。 也就是说很多时候信息可以不用通过市场方式来取得。比方说，大雄想要知道今天天气如何，他可以收看电视新闻的气象报告，但必须先买一台电视。事实上，他也可以到家中院子，看看是否可以看到蚂蚁搬家，当他看到大批蚂蚁在搬家时，就可以猜测今天可能会下雨了。再譬如说，在股票市场中很多投资人会专门注意一些大户的举动，然后借着观察大户的举动来推测股票的变动。

事实上，即使市场上的信息有不对称，也不一定会完全由缺乏信息的一方来主动获取信息，广告就是一个最好的例子。当厂商新推出一种产品时，为了使社会大众了解该产品，进而产生兴趣，厂商便会在各种媒体上大做广告。再比方说，在出售健康保险时，较缺乏信息的卖方（保险公司）会要求买方（投保人）提供有关健康的信息。

（二）信息不对称与市场失灵

信息在经济体系中所扮演的重要角色，很早就被经济学者所认知。但由于信息本身并不容易衡量，再加上信息作为商品所具有的一些特殊性质，使得信息一直无法受到经济学者仔细地加以研究。直到美国经济学家阿卡洛夫 (Geroge Akerlof) 于 1970 年发表其著作，说明信息不对称可能造成市场失灵的严重影响以后，经济学者才真正开始对信息在经济体系中的影响作系统性的研究。我们先简略说明阿卡洛夫教授的论点，然后再将信息不对称与市场失灵的重要意义引申到信息经济学的其他领域中。

假设二手车市场中有三种不同质量的汽车：好车价值 30 万、中等车价值 20 万、坏车价值 10 万。这三种车子的外形及颜色完全相同，所以买方完全无法区分哪一部是好车（也就是买方缺少信息），但卖车的车主很清楚知道自己的车子是好车、中等车或坏车（所以，卖方是有信息的）。由于买方完全不知道哪一部车子的质量，在预期市场上车子的平均价值为 20 万元的情况下，买方只愿意支付 20 万元来购买车子。

在买方只愿支付 20 万元的情况下，中等车与坏车的车主会愿意到市场上卖车，但好车的车主却会退出市场，因为他们无法卖到对应于他们车子质量的价格，即 30 万元。

当好车车主退出以后，市场上只剩下中等车与坏车，两种车的平均价值只有 15 万元，但此时买方却支付 20 万元！显然时间一久，买方就会发现他们支付的价格太高了，因为根本没有人买到 30 万元的车子。在发现市场上车子的质量平均只有 15 万元以后，买方会要求把车价也降到 15 万元。

但此时轮到中等车主不高兴了，因为他们的车子可以值 20 万元，所以他们也会退出市场！这下子市场上只剩下坏车一种。所以，时间一久，买主出 15 万元都太高了，他们会再把车价降低到 10 万元。

最后，在均衡之下，二手车市场上只剩下质量最坏的车子，价格也相对最低。此时质量略高的车子无法在市场上以正常价格销售，我们称为市场失灵，而造成市场失灵的根本原因在于买卖双方具有的信息不对称。

阿卡洛夫教授的论点十分简单，但在经济学界却引起非常大的震撼，而且，阿卡洛夫教授也因此项贡献于 2001 年获得诺贝尔经济学奖。事实上，二手车市场上虽然不至于完全不存在，但质量不佳的柠檬车 (lemon car) 到处充斥却是不争的事实。

> ### 汽车保险与信息
>
> 在台湾，汽车保险的保费很贵，以一部全新的丰田凯美瑞为例，车价约90万元新台币，每年全险的保费超过60000元。保费高低决定于肇事纪录、车价、车种（因为每种车子的失窃率不同）。前者与驾驶人有关，后者则与汽车有关。
>
> 在美国买汽车保险就复杂得多。买汽车保险时，保险公司会先询问驾驶人的各种情况：驾驶人的年龄（年长者保费较低）、性别（女性保费较低）、婚姻（已婚者较低）、子女（有子女者较低）、三年内有没有肇事或违规纪录（无纪录者较低）、每天开车上班的距离（较近办公室者较低）。
>
> 此外还会问一些与车子有关的情况：车价（较低者保费较低）、有没有警报器（装置者较低）、居家地址（居家附近车流较少者较低）。
>
> 此种较详细的做法一方面使保费能正确反应驾驶人的危险率，一方面也鼓励驾驶人更小心保护自己的车子，例如减少肇事纪录、安装警报器等。以美国麻州为例，加装警报器每年可以减少 1/3 到 1/2 的保费，几乎等于警报器价格的一半。

柠檬车的故事也完全适用在医疗保险市场。因为投保人清楚知道自己的健康状况，但是保险公司却不知道（信息不对称），因此，一般而言，保险公司系以每个人平均生病的概率乘上医疗支出，计算出每个人的预期医疗支出以后，再加上行政费用，就可以得到健康保险的费率。问题是每一个人的健康程度不一，当保险公司对每一个人都收取平均费率时，他们很快发现健康情况较佳的人都不会参与投保，而只剩下健康程度较差的人。

这种自动的选择过程，叫作"自我选择" (self-selection)。很不幸的是，这种自我选择的结果，往往只剩下质量较差的商品或健康较差的人还留在市场中，我们又称之为"逆向选择" (adverse selection)。

当保险公司发现来投保的人平均健康状况比他们估计的要差，对投保人支付的医疗给付超过预期时，他们就必须增加保费以使收支平衡。在保费提高下，原来投保人当中健康略好的人又会离开市场，剩下来继续投保的人健康质量更差，保险公司仍然必须支付大量的医疗给付。在恶性循环下，最终保险公司会把保费调到最高的水平，市场上也会只剩下健康质量最差的人，保险市场甚至会完全崩溃。

逆向选择与"劣币驱逐良币"(bad money drives out good money)十分类似。但后者的信息是一致的，大家看到好的钱币会立即收起来(如新钞或新币)，市场上很快地会只剩下旧钞或不好的货币。逆向选择则是由于信息不对称，使得好坏无法区分，在市场运作下，质量较高的商品会逐渐退出市场。

（三）讯号与信息

由于信息不对称导致市场上产品交易发生障碍：高质量的车主不能以较高的价格出售商品、健康较佳者不能以较低的保费投保。事实上，这两种人都需要交易，比方说前者可能要出境工作，急需售车；后者虽然健康情形不错，但仍随时有不测风云，购买保险可以提高保障。显然，不对称的信息导致市场失灵，对于社会资源的有效率使用产生很大的障碍。这些问题该如何解决呢？

答案很简单："心病需要心药医。"信息不对称造成市场失灵的理由在于市场双方信息不对称，因此只要努力拉近双方信息差距，就可以减少市场失灵的影响。比方说保险公司要求投保人提出健康检查表，买二手车的人可以把车先开去修车厂检查，买房子的人找专家检查房子等。

拉近买卖双方信息的方式有很多，大致上来说，可分成两种：一种是由信息较多的一方主动提供信息给信息较少的一方，我们称为"提供讯号"(signaling)。比方说，投保者提供健康检查表，卖二手车车主提供汽车维修单据。另一种方式则是由信息较少的一方主动搜寻(searching)信息。我们以下的讨论即分别针对此两种方式来说明。不过必须强调的是，不论是以何种方式提供信息或获取信息，都必须考虑信息的成本与利益，因为这才是信息经济学的真正要义所在。

当人们投保医疗保险时，保险公司会详细询问被保人的健康状况，包括年龄、性别、婚姻、职业、生病纪录、家庭病史、是否抽烟等。这些巨细无遗的问题就是希望了解投保人的详细健康状况，然后据以计算生病的概率并收取适当的保费。如此身体较健康者可以获得较低的保费，而愿意投保。当然如果保险公司对投保人提供的讯号没有信心，保险公司可以要求投保人先去做健康检查，以提供正确的有关身体健康的讯号。有时候健康检查的费用是由个人负担，有时候则由保险公司负担，无论如何，为参加健康检查而提供讯号的成本都是十分可观的。

二手车市场是另外一个例子。卖二手车的人必须尽量提供足够的信息来说服买主，证明这部车不是柠檬车。比方说，原车主可以拿出回境机票，表示他卖车是因为要回境才出售。再不然就请买车的人坐到车上试开一段路，测试车子的状况。更直接的方法就是把车子开到修车厂请修车师傅提供意见，当然此时取得信息的成本较高。

二手车市场上的信息

美国很多大城市都会有一种专门报道二手货市场的报纸，洛杉矶就有一份《回收报》(The Recycle) 每周四上午发行。《回收报》上面就是专门登载各式各样的二手货消息，包含汽车、家电、家具、服饰等。

汽车的使用年限很长，因此其二手车市场的规模甚至不输给新车。对大多数中国留学生而言，购买二手车几乎是必经的经验。二手车的价格虽然很便宜，但买二手车的最大困扰就是缺乏保障，除了一些专门卖二手车的经销商可能可以提供一些保障外，大部分卖二手车的人不能提供保障；另一方面更危险的是二手车很容易是柠檬车，因为很多车主是因为车子经常出问题才把车子卖掉。

由于卖方对车况很清楚，买方却没有任何概念。所以如何在《回收报》上面找到适合自己的二手车很不容易。另一方面，二手车车主也必须设法说服这些可能的购买者，告诉他们说自己要卖的车子不是柠檬车。因此利用《回收报》购车的读者就可以看到一些在报上登载的信息，比方说：一手车主、完整维修资料、性能完好、出国急售等字眼。这些信息无非告诉买主车况很好，出售的理由不是因为柠檬车，而是要出国或买新车才出售旧车。

就买方来说，上述信息当然都要问清楚。更重要的就是要亲自试车，自

> 己坐到车上去开一圈，试试车子的性能。如果想要更清楚了解车子的状况，另一个方式就是把车子开到汽车修理厂，花 50 美元让车厂帮忙检查，此时等于是花上 50 美元去购买有关汽车性质的信息。

事实上，当有公正的第三者来提供信息，以减少信息不对称的时候，市场都可以维持相当程度的交易，只要某一方有人去取得信息。但有很多时候，不一定能找到公正的第三者来提供信息，这时候该如何解决信息不对称的问题呢？比方说，一个大学毕业生刚踏进职场找工作时，面试的老板如何知道这个人的工作能力呢？即使知道工作能力，又如何知道其工作态度呢？在不易取得第三者的公正信息下，信息较多的一方就必须更努力提供讯号，以证明自己的能力与工作态度。也就是说，这个大学毕业生必须提供足够的讯号来证明自己的工作能力，比方说拿出大学毕业证书、推荐信、担任社团负责人的证明，甚至一些作品（如建筑工程图、美工设计图等）。

事实上，文凭就是一个最常用的讯号之一。美国经济学者史宾斯(Michael Spence) 曾经利用一个很简单的模型，来说明文凭当作信息的功能，以及厂商如何利用文凭来达到区分不同工作能力的人，并给予不同的薪资。史宾塞教授假设劳动市场上有两种人，第一种人是具有高生产力的人，其生产力是 2；第二种人是低生产力的人，其生产力是 1。再假设此两种人生产力是固定的，与教育无关。另一方面，两种人受教育的成本也不同，高生产力的人接受一单位的教育水平 (y)，只要支付 0.5 的费用；低生产力的人接受一单位教育水平需要的费用为 1，因为高生产的人比较聪明，所以其受教育的成本也较低。由于两种人其他地方都完全相同，所以厂商唯有通过教育水平高低来区分这两种人。

虽然假设教育本身不能影响生产力，却能作为区分生产力高低者的信息，因为高生产力的人取得教育的成本较低，所以他会有比较高的意愿来取得文凭。厂商的想法很简单，他只要定出某一个教育水平 (y*)，高过此水平者就当成高生产力的人，给予相当于其生产力 2 的报酬；而低于此水平者，则当成低生产力的人，给予相当于其生产力的报酬，即 1。问题是：厂商当选择多少 y* 才能正确区分出两种人呢？也就是说，在什么样的支付条件下，文凭才能正确反映出两种人的能力呢？

如果教育水平 y* 订得太高，两种人取得 y* 的成本也会很高，即使双方都

拿到 y^* 且被认定为高生产力的人，但其报酬只有 2。再扣掉取得 y^* 的教育成本，可能还不如不去拿文凭。在此情况下，厂商会无法区分出两种人。反之，如果 y^* 订得太低，则大家都跑去拿文凭，厂商同样无法区分出两种人。所以厂商的最佳选择是找到一个 y^*，使得生产力较高的人拿文凭的收益高过不拿文凭的收益；而且使得生产力较低者不拿文凭的收益高于拿的收益。如此一来，文凭就可以区分出两种人来。

在教育水平为 y^* 的标准下，对高生产力的人来说，拿文凭可以使薪资收益为 2，但必须支付 $0.5 \times y^*$ 的教育成本，所以其净收益为 $2-0.5y^*$；若不拿文凭则教育水平为 0，教育成本为 0，而薪资收益为 1。因此，要使高生产力拿文凭的条件是前者高于后者，即：

(15.3) $$2 - 0.5y^* \geq 1$$

对低生产力的人而言，拿文凭可使薪资收益为 2，但必须支付 $1 \times y^*$ 的教育成本，所以净收益为 $2-(1 \times y^*)$；若不拿文凭，则教育水平为 0，教育成本为 0，薪资收益为 1，因此，为使低生产力者不拿文凭的条件是：

(15.4) $$1 \geq 2 - (1 \times y^*)$$

我们把 (15.3) 与 (15.4) 两式解出以后，可以得到 (15.5) 式，即：

(15.5) $$1 \leq y^* \leq 2$$

换句话说，厂商如果要选择适当的教育水平当作讯号来区分两种人，则其最适教育水平 (y^*) 应定在 1 与 2 单位之间，如此就可以正确的区分出两种人。

比方说，如果厂商教育水平定在 1.5 个单位，见图 15.6。在图 15.6 中，C_1、C_2 分别是高生产力者与低生产力者受教育的成本曲线。当两人都不受任何教育时，都被当成低生产力者，净收益都是 1。而当两人都拿 1.5 单位的教育水平时，高生产力者只需支付 0.75 的教育成本（A 点）；而低生产力的人却必须支付 1.5 的教育成本（B 点）。虽然此时两人的薪资都是 2，但高生产力的净收益为 1.25（即 2–0.75），而低生产力者的净收益只有 0.5（即 2–1.5）。所以，此时高生产力者选择拿文凭的净收益 (1.25) 会高于不拿文凭的净收益 (1)；而低生产力者选择不拿文凭的收益 (1) 高于拿文凭的净收益 (0.5)。

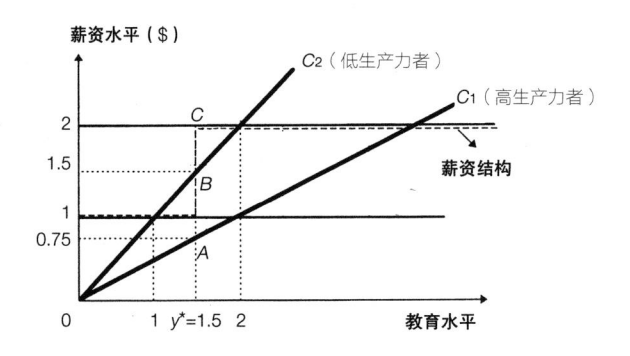

图 15.6 劳动市场上的信息均衡

在设定教育水平为 1.5 的条件下,厂商对拥有文凭者认定为高生产力的人,给予相当于其生产力的 2 的薪资;对于没有文凭的人,则认定为低生产力者,给予相当于其生产力 1 的薪资。而在上述 1 < y^* < 2 条件下,我们发现文凭可以适当且正确反映出人的质量。也就是说高生产力的人会去受教育,拿到文凭,且享有相当于其生产力的薪资 (2);而低生产力的人则不会去受教育,且享有相当于其生产力的薪资 (1)。在此种情况下,厂商支付的薪资正与个人的能力相当,因此厂商不会再有改变支付薪水的想法,工作者也因其能力的不同而得到不同的适当报酬,所以他们也不会再有去多受教育或少受教育的念头。所以,这时候的劳动市场是达到均衡的。

史宾塞教授提出的模型非常简单,但却非常清楚说明了提供讯号的成本及其收益之间的关系。在个人追求自己利益最大的情况下,一定会设法拿到足够信息,直到提供信息的成本等于其效益为止,故我们也可将上述均衡情况称为"信息均衡"(informational equilibrium)。

必须一提的是,在上述追求最适教育水平的过程中,个人接受教育取得文凭是在提供厂商一个信息,说明自己是高生产力的人。从厂商的角度来看,厂商则是利用文凭当作"过滤"两种人的标准。所谓"过滤"(screening) 是厂商利用某一种标准,把市场中的人加以分别。比方说,很多人寿保险公司不接受六十岁以上的人购买寿险,这时候他们就是以年龄当作一个标准来过滤市场中可能购买保险的人。再比方说,很多大学在聘请教师时,申请人必须要有博士学位才能申请,这也是另外一种过滤的功能。

（四）搜寻理论

当市场上买卖双方的信息有差异时，有些时候信息较多的一方会主动告知较少的一方，以增加交易的机会。例如广告就是一个例子，劳动市场上的卖方要努力去说服买方则是另一个例子。但也有很多时候，信息较多的一方会利用他们的信息优势去剥削买方。例如二手车市场，很多柠檬车主就不会老实说明其车子的真实质量；同样的，很多房屋中介在出售房屋时，也大都只是报喜不报忧。在面临信息不足，另一方又不确定告知产品真实质量时，信息较多的一方该如何解决此一问题呢？答案很简单：寻找更多信息。只要寻找信息的预期收益超过搜寻成本，就应该努力地去找。

"讯号"由信息较多的一方提供，"搜寻"则是由信息较少的一方主动去寻找。搜寻理论(search theory)最早是由美国经济学家史蒂格勒(George Stigler)所提出的，其主要在探讨当人们面对一种商品却有多种价格时，应如何去寻找最低价格的商品。史蒂格勒教授的模型发表后，再经由美国经济学者麦克尔(John McCall)将之运用于劳动市场上而发扬光大。

麦克尔教授的基本搜寻模型非常简单，我们略述如下。当一个大学毕业生刚进入劳动市场找寻工作，市场中有许多工作，每个工作薪资都不同，此大学生知道所有可能工作的平均薪资，但不知道哪个工作的薪水最高。假设他每个月可以找到一个工作，该工作的工资是w，而每找一个工作的成本是C。这个大学毕业生面临的问题非常简单：应该何时停止搜寻，接受哪家厂商的工作？为简单起见，我们假设大学生不能有反悔的情形，即假设他拒绝了一个工作机会，就不可以再回来接受该工作。

这个问题就好像我们经常听到的故事：一个小孩在海边捡石头，他只准捡一个石头，则他该如何才能捡到最大的石头呢？

假设此大学生面对一个工作机会，工资为w_1。如果接受此工作，则报酬为w_1；若不接受，则再度寻找。但每多寻找一次，要花搜寻成本C。且假设在最好的搜寻方式下，其预期可以找到的工资为R，故此大学生面对的问题为：

$$w_1 \geq R - C \text{（接受此工作）}$$
$$w_1 < R - C \text{（继续搜寻）}$$

由于假设在最佳的搜寻方式下，大学生预期可以找到的工资为 R，所以当大学生手中有一个 w_1 的工作机会时，其再找一个工作的收益为 $\max(w_1,R)$，也就是要其预期收益 R 大于 w_1 时，搜寻才可能会带来更多收益。而由于搜寻成本为 C，故其多找一个工作的边际收益为 $\max(w_1,R)-C$，此即其预期找到工作的净报酬。故在最佳寻找工作的方式下，可得到的报酬 R 应该满足下式，即：

(15.6) $$\max(w_1,R) - C = R$$

麦克尔教授利用 (15.6) 式得到一个非常简单的搜寻原则：即在考虑搜寻成本 C 与面对的工资分配情况下，利用 (15.6) 式可以计算出一个寻找工作的预期报酬 R^*，我们称为"保留工资"(reservation wage)。大学生找工作的过程中，决定是否该停下来的原则很简单，只要找到任何一个工作的工资超过保留工资，就应该立即停下来；否则就应该继续找。此种方式保证可以使找工作过程得到最大的预期报酬，即 R^*。

上述方式很简单，但非常符合经济原则。因为预期能找到的最佳工资是 R^*，所以当现有的工作机会报酬 w_1，已超过 R^* 时，就应立即停下来。因为此时若放弃 w_1，再继续搜寻的预期报酬只有 R^*，小于目前放弃的 w_1。而若目前手中工作机会的报酬 w_1 小于预期报酬 R^* 时，就应继续搜寻，因为此时放弃此工作的成本为 w_1，小于未来预期的收益 R^*。

当然小孩子在海边捡石头的故事也不会那么简单。比方说，我们如果可以允许小孩手上先握有一个石头，再边找边换（即可以反悔）。或者，我们只允许小孩走一百米远，就必须结束找石头的过程（在工作的搜寻中，人生也是苦短的）。

麦克尔教授的模型虽然很简单，却适用在很多地方，也可以用来说明很多现象。一般而言，由于搜寻的成本很高（尤其是时间成本），所以搜寻理论较能正确使用在收益差异很大的商品或事件上。比方说，找工作就是一个必须花时间去搜寻的；买房子也需要花很多时间去看；买车子一样要多比较几种车子，多比较几家代理商的价格后才能决定。一般而言，价格愈高，买卖双方的信息差异愈大，搜寻成本愈低的时候，搜寻的过程就会愈频繁。

> **住宅价格与搜寻**
>
> 每一栋住宅都有很多不同的特性，比方说面积、户型、卫浴设备、建材等。由于这些特性的不同，使得卖方在出售住宅时，得以要求各式不同的价格，而买方在缺乏信息下，经常必须亲自去逐间看房子，比较各种特性，再决定其价格。
>
> 然而，由于卖方拥有较多的信息，所以其要求的价格出入会比较大。但经过买方一间一间地比价以后，买方可以搜集到较多的信息，就可以与卖方开始还价。比方说，我们经常听到买方说："隔壁一平才卖20万，为什么你们要卖22万？"当买方搜集愈多的信息以后，买卖双方信息的差异就愈少，市场上房价的出入也就愈少，因为卖方不再有优势信息来剥削买方。
>
> 根据一篇研究台湾住宅市场价格分散的研究结果显示，在扣除面积、地点、户型及其他因素对房价的影响以后，卖方价格 (list price) 的变化明显大于成交价 (transaction price) 的变化。此种状况在预售屋、新屋与成屋市场上都可以成立。也就是说，只有卖方有信息时，卖方会利用信息优势，来拉大房价的不同。而当买方经过搜寻与议价减少双方的信息差距时，成交价格的价格差异会减少很多。

三、信息、诱因与代理

当一个经济个体做决策时，他会考虑到自己所需要的成本及可能带来的利益，然后可以做出最适选择。但有很多时候，有些经济个体花费很大的努力与成本去做一件事，但成果与收益却由另外的人来享用。比方说，律师努力地去打官司，输赢结果却必须由原告或被告来承担；员工拼命工作，赚取的利润却由老板享用。我们可将出力工作的一方称"代理人"(agent)，而享受成果的一方称"主理人"(principal)，此种主理人与代理人的关系我们称为"主从关系"(principal-agent relation)。

此处我们用专节来讨论主从关系，是因为主从关系可说是把信息经济学运用得最淋漓尽致的地方。主从关系理论中几个重要的问题：第一，由于成本由代理人承担，而行为的成果却由主理人享有，因此代理人自然会有摸鱼的诱因。第二，即使代理人愿意努力工作，但由于工作经常面对风险(比方说，律师打官司，一定有一方赢一方输)，因此在面对风险下他们努力工作的诱因又会受到影响。第三，如果主理人可以直接观察到代理人是否努力工作，主理人可以依代理人的努力程度来支付代理人费用，而不必依成果来支付，如此可以减少代理人的风险。但问题是，通常代理人的行为不容易监督(monitoring)。比方说，保险公司不可能另外找一个人天天跟着拉保险的业务员跑，来监督其工作。在监督成本很高的情况下，主理人与代理人之间就有很明显的信息不对称问题。更何况很多工作都具有专业性，主理人根本无法知道代理人是否努力工作。比方说，病人如何来监督医生是否认真诊断？或努力寻找最佳的治疗方式？

在主从关系一连串的问题中，带给信息经济学很多发挥的空间，我们在本节中，将对这些属于个体经济学中最新领域的发展内容做一些基本的介绍。

（一）代理人的问题

主从关系的主要特性是：出力工作的是一个人，享受成果的是另外一个人。因此，只要经济关系上有成本与利益由不同经济个体分担时，就属于主从关系。事实上，主从关系可以使用的范围非常广泛，比方说雇主与雇员的关系、被告与律师的关系、股东与经理之间的关系、人民与政府的关系、病人与医师的关系、学生与老师的关系、原厂与代理商的关系，以及保险公司与投保人的关系等。在这些关系中，前者都是主理人，后者则是代理人。也就是说后者支付有关行为的成本，而前者接受这些行为的成果，当然这些成果可以是好的，也可以是坏的。

1. 诱因

首先，由于代理人努力工作的成果由主理人来承担，那么代理人为什么要努力工作呢？虽然代理人工作也会有报酬，但如果报酬是固定的，反正努力不努力工作薪水都一样，为什么要努力工作呢？百货公司通常在晚上9点打烊，到九点零五分所有员工都走光,但路边的小店却经常开到晚上十一二点才打烊,为什么?因为在百货公司工作的员工拿老板的固定薪水,多做几分钟的生意对自己的薪水没有帮助。路边小店是老板自己开的,多做一小时的生意,多赚的钱都是自己的,老板当然有意愿做久一点。

诱因 (incentive) 是主从关系中最重要但也最难解决的问题。当一个人努力工作时,他必须投下许多时间与精力,当然会希望有相当的报偿。如果报酬与努力工作无关,则每一个人都会缺乏工作诱因,因为每一个人都在追求自己的效用最大。

2. 道德危险

主从关系不但会使代理人缺乏努力工作的诱因,有很多时候甚至会使代理人做出不利于主理人的行为。比方说,当一个人买了汽车保险以后,他可能就不再加装警报器与拐杖锁,因为"反正车子丢了,保险公司会赔"。此种因为主从关系建立,而增加事件发生的概率或损失的扩大,我们称为"道德危险"(moral hazard)。

在股份公司中,股东是主理人,经理人员是代理人。经理人的目标应该是争取公司的利润最大,再把利润分配给股东。但是经理人员却经常把公司大楼盖得美轮美奂,办公室布置得精美无比。反正增加经营成本,减少的则是利润;享受公司建筑与装潢的是经理与员工,损失利润的是股东。这是道德危险的另一种表现。

当我们车子受损送到车厂时,车厂老板的第一句话就是:"你有没有买保险?"如果保险公司出钱,车厂老板就会把所有可能的材料都选用最好的,反正保险公司出钱,车主不会在乎。也就是说,此时保险公司(主理人)负担保险支出,车主(代理人)则没有任何诱因要仔细计算修车的成本。反之,如果车主没有保险,他一定会仔细与车厂斤斤计较修理的每一部分,因为此时车主必须负担修车的每一分钱。

道德危险最严重的情况是"假保险,真诈财"。有些人为诈领保险金,故意制造车祸,或干脆将自己的车子藏起来,再申请失窃,要求保险公司赔偿。为避免此种情况发生,保险公司通常规定一种财产不得重复投保,以避免出现假借保险来诈领保险金的情况。但是寿险则没有这种限制,一个人可以同时跟好几家公司买寿险，万一出事，几家保险公司会同时理赔，因为保险公司相信，一个理性的人应该不会对自己的生命做出有道德危险的事。

> ### 道德危险：医药分业的斗法怪象
>
> 在欧美国家，医师与药剂师是两个独立的行业，医师只负责诊断、治疗、开药方，药剂师则负责调配药剂与出售药品。医药分业的主要理由之一，就是在避免医师（代理人）以其优势的医疗知识来剥削病人（主理人）。因为医师可能会对病人过度医疗。比方说，可以一次看好的病，医生故意分成二、三次才医好。医生也可能会对病人开出过度的药方，比方说两天就足够的药剂开成三天的药剂。医药分业就是在避免此种医师的道德危险，在医药分业下，因为卖药的收入属于药剂师，医生在缺乏出售药品的利益下，多开药方的动机就比较低。
>
> 台湾传统以来都是医药一家；医院提供诊疗的同时，又兼顾卖药。为减少医师的道德危险，且顺应世界潮流，卫生部门终于决定于 1997 年 3 月 1 日起，在台北与高雄两地开始实施医药分业。可以想见的是，医师公会当然是全面抵制，而药师公会则大力支持此一政策。
>
> 根据 1997 年 3 月 10 日的新闻报道，医药分业才推行 10 天，医药业斗法的诸多怪象纷纷出笼。首先有些医师不满医药分业，就故意开出一些奇怪的处方来"考"药剂师的调剂能力；还有的医师尽量开出昂贵的药材，准备吃垮"全民健保局"。事实上，最惨的还是整个事件的主人，即病人本身；他们一方面要跑很多家药房还无法配齐医师开出的药方，另一方面"健保局"是否会支付所有的药品费也是个未知数。
>
> 道德危险处处存在，医药分业的例子只是其中之一。

3.风险

当代理人努力工作时，其工作成果不但只与代理人的努力程度有关，还与一些风险因素有关时，代理人努力工作的诱因会因风险的存在而降低。

比方说，一个保险中介全天在外面努力推销保险，但不幸的是整天碰到的被推销对象都是死硬派，一天努力下来，一点业绩也没达成，回到办公室还被经理修理一顿，说他不努力工作，不知道到外面哪里去鬼混。这个保险中介还会有努力工作的诱因吗？当一个医师努力帮病人动手术，结果病人却因其他的突发并发症而不治，结果病人家属群起指责医师治疗不当。医生在面对治疗的风险下，他们有多大的诱因去努力医治病人呢？

当代理人面对风险时，诱因减少的多寡与代理人的风险偏好有关系。如果代理人厌恶风险的情况愈严重，当他面对风险时，努力工作的诱因就会愈低；反之，如果其厌恶风险的情况较轻，则风险对努力工作的诱因影响较小。

（二）主理人的问题

主理人要做的事情有二：第一是要找到一个适当的代理人，第二则是要让这个代理人努力工作。找到代理人并不困难，只要主理人支付代理人的报酬超过后者在其他地方工作的机会成本，代理人就会帮主理人工作。然而，如何让代理人努力工作，不至于摸鱼，就是一件不容易的事。

1. 信息不对称

很多时候代理人都是专业人员，比方说，律师、医师、中介与经理。这些专业人员的工作经常不是主理人所能了解的，因此主理人很难判断这些代理人到底是否努力工作。这是一个很标准的信息不对称问题，代理人可以利用其优势的信息来与主理人周旋。比方说，医师可以告诉病人："你的病很严重，一定要准时来看病。"病人除了点头遵命以外，他还有什么选择？经理人可以告诉股东说："我们公司全体员工都非常努力地在工作，但由于国际经济情势不好，所以今年公司盈利状况不佳。"一般的股东哪里知道国际经济情势是怎么样呢？

在信息不对称的情况下，主理人很难判断代理人是否努力工作，因此主理人只能从代理人工作的结果来判断。比方说，医师的手术是否成功、律师的官司是否打赢、经理是否帮公司赚钱、中介是否做到很多业绩。然而如果只以成败来论英雄，而使代理人因为风险增加而降低工作诱因，这自然不是主理人所乐见。

2. 监督成本

主理人要知道代理人是否努力工作，最简单的方法就是直接加以监督，但是监督是要花费人力或时间的，因此会有监督成本出现。当主理人要监督代理人努力工作时，要先考虑此种监督所付出的代价，是否超过监督能使代理人增加努力工作程度所带来的成果。若监督成本太高，则应采用其他方式来提高代理人的工作诱因。

反过来说，当监督成本较低，经理人员很容易监督其手下是否努力工作时，他可以支付这些员工固定的薪资即可。因为在老板监督之下，这些人想要摸鱼也没有办法。大部分坐办公室拿固定薪水的人，大概都是如此。比方说，走进一家银行大厅时，我们看到有很多办公桌整齐地排列，最前排的是办事员，后面是组员，再后面有几个领组，然后有二三个科长，最后面的位子是副处长与处长。坐在后面的"大官"一抬头，就可以一目了然知道其手下是否努力工作，这时候坐在前排的职员很难有摸鱼的机会。

工厂里面的工作比较辛苦，工人必须经常走动，或是做其他工作。厂长一个人很难同时监督几百个工人的工作情况。所以，工厂中都会有一些领班，负责监督大多数工人的工作，而厂长只要监督这几位领班即可。

以前有公保、劳保、农保时，看病需要拿公保单或劳保单，事后医院再拿这些单据向保险单位领钱。那时就经常听说，一些乡下地方可以拿劳保单与医院换色拉油或肥皂。"劳保局"发现有人一年可以用掉1000张以上的保单，但却无可奈何，因为他们无法派人整天在医院站岗监督医院的医疗行为。几年前改成"全民健保"制度以后，情况并没有改善，仍然有少数人每年看病的次数多得吓人。

（三）诱因机制

主理人要确保代理人会努力工作，一则是仔细监督代理人的工作状况，再不然就必须提供足够的诱因来鼓励代理人努力工作。监督是最直接的方式，如果监督成本很低，主理人可以通过监督完全了解代理人的工作状况，则可以依代理人的努力状况来支付报酬。此时代理人便不会有摸鱼怠工的情形，资源效率可以充分发挥。

然而，在很多情况下监督成本很高，主理人没有能力去监督代理人，此时主理人就应该设计一些"诱因机制"(incentive scheme)来鼓励代理人努力工作。一般诱因机制必须考虑三项基本因素：第一，为鼓励代理人努力工作，报酬必须与努力程度有关。第二，为避免代理人出现道德危险，报酬必须与最终工作结果有关。第三，在双方分享结果时，厌恶风险程度愈严重者应承担较少的风险，对风险较不在意者应承担较多的风险。

首先，报酬作为诱因机制时，一定要与工作的努力程度有关。如果报酬只与工作结果有关而不受努力程度影响，则容易造成代理人怠工的情况。比方说，在一个家具展中，一个人非常努力地在推销叫卖他们的新产品，但因为当天下大雨，参观的人很少，使得推销的成绩很差。此时经理人员仍应对于此人的努力推销给予某种报酬，以鼓励其努力工作。如果因为没有任何业绩，就不给予任何报酬，势必会打击此人的士气。在面对一些未知的风险下，这个人努力工作的诱因可能会因此而全部消失。

推销保险是另外一个例子。一般而言，保险收入与业绩好坏有密切的关系。但即使是一点业绩也没有作成，老板仍然会支付一些底薪，这些底薪就是刺激保险中介至少该努力工作的基本诱因。

其次，诱因机制应该要与代理人的努力成果有关。在保险中介的例子中，每当做成一笔保险生意时，中介就可以领取一定比例的佣金。此种做法的好处是，中介只要努力工作，业绩愈多，薪水收入也愈高，此时中介自然也有较高的工作诱因。从另外一个角度来看，事实上，保险公司等于是把努力的成果与保险中介共享，也可以说是共同承担。因为拉保险本来就是一种风险性很高的工作，再说保险中介每天在外面跑来跑去，谁也不知道他在外面是否真正努力工作。当老板把保险业绩与中介分享以后，也可以说是两人分担拉保险的风险。当业绩好时，中介的收入会提高，老板的收入也增加；业绩差时，中介的收入较低，老板的收入也减少。

当"全民健保"开办以后，很多人不管大病小病都尽量上医院，反正都由"健保署"出钱，不看白不看，这是很典型的道德危险心态。其实在保险学上此种问题很容易解决，要减少人们过分使用医疗资源的情况，就应该让病人（代理人）与健保局（主理人）共同分担风险。比方说，"健保局"可以规定看病支出在 1000 元以下者，"健保局"不给付，超过 1000 元以上的部分则全额支付。

也就是说，每次看病都有 1000 元的自付额 (deductible)。如此一来，感冒发烧的小病就由病人自己负担，对大多数人而言，1000 元之内的支出也不成问题。但由于自己要支付 1000 元，因此他们就会三思是否要去医院，如此医疗费源就不会被浪费。事实上，目前健保给付中很大一部分的支出都花费在这些小额给付上。采取"保大病，不保小病"的原则，才能使医疗资源正确且有效率的应用。

最后，在双方分担风险之下，哪一方该承担较大风险呢？在健保的例子中，个人当然比较厌恶风险，"健保局"可以利用分散风险的原则来承担大部分的风险。所以，在此种情况下，代理人（即病人）只要承担小部分风险即可（即 1000 元以内的支出），而将大部分风险交由主理人承担（比方说，1000 元以上的支出完全由"健保局"给予）。

在保险中介的例子中，由于推销保险是一个风险很大的工作，愿意接受此种工作的人一方面必须有很好的口才与外向的个性以外，还必须不能太厌恶风险。所以，此时保险公司（即主理人）可以支付保险中介较低的底薪，但给予较高的保险佣金。

律师是另外一个例子。因为大多数原告或被告几乎对法律都不很清楚，完全由律师全权决定。而为了使律师能全力投入打赢这一场官司，通常支付律师的酬劳与官司的输赢有密切关系。而且，一般人平常很少上法院打官司，所以对于输赢都很在意，也就是说他们都很厌恶风险。另一方面，律师打官司则是家常便饭，有输有赢是经常的事。在这种情形下，自然应该让律师多承担一点打官司的风险。在美国很多律师接案子时是不收底薪的，而其报酬只跟官司的结果有关。比方说，当判决获胜的一方可以得到某种巨额的赔偿金额时，律师有时可以拿到 30% 到 40% 的份额。在此种巨大诱因下，每一个律师自然会像是原告的家属一般，拼命帮原告辩护。

经 济 名 词

不确定性经济学	信息经济学	风险
客观概率	主观概率	信息价值
预期效用	财富效用函数	效用的期望值
期望值的效用	风险趋避者	风险中立者

风险喜爱者	风险溢酬	风险分散
自我保险	自我选择	逆向选择
讯号	搜寻	过滤
信息均衡	保留工资	搜寻理论
代理人	主理人	主从关系
诱因	监督	监督成本
道德危险	诱因机制	分担风险
自付额		

讨 论 问 题

1. 风险与不确定该如何区分？请各举二例说明之。在面对有风险的事件与不确定事件时，消费者应如何因应？

2. 何谓客观概率？何谓主观概率？你觉得客观概率存在吗？当你在掷骰子时，你能确定每一面出现的概率都是六分之一吗？还是这也只是你的主观臆测？

3. 经济个体在做决策时，应考虑的是期望值的效用或效用的期望值？为什么？

4. 当一个赌局的参加费用与其得到的预期收入相等时，我们称之为一个公平的赌局(a fair game)。有人说，逃避风险的人必然不会参加一个公平的赌局，对不对？

5. 你觉得喜爱风险的人是不理性的吗？为什么？

6. 何谓自我保险？请举二例说明之。

7. 何谓逆向选择？请举二例说明之。

8. 你觉得"文凭无用论"的说法正确吗？你觉得文凭与工作能力之间有什么关系呢？

9. 有人说："路边的果子不要采，因为一定是酸的。"你同意此种说法吗？

10. 请举二例说明主从关系中的主理人与代理人，并指出其间可能出现的诱因问题，并提供解决之道。

11. 何谓道德危机？请举二例说明之。

12. 汽车保险通常会有一定数目的自付额，请问其理由何在？

13. 在找工作的过程中，有些人先随便找一个工作，然后采用"骑驴找马"的方式；有些人则采用"宁缺勿滥"的方式。你觉得哪一种方式比较有效？为什么？

14. 为什么拉保险与拉广告的工作都有丰富的绩效奖金？而每天坐在办公桌前面努力工作的人，却只能领到固定的薪水？

15. 毕业旅行，包游览车出游，习惯上都会给司机和导游一份丰厚的小费，而且都在事后才给。为什么？

16. 走进政大体育馆旁边的综合院馆，看教授研究室一间一间的排列，每位教授都有一间自己的研究室。他们为什么不像一般商业大楼中的办公室一样共享一间大厅呢？

第十六章
自然资源、环境与医疗服务

★ 自然资源经济学
★ 环境保护与经济发展
★ 人口、医疗与政府干预

经济活动需要使用自然资源(natural resources)，例如能源、土地、树林等。随着人类经济活动日益频繁，自然资源的使用量也与日俱增。然而，虽然地球上的某些自然资源看似取之不尽、用之不竭（例如空气与阳光），但大部分自然资源都是有限量的（例如石油、煤及其他矿产）。有些自然资源有再生性（如渔藏、林业）；但很多却是使用完后，就再也没有了（如石油与煤矿）。

在大量使用自然资源之下，人们应如何妥善利用这些资源呢？尤其在很多时候，自然资源的所有权定义不清楚，很容易遭到人们过度使用或开发，使得某些自然资源很快接近耗竭边缘。这时候政府应如何采用有效策略来保存这些资源呢？

也有一些人对于自然资源的使用并不担心，因为市场经济会提供人们诱因，使得自然资源的使用不致完全匮乏。比方说，当石油供给减少，石油价格大涨以后，人们就会努力寻找并开发代替能源，如核能或太阳能。

但并非所有自然资源都能完全被替代，因此如何妥善使用自然资源，使自然资源得以长期维持，以支持人们长久持续成长，则是一个非常重要的课题。"自然资源经济学"已经成为一门热门的学问，我们将在本章的第一节中加以阐述。

自然资源再扩大范畴，就是整个人类的生活环境。其实在人类活动中，使用自然资源来从事生产活动，只是把环境用到人类生活中的一小部分而已。生产过程中有许多废物，应如何处理？垃圾、废纸、污染是否都需要靠自然环境来吸收？此外，休闲也是人们活动中的一种，大自然环境同时提供人们最多的休闲去处。因此，自然环境提供人们更多的经济效益。

不幸的是，自然环境比自然资源具有更多的外部性，且自然环境的所有权更是不易厘清。在此种情况下，经济发展过程中，自然环境经常就被大众牺牲了。

随着收入的提高，人们对环境质量的要求也愈来愈高。大家都希望有一条美丽清澈的淡水河，但是我们该如何衡量一条干净的淡水河所带来的效用价值是多少呢？无疑的，提供干净与清洁的环境质量，能带给大众很高的效益。但另一方面，我们也必须考虑处理环境污染所必须支付的成本。在边际效益递减与边际成本递增的原则下，我们要追求的是最适污染的水平，而不是绝对零污染的水平。

环境的问题不只是生活质量的高低而已，有时也可能严重威胁全体国民的生命安全，如核能厂辐射外泄的问题；有时也可能严重威胁全球人民的生命安全，如温室效应与臭氧层稀薄的问题。"绿色经济学"可说是近年来发展最快速的学门之一，我们在本章第二节中将详细讨论。

"医疗经济学"是另外一个逐渐受到重视的学门。随着社会进步，人类的平均寿命逐渐增长，出生率降低，而死亡率降低更多。在人口结构迅速老化之下，人们对医疗的需求则迅速增加。在美国，医疗相关产业产值已经接近全国产值的五分之一，是全美国最大的产业。台湾省的医疗支出也在迅速增加之中，尤其在"全民健保"实施以后，居民的医疗支出更是快速成长。

医疗服务属于私有财，排他性的存在使得医疗服务缺乏自然资源与环境等商品所具有的公共财性质。但医疗服务讨论的是人类的生命，因此如何去判定其效益有时也相当困难。更严重的是，医疗市场上经常出现明显的信息不对称问题。当一个人被推上手术台时，他能与医生讨论该采用何种较廉价的手术方式吗？

由于医疗需求的迅速成长，使得医疗市场受到很大的重视。另一方面，由于医疗技术的特殊性，以及处理人命关天的问题，使得医疗经济学成为另一门蓬勃发展的学问。我们将在本章的最后一节，简略介绍医疗经济学的内容。

一、自然资源经济学

（一）再生性自然资源

自然资源可分成"再生性资源"(renewable natural resources)与"非再生性资源"(nonrenewable natural resources)。再生性资源是指一种自然资源经过使用后，可以再重新产生，所以可以重复使用（林业、渔藏、河流、空气都属于再生性资源）。非再生性资源的总量是固定的，全地球上的数量有固定数量，用完就再也无法制造（石油、天然气、金矿、地下水、气候等）。

再生性自然资源可以重复使用，故在决定其价格时只要由市场供需决定即可。非再生性资源的储藏量有限，故在生产时，一方面要考量目前的市场价格，一方面也要考虑存量还剩下多少，以及未来可能的价格等。故两种不同性质的自然资源，在决定最适产量的过程中，有很多不同的考虑因素在内。

自然资源的另外一个特性就是经常会出现产权不确定的问题。比方说，土地、林业等自然资源的所有权很清楚，该如何使用，该生产多少，可以完全由土地或林场所有人决定，故可以达到经济效率的水平。我们称此种资源为可利用或具排他性的自然资源 (appropriable natural resources)。

另一方面，也有很多自然资源虽然可以再生，但却由于所有权并不十分清楚，使得经常出现过度使用这种自然资源的情况。比方说，大海里的渔产，就无法明确地区分是属于谁的。为了能尽量多捕捞一些渔货，大家都会努力地去捕捉，但若经过一年努力与大量的捕获，第二年大家的渔货量可能就会明显地减少。此种过度使用的结果，就会造成经济不效率。事实上，这是一个明显的共同财产所出现的问题。此种因为产权不清，而使自然资源可以被大家公开使用 (open access)，我们称之为不具排他性的或称之为不可私用的自然资源 (nonappropriable natural resource)。

1. 具排他性的再生性自然资源

可私用的再生性自然资源包括土地、林业等。土地可说是最重要的再生性自然资源，其实土地无法再增加，但由于土地不具有折耗性，可以重复使用，因此我们可以将其视为再生性自然资源。土地的所有权可以很清楚地定义，所以土地市场可以使土地资源达到有效率的配置。（在本书第十三章中讨论生产要素市场时，曾经仔细说明土地作为商品的特色，此处不再赘述。）

林业可说是土地资源的产品之一。由于林业可以再生，故林业的生产与消费应该可以完全由市场决定即可。不过，虽然我们认为林业的所有权很清楚，可以由市场决定其最适的产量与消费，但事实上，森林的功能不是只有生产木材而已；森林还兼具其他多种功能，比方说生产干净的空气、提供美丽的山光水色等。但这些都属于公共财，社会效益无法计算到拥有林场的私人收入之中。私人在计算收入时，并不会将这些社会效益计算进去，因此林场通常也会出现过度砍伐的问题。

台湾省面积很小，拥有的高山很多，但真正能作为林场的地方却很少。传统上只有宜兰的太平山林场与嘉义的阿里山林场两地，而这两个林场都属于公有林场。台湾的森林覆盖面积大约在3000亩上下,见表16.1。木材蓄积总数也只有3亿立方米,见表16.2。

台湾的木材生产以太平山林场和阿里山林场为主,木材产量则以1965年左右的年产量111万立方米为最大,见表16.3。到了1970年代以后,可供砍伐的木材大量减少。虽然人工造林仍在不断进行,但森林成长速度甚慢,根本赶不上砍伐的速度。另一方面,森林过度开发,对于水土保持、河流、空气、山色都有明显的不利效果。有鉴于此,当局便于1980年代宣布全面禁止砍伐森林。目前台湾省使用木材几乎完全由海外进口,其中以印尼为最大来源。

表 16.1 台湾地区森林面积

单位:千公顷

年份	林场总面积	针叶树林	针阔叶混合林	阔叶与竹林混合林
1952	1790	181	264	1345
1955	1768	179	263	1326
1960	2097	413	55	1629
1965	2164	432	55	1677
1970	2224	449	55	1720
1975	1865	449	55	1720
1980	1865	417	158	1291
1985	1865	417	158	1291
1990	1865	417	158	1291
1995	2102	439	393	1271
2000	2102	439	395	1267
2005	2102	439	395	1267
2010	2102	439	395	1267

资料来源:《Taiwan Statistic Data Book》。

表 16.2　台湾地区木材蓄积

年份	树林蓄积（百万立方米） 合计	针叶树林	阔叶树林	竹林（百万支）
1952	204	69	135	488
1955	200	69	121	513
1960	239	99	139	459
1965	239	97	141	459
1970	240	97	144	459
1975	240	97	144	459
1980	326	125	202	459
1985	326	125	202	1168
1990	326	125	202	1168
1995	358	125	233	1127
2000	357	125	232	1108
2005	357	125	232	1108
2010	357	125	232	1108

资料来源：《Taiwan Statistic Data Book》。

表 16.3　台湾地区木材产量

年份	木材（千立方米） 合计	针叶树林	阔叶树林	竹林（百万支）
1952	449	236	213	-
1955	481	296	185	7.6
1960	822	483	339	13.6
1965	1117	779	338	13.7
1970	1111	729	382	13.8
1975	855	543	311	11.0
1980	583	356	227	10.3
1985	475	296	179	6.8
1990	114	67	47	5.8
1995	36	32	4	2.2
2000	21	16	5	1.6
2005	31	20	11	0.7
2010	19	11	8	3.3

资料来源：《Taiwan Statistic Data Book》。

2. 非排他性的再生性自然资源

很多再生性自然资源其产权经常无法清楚区分，也就是说大家都可以享用。比方说，台湾沿海盛产乌鱼。这些乌鱼由谁捕到就是谁的，并没有清楚的产权界定。再例如，河流、空气等再生性自然资源，都是大家可以共同享用的。

由于这些资源可以共同享用，就会出现外部性。比方说，当一个人努力捕获很多乌鱼时，别人的捕获量就会减少。当一个人在上游污染河川时，下游的人就无法享受河流带来的美景。由于这些外部效果的负成本无法正确反映在使用者身上，因此很容易造成过度使用。

尤其是这些再生性资源的再生速度往往又与使用量有关。比方说，倘若每年乌鱼的自然成长速度是总量的 10%，如果我们的渔民每年捕获乌鱼总量的 10%，则我们可以预期每年大概都有固定的乌鱼数量可供捕捞。如果某一年捕捞太多，以后可供捕捞的数目就会减少。由于乌鱼在海上并没有一定的所有权归属，大家都会想要尽量捕捉。在过度捕捞之下，渔货量会逐渐减少，目前台湾渔民正面临此种困境。

另一方面，当渔货量减少时，人们为多增加捕获，就会增加更多的人力，更多的渔船。但当大家的努力都增加时，捕捞的数量却不一定能增加。因为一个人的努力收获，会导致别人收获的减少，使得最终的努力结果彼此抵销。

唐纳 (R.K.Turner)、皮尔斯 (D.Pearce) 与贝特曼 (I.Bateman) 三位教授曾经提出一个有名的模型，来说明人们努力程度与渔获量之间的关系。假设在没有外力干扰之下，台湾沿海地区乌鱼的自然增加数量如图 16.1 所示。在图 16.1(A) 中，横轴代表乌鱼存量，纵轴代表每年乌鱼的自然增加百分比。当乌鱼数量很少时，增加的速度较慢；当乌鱼数量较多时，增加率会上升。但是当乌鱼数目超过一定数量时，由于海中可供乌鱼食用的食物有限，会自然限制乌鱼增加的速度。当乌鱼数量达到最大时 (S_2)，乌鱼的数目便不会再增加。在图 16.1(A) 中，S_1 表示能使乌鱼每年成长率最高的乌鱼数量。

图 16.1(B) 则显示渔民捕捞乌鱼的努力程度与捕获量之间的关系。其中横轴表示捕捞的努力程度，可以用渔民数量或渔船数量来表示；纵轴则为捕获量的收益百分比。在图 16.1(B) 中，当人们捕捞的努力程度增加时，捕捞的收益会增加。此处为方便起见，我们假设乌鱼的市场价格是固定的，因此捕捞数量可

以立即转换成收益。而纵轴的捕捞收益百分比可以看成收益与捕捞程度的百分比关系。由于渔民在捕捞时，彼此会出现负的影响，即一人努力捕获会减少别人的捕获量。所以，如果大家都用最好的渔船，最努力的捕捞，虽然可以达到最大的捕获量，但却因为努力程度也最大〔如图 16.1(B) 中的 E_2 点〕，则使净收益减少为 0。显然，在渔获收益与努力程度之间会有一个最大报酬的努力程度，即 E_1。在 E_1 的努力程度下，可以使每个渔民的努力收益最大。

要说明的是，图 16.1(A) 中乌鱼的成长率与图 16.1(B) 中的努力程度会有相反的关系。当人们努力捕鱼的程度增加时，乌鱼的成长率就会减少。现在，我们再假设捕鱼的成本与努力程度呈正比，如图 16.2 中的总成本线。注意，此时总成本线系以百分比表示，因为当个人努力增加时，相对的成本也会增加。

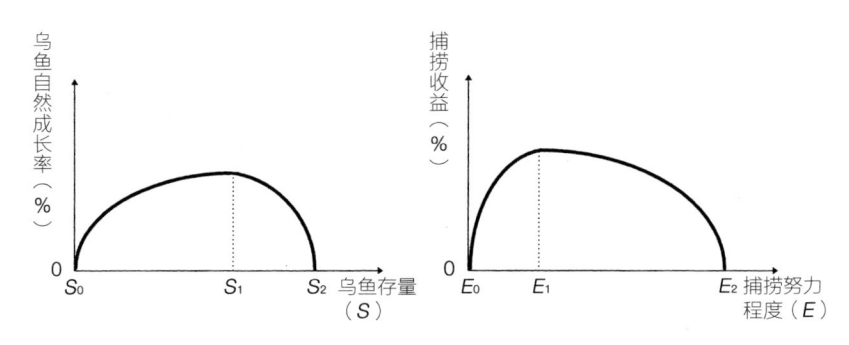

图 16.1(A)　乌鱼自然成长率　　图 16.1(B)　乌鱼捕捞程度与收益

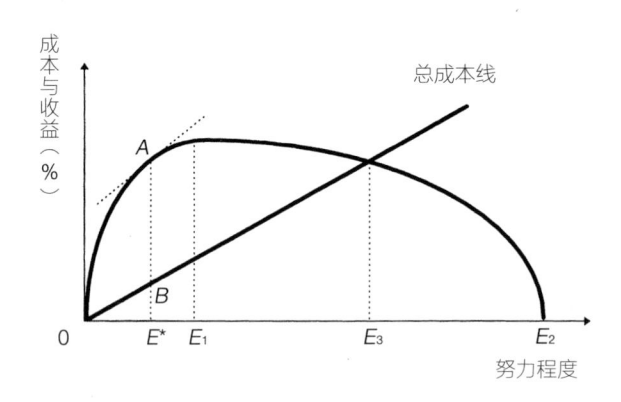

图 16.2　乌鱼的最适努力程度

如果每一个人都希望自己努力捕鱼能带来最大的报酬率，则最适的努力程度应该是在 E^* 点上。在 E^* 上，捕鱼的边际收益为 A 点的斜率，而捕鱼的边际成本为总成本线的斜率，由于两者在 E^* 点上相等，所以可以达到利润最大，即 AB 段。

如果台湾的沿海渔场属于某一家私人渔业公司所拥有，则他们会限制渔获收入到 E^* 点，此时可以使捕鱼的利润最大。但实际上的问题是海洋是大家的，每一个人都可以下海捕鱼。只要捕鱼有利润存在，自然就会吸引更多的渔民下海捕鱼。在大家都不断出海捕鱼下，捕鱼成本不断增加，收益则逐渐减少，直到利润完全消失为止，此即图 16.2 中的 E_3 点。在 E_3 点上，捕鱼的收益等于成本，没有利润可图，因此不会再有其他渔民加入捕鱼的行列。

但显然在此时大家都下海捕鱼的情况下，渔获量的数目超过许多，虽然捕获量增加，但利润却等于 0。更严重的是，明年可供捕获的数量会明显减少，利润会更少，甚至出现负的利润。造成此种过度捕捞现象的主要原因，就在于沿海的乌鱼并没有明确的权属。在大家都可以捕捞之下，会产生过度捕捞的情况，最终将有可能导致大家都无鱼可捕的窘境。

此种对缺乏排他性的再生性自然资源过分捕获的情况，不只在一个国家或地区才有，在国际之间更是经常出现。在 19 世纪时，北太平洋白令海峡附近的海豹曾经遭到各国猎人的大量捕杀。在 1867 年时，估计当时在白令海峡附近的海豹有 150 万头左右，到了 1897 年时，只剩下 40 万头。为减少人们滥捕海豹，几个所有权国家签订北太平洋海豹公约 (The North Pacific Fur Seal Treaty)，约定自 1911 年起，不得再滥捕海豹，而且规定所有北太平洋海豹皆由美国拥有。在美国独享海豹所有权之下，它可以决定每年最适的捕杀数量，以维持海豹的长久生存数量 (sustainable stock)。然后由美国每年捕杀海豹的获利当中，再与各国分享，此种约定一直维持到现在。

消失中的台湾乌鱼

传统以来，乌鱼都是台湾家庭餐桌上的佳肴，尤其是乌鱼子更是许多人的最爱。然而，大家可以想想看，当渔民每年都把带有满满鱼子的母乌鱼连着鱼卵一起捞起来，那么未来的小乌鱼要从何而来呢？因此，大量捕捞母乌鱼是一种无法永续发展的行为。

1950 年巾著网渔业发达之前，台湾渔民每年捕到的乌鱼大约在 30 万尾左右，其后随着捕捞技术的提升，台湾每年捕获的乌鱼数量就开始超过 100

万尾。到了 1980 年前后，每年捕获的乌鱼数量达到最高峰的 270 万尾。其后就开始逐年的减少，到了最近几年，台湾每年乌鱼的捕获量已经少到只剩下一二万尾。

　　大致上来说，造成台湾乌鱼产量大量减少的主要原因有三个，首先，是因为捕捞技术的提升，使得台湾渔民得以大量的捕抓乌鱼。其次，由于乌鱼是洄游性鱼种，通常在冬天会自北向南游到台湾附近沿海过冬，北边渔民会在乌鱼抵达台湾之前就先大量捕捞。最后，另外一个重要原因，是因为气候暖化，冬天乌鱼南游时不会下到台湾这么南边的地方，导致台湾附近根本就不会再出现乌鱼了。

　　总之，由于人们过度捕捞，使得台湾附近的乌鱼已经很少很少了；现在再加上气候变暖的因素，未来台湾沿海附近的乌鱼很可能会完全销声匿迹。

资料来源：https://kmweb.coa.gov.tw/subject/mp.asp?mp=315；
环保信息网站 http://k0926600531.myweb.hinet.net/green/green128.htm。

波士顿的螃蟹都是公的

　　位于新英格兰地区的波士顿城以盛产龙虾和螃蟹著名。赵教授一向对螃蟹情有独钟，尤其是中秋时节的螃蟹蟹黄丰盈，更是人间美味。九月初新到波城的赵教授便风尘仆仆地跑到波士顿中国城的超级市场中，想要挑选几只肥大的秋蟹回家大快朵颐。

　　跑遍了所有的超级市场，看到了许多生鲜活泼的大螃蟹，包括大蚌蟹、娘蟹，以及石蟹，但就是看不到一只母的！赵教授在细问之下才知道，原来波士顿的渔夫把捕捉到的母蟹都放回大海中，以期能继续产卵生子，明年他们才能有更多的螃蟹可捉。

　　美国大多数的州法对于捕捉海洋鱼类或淡水鱼类都有相当严格的规定。比方说，成鱼要在一定长度以上才可捕捉，每人每日可捕捉的数量也有一定限制，某些产卵季节则完全禁猎。相较之下，多年前，台湾地区的人们电鱼、毒鱼、炸鱼的行为很多，直到后来才被全面禁止，但河川与近海之中的渔获已大大减低。不知何时台湾地区河川的鱼儿才能恢复旧观？

（二）非再生性自然资源

渔业、林业、河流等属于再生性资源，只要小心使用这些资源，就可以保持长久稳定的供给。然而还有许多自然资源的存量是固定的，每当使用一些，全球存量就会折损(depletion)。经过长期使用，这些自然资源迟早会被使用完毕，这种资源称为非再生性自然资源。地球上大多数的矿产都具有这种性质，比方说石油、铜矿以及其他矿产。由于这些矿产大都可以完全属于某些私人拥有，因此在生产与消费过程中，可以达到经济效率。

有些非再生性自然资源，如大气层、地下水、气候等，其所有权不容易界定清楚，这时候人们对于这些自然资源就会出现过度使用的情形。

比方说，台湾中南部地区就有很多农民从事养殖渔业，而经常超抽地下水，导致地层下陷等问题。国际之间争相排放二氧化硫(SO_2)和氟氯碳化物(chlorofluorocarbons, CFC_S)等有害气体，导致其他地区或国家下酸雨(acid rain)和地球臭氧层(ozone layer)变稀薄等严重问题，这些都是人们过度使用这些资源的结果。

1. 具排他性的非再生性自然资源

石油、天然瓦斯、金、银、铜及其他矿产的世界储藏量都是固定的。每当人们自金矿中开采出一些金子来时，世界储藏量就会减少。然而这些矿产大都属于私人拥有，所以在开采过程中，他们都会设法追求最大利润。由于这些矿产产生的外部性很小，所以经由市场运作，这些自然资源的生产与消费可以达到最有效率的配置。

由于这些矿产的数量有限，每开采一些，存量就减少。所以矿产拥有人在开采这些矿产时，必须注意到这些矿产的未来价格。即在收益方面，矿产所有人必须考虑未来价格的折现值与目前价格的比较。如果预期未来价格会上升，且折现成今天的价值后，仍然高于现在的价值，假设开采成本相同时，则应该多保留一些到未来生产。否则，预期未来价值较低，则现在应多开采一些。

另外一个问题是开采成本的问题。由于生产技术不断进步，所以开采成本也不断降低。因此矿产所有人必须考虑未来开采成本折现值与现在开采成本来比较，若未来开采成本较低，则应多保留一些到未来开采；反之，若预期未来开采成本较高，则应考虑目前多开采一些。

2. 稀少性的争议

1971年石油输出国组织对部分国家采取石油禁运政策，造成国际油价大扬，是为第一次石油危机。经过第一次石油危机之后，人们开始认识到国际石油储藏量有限，应该开始仔细考虑如何谨慎使用这些有限的资源。此种态度也应该同样用在其他有现况的资源上面，尤其是对一些稀少性的金属，例如铜矿、镍矿等。

在大梅多斯(D.H.Meadows)，小梅多斯(D.L.Meadows)与兰德斯(J.Randers)三人于1972年合著的《增长的极限》(The Limits to Growth)一书中，曾对人们使用自然资源提出严重警告。他们以实际统计数据说明地球上现有各种自然资源的数目，并说明在现有使用速度下，这些自然资源很可能在极短时间之内，就将面临完全耗尽的窘境，见表16.4。

然而，梅多斯等人在估计地球上自然资源的使用年限时，出现了几个严重的问题，使得他们估计的结果似乎过分悲观。若依他们1972年的估计，表16.4显示其中有许多自然资源到2017年的今天应该早已全部耗尽，如金、银、锡、石油、铅、铜，以及天然气等。但事实上，到目前为止，全球并没有面临资源不足的问题。

有几个关键的问题梅多斯等人未曾仔细考虑，以致造成估计上的严重误差。首先，他们在估计自然资源的储藏量时，出现低估的现象。因为在探勘科技进步下，不时有新的矿藏被发现，因此实际的储藏量远超过梅多斯等人的估计。其次，梅多斯等人忽略了市场的调整功能。比方说，当石油价格大涨时，人们就会有诱因去发展核能，甚至太阳能，而当能源价格愈高，人们寻取替代品的动机愈高，如此会自然减缓对这些有限资源的需求。最后，重要因素是他们忽略了科技进步与其他产品的替代性。比方说，以前用铜线来做电线，故人们需要大量开采铜矿。但后来改用光纤电缆，效果远比铜线来得好，因此人们对铜的需求大减。

表 16.4 自然资源使用年限的悲观估计

金属种类	估计可供使用年限	金属种类	估计可供使用年限
金	9	铝	31
银	13	钼	34
锡	15	锰	46
锌	18	白金	47
石油	20	镍	53
铅	21	钴	60
铜	21	铁	96
天然气	22	铬	95
钨	28	煤	111

资料来源：大梅多斯、小梅多斯和兰德斯，《增长的极限》，1972 年，第 56～60 页。

哥勒 (H.E. Goeller) 与查克 (A. Zucker) 于 1988 年对一些矿产资源重新调查其存量，并估计未来可使用的年限，他们的估计结果要远比梅多斯等人的估计来得乐观，见表 16.5。哥勒与查克两位教授以 1988 年的全球储藏量，以及在部分资源可以回收使用的考量下，乐观地认为到 100 年以后，仍然有许多存量可以使用。

表 16.5 自然资源使用年限的乐观估计

自然资源	全球储藏量（百万吨）	至 2100 年时的折耗量（%）
钴	5.4	36
钨	6.8	11
钼	21.0	5
镍	210.0	35
锌	330.0	37
钛	710.0	38
锰	2800.0	18
铬	1000.0	–

资源：哥勒与查克，《无尽的资源：终极策略》，《科学》，1984 年，第 456-462 页。(H.E. Goeller and A. Aucker, *Infinite Resources: The Uitimate Strategy, Science,* 1984, pp. 456-462)

虽然全球矿产有限，存量逐渐减少，但有趣的是大多数矿产的价格与工资相比，却呈现长期下滑的趋势，见图 16.3。

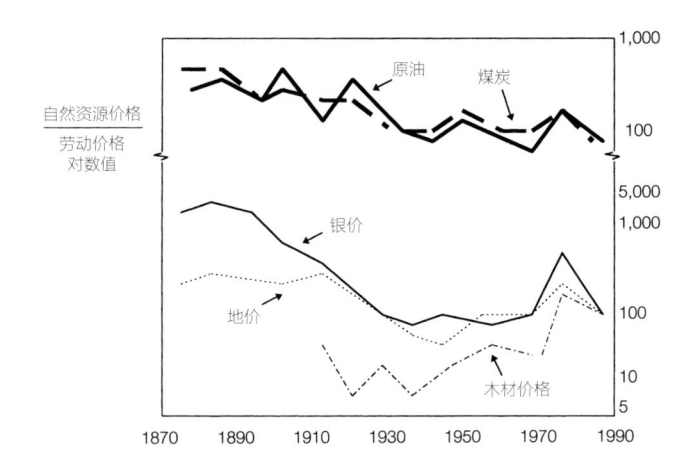

图 16.3　自然资源的长期趋势

资料来源：诺德豪斯，《致命模型 II：再论增长的极限》，《布鲁金斯经济活动期刊》，1992，第 2 期，第 24-26 页。(W.D.Nordhaus, *Lethal Model II : The Limits to Growth Revisited*, Brookings Papers on Economic Activity, 1992, No.2, 24-26.)

乍看之下，此一现象令人费解，因为世界人口逐年增加，世界矿产存量逐年减少，为什么后者相对于前者的价格却会逐年降低呢？答案很简单，因为此处只考虑供给面，而没有考虑到需求面。在长期下，由于技术进步与其他代替品的出现，使人们对矿产的需求不断萎缩，导致其相对价格下降。另一方面，虽然人口不断增加，但人们对劳务需求的增加速度更快，使得劳务的相对价格逐年上升。

虽然人们对于自然资源的储藏量和可能使用年限仍然有很多争议，但至少我们可以确定的是，在短期内人类尚不至于立即陷入没有资源可用的困境。然而，地球只有一个，如何得以妥善利用地球上的自然资源，仍然应该是大家努力的目标。

3. 非排他性的非再生性自然资源

在具排他性的非再生性资源中，自然资源使用年限的问题并不那么严重，因为市场调节功能与新的科技可以协助我们解决部分问题。但是对于一些不具有排他性的非再生性自然资源所带来的问题就严重得多，主要原因还是因为这些自然资源具有非排他性，在人们争相使用下，很容易出现过度使用的问题。

地下水与河川中的沙石都属于非再生性的自然资源。由于地下水与河川中的沙石所有权并不清楚，使得人们很容易过度使用。台湾地区的淡水养殖渔业曾经非常兴盛；台南县养殖虱目鱼、屏东县养殖草虾与红蟳、宜兰县养殖鳗鱼，都曾经风行一时。由于淡水养殖需要大量水源，而台湾地区的河川大都被污染，不能用以养殖淡水鱼类，最好的干净水源就是地下水。在缺乏管制之下，养殖业者开始大量抽取地下水使用。

对养殖业者而言，抽取地下水的成本很低，只有打井、马达、管线的费用而已。但是使用地下水却会造成许多社会成本，其中最大的一项就是造成地层下陷，因为地下水被掏空，地表无法被地下水承担，地层便下陷。台湾地区地层下陷以云林和嘉义一带最为严重。地层下陷的结果，使得每当台风来临时，便会出现严重的海水倒灌，事后海水又不容易排退，造成人们重大的财物损失。

如果我们能把这些财物损失计算到养殖业者的成本上去，则业者会因为无法负担这些成本而停止养殖。不幸的是，这些遭受海水倒灌损失的人，并没有适当渠道要求养殖业者赔偿。最后，为防止地层下陷继续扩大，政府便全面禁止上述地区抽取地下水。此举虽然可以阻止地层下陷恶化，但对于已造成的损失却无法弥补。

河川中的砂石是另外一种产权不清楚的非再生性自然资源。对采集砂石的业者来说，生产成本只有采集成本和运输成本，因此可以赚取巨额利润。但是当下游的砂石被过度开采，上游的砂石就会加速被冲刷，桥梁的基础就会暴露，在长期被冲刷后，桥梁容易损害，这是一种社会成本。然而由于这种社会成本并不需要采砂石业者负担，相形之下，采砂石业者的采沙量就会过度。此种过度采砂石的现象在台湾大多数的河川中都不断出现，造成许多桥梁的寿命急速缩短。在无法向业者收费的情况下，为避免河川的砂石快速流失，政府便规定绝大多数河川禁采砂石。

地下水与河川砂石属于同一个国家或地区，可以利用公权力出面禁止使用。虽然这不一定是最有效率的解决方法，但至少可以立即终止过度使用的情形。有一些不具排他性的非再生性自然资源，其所有权牵涉到几个国家或地区，甚至全球所有的国家，要解决过度使用的问题，就更不容易。比方说，近年以来科学家们一再指出地球上臭氧层变得愈来愈稀薄。臭氧层变薄的结果，一方面增加太阳光线中紫外线对人类皮肤的侵害，引发更多的皮肤癌；另一方面，太阳光照射增加，也会增加地表温度，引起"温室效应"(greenhouse effect)及全球暖化的问题。

导致臭氧层变薄的主要原因在于各国排放过多的氟氯碳化物。这些氟氯碳化物来自很多地方，譬如电冰箱的冷媒，以及一些其他的化学药品等。为减少臭氧层变薄的情况恶化，国际之间便一再开会要求各国政府对其人民使用相关化学产品加以限制。由于不同国家之间的政策不同，使得国际之间的限制效果受到一些影响。由于此种问题十分严重，可说是"环境经济学"中最主要的问题之一，我们在下一节的"环境经济学"中，再详加说明解决办法。

自然资源价格的长期趋势

西蒙教授 (Julian Simon) 是一位乐观的经济学家，他相信人类技术进步可以对任何一种折耗性的自然资源找到替代品。1980 年西蒙教授对一些悲观的环境学者下战书，请他们在自然资源中任选一种，西蒙预测此种自然资源的价格在未来一定会下降。

埃尔利希教授 (Paul Ehrlich) 是一位知名的生物及环境学者，1968 年曾以《人口炸弹》(The Population Bomb) 一书成名，书中曾预测世界即将有大饥荒出现。埃尔利希教授在 1985 年的另一本书中预测几种主要的自然资源会出现短缺，于是他接受了西蒙的挑战。他以 1000 美元作为赌注，他预测在 1990 年时有五种自然资源的价格会上升，包括铬、铜、镍、锡、钨。当然此价格必须经过通货膨胀的调整，也就是说他们赌的是实质价格的变化。

结果在经过通货膨胀调整后，上述五种金属的价格都大幅下滑，西蒙教授大获全胜。埃尔利希教授不但没有看到自然资源价格长期下滑的现象，更不幸的是在 1990 年，正逢全球经济不景气，更使这些商品价格疲软不振。

事后，西蒙教授愿意再赌一次，但埃尔利希教授觉得已经输得够多了，拒绝再赌下去。

资料来源：萨缪尔森 (P. A. Samuelson) 与诺德豪斯 (William D. Nordhaus) 所著《经济学》(Economics)，第 14 版，1995，第 346 页。

总而言之，当非再生性资源的使用不具排他性，或所有权范围无法界定清楚时，就会出现公共财的问题，也就是会有过度使用的问题。一种解决方式是由政府直接管制，禁止人们使用。另一种方法是交给市场机制来解决，即把这些社会成本转化成私人成本，例如收取地下水费用，或收取污染排放费用。政府应该在这两种方法中找出较有效率的一种，以使资源能做最有效率的使用。我们会在下一节的环境经济学中，进一步比较两种不同政策可能带来的不同效果。

二、环境保护与经济发展

自然环境是经济资源的一种，属于生产要素之一。例如土地可以种植农业作物，河流与海洋可以生产海产，天空可以让厂商排放废气。另一方面，环境可以当作消费品，例如河水可供饮用，空气可供呼吸；自然环境还可以提供各式的休闲场所与去处。尤其是自然环境当成休闲场所的需求而言，收入弹性是很高的。也就是说，当经济发展落后时，人们会为增加收入而牺牲一些环境质量；但是当人们收入愈来愈高时，人们对环境质量的要求也就愈高，政府就必须同时配合提高空气、水源、噪音等各种污染防制的标准。

然而，自然环境属于公共财，在使用上没有排他性的原则下，很容易出现过度使用，因为私人成本远低于社会成本。当一国在经济发展之初，也许会为经济增长而牺牲一些环境质量，而在收入达到某一水平之后，再回来追求较高的环境质量。然而有些自然资源具有再生性，例如河川与空气，这些自然环境可以通过严格污染管制与清理，来达到重新恢复景观的目的，虽然通常都要花上很高的成本。但是还有很多自然环境是不具再生性的，例如地球大气层中的臭氧层。当臭氧层被污染破坏以后，再也没有补救的机会。而且这些问题非常严重，甚至可能危害到全人类的生存。

在经济发展与环境保护经常出现矛盾之下，政府应当如何取舍是一个非常重要的问题。在决定环境保护的目标之后，以何种政策才能最有效率的(或以最低成本方式)达到此一目标，则是另外一个重要的课题。

台湾省在享受60年的经济发展奇迹背后，相对地丧失了良好的环境质量，比方说，台湾省没有遭受污染的河川寥寥可数。在人均收入超过 22000 美元的今天，社会大众对环境质量要求日益高涨之际，当局采取了哪些行动？比方说，解决河川污染最重要的政策之一就是建设地下污水排放系统，我们的进度有多少？国际环保意识高涨下，国际之间对于保护臭氧层、减轻温室效应、减少 CO_2 排放、减少酸雨、减缓地球暖化等诸多国际环保问题，都仍在不断的努力当中，我们会在本节对上述诸多问题一一加以介绍与说明。

（一）经济增长与环境保护

1. 成长的限制

自然环境是一种很重要的生产要素。所有的生产活动都需要能源，这些能源不论是来自石油、天然瓦斯、水力等，都是大自然的产物。当人们收入增加时，对于能源的需求量也愈大。自然环境同样可以提供人们直接消费，例如饮水、空气等。

另一方面，当这些能源在消耗的过程中，同时会产生许多废弃物，例如汽车排放废气、工厂排放废水、家庭排放废水等。这些排放的废弃物最终也由自然环境来吸收，例如废水排放到河流与大海中、废气排放到天空、垃圾则堆积在山谷中。

由于自然环境能提供的自然资源有限，即使是再生性资源，这些资源也是有限的；同时，自然环境能吸收的废弃物也有其极限。因此，较悲观的学者就曾一再提及人类经济增长最终必将受到自然资源的限制。

虽然有些人可能过分悲观（如同我们在前一节所说明），但无疑的，经济增长与环境保护之间有时候会有很明显的冲突。比方说，为了环境保护，我们必须采用更严格的污染防治标准，在提高生产者的成本下，厂商的投资意愿会受到影响，经济增长就会受到限制。

此外，自然环境不但提供厂商作为生产要素，也同时可以当成人们休闲的场所。尤其当人们收入增加以后，自然环境所带来的效益更形增加。因此，如果一个自然环境拿来当作生产要素所能带来的收入与福利，其也可以看成是社会收益，那么其同时损失的是自然环境所能带来的休闲与福利，也就可以看成是机会成本。两者之间孰高孰低，应该是政府决定是否通过环评并开发产业的主要考量因素。

由于科技不断进步，人们可以用较少的能源产生出更多的收入，比方说，世界各国的能源使用效率都大幅提升，尤其是在二次石油危机以后。同时，在使用相同的能源下，人们排放的废气可以大幅减少，例如汽车由高级汽油转成使用无铅汽油。因此，至少到目前为止，人类经济活动还没有受到自然环境的直接限制与威胁。

戈尔与莱昂纳多的呼吁

2006年，美国前副总统戈尔出了一部有关环保议题的重要影片《不愿面对的真相》(An Inconvenient Truth)，其中揭露了人类长期使用化石能源，排放大量的 CO_2 及其他形式的污染。其中他特别提及，由于人类排放大量 CO_2，造成地球臭氧层被破坏，引起严重的全球暖化和气候变迁的问题。由于戈尔不断对全世界发出警示，引起全球国家对于此一环保问题的重视，因此，2007年他获得诺贝尔和平奖。

一年后，好莱坞金像奖影帝莱昂纳多曾在2007年拍了一部纪录片《第十一个小时》(The 11th Hour)，来呼应戈尔，提醒人类应该要重视气候变化可能带来的危机。十年过后，2016年，李奥纳多又拍了一部纪录片《洪水来临前》(Before the Flood)，再次强调人类使用过多化石能源，对于地球所造成的严重伤害。

现在全球气候暖化已经带来各种怪异型态的气候，各地水灾、干旱、极热、极冷的各种气候纷纷出现。最后，莱昂纳多问了一句最关键的话："我们能够在为时未晚之前，采取行动阻止灾难发生吗？"不幸的是，到现在为止，人类都还找不到答案！

资料来源：《不愿面对的真相之后——李奥纳多带你看洪水来临之前》，《30杂志》，2016年12月号，第148期；刘光莹，《李奥纳多又拍了一部气候变迁纪录片，他想说什么？》，《天下杂志》，2016.11.2。

2. 产业政策

每个国家或地区的土地、自然资源、人口都不尽相同，因此受到自然环境的限制条件也不相同。台湾虽然没有生产任何石油，煤产量也接近于零，但由于全台湾经济体系较小，经济增长受限于能源的问题较小。另一方面，由于台湾面积狭小，人口密度高居世界第二，在高度使用之下，自然环境受到严重破坏的情况可以想象。

在经济发展与环境保护的双重压力下，政策方针应如何取舍？事实上，台湾电力不足的问题主要是出现在尖峰时间。以目前负责全台湾发电业务的台湾电力公司发电容量来看，尖峰时间只剩下5%的闲置容量，这是不够的。因为万一有一个发电机组发生跳机，马上就会出现电力供应不足的问题。

要解决尖峰负载不足的问题，不一定需要用兴建核电厂来解决。核电厂的发电方式必须是不断地稳定发电，也就是说核电厂适合作为基载发电之用。所谓"基载发电"，就是当成全天候供应稳定的基本发电量。而在尖峰时间，就可以利用较容易随时调整发电量的火力发电厂来应付。火力发电可以用石油、煤或天然气来做燃料。其中以烧煤的成本最低，烧天然气的成本最高，但后者排放废气最少，前者则为排放二氧化硫，且会产生煤灰。因此，政府可以在燃烧成本与排放污染之间做一选择。另外一个主要的替选方案，即扩大再生能源的比重，包括太阳能与风力发电等，但是同样必须考量相关成本的问题。

长远来看，固然扩大发电量是维持经济发展的必要手段，但另一方面，调整产业政策可能更形重要。既然提供能源的社会成本很高，包含燃料成本与污染环境的成本，政府应当把这些成本计算到电力成本之中，让使用者负担这些成本而减少使用。更重要的是，在产业政策上面，应该鼓励发展低能源、低污染的产业，而限制发展高能源、高污染的产业。比方说，钢铁业就需要使用大量能源，很多炼钢厂都是用煤或电力来炼钢，在考虑环境污染成本下，这些产业是否应继续发展有待商榷。另一方面，石油化学工业是另一项需要高能源投入，又容易产生高度污染的产业。以台湾省弹丸之地，自然环境能否吸收这些污染颇令人怀疑，再加上大量使用石油与其他能源，对于不生产任何能源的台湾地区是否合适，也值得争议。

据经济主管部门估计，六轻厂使台湾经济增长率提高许多，我们非常乐意看到这项成果，但是六轻厂同时带来的污染与环境损失，会造成民众福利有多少损失？是否曾进行仔细地评估？为了使六轻厂及其他产业的污染排放能达到严格的标准，当局应该采取何种手段？比方说，直接限制污染排放量？或采取使用者付费原则？此一问题将在下一小节中讨论。

无论如何，经济发展与环境质量都是我们所希望的。政府应寻找出一个最有效率的方式，一方面保护环境的质量，一方面将维持合宜的经济增长。在长期来看，选择低污染、低耗能的产业应该才是一条正确的方向。

（二）市场失灵与经济政策

由于自然环境具有公共财的性质，为达到最有效率的使用方式，某种形式的政府干预或管制自然有其必要。大致而言，政府可以用两种方法来达到干预的目的，一个是直接管制，另外一种是透过政府干预与市场机制来同时达成。

1. 直接管制

要保持自然环境并维持生态，最简单的方式就是由政府直接加以管制。比方说，为减少砂石流失，政府可以规定河川禁采砂石，同时也可以规定河川上游为维护水土保持，一律不准开辟果园或兴建住宅；为防止地层继续下陷，政府可以规定全面禁抽地下水；为防止空气污染，政府可以规定发电厂只准用最干净的天然气发电等。

从行政的成本来看，直接管制的行政成本可能是最低的；但是从经济效益来看，直接管制不一定能符合最大效益。首先，政府如何决定最适的污染水平？零污染当然是很好的标准，但是要达到零污染，成本势必太高。比方说，为达到空气零污染，我们是不是应要求所有的工厂都不得排放任何废气？是不是应要求所有的汽车都完全不能排放废气？这显然是不可能的事。而且，事实上零污染也没有必要，因为大自然的空气本来就有再生的功能，只要每天污染排放量在一定限度以内，大自然环境可以自由的吸收，并达到清净的功能。

另一方面，如果不以零污染为标准，那么最适的污染程度应如何决定呢？有两个一般性的原则，一个是以自然生态能够长久维持的水平，即在此污染水平下，大自然可以不受损伤的自然维持下去，当然此时的污染标准较为严格。

另一种方式，则是以自然所能提供的社会边际效益等于大自然恢复原状所需的边际社会成本为准。此种方式等于是尊重市场原则，经济效率较高，较能达到经济发展的目标。

最后，即使政府以直接管制的方式限制污染数量，问题并没有完全解决。除非政府规定完全零污染，或者完全不得使用任何自然资源，否则只要政府允许人们有限度地污染自然环境，或有限度地使用自然资源，就会出现过度使用的问题，因为自然环境的使用不具排他性。在此种情形下，政府面临的下一个问题是：该如何分配这些可供污染的配额？显然这又是另外一个经济问题。

无论如何，政府直接管制当然是维持环境质量最有效的方式，但却不一定最有效率。在情况恶化的时候，政府也许应该采取直接管制的严厉措施，比方说，地层下陷的地方，政府应该完全禁止人们抽取地下水。但大部分时候，政府应该采取某种经济手段来干预，如此可以更有效率地使用自然环境，同时也可以达到保护环境质量的目的。

2. 市场机制

自然环境是公共财的一种，公共财产发生市场失灵的主因在于外部性的存在。我们在第十四章中曾经提及，解决外部性的方法之一就是把外部效果内部化。英国经济学家庇古 (A. C. Pigou) 很早就提出对有外部效果的商品课征税收，以便将其带来的社会成本反映在个人成本之上，我们称之为"庇古税" (Pigouvian Tax)。

假设有一家塑胶工厂为制造商品而必须排放污染，因此排放污染可以带给他收益。不过此处收益是递减的，因为产品的边际效益会递减。如果我们把污染数量当成横轴，把边际收益当成纵轴，我们可以绘出厂商对于污染的需求曲线 D (等同于市场上对于产品的需求曲线，因为产量愈大，污染排放就愈多)，如图16.4。另一方面，厂商也必须为污染付出一些私人成本，比方说，员工的健康变差，厂商必须支付医药费。这些边际成本会随着污染的增加而增加，如图16.4中的 MC_p。

追求最大利益的厂商会选择污染带来的边际成本与边际收益相等的一点 (E 点)，决定其最适污染数量 (Q_1)。图16.4中，E 点代表厂商的最适选择点，其最适的污染量为 Q_1。

但该厂商只考虑私人成本，而未曾考虑污染带来的社会成本。因为该塑料厂商排放污染气体时，受害的不仅是工厂内的员工而已，还有其他许多附近的邻居也会受到污染伤害。如果把这些伤害损失也考虑进去，我们可以得到全社会的边际成本为 MC_S。在考虑社会成本下，F 点才应是全社会的最佳选择，此时社会最适污染量为 Q_2，小于 Q_1。换句话说，把污染当成一些不良的外部效果时，如果不考虑社会成本，则会使污染数量 (Q_1) 大于考虑社会成本下的污染数量 (Q_2)。

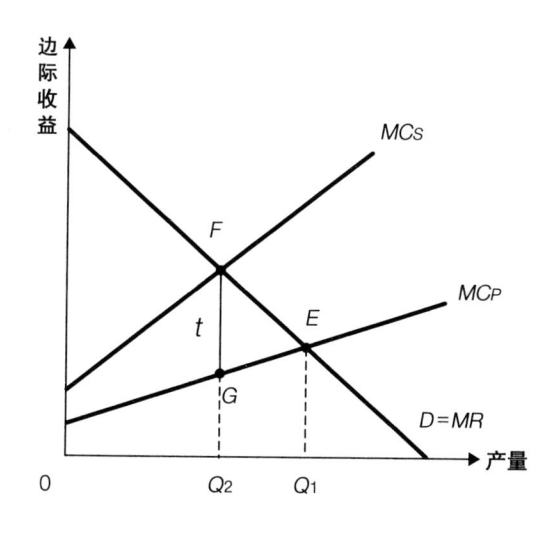

图 16.4　对外部经济课征庇古税

为使社会成本反映在私人成本上，庇古教授建议对污染者课征每单位污染费 t 元（即庇古税）。其中 t 的大小也就是社会成本与厂商私人成本的差额。由于污染者必须多支付 t 值的税，因此 MC_S 就可以代表该厂商的边际成本，故其最适选择就会移到 F 点（$MC_S=MR$）。在此种情形下，全社会就可以达到最适的污染数量 Q_2。

相反的，如果我们面对的是正的外部性时，政府该如何处理呢？比方说，有些工厂很在乎环境质量，希望多投入购买污染防治设备，以达到减低污染、提高环境质量的目的。

现在我们把横轴当成环境质量，纵轴当成收益，MC 曲线代表厂商为提高环境质量所需投入的边际成本曲线。MB_P 曲线则代表厂商提高环境质量时，所带来的"私人边际效益"(private marginal benefit)。比方说，员工较健康，因此可以提高产出，增加厂商的边际效益。当此个别厂商为追求最大利益时，其污染防治水平会选择边际成本(MC)等于私人边际收益的水平(MB_P)，即图16.5中的E点，此时环境质量水平为(Q_1)。

然而，当厂商减少污染排放，提高其环境质量时，邻近的居民也同时受益，此时的社会利益是较高的，即MB_S。因此，全社会的最佳环境质量数量应该是Q_2，即MC与MB_S相交之点，F点。为达到Q_2的最适质量，政府应该对此厂商加以补贴(s)，即FG的部分。如果能把厂商制造的外部利益反映在私人利益之上，就可以使有利的产量增加。反之，当一种商品能带来外部效益时，若外部效益无法由该私人厂商所享有，则通常该产品的产量为(Q_1)，会小于全社会最适产量(Q_2)。

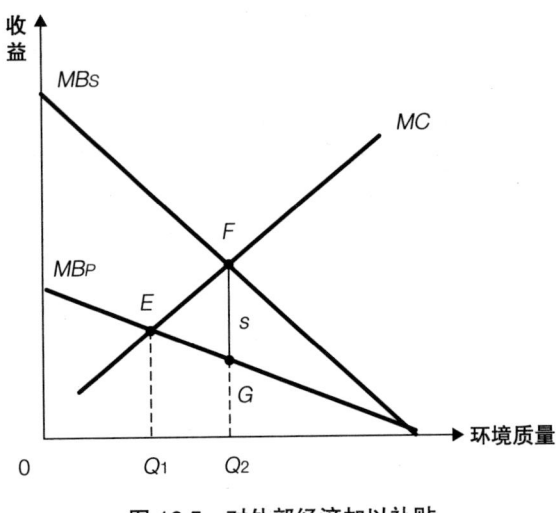

图16.5 对外部经济加以补贴

事实上，庇古税早已应用在许多地方。比方说，汽车排放许多废气，但对驾驶人而言，其支付的私人成本只有汽油费而已，他不必负担任何污染空气所造成的社会成本。因此，为使排放废气所造成的社会成本能由驾驶人负担，很多国家的政府便征收空气污染防治费，简称空污费，并且随油征收。换句话说，当一个驾驶人在购买汽油时，不但要支付汽油费，还必须支付一部分污染费，这就反映出其所负担的污染成本。而且随油征收表示当汽油使用量愈多时，就必须支付更多的污染费用。

除了空污费以外，政府还征收垃圾处理费。因为当人们制造垃圾时，会产生很多不良的外部效果，政府的做法是随水费征收处理费，或者以随袋征收方式来课征。当使用自来水愈多或制造愈多垃圾时，则必须支付愈多的污染费用，这是另一种形式的庇古税。

3. 或有价值与愿付价格

从理论的角度来看，庇古税可以把社会成本转成私人成本，或把社会利益转成私人利益，如此可以使社会资源的配置效率最大。但问题是如何计算社会成本或社会利益呢？其实这个问题不是只适用在污染或环境问题上，任何一个公共财都会遇到相同的问题。比方说，政府应不应该兴建一座桥梁？答案很简单，只要资金允许，当社会利益高于社会成本时，就应兴建，否则就不应兴建。问题是兴建桥梁的成本很容易计算，但兴建桥梁的收益该如何计算呢？也许兴建桥梁的社会收益可以利用收取过桥费来估算，但是如果讨论的是整治淡水河，我们又该如何计算一条干净的淡水河所带来的社会利益呢？

有两种方法可以用来估算自然环境的价值，一种是"或有价值法"(contingent valuation method)，一种是"愿付价格法"(willingness-to-pay method)。

或有价值法是直接询问社会大众："如果有条干净的淡水河，你觉得它对你值多少钱？"我们可以把这个价钱看成是淡水河对某一个人的价值，我们再把这些价值加总，就可以得到一条干净的淡水河所具有的社会价值总值。

或有价值法在环境经济学中，经常被用来作为计算自然环境的价值，其实此种方法也可以用来计算任何一种公共财所具有的价值。一条马路、一座桥梁、一座国家公园、甚至一盏路灯，都可以用或有价值法来计算其可能带来的社会利益。但或有价值法有一个最大的缺点，因为或有价值法是询问一个人对某种环境质量或某一个公共财所具有的主观价值。一般而言，人们都会有高估其价值的倾向。尤其是被询问的人如果知道询问者只是希望知道此一公共财的价值，而不是要他去支付价格时，更有意愿高报该价值，因为他了解价值说得愈高，政府兴建的可能性就愈大，何乐而不为？

另外一种类似的方法称为"愿付价格法"。我们可以直接向社会大众询问："如果可以使淡水河成为一条干净的河流，你愿意支付多少钱？"这笔钱就是一个人对淡水河变干净的愿付价格，再把每一个人的愿付价格加总，就可以得到整个社会的愿付价格。同样的，愿付价格法也可以运用到每一种公共财上面。比方说，愿意付多少钱去兴建一座桥梁？愿意付多少钱让你家门口多装一盏路灯？

与或有价值法相比，愿付价格法似乎更能反映出人们心中对于一种公共财的真正边际利益。但事实上愿付价格同样有严重的问题，因为如果人们知道他们要依愿付价格来实际支付税负时，他们会立即宣布他们的愿付价格是 0。这是一个典型的搭便车心理，反正政府可以用别人的愿付价格与收益来兴建一条马路，到时候我再来使用即可。反之，如果人们知道政府不会依愿付价格来收税，就仍然有可能高报他们的愿付价格，因为如此有可能使政府更愿意来兴建某一种公共财。

（三）绿色行动

近年来国际之间环境保护的声浪日渐高涨，人们对于保护森林、空气，以及其他自然资源的要求也愈来愈严格。环境经济学也因此被称为"绿色经济学"(Green Economics)。以下我们简要介绍目前最受世人重视的几个环保问题。

1. 臭氧层

地球上空的臭氧层可以隔绝部分太阳光对地球的照射，一方面可以避免地表温度过高，一方面也可以减少人们得皮肤癌的概率。但科学家发现，自 1926 年到 1988 年之间，北极上空臭氧层的厚度减少了 6%，其中绝大多数是在 1970 年到 1988 年之间的二十年所造成。

导致臭氧层减少的主因在于人们排放太多的氟氯碳化物，而产生氟氯碳化物的主要来源是冰箱、干洗店、燃料，以及泡沫发胶。为减少人类再使用过多的氟氯碳化物，1987 年 25 个主要国家于加拿大蒙特利尔签署《蒙特利尔议定书》(Montral Protocol)，约定世界各国在 1998 年时，对氟氯碳化物的排放量要减少到 1986 年水平的一半。1990 年在伦敦召开第二次会议时，制定更严格的规定，于 1995 年时，对氟氯碳化物的排放量要减少到 1986 年的 50%；1997 年时，要减少 85%；到 2000 年时，已经全面禁止使用会产生氟氯碳化物的商品。

在《蒙特利尔议定书》严格执行之下，臭氧层被破坏的情况在 1994 年达到高峰之后，恶化情况开始舒缓，预计到 2015 年时臭氧层破洞会从 2500 万平方米减少到 1500 万平方米，预计要到 2068 年才能回到 1980 年的水平。

2. 温室效应与地球暖化

近年来由于人们大量排放水蒸气、二氧化碳、氟氯碳化物、一氧化氮 (NO) 以及苯 (CH_4)，这些气体会吸收阳光放出来的热量，导致地表温度上升，是为温室效应。据估计，若依目前人们排放废气的速度，在未来一百年之内，全球气温平均会上升 2℃到 5℃之间。

温室效应会带来一些不良的影响，例如干旱的地方会更干旱，潮湿的地方则更容易出现传染病，但是温室效应最严重的影响是导致全球气候更不稳定。当全球气候不稳定或产生巨变时，会对全球生态及人们的社会与经济产生重大影响。比方说，气温过高会加速冰河与冰山融化，导致海平面升高，致使一些低洼地区被淹没。

为限制各国排放的废气造成更严重的温室效应，《联合国国际气候变化纲要公约》(UNFCCC) 于 1992 年规定，在 2000 年时，各国排放废气的数量必须维持在 1990 年的水平。

1997 年，在《联合国国际气候纲要公约》下，各国达成另外一项补充协议，即《京都议定书》(*Kyoto Protocal*)。其主要内容在限制各签约国的 CO_2 排放量，希望借此达到控制地球暖化的速度。依据评估，如果各国都能确实执行京都议定书的规定，预计到 2050 年可以使气温的升幅减少 0.02℃。

2015 年 12 月，联合国的 195 个国家再通过《巴黎协议》(*Accord de Paris*)，其主要目标在希望把全球平均气温控制在工业革命前水平以上低于 2℃以内。而在 2016 年 9 月，美国及中国政府分别批准此一协议，承诺遵守相关规定。

由于温室效应并不如臭氧层变薄那么严重，上述国际公约的约束力较小，但很多国家仍然积极采取各种经济手段来达到抑制排放废气的目的。比方说，有很多国家对排放废气课征污染税，以便将社会成本转成私人成本，减少废气排放；也有很多国家以标售一定数量的排放废气许可，需要的发电厂或其他工厂可以标购这些排放废气的污染许可证，这就是所谓的碳权交易制度，在控制许可证的情况下，全国排放废气的数量就得以控制。

3. 酸雨

酸雨是由二氧化硫、氮氧化物 (NO_X) 及氯化物等废气沉淀以后所形成。酸雨会造成对建筑物的腐蚀、妨碍农作物成长、污染河水、造成人类头发脱落等。由于各种废气在天空中飘动，形成雨水下降的地点也不一定，因此一个国家或地区的污染可能会造成另外一个国家与地区下酸雨。

虽然国际酸雨降雨量评估计划评估国际之间降酸雨的情况并不如想象中严重，但仍有不少国家在政治压力下要求严格减少二氧化硫的排放，以避免增加酸雨的概率。1990 年美国修正《清洁空气法案》(Clean Air Act) 要求减少排放一千万吨的二氧化硫。包含东欧在内的大部分欧洲国家，在 1992 年签订《第二次硫化物协定》(The Second Sulfur Protocol)，其目标设定在未来要将硫化物的排放，减少到完全不会对自然环境产生任何不良影响为止。换句话说，大约要减少目前欧洲国家所有排放量的 85%。这是一个长期目标，且据估计要达到此目标，各国必须付出很大的牺牲代价。

1995 年，中国通过《大气污染防治法》修正法案，划定酸雨及二氧化硫污染之控制区。2000 年，美国《清洁空气法案》启动第二阶段，限定各石化燃煤机组减少硫排放量。

（四）垃圾处理

垃圾处理是一个非常直接的环境问题，但通常可以由一个国家自行解决，不需要由国际组织来处理，不过有些敏感性的废弃物仍然会引起国际观注。比方说核废料处理就是一个十分敏感的问题。

即使是一般的垃圾也不容易找到堆积与处理场所。每一个人都知道垃圾处理的重要性，但没有一个人会喜欢垃圾在自家附近处理。

虽然大家都不喜欢垃圾，其实一般平常家庭生产的垃圾中有很多是固体垃圾，这些是可以回收的，回收的垃圾不但可以提供资源再利用，同时也可以减少垃圾数量。以欧洲国家为例，其日常生产的垃圾中有 25% 到 50% 属于固体垃圾，都是可以回收的。

从牛仔经济学到地球宇宙飞船

自 1972 年第一次能源危机以来,世人对于自然资源的使用就开始格外注意。虽然地球所拥有的自然资源在短期内不致对人类生存造成重大威胁,但人们对资源的使用与回收愈来愈重视,则是一个不争的事实。一个最基本的观念已经在逐渐改变,早期对地球充满资源且可以任意使用的"牛仔经济学"(Cowboy Economics)观念已被大多数人扬弃,现在世人的观念已被地球宇宙飞船所取代。在宇宙飞船中拥有的资源非常有限,几乎所有的东西都必须回收使用,包括一切垃圾,甚至航天员的排泄物等。

当然,世界发达国家对于垃圾回收也开始逐渐加强,下表显示 1990 年几个主要国家垃圾的回收比例。其中以荷兰情况最好,几乎达到回收 50% 的比例;美国与英国似乎仍有待努力。

世界发达国家的垃圾回收比例

(单位:%)

	纸张	玻璃	铁罐	铝罐
荷兰	49.0	66.0	48.0	—
德国	43.0	54.0	58.0	—
法国	34.4	45.0	26.0	—
瑞士	61.0[b]	56.0	—	38.0
日本	48.2	47.6	43.6	42.5
英国	30.4	21.0	—	5.3
美国	30.2[b]	10.0[a]	30.0	—

附注:(a)1985,(b)1988。

资料来源:詹纳、皮尔斯、贝特曼,《环境经济学》,1993 年,第 256 页。
(R.K. Turner, D. Pearce, I. Bateman, *Environmental Economics*, 1993, p.256.)

三、人口、医疗与政府干预

（一）人口与医疗需求

在一个社会的经济开始发展之际，婴儿出生率增加，婴儿死亡率也迅速减少，因此造成人口快速成长。等到经济发展到一段时间以后，人口出生与成长率会减缓，但平均寿命会增加。老年人口逐渐增加之际，社会对医疗的需求也随之而来。

表 16.6 显示台湾省人口结构、平均寿命与医疗支出的关系。在 1950 到 2015 的 65 年之间，人口成长率减缓许多；另一方面，65 岁以上的老年人口占总人口比例则迅速扩大，此一趋势在 1980 年以后更为明显，2015 年 65 岁以上人口已占全台湾省人口的 12.5%。由于高龄人口不断增加，居民的平均寿命也因此不断增高，男性由 1961 年的 62.3 岁增加到 2015 年的 77 岁。女性寿命更长，由 1961 年的 66.8 岁增加到 2015 年的 83.6 岁，这是全世界共同现象，台湾省也不例外。

表 16.6　台湾省人口、年龄与医疗支出

年份	人口总数（百万人）	65岁以上人口数比重(%)	平均寿命（岁）男	平均寿命（岁）女	医疗支出占家庭总支出比例(%)	医疗支出占GDP比例(%)
1952	8.1	2.5	–	–	–	–
1955	9.1	2.5	–	–	–	–
1960	10.8	2.5	62.3	66.8	–	–
1965	12.6	2.6	65.1	69.7	–	–
1970	14.7	3.0	67.2	72.1	–	–
1975	16.2	3.5	68.3	73.4	–	–
1980	17.9	4.3	69.6	74.5	4.2	–
1985	19.3	5.1	70.8	75.8	5.3	–
1990	20.4	6.2	71.3	76.8	4.8	4.31
1995	21.4	7.6	71.9	77.9	10.4	5.12
2000	22.3	8.6	73.8	79.5	11.0	5.29
2005	22.8	9.7	74.5	80.8	13.2	6.30
2010	23.2	10.7	76.1	82.5	14.4	6.30
2015	23.5	12.5	77.0	83.6	15.1	6.19[a]

注：(a) 2014 年统计资料。

人口增加以后，社会对医疗的需求自然增加。不但如此，事实上医疗需求增加的比例超过人口增加的比例，这是另外一个在先进国家和地区都一致的现象。主要原因可说明如下：第一，当人口增加时，人口的年龄也开始老化，老年人口增加对医疗需求的增加特别快。第二，当收入增加时，人们对于生命和健康更重视，对医疗的需求也会增加。换句话说，医疗需求的收入弹性是大于1的。表16.6中，台湾省家庭单位的各项支出中，医疗支出所占比例由1980年的4.2%快速上升到2015年的15.1%就是一个最好的例子。第三，在科技进步的过程中，医疗技术也跟着进步，新的医疗知识创造了许多新的市场。比方说，以前心脏病人没有机会拯救，现在有新的技术可以换心。在新的技术不断推出之下，医疗市场也就不断扩大。第四，最后一个原因是在医疗市场上，价格的弹性一般很小。当一个人重病时，大都任由医生处置，本身几乎没有任何选择的余地。

在上述几个原因之下，医疗市场在各国都成为一个愈来愈重要的市场。在表16.7显示，世界主要国家医疗支出占GDP的比例。其中以美国的比例较高，1970年时为6.2%，到2015年，美国医疗市场产值已占全国GDP的16.9%以上，当然是最重要的市场之一。

此外，医疗支出也与老年人口比例高低有关。表16.8显示，发达国家老年人口比例都超过10%。2015年时，日本65岁以上人口超过26.7%，比例最高，再看平均年龄，男女性都以日本的80.5岁和86.8岁最高。

表16.7 世界主要国家医疗支出(NHE)占GDP比例

单位：%

	1970	1980	1990	2000	2010	2015
美国	6.2	8.2	11.3	12.5	16.4	16.9
加拿大	6.4	6.6	8.4	8.3	10.6	10.1
法国	5.2	6.7	8.0	9.5	10.7	11.0
德国	5.7	8.1	8.0	9.8	11.0	11.1
英国	4.0	5.1	5.1	6.3	8.5	9.8
日本	4.4	6.4	5.8	7.4	9.5	11.2
韩国	2.7	3.5	3.7	4.0	6.4	7.2

注：(a) 2014年统计资料。
资料来源：OECD, Health Statistics 2016。

表 16.8　2015 年世界主要国家 65 岁以上人口比例

单位：%

	65 岁以上人口比例（%）	医疗支出占GDP比例（%）	平均寿命（岁）男	平均寿命（岁）女
美国	14.9	16.9	76.4	81.2
加拿大	16.1	10.1	79.4	83.6
法国	18.4	11.0	79.5	86.0
德国	21.0	11.1	78.7	83.6
英国	17.7	9.8	79.5	83.2
日本	26.7	11.2	80.5	86.8
韩国	13.1	7.2	79.0	85.5

注：2014 年数据。

（二）医疗市场与政府干预

一般而言，医疗服务具有排他性，因此可由市场机制达到资源配置的效率。但医疗市场也有一些特性，使得世界上绝大多数政府都对医疗市场做某种程度的干预。

第一，在本书第十五章中，我们曾经提及信息不对称有可能导致市场失灵，医疗服务就是一个最好的例子。在医疗市场中，提供服务的医生之信息绝对远超过病人。因此，当医生建议病人采用何种治疗方式、购买何种药品时，病人除了完全信任医生以外，几乎没有其他方法。有人建议病人在遭遇重大病情时，应去找第二或第三个医生，以获取更多信息。但一方面，多看医生会增加成本，另一方面，基本上最后还是要听医生的。

第二，有很多时候医疗服务具有公共财性质。有很多医学基本研究是很重要的公共财，而防治传染病则更是具有明显的外部性。1996 年卫生部门正式宣布台湾已完全消灭小儿麻痹症，这在 30 年前是非常流行的传染病，经过消灭之后，大家都可以不必再担心或花钱来处理这种病痛。由于防治传染病具有正面的外部性，在此种特性下，通常私人部门是不会愿意花钱或投入资源去减少这种疾病的。因此，政府就应出面负责来处理防治传染病的事宜。

第三，医疗服务的另外一个结构是：医疗费用通常很高，尤其是有重大病痛时，在没有保险下，因看病而倾家荡产者大有人在。有很多时候，有很多穷人更经常因花不起医药费而导致病情恶化或致命。为达到社会公平的目的，政府有必要进入医疗市场来协助需要医疗服务的低收入者。由于低收入者的食物与居住环境通常较差，患病的机会也较多，所以他们更需要接受医疗服务。

政府提供医疗服务协助的方式有二：第一种是直接提供医疗服务，例如建立公立医院；第二种方式则是提供医疗保险。建立公立医院是最直接的方式，直接提供医疗服务显然可以降低医疗服务的价格，但却不一定有效率。因为当医疗价格被限制时，一定会出现供不应求的现象，这时候势必要用另一种方式来达到资源分配的目的。不幸的是，此种资源配置的方式往往不是最有效率的。比方说，公立医院收费较低，于是病人都想前往看病，在拥挤的情况下，排队就是一种常看到的分配资源方法。大概很多人都有类似的经验，当有重病要住进台大医院或荣总时，床位经常是一位难求，可能要等上好几天才住得进去，此种配置资源的方式当然不会是有效率的。

另外一种政府干预医疗服务的方式是提供健康保险。

我们在第十四章曾指出，健康保险市场上第一个主要问题就是逆向选择的问题。在没有外力干预下，通常参加保险者的危险率会较高，使得保险市场的运作会有问题。在全民都参加"健保"下，高危险率与低危险率者都加入保险行列，所以保险费可以正确地计算，保险市场得以维持，这是"全民健保"的优点。

但是保险市场上也有另外一个严重的问题，即投保人的道德危险。既然大家都投保，为何不多去看病呢？反正看病是由政府出钱，不看白不看。要减少此种资源过度使用的问题，最好的方式就是由投保人与保险公司分担风险。以目前"健保"给付方式来说，病人看病时，必须自行支付挂号费及部分负担费，其他费用就由"健保署"负担。由于挂号费及部分负担费通常只有100元到数百元，对看病的人根本起不了吓阻作用。此种制度使得看病人数增加，"健保"给付很多，政府财力负担沉重。

其实要达到分担风险的目的，最好的方法还是应采用"保大病，不保小病"的原则。如此，当人们生大病时，仍然可以得到保险给付，而不致出现没钱看病的困境，一般的小病则由病人自行负担即可。

其实，为了减少病人都喜欢去大医院看病而浪费主要的医疗资源，现在"全民健保署"规定去大型医院看病的（自费）挂号较贵，而一般小诊所的挂号费较低，以鼓励小病去小诊所看，真正的大病再去大医院看诊，此种规定已经相当程度反映提高部分负担的原则。

另外一个方式是继续维持全民健保的原则，即要求全国的每一个人都要参加医疗保险。这些内容不同的保险可以由各县市政府自行决定保费及给付内容和费用，甚至也可以由医院自行处理，只要医院规模够大，能吸引到足够的投保人即可。在不同保险方案下，投保人可以依自己的偏好去选择高保费、高给付，或低保费、低给付的保险，但每一个民众都一定至少要参加一种健康保险。在不同保险方案下，这些方案之间可以彼此互相竞争。如果医院也加入承保业务，则医院之间也可以彼此竞争。在大家竞争之下，保险方案可以提供更有效率的结果，而每一个人的健康也仍然可以得到一定的保障。

经济名词

自然资源　　　　再生性自然资源　　　非再生性自然资源
不具排他性的自然资源　具排他性的自然资源　可长久维持的水平
温室效应　　　　酸雨　　　　　　　　臭氧层
庇古税　　　　　或有价值法　　　　　愿付价格
绿色经济学

讨论问题

1. 何谓再生性的自然资源？何谓非再生性自然资源？请分别举二例说明之。

2. 何谓具排他性的自然资源？何谓不具排他性的自然资源？请各举二例说明之。

3. 最近几年岛内许多农民将果园改成观光果园，供人采撷与休憩之用，为什么会有此种改变呢？

4. 河流的功能有很多，可以用来排放污水、养殖、垂钓，以及划船休闲。请问这些不同的使用方式与人民的收入和使用者成本有何关系？

5. 何谓庇古税？请举例说明实际利用庇古税的案例。

6. 黑面琵鹭占据了台南市一大片的湿地，有人认为台湾寸土寸金，应该开发该湿地，但也有些人认为应该保留黑面琵鹭的生存空间。你认为呢？

7. 在上例中，你是否可以利用或有价值法与愿付价格法，来建议政府并提供最佳的策略？

8. 近年以来，发达国家在医疗市场方面的支出都大幅增加，请说明理由何在？

9. 医疗服务是一个具有排他性的商品，为什么大多数国家政府都会大力干预，请说明理由何在？

10. 你赞成地球是一艘宇宙飞船的环保概念吗？此种观念与资源使用成本和收益之间有何关联？

11. 近年来，全球气候变暖成为一个很重要的议题，请问全球气候变暖可能造成的问题有哪些？

经济名词中英对照及索引

A

阿卡洛夫／George Akerlof 402

埃尔利希／Paul Ehrlich 436

奥斯卡·莫根施特恩／Oskar Morgenstern 391

B

包络曲线／envelop curve 212~213

保留工资／reservation wage 410

报酬递减法则／law of diminishing return 57,200

贝特曼／I. Bateman 427

比较利益／comparative advantage 13~16,185

比例税／proportional tax 368

必需／need 51

必需品／necessities 100~103

庇古／A. C. Pigou 442~445

边际报酬／marginal return 214

边际产量／marginal product, MP 196~201,204,211

边际成本／marginal cost, MC 202~206

边际成本定价法／marginal cost pricing 272,357

经济名词中英对照及索引

边际分析／marginal analysis　113

边际技术替代率／marginal ratio of technological substitution, MRTS　209~210,307~309

边际收益／marginal revenue, MR　233~236,254~258

边际收益量／marginal revenue of product, MRPL　313~320

边际替代率递减／Diminishing Marginal Rate of Substitution　127~128

边际效用／marginal utility　111~113

边际效用递减法则／law of diminishing marginal utility　112

边际要素成本／marginal factor cost, MFC　319~320

变动成本／variable cost　194,202~208

变动的成本曲线／variable cost curve　202

不可私用的自然资源／nonappropriable natural resources　424

不确定性经济学／Economics of Uncertainty　388

不完全竞争市场／imperfect competition market　278~285

C

财产权／property right　382~383

财富效用函数／wealth utility function　391

查克／A. Zucker　433

产品差异化／product differentiation　281,288,292

长期边际成本曲线／long-run marginal cost, LRMC　212~213

长期供给曲线／long-run supply curve, LRS　167,242~249

长期均衡／long-run equilibrium　242~243

长期平均成本曲线／long-run average cost, LRAC　212~213

超额供给／excess supply　67

超额需求／excess demand　65~67,153

沉没成本／sunk cost　237~238,293

成本／cost　5

传递性／transitivity　122

纯粹独占／pure monopoly　252

纯公共财／pure public goods　360,366

457

D

搭便车／free-rider　360~361,367,441

达到均衡／in equilibrium　115~117,132,137

大梅多斯／D. H. Meadows　432~433

代理人／agent　411~418

单位边际利益相等原则／principal of equal marginal benefit per unit　118

道德危险／moral hazard　413~414,417

等产量曲线／isoquant　208~210,306~309

等成本线／isocost curve　209~210,309~311

地方性公共财／local public goods　361,366

点弹性／point elasticity　78~79

定额税／lump-sum tax　270~272

独占／monopoly　222~230

独占力量／monopoly power　280

独占性竞争／monopolist competition　226

独占性竞争市场／monopolistic competition market　283~288

独占者收入／monopolist's gain　267

独资／single proprietorship　188

短期供给曲线／short-run supply curve　236,239

短期均衡／short-run equilibrium　233~236,239~243,256

短缺／shortage　67

E

恩格尔／Ernst Engel　101

恩格尔法则／Engel's law　101,110

恩格尔曲线／Engel curve　101

F

反托拉斯法／Anti-trust law　282,298

房租管制／rent control　167~169

放弃的效用／forgone utility　114

非技术性工人／unskilled labor　165~166,218,370

非再生性资源／nonrenewable natural resources　423,434,437

分工／division of labor　16

分权化／decentralization　142

风险分担／risk sharing　379

风险分散／risk diversification　397~398

风险偏好者／risk lover　394

风险趋避者／risk averter　393,400

风险溢酬／risk premium　396~397

风险中立者／risk neutral　393~394

弗里德曼／Milton Friedman　10,174,177

浮动汇率制度／floating exchange rate system　169,171

负的外部性／negative externality　354

负效用／disutility　112

G

哥勒／H.E. Goeller　433

公共财／public goods　354

公共事业产业／public utility industry　356

供给／supply　57~72

供给法则／law of supply　57~58

供给弹性／elasticity of supply　89~98,148~149,157~158,239,312

供给曲线／supply curve　57~58

共同财产／common property　382~383

股东权益／shareholder's equity　336

股份公司／corporation　188~189

固定成本／fixed cost　194,202~217

固定成本线／total fixed cost curve, TFC　202

固定规模报酬 / constant return to scale　215

固定汇率制度 / fixed exchange rate system　169~170

固定资本 / fixed capital　324,336

寡占 / oligopoly　226,228,230

规范经济学 / Normative Economics　6

规模报酬 / return to scale　214~217

规模报酬递增 / increasing return to scale　215,272,355~356

规模经济 / Economics of Scale　253

《国富论》/ The Wealth of Nations　8,39,67,107,175,178,354

过滤 / screening　408

H

合伙 / partnership　188

后弯的劳动供给曲线 / backward-bending labor supply curve　328~331

弧弹性 / arc elasticity　79,81,84

互补品 / complement　54~56,102~103

混合型经济 / mixed economy　177,180

或有价值法 / contingent valuation method　445

J

机会成本 / opportunity cost　11~13,16,193~195

基尼系数 / Gini coefficient　372~375

基数效用 / cardinal utility　122

吉芬财 / Giffen goods　139

极长期 / in the very long run　207,217

计划经济 / central planned economy　16,142,145

技术性工人 / skilled labor　165,218,324,333

价格管制 / price control　151~154

价格接受者 / price taker　223,252

价格领导者 / price leader　296

价格歧视／price discrimination　254,260~266

价格上限／price ceiling　152

价格弹性／price elasticity　77~92

价格体系／Price system　16~18,142,355

价格下限／price floor　152

价格效果／price effect　135~139

价格追寻者／price searcher　223

价值／value　109~111,116

尖峰定价法／peak-load pricing　261~262

交叉弹性／cross elasticity　102,109

交换价值／exchange value　111

交易成本／transaction cost　189,218,359~360

进入障碍／entry barrier　292~293

经济财／economic goods　109

经济利润／economic profit　229

经济人／Economic man　176

经济制度／economic system　181~182

经济资源／economic resource　4,13,162,364,380~381,437

经济租／economic rent　164~165,344

就业、利息与货币的一般理论／The General Theory of Employment, Interest, and Money　40

俱乐部财／club goods　361

绝对利益／absolute advantage　13~16

K

看不见的手／an invisible hand　67,175,178,181

可利用或具排他性的自然资源／appropriable natural resources　424

客观机率／objective probability　390

会计成本／accounting cost　11~12

L

拉法／Arthur B. Laffer　376

兰德斯／J. Randers　432~433

劳动投入／labor input　197~198,306~316

累进税／progressive tax　368,376

李昂铁夫生产函数／Leontief production function　309

李嘉图／David Ricardo　13~14,343

联合行为、勾结／collusion　282

量能课税原则／ability principle　365

劣币驱逐良币／bad money drives out good money　404

劣等财／inferior goods　54,99~103,138~139

流动资本／working capital　324,326

垄断／monopoly　49,222,252

罗斯托／W. W. Rostow　339

洛伦兹曲线／Lorenz Curve　371~372

绿色经济学／Green Economics　423,446

M

马歇尔／Alfred Marshall　34,107

麦克尔／John McCall　409~410

每元货币等边际效用法则／law of equal marginal utilities per dollar　114~116

N

奈特／Frank Knight　347~348

逆向选择／adverse selection　403

牛仔经济学／Cowboy Economics　449

诺伊曼／John von Neumann　391

P

配给 / rationing 155

皮尔斯 / D. Pearce 427

偏好 / preference 54~56

平均变动成本 / average variable cost 203,205

平均产量 / average product, AP 196~201

平均成本 / average cost, AC 202~221

平均成本定价法 / average cost pricing 273,357

平均固定成本 / average fixed cost 203,205

平均收益 / average revenue, AR 233~234,254~255

平均要素成本 / average factor cost, AFC 319

Q

期望值的效用 / utility of expected value 393~394

齐质产品 / homogeneous product 224

企业家精神 / entrepreneurship 193,324,346~347

R

人口炸弹 / The Population Bomb 436

S

奢侈品 / luxury goods 99,101~103

社会成本 / social cost 358

社会福利 / social welfare 375~379

社会福利损失 / social welfare loss 267

生产函数 / production function 195~198

社会利益 / social benefit 18,259,359~360,444~445

生产要素 / production factor 191~193

生产要素市场 / factor market 304

生产者剩余／producer surplus　143~154,163~164,167,343~344

生产资源／manufacturing resources　34~35,193~195,336

剩余／surplus　65~68

剩余容量／excess capacity　281

石油输出国组织／Organization of Petroleum Exporting Countries, OPEC　295

实际收入／real income　134~138

时间偏好／time preference　337~341

实证经济学／Positive Economics　6~7

史宾斯／Michael Spence　406,408

史蒂格勒／George Stigler　409

使用价值／user's value　110~111

市场的需求／market demand　62~66

市场供给曲线／market supply curve　64~65,144~145,239~240

市场集中度／concentration ratio, CR　278~279

市场结构／market structure　223~225

市场经济／market economy　174~183

市场经济体制／market economy system　16~18,109,142~146

市场均衡／market equilibrium　62,66

市场力量／market power　222

市场失灵／market failure　355,359,361

市场需求曲线／market demand curve　62~63,143~145,232~233

收入分配／income distribution　370~374

收入弹性／income elasticity　99~103,437,451

收入效果／income effect　135~139,329~331,339

收益／revenue　106

数量管制／quantity control　154~155

双边独占／bilateral monopoly　334

双占市场／duopoly　294

私人边际效益／private marginal benefit　444

私人成本／private cost　358~359

私有财产制 / private property　175

搜寻理论 / search theory　409~410

T

弹性 / elasticity　76

唐纳 / R. K. Turner　427

提供讯号 / signaling　404~406,408

替代品 / substitute　53~56,84~85,102~103

替代效果 / substitution effect　135~138,330,339

凸向原点 / convex to the origin　124~125,307

W

外部效果 / external effect　358,360

外部性 / externality　354,358~359,382,442

完全价格歧视 / perfect price discrimination　265

完全竞争 / perfect competition　49,65,67

完全市场 / perfect market　49~50

无异曲线 / indifference curve　123~131,135~137

X

西蒙 / Julian Simon　436

相对边际效用 / relative marginal utilities　115

相对价格 / relative price　115,134~135

向下倾斜需求法则 / law of downward-SLoping demand　53

消费者剩余 / consumer surplus　119~121,143~145,147~148,153~154

小梅多斯 / D. L. Meadows　432~433

效率原则 / efficiency principle　365,382

效用 / utility　107~130,134~138

效用的期望值 / expected value of utility　391

歇业点 / shut-down point　239

信息不对称／asymmetric information　354,402~404

信息价值／value of information　391

信息经济学／Economics of Information　388,398,404,412

信息均衡／informational equilibrium　408

熊彼特／Joseph Alois Schumpeter　193,347

需求／demand　51~56

需求表／demand schedule　52

需求法则／the law of demand　51,115~116

需求量／quantity demanded　51

需求曲线／demand curve　52~53,55~56,60

需求弹性／demand elasticity　78~89

序数理论／ordinal theory　122

序数效用／ordinal utility　122

Y

亚当·斯密／Adam Smith　8,16,34,39,67,107,175,178,181,189,195,354,380

要素独买／monopsony　318

移转支付／transfer payment　377

异质产品／heterogeneous product　224

引申性需求曲线／derived demand curve　314

应变量／dependent variable　20

有限的／scarce　4~5,35,39,112,118,209,324,432,438

诱因机制／incentive scheme　417

预期效用／expected utility　391~396

预算限制式／budget line　116,209,327,337~339

愿付价格／willingness-to-pay　121,445~446

Z

再生性资源／renewable natural resources　423,427,431

折旧／depreciation　191~193

折弯的需求曲线／kinked demand curve　290~291

正常财／normal goods　54,99~103,138

正常利润／normal profit　229~230

中性商品／neutral goods　125~126

蛛网理论／cobweb theory　159

主从关系／principal-agent relation　411,412~413

主观概率／subjective probability　390

主理人／principal　411~418

专业化生产／specialization　16

准公共财／quasi-public goods　361,366

准租／quasi-rent　164~165,344

资本／capital　191

资本利得税／capital gain tax　164

资本投入／capital input　198

资本主义／Capitalism　174~178

资源的错误分配／resource misallocation　267

资源运用低效率／X-inefficiency　267~268

自变量／independent variable　20

自付额／deductible　418

自利的／self-interested　7,181

自然独占／natural monopoly　253,272~274

自我保险／self-insurance　398

自我选择／self-selection　403

自由财／free goods　109

自由放任主义／laisser faire　354

自由进出市场／free entry　224

自由竞争／free competition　17~18,67~68,244,354,364

自由市场／free market　177,180,355

总产量／total product, TP　196~204

总成本线／total cost curve, TC　202

总收益／total revenue, TR　234

总效用／total utility　111~113

租税的归宿／tax incidence　90

最低工资／minimum wage　165~166